全国优秀教材二等奖

北京高等教育精品教材
BEIJING GAODENG JIAOYU JINGPIN JIAOCAI

新编21世纪公共管理系列教材
•学科基础课与方法课系列•

公共政策导论

第五版

Introduction to Public Policy

谢 明 编著

中国人民大学出版社
·北京·

作者简介

谢明　中国人民大学公共管理学院教授、博士生导师，英国伦敦大学玛丽皇后学院政策学硕士，中国人民大学法学硕士、管理学博士；曾任中国人民大学公共政策与公共安全研究所所长，2002—2003 年曾作为高级访问学者赴美国学习。出版《政策透视》《公共政策原理》《公共政策分析》《公共政策概论》《理解公共政策》《公共政策分析导论》《公共政策制定》等专著、教材和译著多部。曾获得宝钢优秀教师奖、北京市精品课程奖、北京高等教育精品教材奖、北京市教育教学成果奖等奖项。在中国人民大学主要讲授“公共政策分析”“公共政策原理”“公共政策研究”等课程，并在北京大学、清华大学、中共中央党校（国家行政学院）、北京市委党校及中央部委机关授课，授课对象既有本科生又有博士生，既有一般公务员也有省部级干部，教学风格独特，深受欢迎。

内容简介

谢明教授的《公共政策导论》是一部经典的公共政策入门教材，也是北京市精品课程“公共政策导论”的配套教材，同时被评为北京高等教育精品教材。全书以公共政策过程为研究框架，系统地阐述了公共政策的基本理论和相关知识，分析了政策周期的一系列功能性活动，旨在帮助读者理解公共政策的学科框架，认识公共政策的基本研究领域，掌握公共政策的主体理论与方法，厘清公共政策过程的发展脉络，达到对现实社会问题的理性观察和认识。

自 2004 年第一版出版以来，本书经过多次修订，被国内上百所高校选为教材，深受广大读者的欢迎。教材第五版继续保持与时俱进的传统，注重将党的创新理论有机地融入教材内容，并紧跟社会发展形势，追踪社会热点问题，援引最新政策案例，关注政策科学前沿话题。作为一部广受好评的精品教材，本书主要有三个方面的鲜明特色：第一，融理论与实践为一体。一方面，关注政策研究领域的理论前沿，注重吸收相关研究成果；另一方面，聚焦中国政策过程的新变化，反映近年来中国国家治理的新战略和新举措，特别是党的十九大以来的新变化。第二，文风活泼，可读性强。全书安排了大量的、精心编写的知识专栏、案例专栏乃至精彩故事，将公共政策理论与方法融入生动有趣的专栏和故事中，是一本所有人都可以读的政策学教材。第三，配有丰富的教学资源。中国人民大学出版社通过旗下的人大芸窗（www. rdyc. cn）数字教材平台为读者提供本书的数字教材，以及教材补充案例、延伸阅读、PPT 课件、复习思考题及参考答案等配套教学资源。

出版说明

现代意义上的公共行政与公共管理研究和教育始于20世纪初的西方。时至今日，随着公共管理职业化的发展，公共行政与公共管理的研究和教育事业在西方发达国家方兴未艾。自20世纪80年代起，为了适应政府改革与公共管理人才培养的需要，我国的公共行政与公共管理研究和教育在经历了发展的挫折之后，开始了恢复和重建的工作。经过多年的发展，特别是公共管理一级学科的设置和我国公共管理硕士（MPA）教育的启动以及高校公共管理类本科专业的大量开设，公共管理已成为当代中国社会科学和管理科学领域的一个充满生机活力、具有远大发展前景的学科。

为了满足广大高校公共管理类专业的教学需要，在历届教育部高等学校公共管理类学科专业教学指导委员会的指导和支持下，中国人民大学出版社自1999年起，陆续出版了"21世纪公共行政系列教材""21世纪公共管理系列教材""21世纪公共事业管理系列教材""公共管理系列教材""公共管理核心课程系列教材""21世纪劳动与社会保障系列教材""21世纪土地资源管理系列教材""21世纪城市规划与管理系列教材"等多个本科系列教材。这些教材被国内高校公共管理类专业广泛选用，并得到了公共管理学界的支持和认可，数十种教材被评为"十五""十一五""十二五"国家级规划教材，普通高等教育精品教材，以及各省市精品教材，为我国公共管理学科发展和人才培养做出了积极的贡献。

我国高等教育改革的进一步深化，以及新技术和新媒体的不断发展，对高校教材提出了更高的要求。为了回应这种要求，我们在广泛调研的基础上，拟对上述系列教材进行整合和提升，推出"新编21世纪公共管理系列教材"，以满足国内高校公共管理一级学科下设的行政管理、公共事业管理、劳动与社会保障、土地资源管理、城市管理、海关管理、交通管理、海事管理、公共关系学等本科专业的教学需要。

"新编21世纪公共管理系列教材"将秉承中国人民大学出版社"出教材学术精品，育人文社科英才"的宗旨，从本科教育的特点出发，从公共管理教育的特点出发，为广大高校公共管理类专业师生提供一套高质量的本科教材。在教材编写和内容安排上，“新编 21 世纪公共管理系列教材”强调基础知识、基本理论和基本技能，同时，也尽可能地体现创新性和前沿性，反映相关领域理论与实践的最新发展情况。

“新编 21 世纪公共管理系列教材”由中国人民大学、中山大学、北京大学、清华大学、复旦大学、厦门大学、武汉大学、浙江大学、吉林大学、东北大学、北京师范大学、山东大学、四川大学、西北大学等数十所国内著名大学的知名学者领衔著述，我们期望通过这种强强联合、优势互补、资源共享的方式，为国内公共管理学界奉上一套体现系统性、权威性、通用性，并兼具创新性、前沿性、启发性的精品教材。

公共管理的实践是不断发展和变化的。随着公共管理实践的不断发展，公共管理学科研究的范围、主题和内容也在不断地发展和变化。我们将紧跟公共管理学科的发展，与所有作者一起，不断对本套教材进行修订和完善。望广大读者给我们反馈信息，对本套教材提出批评和建议，以使我们能够在所有读者和作者的帮助下，与中国公共管理学科共同成长。

中国人民大学出版社

第五版前言

2020年初，一场突如其来的新冠肺炎疫情极大地改变了我们的日常生活，打破了我们对许多事物的原有想象，也使我们受到了极大的心理冲击。它不是什么“灰犀牛”，更不是房间里的“大象”，而是一只实实在在的“黑天鹅”。

《黑天鹅》一书的作者塔勒布指出，“黑天鹅”有着高度不可能事件所应具备的三个显著特征：第一个是不可预知性；第二个是它所带来的影响十分巨大；第三个是事件发生后，人们总是试图以各种各样的理由对此加以解释，即所谓“事后诸葛亮”。

新冠肺炎疫情带火了2011年上映的好莱坞影片《传染病》，因为其剧情与现实有太多“雷同”：靠着空气就能传播的致命病毒，传染性强，迅速蔓延至全球……无比准确地预言了疫情下美国的真实状态。还有一部由张嘉译、王珞丹等人主演的中国电视剧《急诊科医生》，2017年10月播出，剧中医生怀疑并命名的病毒恰好也叫“新型冠状病毒”，剧中患者出现的症状也跟新冠肺炎相似，咳嗽、发热、呼吸困难。有评论说：此次疫情3年前就被准确预言，连名字、症状都一模一样，实在是绝了！然而，这并不代表预测的力量，只是文艺作品中的一种猜测和想象，如果人们只是根据想象采取行动，岂不贻笑大方。

进入6月，北京疫情出现了反复，全市应急响应级别调整为二级，政府部门通知，从6月17日起，在京高校学生停止返校。如此一来，许多高校原来计划好的毕业典礼只能在线上进行，毕业生只能与母校“云告别”，正可谓“你有你的计划，而世界另有计划”。不仅是在国内，国外高校今年的毕业典礼大多也都挪到了线上，毕业演讲的方式由此也变得丰富多彩起来。美国脱口秀主持人奥普拉在脸书上所做的毕业演讲令人印象深刻。她在演讲中提到一个很有意思的思考方式，即在非常时期要问问自己，你所能提供的“必要服务”（essential services）是什么。她说，这次疫情让我们所有人都突然意识到什么是生活中不可或缺的服务，比如说教育、医疗、食品供应、老人看护等。在背后提供这些服务的人都是一些看起来很平凡的人。但是在非常时期，我们突然意识到这些平凡人对于维持正常生活来说有多么重要。他们所提供的服务就是“必要服务”。所以奥普拉要求毕业生们想一想自己能提供什么样的“必要服务”。奥普拉说，回答这个问题不一定非得聚焦于那些满足物质生活需求的服务，其实精神需求也是生活中必不可少的，她认为自己所能提供的“必要服务”就是为大家贡献好的故事。奥普拉提出的这个问题其实不仅仅对毕业生有价值，也值得我们每个人花点时间去思考——在疫情期间和疫情过后，我们能够给别人提供的“必要服务”是什么。作为一名高校教师，我觉得自己所能提供的“必要服务”就是努力写出好的教材并尽力把课讲好。这个要求看起来不高，但要真正做到并不容易。当然，教材有传统与数字的区分、课堂也存在线上和线下的不同。疫情给国内高校的教学工作提出了严峻的挑战，推动其大力加强信息化建设。本科生和研究生的课程采用了直播、录播、慕课、视频会议等多种形式开设，线上教学代替线下教学，成为教育的主流形式。《公共政策导论（第五版）》就是在这样的背景下完成的，本着服务教学、与时俱进的宗旨，此次教材修订积极向线上教学靠拢，努力适应数字化发展需要。

《公共政策导论（第五版）》根据近年来形势与政策的变化，在前版教材原有结构的基础上，对书中内容进行了较大篇幅的修改、补充和完善。第 1 章对公共政策做了简明的定义，突出了“政府行为”的典型特征。另外增加了“伦理与政策”一节内容，从伦理角度解读公共政策，其中提到安乐死、克隆技术、基因编辑等问题。第 2 章则把“全民公决”作为公共政策的一种表现形式进行了专门阐述，而且在涉及公共政策作用的内容里替换了大部分的专栏。第 3 章对政策环境部分进行了较大篇幅的内容调整，增加了科技环境的有关内容。第 4 章补充了一些新的材料，如 37％规则、斯隆法则、实验法的分类等。第 5 章增加了问题分析方法的相关内容，介绍了层级分析法、鱼骨图分析法、5why 分析法、穆勒法。并且在“政策议程的建立”一节中增加了安珀警戒、棕地事件、熔炉效应等典型案例。此外，还添加了有关政策论证与方案选择的方法等方面的内容。第 6 章新增加的内容涉及政策执行研究的演变、政策执行原则、行为设计等，另外在结构上也做了一些调整。第 7 章对一些举例进行了更新，阐述了政策评估的演进过程，介绍了第一代到第四代政策评估的相关内容。第 8 章增加了一些新的材料，并对政策终结措施中的一些内容进行了较多修改和补充。

本书在修订过程中得到中国人民大学出版社的大力支持，朱海燕、孟庆晓两位老师付出了很多精力，提出了许多宝贵的建议，在此表示衷心感谢。鉴于本人学识所限，本书的修订难免会有疏漏之处，敬请大家批评指正。

谢　明

第四版前言

有个“特修斯之船”（Ship of Theseus）的传说，据说是最为古老的思想实验。它描述了一艘已经在海上航行了几百年的船，在此期间，其部件不间断地被维修和替换。比如一块船板腐烂了，它就会被马上替换掉，以此类推，直到船上所有的部件都换掉了，都不是最开始的那些了。那么，到这个时候这艘船是否还是原来的那艘“特修斯之船”呢？或者它已经成为一艘完全不同的船？如果它已不是原来的那艘船，那么在什么时候它不再是原来的那艘船了？其实，这个实验的核心思想在于强迫人们去反思身份仅仅局限在实际物体和现象中的这一常识。“特修斯之船”就是“特修斯之船”，它不会因为更换了部件而改变了身份。

对于一本教材的修订而言，有点像“特修斯之船”的现代版。内容的改变、案例的替换，好比把一块块船板进行更新，即使有再大的改变，《公共政策导论》还是原来的那本教材。

实践性强是公共政策学科一个非常重要的特点，因此，教材的编写要有与时俱进的精神。《公共政策导论（第三版）》于2012年2月出版，被评为2013年北京高等教育精品教材，这是一种鼓励，也是一种鞭策。从《公共政策导论（第三版）》出版至今已有三年时间，政策理论有了新的发展，政策实践也有了很多变化：中共十八届三中全会在京召开，政策的顶层设计①频频出台；习近平同志提出“四个全面”战略，宣示治国理政全新布局；党政军领域反腐败斗争步步深入，“老虎”“苍蝇”无处藏身；中国发起成立亚洲基础设施投资银行（简称亚投行），抢占国际金融制高点；中国提出“一带一路”倡议，体现了和

---

① “顶层设计”原是一个工程学术语，本义是统筹考虑项目各层次和各要素，追根溯源，统揽全局，在最高层次上寻求问题的解决之道。“顶层设计”一词在《中共中央关于制定国民经济和社会发展第十二个五年规划的建议》中首次出现，目前已成为中国新的政治名词。

平共处、相互包容、合作共赢的发展思路；中国高铁“走出去”的步伐越来越快，“高铁外交”不断升温；中国计生政策做出重大调整，从“只生一个”到“单独二孩”；中国股市受政策利好推动，A股日成交额破2万亿元大关，创出世界纪录…… 为了更好地反映这些变化，我们有必要对《公共政策导论（第三版）》进行及时的修订。

经济学里有一个叫作“池塘效应”的原理：池塘里的荷叶在第一天长出一片，第二天新长出两片，直到它掩盖半个池塘，需要49天时间。可是令人瞠目结舌的是，荷叶全部掩盖另外半个池塘，仅仅需要一天的时间！因为荷叶是以几何级数增长的。现代科学技术发展越来越快，信息量呈几何级数增长，知识更新的周期越来越短，新的社会事物、新的科学规律及原理不断涌现，科学知识应用于社会实践的范围不断扩大，极大扩充了某一学科的内容，这些都对教材的编写提出了更大的挑战。

《公共政策导论（第四版）》的编写在保持原书整体结构的前提下，在内容上做了较大幅度的调整，增补和修改的文字超过10万，占原书内容的1/4强，替换了一些旧的案例，补充了一些知识链接，增加了一些理论说明，这些对更好地理解书中的内容、增加政策知识、拓宽研究视野会有很大帮助。具体来说，第1章“绪论”在政策举例中提及一些最新的事例，如亚投行筹建、“一带一路”倡议、“四个全面”战略等，增加了一些扩展知识的内容，如“直接民主与间接民主”“公地悲剧”“服从实验”“最后通牒实验”等，并对“从公共角度理解公共政策”部分进行了多处修改，增加了公共职能的论述和公共治理的说明。第2章“公共政策的性质与类型”把我国司法机关的司法解释纳入了公共政策的表现形式，并对政策类型和政策作用做了一些举例说明。第3章“政策主体、政策客体与政策环境”增加了“冰山理论”“组织生态论”“修昔底德陷阱”“PEST分析”“凯尔曼态度形成三阶段说”等专栏内容。第4章“政策模型及其相关理论”在渐进模型中增加了“渐进式延迟退休”与“财政与货币政策中的渐进主义”两个专栏，在制度理论中增加了格雷厄姆·阿利森提出的组织过程模型，在博弈理论中增加了“智猪博弈”模型，在批判性理论中增加了“黑天鹅与可证伪性”的说明，在实验性理论中增加了“林德医生的科学实验”，在中国古代政策观的论述中增加了“‘和’与‘同’”“守度——行动的艺术”“老子的人生智慧”等内容。第5章“政策制定”增加了社会问题理论和政策论证模式的阐述，把政策问题确认部分的举例进行了全部替换，涉及雾霾问题、失独家庭问题、计生政策调整问题等，在政策议程部分增加了一些案例说明和知识扩展，如马丁·路德·金的《我有一个梦想》、柴静的《穹顶之下》、“沉默的螺旋”等。在政策规划部分，新增加了一些知识性专栏，如“三人决斗游戏”“洞穴人寓言”“选择性观察”等。第6章“政策执行”在政策执行的功能部分增加了关于伦敦拥堵费的案例分析，另外对政策执行过程的各环节也做了具体的案例解读，特别是对政策执行策略的阐述，做了较大幅度的调整。第7章“政策评估”开篇案例做了全部替换，增加了“威尔逊法则与证实偏差”、“阿马蒂亚·森的解决办法”、“无知之幕”、萨缪尔森的“合成谬误”、奥肯的“漏桶原理”等扩展知识的专栏，并对政策评估的标准部分做了重新的整理。第8章“政策终结”增加了政策法律化的相关内容和对政策终结类型的讨论，并依据彼得·德利昂提出的理论框架，重点分析了政策终结的六大障碍。

本书的修订得到了中国人民大学出版社的大力支持和帮助，特别是朱海燕、孟庆晓两位编辑做了许多深入细致的工作，她们认真的态度和负责任的精神令人印象深刻，在此表示衷心的感谢。最后需要申明的是，鉴于时间和水平所限，在本书第四版中定有错误和疏漏之处，恳请大家提出批评意见。

谢　明

2015 年 5 月 28 日于北京

第三版前言

本书第一版于2004年4月出版，修订版于2009年3月出版，第三版将于2012年1月出版。承蒙读者厚爱，从第一版出版至今，本书已陆续发行几十万册，这个数字使我有些惶惶然，深感作为一名作者的神圣使命和责任重大。

本书修订版出版后，一晃两年多时间过去了。在这段时间里，我的主要精力还是集中于公共政策的教学与研究工作，先后翻译了托马斯·戴伊的《理解公共政策（第十二版）》、詹姆斯·安德森的《公共政策制定（第五版）》和威廉·邓恩的《公共政策分析导论（第四版）》，编写了《公共政策概论》《公共政策分析概论（修订版）》《公共政策案例分析》《管理智慧》等书。这些工作对编写本书第三版提供了非常有益的帮助。

本书是根据高等院校教学需要专门编写的教材，目的是帮助学生领会公共政策的知识框架，了解公共政策的基本研究领域，掌握公共政策的主体理论和方法，厘清公共政策过程的发展脉络，达到对现实社会问题的理性观察与认识。

本书共分八章，主要讲述公共政策的概念、政治与政策的关系、公共政策的表现形式、公共政策的基本类型、政策系统的主要构成、政策环境的影响作用、政策模型的功能、政策分析的思路、政策制定的过程、政策规划的作用、政策执行的条件、执行中的策略、政策评估的方法、政策终结的形式等方面的内容。

本书第三版有些章节的篇幅增加了，还有一些章节的内容压缩了，其中做了较大修改的主要还是一些案例和专栏，去旧增新，以保持与时俱进，体现公共政策实践性的特征。具体来说，第1章“绪论”的内容有所扩展，增加了“全民公决”的内容，并扩展了有关“公共物品”“公共权力”的讨论。第2章“公共政策的性质与类型”对公共政策类型的阐述进行了一定的修改，举例更多从中国的实际出发。在公共政策分配功能的讨论中，增加了《政策悖论》[①] 中关于公平困境的有关案例。第3章“政策主体、政策客体与政策环境”增加了对目标群体政策抗拒缘由的分析。第4章“政策模型及其相关理论”对中国古代政策观的阐述进行了较大的修改，增加了一些说明性的内容。第5章“政策制定”增加的内容有社会问题成因分析、社会问题的比喻、议程设置理论等，并在政策问题确认、政策规划原则、思维方法等内容中补充了大量新的案例。第6章“政策执行”在“政策执行的功能”部分中更新了案例，增加了对政策执行过程的阐述，对沟通方面的内容也进行了一定的修改，并在“政策执行的策略”一节中增加了很多新的内容，如执法圈套、诱惑取证、超限效应、诚信为本等。第7章“政策评估”做了较大修改，添加了一些新的案例，分析了政策输出与政策影响的不同，阐述了政策评估的基本内容，强调了评估标准的价值含义，突出了公正性标准的重要性，重点解释了阿罗不可能性定理、帕累托最优、卡尔多-希克斯标准、罗尔斯的差别原则等内容，并增加了评估方法的内容，讨论了生命价值评估的含义。第8章“政策终结”也进行了一些小的修改，更新了一些案例并补充了一些新的说明材料。

本书第三版的成功出版，得益于中国人民大学出版社的大力支持与帮助，特别是朱海燕和田芳两位编辑，她们一丝不苟的敬业精神和无私奉献的工作态度给我留下了深刻的印象，在此表示衷心的感谢！鉴于编写时间和个人水平的限制，本书定有不少错误和疏漏之处，真诚希望广大读者给予批评、指正！

谢　明

2011年12月30日

---

① 斯通．政策悖论．顾建光，译．北京：中国人民大学出版社，2006．

修订版前言

人们在日常生活中会感受到公共政策多方面的影响，这种影响或大或小、或强或弱、或直接或间接、或明显或微妙。以购买家用轿车为例，在车辆安全性能方面和尾气排放方面，国家道路交通管理部门和环境保护部门都有相关的规定。从提车上牌到购置保险，从开车上路到找地儿停车，从年度检验到车辆报废，在整个过程中公共政策无时不在发挥其作用。的确，在现代这个复杂的社会里，公共政策可以说无处不在，它们有时对你有利，有时对你不利，有时会带给你愉快和欢乐，有时也会带给你烦恼和痛苦。总之，公共政策对社会生活和公众情感都会产生重要的影响，并成为社会环境不可或缺的重要组成部分。

在政府所做的许多事情当中，政策制定与执行无疑是最重要的事情。然而，现代政府所面临的已不再是个别的、单一的、简单的和基本稳定或一再重复出现的社会问题，而是各种相互关联、相互制约的越来越具复杂性、尖锐性、普遍性、专业性、变化性和发展性的社会矛盾和问题。与此同时，公众所关心的问题和兴趣的焦点，也不再是抽象的理念或原则问题，而是那些与自身利益密切相关的特殊的公共政策问题，比如犯罪与社会安全、公平与经济发展、种族与社会和谐、战争与外交方针、污染与环境保护，以及住房、卫生、社会保障、公共交通等一系列实际问题。由于这些问题直接关系到人们自身境况的改善，因而人们对这类问题的关注与日俱增，并因此产生了对政府制定公共政策的能力、程序、方式以及公共政策的质量的疑问和不满。现实的压力和未来的需要为公共政策学的建立与发展提供了契机与动力，包括社会科学和自然科学在内的诸多学科的不断发展为公共政策学提供了一定的理论基础和实用技术。

本书是根据高等院校教学需要专门编写的教材，目的是帮助学生掌握公共政策的相关知识。本书有别于传统型的以“教”为中心的教科书，无论是在内容和形式方面还是在体例和风格方面都有一些变化，力求避免出现教师不讲、学生不会的情况。

本书取名《公共政策导论》，主要是因为书的内容旨在向学生提供一种对公共政策总体上的认识和把握，力争做到在浅显平实的语言叙述中，让学员渐渐领会公共政策的知识框架，了解公共政策的基本研究领域，掌握公共政策的主体理论和方法，厘清公共政策过程的基本脉络，达到对现实社会问题的理性观察与认识。

本书共分八章，主要讲述公共政策的概念、政治与政策的关系、公共政策的表现形式、公共政策的基本类型、政策系统的构成、政策环境的作用、政策模型的功能、政策分析的视角、政策制定的过程、政策规划的作用、政策执行的条件、执行中需要注意的问题、政策评估的方法和作用、政策终结的概念及应用等方面的内容。虽然各章节的内容也涉及一些现实社会中的具体政策，并对相关问题进行了一定的分析与评论，但书中并没有设专章来讲述具体的公共政策，如农业政策、教育政策、财政政策、人口政策等。这样做的主要原因在于本书的“导论”性质。

本书修订版在第一版的基础上做了很大的改动，第一章“绪论”的内容扩展为两章，增加了“公共”概念透视的新内容；第二章“公共政策的性质与类型”突出了公共政策类型的阐述；第三章“政策主体、政策客体与政策环境”补充了一些新的说明材料；第四章“政策模型及其相关理论”对有限理性模型的阐述进行了调整，在相关理论中增加了混合扫描理论；第五章“政策制定”补充了很多新的案例，如马加爵事件、苏联卫星上天、突破思维定式等；第六章“政策执行”增加了一些专栏说明材料，如小石城事件、“黑三角”治理、犯人船等，扩展了政策执行需要注意的问题，探讨了法律迷信、破窗理论、多数人暴政、逆反心理等问题；第七章“政策评估”更新和添加了一些内容，如新交法修正案、城市黑车治理、政策评估的消极影响等；第八章“政策终结”也进行了微调。

在我国，公共政策学的教学与科研工作目前仍处于学习与起步阶段，吸收和消化现代政策理论及其研究方法仍是我们面临的主要任务，但引进中更要注意移植，实现政策理论的本土化。因此，本书强调理论的具体应用，注重实际问题的分析和解决。而且，为了避免“淮南为橘，淮北为枳”的不良倾向，本书在强调本土化的同时，也注意了政策科学体系的规范性。

本书在写作过程中，得到了中国人民大学出版社的大力支持和帮助，谨此表示衷心的感谢。由于本人学识所限，书中难免有错误和疏漏之处，敬望同行不吝赐教，欢迎读者批评指正。

谢　明

2008 年 8 月 1 日

第一版前言

公共政策虽然不是一个全新的概念，但相关研究却是一门新的学科。它发端于第二次世界大战后几个主要的工业发达国家，其后迅速扩展到许多国家和地区。可以认为，公共政策学是战后社会科学领域发展最迅速、影响面最大、应用领域最广、实证性最强、社会效用最明显的学科之一。

公共政策学之所以在较短的时间内迅速兴起和发展，既与现代社会的管理特征相联系，也与公共政策自身的学科特征相联系。现代政府所面临的已不再是个别的、单一的、简单的和基本稳定或一再重复出现的社会问题，而是大量的相互关联、相互制约的越来越具复杂性、尖锐性、普遍性、专业性、变化性和发展性的各种社会矛盾和问题。与此同时，公众所关心的问题和兴趣的焦点，也不再是抽象的理念或原则问题，而是那些与自身利益密切相关的特殊的公共政策问题，比如犯罪与社会安全、公平与经济发展、种族与社会和谐、战争与外交方针、污染与环境保护，以及住房、卫生、社会保障、公共交通等一系列实际问题。

由于这些问题直接关系到人们自身境况的改善，因而人们对这类问题的关注与日俱增，并因此产生了对政府制定公共政策的能力、程序、方式以及公共政策的质量的疑问和不满。这就使一批具有一定的学术素养，同时具备相当实际经验的学者、科学家和政府官员深切感到，应当建立一种能够兼容各相关学科的优势，且能够解决各种现实公共政策问题的全新的学科。这一学科就是我们现在所学的公共政策学。包括社会科学和自然科学在内的诸多学科的不断发展为公共政策学的形成提供了一定的理论基础和实用技术，现实压力和未来需要则为其提供了发展的动力。可以说，公共政策学的产生与发展有其历史必然性。

本书是根据高等院校教学的需要专门编写的教材，目的是帮助学生掌握公共政策学的基本知识。本书有别于传统型的以“教”为中心的教科书，无论是在内容和形式方面还是在体例和风格方面都有一些变化，力求避免出现教师不讲、学生不会的情况。

本书取名为《公共政策导论》，主要是因为本书的内容旨在向广大学生提供一种对公共政策总体上的认识和把握，力争做到在浅显平实的语言叙述中，让学生渐渐领会公共政策的知识框架，了解公共政策的基本研究领域，掌握公共政策的主体理论和方法，厘清公共政策过程的基本脉络，达到对现实社会问题的理性观察与认识。

本书主要讲述公共政策的含义、政策系统的构成、政策模型的作用、政策制定的过程、政策执行的条件、政策评估的作用和政策终结的概念等方面的内容，虽然在各章节的讲解中涉及一些现实社会中的具体政策，并对相关问题进行了一定的分析与评论，但书中并没有设专章来讲述具体的公共政策，如农业政策、教育政策、财政政策、人口政策等。这样做的主要原因还在于本书的“导论”性质。

在我国，公共政策学的教学与科研工作目前仍处于学习与起步阶段，吸收和消化现代政策理论及其研究方法仍是我们面临的主要任务，但引进中更要注意移植，实现政策理论的本土化。因此，本书强调理论的具体应用，注重实际问题的分析和解决。而且，为了避免“淮南为橘，淮北为枳”的不良倾向，本书在强调本土化的同时，也注意了政策科学体系的规范性。

本书的编写，得到了中国人民大学出版社的大力支持和帮助，谨此表示衷心的感谢。

由于本人学识所限，书中难免有错误和疏漏，敬望同行不吝赐教，欢迎读者批评指正。

谢　明

2004 年 3 月

目　录

第 1 章

绪　论

1.1　公共政策的含义

1.1.1　什么是公共政策

当今社会，公共政策常被人们挂在嘴边，比如“专家激辩延迟退休政策”“应适时调整计划生育政策”“大气污染治理迎来政策机遇”“一、二线城市纷纷推出住房限购政策”“市场迎来从紧的货币政策”“教育部推出中小学生减负政策”等。当我们说这些话或做这些事的时候，尤其是在当代中国语境下，应该怎样理解“公共政策”这个词的含义呢？

二十大报告

2022 年 10 月 16 日，中国共产党第二十次全国代表大会在京开幕，习近平代表第十九届中央委员会向大会作报告。这篇报告是中国共产党团结带领全国各族人民夺取新时代中国特色社会主义新胜利的政治宣言和行动纲领，是一篇马克思主义的纲领性文献。

“一规划两纲要”

2020 年底，中共中央印发《法治社会建设实施纲要（2020—2025 年）》，为构建“全民守法”的法治社会确定了目标和措施。2021 年初，中共中央公布《法治中国建设规划（2020—2025 年）》，这是党中央对新时代法治中国建设作出全局性、战略性、基础性、保障性安排的纲领性文件。2021 年 8 月中共中央、国务院发布《法治政府建设实施纲要（2021—2025 年）》是其在依法行政、建设法治政府领域具体落实的表现形式。“一规划两纲要”形成了“十四五”时期具有中国特色的社会主义法治建设的系统架构。

《国家积极应对人口老龄化中长期规划》

为积极应对人口老龄化，按照党的十九大的决策部署，2019 年 11 月，中共中央、国务院正式印发《国家积极应对人口老龄化中长期规划》，明确了应对人口老龄化的重要意义和目标任务，而且给出了翔实具体的应对措施，近期至 2022 年、中期至 2035 年、远期展望至 2050 年，以此指导未来 30 年应对人口老龄化的各项政策，是到 21 世纪中叶我国积极应对人口老龄化的战略性、综合性、指导性文件。

取消城区常住人口 300 万以下的城市落户限制

2019 年 12 月 25 日，中共中央办公厅、国务院办公厅印发了《关于促进劳动力和人才社会性流动体制机制改革的意见》，并发出通知，要求各地区各部门结合实际认真贯彻落实。《意见》提出要以户籍制度和公共服务牵引区域流动。全面取消城区常住人口 300 万以下的城市落户限制，全面放宽城区常住人口 300 万至 500 万的大城市落户条件。完善城区常住人口 500 万以上的超大特大城市积分落户政策，精简积分项目，确保社会保险缴纳年限和居住年限分数占主要比例。

《中华人民共和国网络安全法》

信息化时代，网络已深刻地融入社会生活的各个方面，网络安全威胁也随之向各层面渗透，并且已经从线上渗透到线下。为了保障网络安全，维护网络空间主权和国家安全、社会公共利益，保护公民、法人和其他组织的合法权益，促进经济社会信息化健康发展，2016 年 11 月 7 日第十二届全国人民代表大会常务委员会第二十四次会议通过了《中华人民共和国网络安全法》。

长三角一体化上升为国家战略

为更好发挥上海等地区在对外开放中的重要作用，2019 年 12 月 1 日中共中央、国务院印发了《长江三角洲区域一体化发展规划纲要》，并发出通知，要求各地区各部门结合实际认真贯彻落实。《规划纲要》分为发展背景、总体要求、推动形成区域协调发展新格局、加强协同创新产业体系建设、提升基础设施互联互通水平、强化生态环境共保联治、加快公共服务便利共享、推进更高水平协同开放、创新一体化发展体制机制、高水平建设长三角生态绿色一体化发展示范区、高标准建设上海自由贸易试验区新片区、推进规划实施等 12 章。《规划纲要》不仅是指导长三角地区当前和今后一个时期一体化发展的纲领性文件，也是今后长三角地区制定相关规划和政策的依据。

教育部通知

2019 年 3 月，教育部办公厅发布《关于做好 2019 年普通中小学招生入学工作的通知》。《通知》与往年相比有了一些新的变化，特别是对学区的划分，有了更加严格的规定，提出在教育资源不够均衡的地区，稳妥实施多校划片，采取随机派位方式入学。所谓“多校划片”是指一个小区将对应多所学校，采用电脑随机派位的方式安排学生入学。在教育部发布通知后，多个地区积极响应，比如：北京多个区已明确，义务教育入学实行多校划片；福州等多个地区也专门发文，2019 年起在部分中小学开始试点多校划片。

新《个人所得税法》实施

2018年8月31日，第十三届全国人大常委会第五次会议通过了新《中华人民共和国个人所得税法》。新《个人所得税法》建立了综合与分类相结合的个人所得税制，对部分劳动性所得实行综合征税，优化并调整了税率结构，提高了综合所得基本减除费用标准，设立了专项附加扣除项目，并相应健全了个人所得税征管制度。为保障新《个人所得税法》顺利实施，国务院于2018年12月18日公布了新的《个人所得税法实施条例》。新《个人所得税法实施条例》自2019年1月1日起施行。

武汉封城决定

为全力做好新型冠状病毒感染的肺炎疫情防控工作，有效切断病毒传播途径，坚决遏制疫情蔓延势头，确保人民群众生命安全和身体健康，现将有关事项通告如下：

自2020年1月23日10时起，全市城市公交、地铁、轮渡、长途客运暂停运营；无特殊原因，市民不要离开武汉，机场、火车站离汉通道暂时关闭。恢复时间另行通告。

恳请广大市民、旅客理解支持！

武汉市新型冠状病毒感染的肺炎疫情防控指挥部

2020年1月23日

防疫期间全国收费公路免收车辆通行费

经国务院同意，交通运输部印发通知，自2020年2月17日零时起至疫情防控工作结束，全国收费公路免收车辆通行费。具体截止时间另行通知。这是中央政府出于公共利益考虑做出的一项重大决定。

以上内容包括党和政府领导人的重要讲话，国家重要战略，国家大型发展规划，中共中央文件和国务院公布的文件，中央政府部门和地方政府出台的一些规定、办法和行政应急[①]措施，以及全国人民代表大会通过的法律。笼统地讲，它们都属于公共政策的范畴。

如果对具体的政策表现形式做抽象的概括，就可以给出一个比较简明的公共政策定义：所谓公共政策实际是指政府的行为，即政府选择做的事情。[②] 其实，政府要做的事情很多，管理社会内部事务，解决社会矛盾与冲突；组织动员社会力量协同对外；向社会成员提供象征性奖励和物质性服务；以税收形式从社会中汲取资金；等等。因此，公共政策涉及许多的领域，是一个范围很宽的概念。

专栏

政 府

政府是一个国家为维护和实现特定的公共利益，按照区域划分原则组织起来的，以暴力为后盾的政治统治和社会管理组织。政府有广义和狭义之分。

---

① 行政应急是指关于国家行政机关行使应急职权以控制和消除突发公共事件的制度。行政机关管理的行政事务，大体上可以分为正常社会状态下的行政事务和非常社会状态下的行政事务，行政应急是为管理和控制非常状态下行政事务的制度。

② 戴伊. 理解公共政策：第12版. 谢明，译. 北京：中国人民大学出版社，2011：1.

广义的政府是指国家的立法机关、行政机关和司法机关等公共机关的总合，代表着社会公共权力，从这个意义上说，政府是国家权威的象征，是公共权力的载体和表现形式。狭义的政府是指国家权力机关的执行机关，是国家政权机构中的行政机关，即一个国家政权体系中依法享有行政权力的组织体系。

《中华人民共和国宪法》第五十八条规定，全国人民代表大会和全国人民代表大会常务委员会行使国家立法权。第八十五条规定，中华人民共和国国务院，即中央人民政府，是最高国家权力机关的执行机关，是最高国家行政机关。

我国国家行政机关的组织结构如下：

(1) 行政机关的纵向结构。

国务院（中央人民政府），国务院有部（委）、司（局）、处（室）等；

省级人民政府，省级人民政府有厅（局）、处（室）、科等；

县级人民政府；

乡（基层）人民政府。

(2) 行政机关的横向结构。

按职权分为一般权限机关与专门权限机关，前者的权限是全面的，后者是局部的，前者的权限涉及各个行政领域和各种行政事务，后者只涉及特定行政领域和特定行政事务。

按行政管理环节分为决策机关、执行机关、监督机关、咨询机关。

1.1.2 公共政策的概念梳理

公共政策具有明显的跨学科特征并被广泛应用于社会各个领域，不同的研究者会从不同的分析角度，应用不同的理论和方法去研究不同的政策现象，而不同的公共政策实践亦需要具有针对性很强的、不同的公共政策理论与方法，这就使得对公共政策概念的解释达成一致遇到一些麻烦。在学术领域，人们对公共政策含义的理解分歧颇多，并没有形成一致的界定。下面介绍的是一些颇具代表性的观点。

美国学者伍德罗·威尔逊（Woodrow Wilson）认为，公共政策是由政治家（具有立法权者）制定的并由行政人员（国家公务人员）执行的法律和法规。这一定义主要是从政策制定和政策执行的角度对公共政策进行界定，并借助政策的概念解释了政治和行政的不同，对理解公共政策具有重要的启发意义。①

美国政治学家哈罗德·拉斯韦尔（Harold D. Lasswell）在政策科学创立之初就曾提出，公共政策实际是“一种含有目标、价值和策略的大型计划”。这一定义突出了公共政策的设计功能及目标取向，强调了理性的政策制定通常应有科学的论证和合理的程序。②

美籍加拿大学者戴维·伊斯顿（David Easton）在《政治系统》（1953）一书中，确定了政治系统的概念。他认为，政治系统是一个对社会进行权威性价值分配的行为系统，它

---

① 伍启元. 公共政策：上册. 台北：台湾商务印书馆，1985：4.

② LASSWELL H D，KAPLAN A. Power and society. N. Y.：McGraw-Hill Book Co.，1963：70.

由整个政治活动组成，并以人际互动为基本单位。政治系统的主要功能是根据社会系统的需要，通过政策的制定和执行对全社会的价值进行权威性的分配。而这种权威性的政策制定和执行其实是一种政治现象。① 伊斯顿还著有《政治生活的系统分析》(1965)、《政治体系：政治学状况研究》(1971) 等著作。他对政策概念的解释主要出于传统政治学原理的视角，侧重于公共政策的价值分配功能。其中所涉及的“价值”应从广义去理解，它是指所有有价值的东西，不仅包括实物、资金和知识，还包括权力、声誉和服务。这种理解隐含了一个最基本的政治学假设，即利益及利益关系是人类社会活动的基础，而政府的基本职能就是对利益进行社会性的分配。公共政策是政府进行社会性利益分配的主要形式，即决定什么人取得什么和取得多少。

美国学者托马斯·戴伊（Thomas R. Dye）在《理解公共政策》一书中明确指出：“公共政策是政府选择做的或选择不做的事情。”这一定义侧重了政府的作为和无为，突出了公共政策的行为特征，说明公共政策不仅涉及政府所采取的行动，而且涉及政府决定停止的行动和根本不去做的事情。②

美国学者罗伯特·艾斯通（Robert Eyestone）在《公共政策的思路：对政策领导的研究》(1971) 一书中指出，“从广义上讲”，公共政策就是“政府机构与其周围环境之间的关系”③。这种理解是从政治系统角度认识公共政策，认为公共政策是政府与其环境互动的结果，突出了环境因素的作用，强调了政治系统的功能。

英国学者理查德·罗斯（Richard Rose）在《英国的政策制定》(1969) 一书中提出，不应该把公共政策只看作某个孤立的决定，而应把它看作由“或多或少有联系的一系列活动所组成的一个较长的过程”，以及这些活动对有关事物的作用和影响。④ 尽管罗斯的定义并不十分明确，但它却包含了一种很有价值的见解，即公共政策是一个活动过程或一种活动方式，而不仅仅是一个关于做什么事的决定。

美国学者斯图亚特·内格尔（Stuarts S. Nagel）认为，公共政策是政府为解决各种各样社会问题所做出的决定。政策研究是对公共政策的性质、原因及效果进行的研究。⑤ 内格尔的这种观点突出了公共政策的问题导向及实践特征。

以色列学者叶海卡·德罗尔（Yehezkel Dror）在《公共政策制定的再审查》(1968) 一书中强调，政策就是在指导社会行动的主要方案之间进行选择的结果。⑥ 这种观点甚至可以追溯到古希腊和欧洲文艺复兴时期的政治理论。从选择的角度而言，德罗尔认为政策作为一种理念，可以从重商主义者的论著中得到启示，换句话讲，所谓决策就是从个人立场出发，做出最大价值的选择。

美国学者查尔斯·柯克兰（Charles L. Cochran）和埃洛伊丝·马龙（Eloise F. Ma-

---

① EASTON D. The political system：an inquiry into the state of political science. N. Y.：Knopf，1953：129.

② 戴伊. 理解公共政策. 台北：韦伯文化事业出版社，1999：2.

③ EYESTONE R. The threads of public policy：a study in policy leadership. Indianapo-lis：The Bobbs-Merrill Company Inc.，1971.

④ ROSE R. Policy-making in Britain：a reader in government. London：Macmillan，1969.

⑤ 内格尔. 政策研究百科全书. 林明，等译. 北京：科学技术文献出版社，1990：7.

⑥ DROR Y. Public policymaking reexamined. San Francisco，CA：Chandler Publishing Company，1968.

lone）在《公共政策：展望与选择》（1999）一书中提出，公共政策概念源于政治学。[①] 从广义上说，对公共政策的研究可以追溯到人类文明的起源，但只是在 20 世纪 60 年代中期公共政策才成为政治学的一个附属学科，常被人们称为应用政治学。研究公共政策其实就是研究政府的决定及其旨在处理公共问题的行动。

美国学者詹姆斯·安德森（James E. Anderson）在《公共政策制定》（2003）一书中指出：公共政策是一个或一组行动者为解决一个问题或相关事务所采取的相对稳定的、有目的的一系列行动。[②] 这种定义更关注政府实际所做的事情，而不是那些仅仅被提出或打算去做的事情。此外，它还区分了政策与决策的不同。决策本质上是指在众多预案中做出特定的选择，而政策明显带有过程的特征。

台湾学者伍启元先生在《公共政策》（1985）一书中提出："公共政策是政府所采取的对公私行动的指引；公共政策是将来取向的；公共政策是目标取向的；公共政策是与价值有密切关联而受社会价值影响的；公共政策是由政府或有决策权者所采取或选择的；公共政策是具有拘束性而为大多数人所接受的行动指引。"[③]

1.2　为什么要研究公共政策

在现代这个复杂的社会里，公共政策可以说无处不在，如影相随，已经渗透到生活的各个层面。它们有时对你有利，有时对你不利，不仅能引起愉快和欢乐，也会带来烦恼和痛苦，对大家的生活和情感都有着重要的影响。人们到医院看病，会受制于医疗卫生政策；孩子进入学校读书，受益于国家的教育政策；出门旅行、开车上路，需要遵守交通管理规定；结婚生子不能违反计划生育政策；新冠肺炎疫情来袭，各地紧急启动应急措施……政策与我们大家形影不离、息息相关。

概括来看，研究公共政策的缘由主要表现在科学、专业和政治三个方面。

从科学角度而言，分析公共政策的成因与结果，有助于增进社会领域的知识，有助于了解社会与经济、政府与环境、问题与回应、政治与政策等多方面因素的互动关系，有助于增进人们对政治行为和政府治理的理解，从而加深对公共政策本质和规律的认识。公共政策是一门综合性的学科，它涵盖了社会学、经济学、政治学、历史学、心理学、人类学、法学和行政学等学科的理论与方法。公共政策领域的研究成果会极大扩展社会科学的广度和深度。

20 世纪 50—60 年代是西方政策科学的初创时期。1951 年，美国著名政治学家哈罗德·拉斯韦尔和拉纳合编的《政策科学：范围与方法的新近发展》一书正式出版，提出了"政策科学"（policy science）这一概念，标志着政策科学的诞生。由此，拉斯韦尔本人被誉为"现代政策科学的创立者"。公共政策作为一门年轻的学科，初期的推动在相当

---

① COCHRAN C L，MALONE E F. Public policy：perspectives & choices. Second Edition. Boston：McGraw-Hill College，1999.

② ANDERSON J E. Public policymaking. Fifth Edition. Boston：Houghton Mifflin Company，2003：2.

③ 伍启元. 公共政策：上册. 台北：台湾商务印书馆，1985：4.

大的程度上得益于叶海卡·德罗尔的工作。从1968年至1971年，他发表了政策科学三部曲——《公共政策制定的再审查》《政策科学探索》《政策科学构想》，提倡系统研究方法，确立了包含12项内容的总体政策论，为政策科学的发展做出了杰出贡献。以德罗尔为代表的一派政策科学家的理论观点逐渐成为政策科学的基本范式。

专栏

科学究竟是什么？

《科学究竟是什么》一书是科学哲学领域的必读书之一。作者查尔默斯在书中介绍了归纳主义科学观、否证主义科学观、结构主义科学观、贝叶斯主义科学观等多种科学思想，试图通过对不同科学思想的梳理，来考察科学的本质究竟是什么，科学到底有哪些特别之处。

不同的科学思想对科学的定义不同，对科学本质的描述也各有侧重。在归纳主义科学观看来，科学是对事实进行归纳推理之后所得到的理论，这种接近常识的科学观有力地推动了现代科学的发展。在否证主义科学观看来，可以被检验的理论才能被叫作科学，而且它有可能被证明是错的。如果一个理论无法被检验，或者无论怎么说都有道理，那一定是伪科学。在结构主义科学观看来，一门科学是遵循同一范式的多个理论的集合，有核心范式的理论，就可以进行常态科学的研究，可以发展，没有核心范式的理论一定不是科学。在贝叶斯主义科学观看来，科学理论的对错未必是绝对的，而是一个概率问题。我们不仅可以利用计算得出理论成立的概率，而且可以根据新证据对理论的支持程度来调整这个概率。

从专业角度而言，掌握公共政策的理论与方法能够使人们应用科学知识解决实际问题。换句话讲，政策分析（policy analysis）能够产生专业性建议，通过对问题的分析和描述，提供行之有效的解决办法。无论是政府内部还是政府外部的政策研究组织（脑库、智库或思想库等分析机构）通常都更关心如何使理论与实践相结合，怎样用政策知识解决具体问题，怎样提供有效的专业咨询，而不是专注于理论的研究和学科的拓展。

在最近几十年中，越来越多的政策分析从业人员把经济理论和数学、统计学的分析技术应用于政策分析实践。由此，政策分析确立了自己最基本的应用方向，即确定现有问题（如空气污染和生活垃圾的处理）并寻求最有效的解决方案（产生最大社会净收益的方案）。政策评估（policy evaluation）往往被视为政策分析的衍生物，它评价政策在多大程度上实现了它们的目标以及产生了什么样的社会效应。

专栏

人工理性

公元1608年的一天，英国国王詹姆士一世到皇家法院视察。忽然他心血来潮，提出要亲自审理案件。令国王大感吃惊的是，首席大法官爱德华·柯克断然拒绝了。国王十分不悦，质问缘由。柯克大法官据理力争道："诚然，上帝赋予了陛下超凡的天赋和卓越的才能，但陛下对法律并无研究。凡涉及臣民生命、财产、继承权等方面的诉讼，并非是按照自然理性和世俗惯例来裁决，而是要按照人工理性和法律程序来审理。法律是一个专业，需要经过长期的学习和实践，在尚未达到专业水准之前，任何人都不能从事案件的审判。"

柯克大法官的这段话看似平常，却字字珠玑，被载入了法制史册，成为法律职业化的一个重要标志。据说在美国联邦最高法院，通往法庭有两扇厚重的铜门，这两扇大门各嵌有四帧浮雕，它们记载着西方法律发展史上的一些重大事件。而右侧那扇门上第二帧浮雕，镌刻的就是英国大法官柯克与英国国王詹姆斯一世发生争执的故事。

从政治角度而言，政策不仅是为了科学和专业而存在，而且在政治领域也具有举足轻重的地位和作用。它通过提供政治讨论的素材，促进政治意识的提高与政治观念的形成，从而完善政策制定过程，提高公共政策质量。当然，政治领域不存在价值中立，人们在判断什么样的政策"正确"、什么样的目标"合理"时，必然会产生大量的分歧。政策理性有助于化解分歧，促进政治沟通。

有很多人希望从事"政策建议"（policy recommendation）的工作，希望利用公共政策的知识来规划和推动那些他们认为是"好"的和"正确"的公共政策，即那些服务于他们自身目标、团体目标或社会目标的政策。他们可能自称是自由主义者、保守主义者、自由意志论者，因而在什么叫"好"、什么叫"对"、什么叫"公平"、什么叫"效率"方面存在巨大的分歧。一般而言，政策建议者的调查努力经常因价值因素而被扭曲，因为他们总是基于自己的偏好搜集数据和进行分析。政策建议强调更多的是政治因素或政治问题。相比之下，政策研究则更具有客观基础和公正动机。相比前瞻性的政策建议，回溯性的政策研究更能发出理性的声音，它对平衡政治利益上的冲突具有更为长远的意义。

专栏

政治是什么？

政治是什么？它的过去、现在和将来怎么样？我们如何对待政治？肯尼斯·米诺格的《当代学术入门：政治学》一书从历史和现实、理论和实践的角度，系统地阐释了这些政治学中的基本问题，从而给读者一个简短的引导，是一本经典的政治学入门著作。在书中，作者向读者推荐了一些政治学的经典书目：柏拉图的《理想国》、亚里士多德的《政治学》、马基雅维利的《君主论》、霍布斯的《利维坦》、洛克的《政府论》、卢梭的《社会契约论》、埃德蒙·伯克的《法国大革命沉思录》（《法国革命论》）、约翰·斯图亚特·穆勒的《论自由》、马克思和恩格斯的《共产党宣言》、托克维尔的《论美国的民主》（《民主在美国》）等。

1.3 公共与私人——从公共角度理解公共政策

专栏

公地悲剧

公地悲剧（tragedy of commons）是指如果一种资源没有排他性的所有权，就会导致这种资源的过度使用。公地悲剧是哈丁（Garrett Hardin）于1968年在《科学》杂志上发表的文章《公地悲剧》（Tragedy of Commons）中提出的。哈丁说："在共享公有物的社会中，每个人，也就是所有人都追求各自的最大利益。这就是悲剧的所在。每个人都被锁定在一个迫使他在有限范围内无节制地增加牲畜的制度中。毁灭是所有人都奔向的目的地。因为在信奉公有物自由的社会当中，每个人均追求自己的最大利益。公有物自由给所有人带来了毁灭。"

英国曾经有这样一种土地制度——封建主在自己的领地中划出一片尚未耕种的土地作为牧场（称为"公地"），无偿向牧民开放。这本来是一件造福于民的事，但由于是无偿放牧，每个牧民都养尽可能多的牛羊。随着牛羊数量无节制地增加，公地牧场最终因"超载"而成为不毛之地。

公地悲剧在英国是和"圈地运动"联系在一起的。15—16世纪的英国，草地、森林、沼泽等都属于公共用地，耕地虽然有主人，但是庄稼收割完以后，也要把栅栏拆除，敞开作为公共牧场。由于英国对外贸易的需求增加，养羊业飞速发展，于是大量羊群进入公共草场。不久，土地开始退化，"公地悲剧"出现了。于是一些贵族通过暴力手段非法获得土地，开始用围栏将公共用地圈起来，据为己有，这就是历史书中讲到的臭名昭著的"圈地运动"。"圈地运动"使大批的农民和牧民失去了维持生计的土地，历史书中称之为血淋淋的"羊吃人"事件。但是书中没有提"圈地运动"的阵痛过后，英国人惊奇地发现，草场变好了，环境恢复了，英国人作为整体的收益提高了。由于土地产权的确立，土地由公地变为私人领地的同时，拥有者对土地的管理更高效了。为了长远利益，土地所有者会尽力保持草场的质量。同时，土地兼并后以户为单位的生产单元演化为大规模流水线作业，劳动效率大为提高。英国正是从"圈地运动"开始，逐渐步入世界强国行列的。

何谓"公共"？这看似是一个不难回答的问题，但实际并非如此。"公共"一词是日常生活中人们常挂在嘴边的字眼，如公共部门、公共利益、公共舆论、公共物品、公共职能、公共权力、公共服务、公共场所、公共卫生、公共交通、公共教育、公共假日等。

上述这些约定俗成的术语，体现了人们对"公共"概念的基本共识。的确，公共政策所要介入的正是以上这些被称为公共的事务或领域。一般而言，建立公共理念的先决条件是：日常生活中存在一个不是私人或纯粹个人的，而是需要大家共同参与和处理的领域及范围。公共活动是人类活动的一个重要方面，这种活动具有十分显著的社会性特征，它与私人性质的活动具有本质性的区别。首先它需要具备大家共同参与的条件，其次它要求公共机构（政府部门）进行规范或干预。

显而易见，讨论“公共”就不可能不涉及“私人”，两者在概念和实践层面的对立带给社会科学家无尽的思考。要深入理解公共概念的实质性内涵就不得不从公私关系这一层面加以剖析。那么应该怎样处理二者之间的关系呢？这个问题对任何一个研究政治理论特别是公共政策的学者而言，都再熟悉不过了。然而，它却是一个不朽的研究课题，在历史的不断争论中得到演变和发展。19 世纪影响力很大的古典自由主义思想家约翰·斯图亚特·穆勒（John Stuart Mill）在《论自由》（*On Liberty*）一书中通过厘清“群”“己”权界，来谋求公与私的界限，提出了“不伤害原则”。穆勒把社会控制和个人自由之间的界限概括为“不伤害”，即：个人的行为只要不涉及自身以外什么人的利害，个人就不必向社会负责和交代；关于对他人利益有害的行为，个人则应当向社会负责和交代，并且还应当承受或是社会的或是法律的相应惩罚，假如社会的意见认为需要用这种或那种惩罚来保护它自己的话 。“不伤害”实际上是一体两面，既明确了个人自由的界限，同时也明确了社会控制的界限。

然而，从理论与实践的角度来看，公与私的关系表现得极为复杂，两个领域的相互纠缠常常会使人感到眼花缭乱、无所适从。的确，正像一些政治理论家所强调的那样，就两者关系的协调而言，并不存在一元化的途径和方法。从历史和现代的大量文献中可以发现，为了寻求解决或调解公私间的矛盾和冲突，人们已经进行了艰苦不懈的努力，提出了许多非常有价值的学术观点和理论。这些为寻求缓解冲突的有效机制所做的前期探索，在当今的政治思想领域仍留有阵阵回声。

1.3.1 公共物品

公共物品的分析是公共选择理论的一项重要内容。这个分析架构是通过透视“物品”这样一个概念分析公共与私人领域的有关问题。

所谓公共物品（public goods）是指那些能够被所有人得到的物品或服务。换句话讲，如果把公共物品提供给任何一个人，那么也必须提供给所有的人。对单一消费者而言，该物品或服务的成本要远远高于其价值。所谓私人物品（private goods）则是指那些通过市场选择而被个人消费的物品，而且只有那些为之付费的人才有权利对其进行支配。萨缪尔森认为，公共物品的主要特征表现为它的不可分割性，也就是说，它面向所有人，不具有排他性。而私人物品却不是这样，它带有明显的排他性特征。公共物品用税收和借贷的方式予以支付，它们的价格表现在资助其生产所要求的征税水平，而私人物品则是通过在市场条件下运行的价格体系予以支付的。

从广义角度来看，公共选择问题的确会涉及公共或私人物品的确定。比如，在一些国家，健康政策适用于大范围的公共领域，所有的市民都可以得到这种关心；而在另一些国家，主导形式却是私人关心和健康保险。再如，在一些国家，公共交通业由国家进行高额补贴；而在另一些国家，票价则完全由市场决定。所以，在解决什么是公共领域这样一个问题时，公共与私人物品的两分法能够提供一些有效的帮助。然而，什么才会被认为是公共物品，这个问题从 20 世纪 60 年代开始就一直是经济学家们争论的焦点。比如，布坎南在1968年就曾对萨缪尔森1954年所提出的公共物品这个概念的纯正性提出质疑。他认为，很多物品都难以进行非常清晰的界定，一些公共物品同样具有一定程度上的排他性。对此，布坎南提出了一种俱乐部理论，他认为俱乐部形式的存在能够通过一种收取费用的机制排除部分公共成员的参与。这种理论的出现代表了公私问题争论中一个非常重要的方面。它告诉人们这样一个事实：纯粹的公共物品毕竟是少数，更多的则是“准公共物品”或不纯粹的公共物品。如果从公共物品纯粹性的观点出发，那么公共政策的确就该对什么是公共的、谁提供的、谁付的钱、怎样付的、付给谁了这类问题加以确认。从理论上讲，只要承认一种服务是公共的，它就应该由国家来承担，而且要对所有人开放，但实际情况并非如此，公共物品的纯粹性在实践中受到严峻挑战。一种公共物品尽管需要遵从萨缪尔森建立的标准，但得到它的人也应符合政策所确立的标准，即利益仅仅能分配给限定的群体或具有一定类型的人。那些所谓具有价值的公共物品或服务将会当场排除部分社会成员，这是因为他们根本不具备参与分配的资格与条件。换句话讲，公共物品或服务经常仅有利于社会中某些团体和个人，有时还需要通过付费的形式或按照一定的价值标准定额定量地分配。如果单纯从物品角度考虑问题的话，公与私的概念难有一元化的解释。二者之间呈现出一种相互渗透、相互重叠的关系。

专栏

美国小镇的烟火表演

烟火表演这种物品没有排他性，因为要排除任何一个人观看都是不可能的。而且，它也没有竞争性，因为一个人观看烟火表演，并没有减少其他任何一个人观看。

美国一个小镇的居民喜欢在7月4日国庆日观看烟火表演。根据经验，全镇500个居民中的每个人对观看烟火表演都给予了10美元的估价。烟火表演的成本为1 000美元。由于5 000美元的利益大于1 000美元的成本，小镇居民在7月4日国庆日观看烟火表演应该说是有效率的。

私人市场能提供有效率的结果吗？也许不能。设想一下，这个小镇的企业家艾伦决定举行一场烟火表演。艾伦肯定会在卖出这场晚会的门票时遇到麻烦，因为他的潜在顾客很快就会想到，他们即使不买票也能够看到烟火表演。烟火表演没有排他性，因此，人们会受到“搭便车”的激励。所谓“搭便车”就是得到一种物品的收益却避开了为此支付费用。

说明这种市场失灵的一种方法是，它的产生是由于外部性。如果艾伦举行烟火表演，他就给那些不交钱看表演的人提供了一种外在收益。然而，当艾伦决定是否举行烟火表演时，他并不会考虑这种外在收益。尽管从社会角度来看烟火表演是合意的，但从私人角度来看无利可图。结果，艾伦做出不举行烟火表演这种从个人角度来看无利可图的决策。

尽管私人市场不能提供小镇居民需要的烟火表演，但解决小镇居民这个难题的方法是显而易见的：当地政府可以赞助7月4日的庆祝活动；镇委员会可以向每个人增加2美元的税收，并用这笔收入雇用艾伦提供烟火表演。小镇上每个人的福利都增加了8美元——烟火的估价10美元减去税收2美元。尽管艾伦作为一个私人企业家不能做这件事，但作为政府雇员他可以帮助小镇达到有效率的结果。

小镇的故事是老生常谈，但也是现实的。实际上，美国许多地方政府都在7月4日放烟火。而且，这个故事说明了公共物品的一个一般性结论：由于公共物品没有排他性，“搭便车”问题就排除了私人市场提供公共物品。但是，政府可以有效地解决这个问题。如果政府确信，总收益大于成本，它就可以提供公共物品，并用税收为它提供支付，这可以增加社会的福利。

资料来源：曼昆．经济学原理：第5版．梁小民，梁砾，译．北京：北京大学出版社，2009：234-235.

1.3.2 公共职能

公共职能问题是政策讨论中一个引起广泛争论的焦点问题，同时也是公私冲突表现的一个重要方面。公共职能是政府依法对国家和社会公共事务进行管理时应承担的职责和所从事的活动。它主要包括下列内容：

1. 政治职能

政治职能，亦称统治职能，即对外保护国家安全、对内维持社会秩序的职能。主要涉及四个方面：（1）军事保卫职能，即维护国家独立和主权完整、保卫国防安全、防御外来侵略的职能。（2）外交职能，即通过政府的外交活动，促进本国与世界其他各国正常的政治、经济往来，建立睦邻友好关系，促进国与国之间互惠互利，反对强权政治，维护世界和平等方面的职能。（3）治安职能，即维持国家内部社会秩序、镇压叛国和危害社会安全的活动、保障人民的政治权利和生命财产安全、维护宪法和法律尊严的职能。（4）民主政治建设职能，即通过政府活动，推进国家政权完善和民主政治发展的职能。

2. 经济职能

经济职能是指政府为国家经济的发展，对社会经济生活进行管理的职能。主要涉及三个方面：（1）宏观调控职能，即政府通过制定和运用财政税收政策和货币政策，对整个国民经济运行进行间接的、宏观的调控。（2）提供公共产品和服务职能。政府通过政府管理、产业政策的制定、计划指导、就业规划等方式对整个国民经济实行间接控制；同时，还要发挥社会中介组织和企业的力量，与政府一道共同承担提供公共产品的任务。（3）市场监管职能，即政府为确保市场运行畅通、保证公平竞争和公平交易、维护企业合法权益而对企业和市场所进行的管理和监督。

3. 文化职能

文化职能是指政府为满足人民日益增长的文化生活的需要，依法对文化事业所实施的管理。它主要涉及四个方面：(1) 发展科学技术的职能，即政府通过制定科学技术发展战略，加强对重大科技工作的宏观调控，做好科技规划和预测等工作，重视基础性、高技术及其产业化研究。一般的科技工作主要依靠市场机制来推动。(2) 发展教育的职能，即政府通过制定社会教育发展战略，优化教育结构，加快教育体制改革，逐步形成政府办学与社会办学相结合的新体制。(3) 发展文化事业的职能，即政府通过制定各种方针、政策、法规等，引导整个社会文学艺术、广播影视、新闻出版和哲学社会科学研究等各项事业健康繁荣地发展。(4) 发展卫生体育的职能，即政府制定各种方针、政策、法规等，引导全社会卫生体育事业的发展。

4. 社会职能

社会职能是指除政治、经济、文化职能以外政府必须承担的其他职能。它主要涉及四个方面：(1) 调节社会分配和组织社会保障的职能，即政府为保证社会公平、缩小地区发展差距和个人收入差距，运用各种手段来调节社会分配、组织社会保障，以提高社会整体福利水平，最终实现共同富裕。(2) 保护生态环境和自然资源的职能，即政府通过各种手段，对因经济发展、人口膨胀等因素所造成的环境恶化、自然资源破坏等进行恢复、治理、监督、控制，从而促进经济的可持续发展。(3) 促进社会化服务体系建立的职能，即政府通过制定法律法规、政策扶持等措施，促进社会自我管理能力的不断提高。(4) 提高人口质量，实行计划生育的职能。计划生育是中国的一项基本国策，也是关系到国家长远发展的一件大事，因此中国政府应加强对计划生育工作的管理，包括计划生育的法制建设，方针、政策的制定，规划组织计划生育科学研究，加强计划生育的宣传、咨询和技术服务工作。

专栏

基本公共服务均等化

所谓基本公共服务是指建立在一定社会共识基础上，根据一国经济社会发展阶段和总体水平，为维持本国经济社会的稳定、基本的社会正义和凝聚力，保护个人最基本的生存权和发展权，为实现人的全面发展所需要的基本社会条件。基本公共服务包括三个基本点：一是保障人类的基本生存权（或生存的基本需要）。为了实现这个目标，政府及社会要为每个人都提供基本就业保障、基本养老保障、基本生活保障等。二是满足基本尊严（或体面）和基本能力的需要。政府及社会要为每个人都提供基本的教育和文化服务。三是满足基本健康的需要。政府及社会要为每个人提供基本的健康保障。随着经济的发展和人民生活水平的提高，一个社会基本公共服务的范围会逐步扩展，水平也会逐步提高。

一般地说，基本公共服务均等化是指政府要为社会成员提供基本的、与经济社会发展水平相适应的、能够体现社会公平正义原则的大致均等的公共产品和服务，这是人们生存和发展最基本的条件的均等。从我国的现实情况出发，基本公共服务均等化的内容主要包括：一是基本民生性服务，如就业服务、社会救助、养老保障等；二是公共事业性服务，如公共教育、公共卫生、公共文化、科学技术、人口控制等；三是公益基础性服务，如公共设施、生态维护、环境保护等；四是公共安全性服务，如社会治安、生产安全、消费安全、国防安全等。这些基本公共服务做好了，才能使全体社会成员共同享受改革开放和社会发展的成果。

我国政府提出了基本公共服务均等化的目标，但在操作层面必须明确界定基本公共服务的内容。从我国的现实看，可以运用基础性、广泛性、迫切性和可行性四个标准来界定。所谓基础性，是指那些对人类发展有着重要影响的公共服务，它们的缺失将严重影响人类发展。所谓广泛性，是指那些影响全社会每一个家庭和个人的公共服务供给。所谓迫切性，是指事关广大社会成员最直接、最现实、最迫切利益的公共服务。所谓可行性，是指公共服务的提供要与一定的经济发展水平和公共财政能力相适应。

从上述标准判断，义务教育、公共卫生和基本医疗、基本社会保障、公共就业服务是广大城乡居民最关心的公共服务，是建立社会安全网、保障全体社会成员基本生存权和发展权必须提供的公共服务，是现阶段我国基本公共服务的主要内容。

1.3.3 公共问题

毫无疑问，有些问题具有私人性质，有些问题具有公共性质。公共政策要处理的是公共问题而不是私人问题，其中的道理就是政府职能应该是有限的，不应该是无限的。任何问题，都可以从私人性和公共性两方面做出区分。政府要管具有公共性质的问题，尽量不要去干涉私人性质的问题。政府不是全能的，不能什么都去管，如果什么都管，一定是管不了也管不好的。

一个人来到一个新地方找不到路，那是他个人的困惑，但如果大家到这里后都找不到路，那就是公共问题，政府有责任想办法帮助解决这类问题。比如，设个路标或找人指路等；一个人对某种社会现象表示不满，那是他个人的心理感受，但如果大家都对此表示不满，那政府部门就不能听之任之了；一个人看病挂不上号，那是他个人的烦恼，但如果大家看病挂号都有困难，那政府部门就需要认真对待，并采取必要的应对措施。

当然，公共问题与私人问题是可以相互转化的。在社会冲突的呈现过程中，公共问题往往由私人问题引发，并由许多具有共性的私人问题涌现[①]而成。而在社会发展过程中，许多公共问题的公共性质也可能会退化消失，公共问题逐渐转化成为私人问题。因此，对私人问题的公共化和公共问题的私人化要辩证理解和认真分析，正确处理好公共问题与私人问题的界限模糊性问题。

① 涌现通常是指多个要素组成系统后，出现了系统组成前单个要素所不具有的性质。

专栏

个人困扰与公共议题（personal trouble & public issue）

赖特·米尔斯（Wright Mills）的《社会学的想象力》（1997）被国际社会学会选为20世纪最具影响力的十部社会学著作之一，位列第二，仅次于马克斯·韦伯的《经济与社会》。米尔斯在书中从个人困扰看公共议题。他认为当个人困扰上升到社会问题（公共问题）时，就需要靠社会的力量化解。他在书中给了一个“失业”的示例：当一座10万人口的城市只有一个人失业时，那么这是他的个人困扰，需要了解这个人的品行、技能、机遇等；但是如果一个有5 000万雇佣大军的国家，有1 500万人失业，这就是一个公共议题了，不能再指望从个体身上找出解决办法，而必须考虑社会的经济和政治制度。该示例表明，单一的个人困扰在社会成员中累积到一定规模和程度时，就会转化为公共议题，引发社会的关注。换句话讲，为数众多的个人困扰是公共议题产生的前提，其中涉及一个阈值问题，即超过多少百分比的个人困扰可以成为社会问题。

1.3.4　公共利益

虽然自古以来国家的形式变化多样，对国家存在的理由也有不同的解释，但毫无疑义的是公共利益能够有效解释国家存在的正当性。公共利益概念是界定政府行为（公共政策）必要性的主要界限，是把握公共政策目标性的主要依据。

一般认为，公共利益是指一定范围内不特定多数人的共同利益。它包括国家利益、阶级利益、民族利益、集体利益在内的公共物质利益和精神需要。如果要正确界定公共利益，通常要遵循以下四项基本标准：公共、合理、正当、公平。

其一，公共。较私人利益而言，公共利益首先是一种公众利益，受益主体具有普遍性或不特定性的显著特点；同时这种利益的实现主要依赖以政府为代表的公共选择机制，一般难以通过市场等私人选择机制来实现。

其二，合理。由于一种公共利益的实现经常是以其他公共利益和私人利益的减损为代价的，因此在界定公共利益时就应当遵循合理性原则（或者比例性原则）：要对局部公共利益与整体公共利益、短期公共利益与长期公共利益加以权衡；对可能减损的私人利益与可能增长的公共利益加以权衡；对实现公共利益的不同方式加以权衡。通过这些权衡，最大限度地避免因小失大。

其三，正当。公共利益的界定事关广泛的公众利益，政府机关应当广泛听取、充分尊重公众意见，保证公共利益界定基于广泛的民意之上。参与是民主的重要特征，程序是民主的有效保证。

其四，公平。公共利益是一种公众利益，如果以减损少数人的私人利益却又不给予必要补偿的方式来增进公共利益，就会有违公共政策的正义和公平原则。这种补偿应当是一种得失相当的公平补偿和合理补偿，而不能只是强制性和象征性的“适当补偿”或者弹性很大的“相应补偿”。

专栏

拆迁之惑

美国“9·11”事件的焦点——世贸大楼的所在地以前是纽约市著名的电子一条街，有着几百家店铺。1962年，纽约市在这里开始了世贸大楼的征地行动，但遭到了几百家店铺业主的反对，政府与业主的官司一直打到了美国最高法院，最终业主们输了。因为大法官最终裁定该地建设的世贸大楼符合公共利益：该商业区毗邻华尔街和纽约港，该地段是美国乃至世界经济的象征，世贸大楼的修建将吸引全世界对美国的投资，会给纽约乃至美国带来更大的繁荣，而几百家店铺却不能够做到这一点。可见，公共利益需要明晰化，需要一个理由充分的解释，如此方能合理推进城市建设和改造，取得公众最大限度的认同。

1.3.5 公共权力

公共权力一般指由立法、行政、执法、司法等国家和社会的公共机构行使的权力，它在保证社会稳定、维持良性互动和促进经济发展方面发挥着任何非公共的私人权力都无法取代的重要作用。也正因为如此，相对于非公共领域的团体或个人而言，公共权力往往处于明显的优势地位。然而，“政府不是天使”，“公共权力是一把双刃剑”，公共权力不可避免地要交由具体的机构或个人去行使。这样，“执行公务”时便会出现实体上的公共性与形式上的私人性之间的矛盾，所以不可避免地会出现扩展权力的冲动和角色表现的悖论。因此，为了有效抑制这种非理性的冲动和角色的错位，就应该为公共权力划定法律界限。对私人权利而言，“法无禁止即自由”；对公共权力而言，“法无授权即禁止”。这是法治社会的基本理念。只有对公共权力实施有效制约，才能保证私人的合法权利和社会的良性运行。

一个成熟的法制社会，有限政府的理念会被视为行政的法则。在公权与私权博弈与角力时，政府需要表现出管理理性。就社会而言，行政之手不能愣充“千手观音”，不该伸手时决不伸手，不然，要么是权力寻租，腐败成灾，要么就是帮倒忙，管不了也管不好。进一步讲，在社会生活的一些方面，某些该与私权利保持距离、粗放式管理的公权力，不可过度“精细化”，更不可“一刀切”地一禁了之。行政之手“热心过度”会带来很多问题。

公权力的边界问题是个大问题，它关系到公权力危害个人权利的可能性，因此公权力行使必须确立边界意识。对公权力的边界予以限定的原因在于对权力扩张本性的警惕和对人性表现的不信任。只有在公权力边界得到限定的前提下，才能使公权力在不危害个人权利和社会自由的前提下，在法定的公共领域内有规则地运行。

“权力不可任性”，这不只是一种调侃，更是一种忠告。周幽王为博褒姒一笑，不惜“烽火戏诸侯”，以致身死国灭；唐明皇宠爱杨贵妃，荒怠朝政、宠信奸臣，以致“渔阳鼙鼓动地来”；明朝万历皇帝干脆数十年不上朝，纵情于声色犬马，积弊日深、国事日坏，以至于史家感慨“明之亡，不亡于崇祯，而亡于万历”[①]。说起兴衰治乱，多源于“有权就

① 詹勇.“权力的任性”要不得. 人民日报，2014-12-10（5）。

任性”。正是覆辙累累、殷鉴不远，才有“把权力关进制度笼子里”的法治谋划。在现代政治语境中，“权力任性”问题已成为一道必须破解的政治课题。

专栏

“法无授权即禁止”与“法无禁止即自由”

法律对权力具有两方面的作用：一是授予作用；二是限制或制约作用。权力只有授予才能行使，一切权力的运作都必须基于并源于民意和公意，并以法律的形式明确地固定下来，即“权力法定”“越权无效”“法无授权不可为”。在法治社会里，“权力法定”的含义是：一切公权力的取得和行使都必须从法律中获得其来源，国家机关不得行使法律没有授予和禁止行使的权力。权力法定也提示人们应该慎重对待权力。由于权力最易诱发人性中最丑陋、最贪婪的东西，权力在客观上具有腐蚀性、异化性、扩张性及对私权利的侵害性等倾向，一切拥有权力的人都可能会滥用权力。因此，对权力加以分解、制约，并对权力使用活动进行严格监督是法治的应有之义，这主要是通过公法来进行的。在一国的法律体系中，公法同权力的设置、分配、行使、制约及监督等运作有最直接的联系。私法确认和保护的是私法主体享有的私权利即民商事权利。财产权、人身权以及由这两类私权派生的众多具体权利构成最低限度的基本人权。私法倡导“权利本位”，私法是权利法。权利主体（自然人和法人）制度、权利规则制度（物权、债权、人身权、继承权、知识产权）、权利行使制度（法律行为制度和代理）、权利保障或救济制度（民事责任制度）等构成私法的基本内容。私法奉行“法无禁止即自由”，将它作为金科玉律并以此去分析、评价、判断具体的个人行为。“权利推定”就是“不禁则许”，法律没有明文禁止的行为就是私法主体通常可以自由实施的。社会越发展，文明程度越高，人们获得自由的机会就越多，权利推定的范围就越大。

1.3.6 公共秩序

公共秩序（public order）也称“社会秩序”，是指为了维护社会公共生活的正常进行而要求人们必须遵守的行为规范，由法律，行政法规，国家机关、企事业单位和社会团体的规章制度等共同确定；主要包括社会管理秩序、生产秩序、工作秩序、交通秩序和公共场所秩序等。遵守公共秩序是公民的基本义务。人们在社会中活动，都必须以自己的活动不影响和妨碍他人的正常活动为前提，这样才能形成良好的公共秩序，人们的社会生活才有可靠的保障。如果有人不遵守甚至破坏公共秩序，轻者会造成别人的反感和不安，重者会造成严重的社会后果。所以遵守公共秩序，是关系到维护国家和公共利益的大事，是社会生活和谐和稳定的基础。为了有效保证公共秩序，有时就要对个人权利有所限制，在一些特殊情况下，限制的范围会加大。以北京奥运为例，因公共秩序带来的不便，可能是个人必须付出的代价。

实际上在处理公共秩序与私人权利的关系时，界限难以划定，参照公共利益的界定标准，划分公共秩序与私人权利可遵循以下基本原则：一是正当性，即公共秩序的需要与私人利益相比较是否对公共利益更为有利。二是必要性，公共秩序如果可以有多种实现手段，就应当尽可能少侵犯或不侵犯个人利益，以便提高公共政策的效率。三是合法性，保护公共秩序的措施要能够接受司法审查，即如果公民个人对相关政策产生不满，完全可以通过司法途径加以解决。四是合理性，即个人利益的损失应该得到合理的补偿，尽管有时候很难进行量化。根据北京奥运会期间机动车减征养路费和车船税的具体方案，2008 年 7 月 1 日至 9 月 20 日，按照奥运期间交通保障方案停驶、限行的持有北京号牌的机动车，都将享受减征三个月养路费和车船税的优惠政策。

专栏

北京奥运：公共秩序与私人权利

为了顺利举办2008 年北京奥运会，政府部门出台了一系列针对这一特殊时期的限制措施，这些措施也在一定程度上影响了很多人习惯的生活节奏。2008 年 7 月 20 日，是奥运村开村的日子，从这一天开始，北京正式进入“奥运时间”。在接下来的两个月时间里，奥运会是北京市民无法回避的主题。除了期待即将到来的精彩比赛，许多人不得不牺牲一些个人利益。在奥运时间里，市民们将无法驾车前往奥运中心区，那里已经采取交通管制措施，限制社会车辆通行。虽然奥运中心区并不是市民们常去的地方，但如果你碰巧在这个区域内上班或居住，那么不便的感觉会强烈得多。习惯了驾车上班的人，也必须忍受另外一种不便——北京市车辆和外地进京车辆从 7 月 20 日起到 9 月 20 日按车牌尾号实行单号单日、双号双日行驶。据权威部门估计，北京为此停驶的机动车约 200 万辆。这一规定使拼车上班成为潮流，“我和你拼了”成为新的流行语。同时，北京根据奥运会惯例和北京申办奥运会时的承诺，正式启动奥运专用车道，以确保奥运运动员、官员、媒体记者“安全、准点”到达场馆、参加赛事。也由此给市民的出行带来了诸多不便。很多建筑企业也接到来自北京市建委的通知，施工工地大部分的土石方工程和混凝土浇筑工程从 7 月 20 日起必须全部停工。北京市 150 余家混凝土搅拌站除保留 5 个作为应急之需外，其余陆续停产。奥运期间停止运作的不仅仅是建筑企业，北京著名酒吧街三里屯的一些酒吧和夜店，由于有关部门规定而停止营业。北京奥运会的安保预算为 3 亿美元，这些钱主要被用来加强比赛场馆、机场、火车站、地铁站等公共场所安检人员和设备的配备。

1.3.7 公共治理

公共治理是由开放的公共管理与广泛的公众参与二者整合而成的公域之治模式，具有治理主体多元化、治理依据多面化、治理方式多样化等典型特征。

首先，治理主体不仅包括国家，还包括其他公权力主体如行业协会、自治团体等，各种治理主体在公域之治中应各展其长、各得其所。

其次，治理依据不仅包括国家立法，还包括社会共同体形成的规则，甚至不同主体之间达成的协议等。

再次，在治理方式上，该模式主张依照公域之治的实际需要，在进行综合性成本-收益分析的基础上，能使用非强制方式的就不使用强制方式，能使用双方协商解决方式的就不用单方强制的方式，能使用自治方式的就不使用他治方式，遵照先市场后社会再政府的选择标准，实现治理方式的多元化、民主化和市场化。

最后，这种模式主张，在宪政框架下，所有公共治理主体都应当权责一致，确保没有权力不受监督，没有权利不受救济，所有公共治理主体都要依法承担违法责任，尤其要确保过罚相当、罚当其责。

自20世纪70年代以来，以公共治理为代表的新理论范式抛弃了传统公共管理的垄断和强制特征，强调政府、企业、团体和个人的共同作用；不再单单指望政府去做什么和提供什么，而是希望政府能充分挖掘各种管理和统治工具的潜力；不再要求政府整天疲于奔命，当救火队长，而希望政府有自知之明，做自己应做、能做和可以做的事情；不强求自上而下、等级分明的社会秩序，而重视网络社会各种组织之间平等对话的系统合作关系。综上所述，这就叫作公共治理，它是一种多元的、民主的、合作的公共行政，也可称为治理式行政。

专栏

公众参与阶梯理论

1969年，谢里·阿恩斯坦（Sherry Arnstein）在美国规划师协会杂志上发表了一篇著名的论文《公众参与的阶梯》（A Ladder of Citizen Participation）。文章的最大贡献在于提出了一种具有阶梯性特征的公众参与模式（如下图所示），形成了至今仍被广泛使用的公众参与阶梯理论。

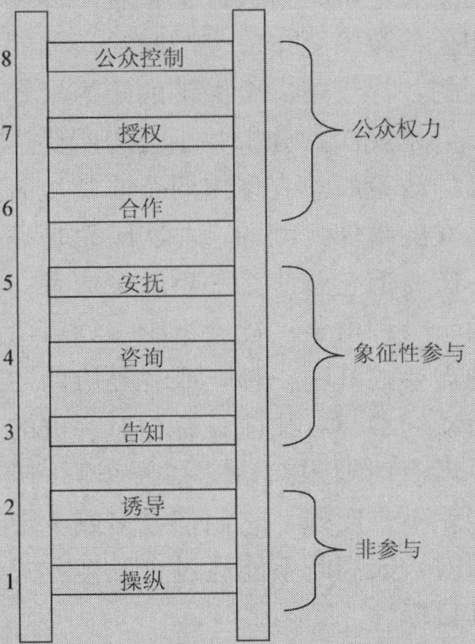

谢里在比较不同国家公众参与发展水平和制度演进的基础上，将公众的参与程度从低到高划分为三个阶段、八种形式。其中，第一阶段为政府主导型参与，或称非参与（nonparticipation），是最低层级的参与，公众实际参与的程度很低，参与过程多由官方操控，或以教育、动员方式完成实际参与。官方往往是事先制订好方案，然后设法让公众直接接受方案。第一阶段由低到高包括操纵（manipulation）和诱导（therapy）两种形式。第二阶段为象征性参与（tokenism），相比第一阶段参与程度有所提高，公众通过政府的信息发布，参与听证与质询，具有更多机会参与政策制定过程。官方开始将方案的部分信息告知公众或进行一定程度的披露，并会对预先制订的方案进行少许的妥协或退让。但这种参与信息的流动基本上仍是单向的，主要还是自上而下，有官方流向公众，公众缺乏反馈的渠道和谈判的权力。第二阶段由低到高包括告知（informing）、咨询（consultation）、安抚（placation）三种形式。第三阶段是实质性参与，或称公众权力（citizen power），公众享有合法的实体性权力和程序性权力，他们在知情权得到充分保障的前提下，全程参与决策过程，有权发表看法，左右决策。第三阶段由低到高包括合作（partnership）、授权（delegated power）、公众控制（citizen control）三种形式。

1.4 政治与政策——从政治角度理解公共政策

1.4.1 公共政策的政治解释

从政治概念的最一般的意义上讲，公共政策是解决冲突性要求并为合作提供激励的一种行动模式，所以我们希望公共政策至少应当与政治活动的各个方面及类型大体上保持一致。像我们将在下文中看到的，尽管用一个简洁的短语来定义政策或许像寻找政治的一个简单定义一样困难和徒劳，但是我们的分析并不会与所要达到的目标相差得太远。

从政治学角度看，广义的政策概念表现出两个非常显著的特点。首先，政策是一种社会活动，而不是单一的或孤立的事件。例如，一次暗杀是一个政治事件，即使它在一个国家的整个历史中只发生过一次，但它并非是一项政策或者一个政策所要解决的问题，除非它被视为一种重复性的活动，一种由某一社会组织（如革命团体或宗教团体）所进行的活动。其次，政策产生于两种需要的其中一种，或者是协调冲突性要求，或者是为集体活动建立激励机制，这类集体活动的参与者往往具有相对一致的目标，但总会在活动中发现与他人的合作不怎么合算（后者有时要求解决“搭便车”问题）。如果我们考察一下社会生活中存在的政策现象，我们就不难发现，它们都或多或少带有这样一种真实性特点，即糟糕的事情已经摆在了你的面前，人们既不能通过自发性方式也不能根据某种愉快合作的自然法则提出其要求或表现其目标。

实际上，有时冲突性要求是由那些渴望提出要求的人以直接方式加以表达的，这是日常生活中司空见惯的政策现象。例如，当黑人要求进入公立学校学习而白人想把他们排斥在外时，反对的主张一般都是由那些持反对意见的团体直接提出的。而在另一些时候，这些要求则仅仅表现为各种对立的行动，且看似需要拿出一定的解决办法，但实际上，建立新的机构，组织新的团体，扩大公民权利，可能并不是为了回应社团要求所实施的行动，而只是出于领导对秩序要求或道德规范所进行的个人考虑。还有些时候，或许会有一些具有理性的个人怀有一致性的目标，可单靠他们自己却难以找到一种合理的合作方式来实现这些目标。在所有政策实例中人们都可以清楚地感觉到，单靠分析思考而不采取行动，那么任何事情都解决不了。例如，一个建筑师面前有三种方案A、B和C，直到他开始执行某种方案而放弃其他方案的时候，才是以类似政策活动的方式开展行动。政策实际上是某种行动，而不是几种可供选择的主张。

实践中我们不难发现，一些最重要类型的公共政策都是在资源缺乏的情况下制定的。假设我们都具备足够的物质资源，那么许多最重要类型的政治冲突就会消失。可利用资源的数量无疑会对一种或另一种政策的出台有着有利或不利的影响。有许多经济学家认为，在贫困社会中不断加大稀有资源（最大化）的利用是目前最令人头痛的一个问题，它对社会的可持续发展构成严重的威胁；而在富有社会中存在的分配难题也同样迫在眉睫，使政府面临严峻的挑战。但是，即便我们在物质方面拥有我们所需要的一切，所有的人都对物品的分配感到满意，各种争端同样可能在伦理领域中发生。例如，一些人认为堕胎是可以接受的，而另一些人则认为是不可以接受的；一些人认为选择安乐死是个人的权利，而另一些人则认为生命权并不属于个人。这就会产生一个不能由更多的物质资源或更好的分配方式加以解决的道德问题。因此，公共政策即使在资源缺乏的问题并不突出的时候也需要不时地制定和出台。

可能最好的定义方式就是把"公共政策"视为一系列程序化的政治企图，或是为了解决或控制政治争端，或是为了确保一致性目标的实现而提供一种理性激励。这是因为公共政策问题所涉及的范围很广，既包括物质资料方面的问题，也包括伦理道德方面的问题。政治事件（如一次谋杀行动）可能进入不了政策问题的领域，但是，如果一个政治事件变成一个需要政策来解决的问题，如重复性谋杀行动，那么一些模式化的反应将会使所制定的政策带有多项特征。

1.4.2 政治行动的三种类型：控制、交易与博弈

什么是政治？这似乎是一个不朽的话题。从古希腊的哲学到欧洲文艺复兴时期的思想启蒙，从马克思主义的唯物主义历史观到现代的自由民主理念，无不对政治的定义具有浓厚的兴趣。古希腊哲学家亚里士多德就曾认为，政治只是用以满足团结需要的一种调节手段，政治在利益差异中创造平衡，在价值冲突中创造秩序，政治是为民谋利的一种"善业"，是实现正义、治理国家的行动。古典政治学说和政府理论正是基于这样的理念逐渐形成和发展起来的。社会达尔文主义基于"物竞天择，适者生存"的生物进化观，视政治为社会中的自然淘汰和弱肉强食，关注强势群体，把效率推向极致。我国民主主义先驱孙中山先生则认为政就是众人之事，治就是管理，管理众人之事，便是政治。根据马克思列宁主义学说，政治以经济为基础，其实质是阶级之间的关系，国家政权问题是政治的根本和核心问题，政权斗争是阶级与阶级之间尖锐冲突的表现，正如毛泽东所言，枪杆子里面出政权。

现代的政治理论家们普遍认为，政治并非是一个失去父母的孤儿，而是一个几世同堂

的大家族，有兄弟姐妹，有父辈祖辈，有叔舅姑姨，子孙满堂，他们并不满足于单一术语的定义如价值或利益的权威分配，而趋向于给予政治概念一组多元化的解释，尽可能准确地区分政治家族的不同成员。弗雷德·弗罗霍克在《公共政策》① 一书中从政治行动的类型分析入手对公共政策的含义进行了总结和概括。他认为，从学术层面上来看，近些年来，起主导作用的主要有三种观点。

1. 权力与控制（power and control）

这种观点视政治为一个强制性模型，这是最为传统的一种认识。它认为，政治活动经常表现为一种命令形式而且通常需要以武力做依托。俗话说，弱国无外交，你不具备一定的实力，靠什么去命令和指挥别人，谁又会买你的账呢？现代社会学之父马克斯·韦伯就把国家定义为在一定领土范围内对武力具有垄断性的社会机构。国家行使最后的或终极的权力，这种权力至高无上且无以与之相比。这种观点与现代一些有关政治体系的看法相吻合，突出了互动体系中的强制职能及其合法性。这种强制性模型尽管有助于我们更好地理解政治活动的许多种形式，但它不可能涵盖政治活动的所有形式。国家并不单单只具有警察的职能，统治也不仅仅只表现为强制性执行，政治还有其他的类型。

专栏

服从实验

实验规则 关于服从的经典研究是由社会心理学家米尔格拉姆（S. Milgram）于1963年在美国的耶鲁大学进行的。这项研究是社会心理学领域最具影响力的实验之一。米尔格拉姆通过公开招聘的方式，以每小时4.5美元的价格招聘到40名自愿参加者，他们包括教师、工程师、邮局职员、工人和商人，平均年龄在25～50岁。实验者告诉被试，他们将参加一项研究惩罚对学生学习的影响实验，要求两人一组，用抽签的方式决定其中一人当学生，另一人当教师。教师的任务是朗读配对的关联词，学生的任务是记住这些词，然后教师呈现这些词，让学生在给定的四个词中选择一个正确的答案，如果选错了，教师就通过按电钮给学生施以电击，作为惩罚。由于事先的安排，实际上每组只有一个真被试，另一个是试验助手，即假被试。抽签结果，真被试总是当教师，假被试总是当学生。实验过程中当学生的假被试和当教师的真被试被分别安排在不同的房间。胳膊上绑上电极的学生被绑在椅子上，以便在记忆词汇发生错误时被教师惩罚。教师与学生之间是通过声讯的方式联系的。教师的操作台上每个电钮都标明了它所控制电压的强度，从"轻微"的15伏特到"致命"的450伏特。这些电击实际上都是假的，但为了使教师相信整个实验，实验者让其接受一次强度为45伏特的电击作为体验。

实验经过 在实验中，每当学生出错，实验者就命令教师施以电击，而且要加大强度；随着电击强度的增加，学生也由呻吟、叫喊、怒骂逐渐到哀求、讨饶、踢打，最后昏厥。若教师表现犹豫，实验者则严厉地督促他们继续实验，并说一切后果由实验者承担。

---

① FROHOCK F M. Public policy：scope and logic. Englewood Cliffs，N. J.：Prentice Hall，1979：9-12.

实验结果 在整个实验过程中，当电压增加到300伏特时，只有5人拒绝再提高电压；当电压增加到315伏特时，又有4人拒绝服从命令；当电压为330伏特时，又有2人表示拒绝；之后，当电压达到345伏特、360伏特、375伏特时，又各有1人拒绝服从命令。共有14人（占被试的35%）做出了种种反抗：拒绝执行实验者的命令。另外26个被试（占被试的65%）服从了实验者的命令，坚持到实验的最后，尽管他们表现出了不同程度的紧张和焦虑。

2. 讨价还价（bargain）

最近的一些政治研究强调了政治活动的交易属性，交换政治利益的基本方式就是讨价还价。这种活动通常发生在相互难以靠命令施以控制的人们和团体之间。各方在讨价还价中有付出也有收获，从而达成一个能使大家基本满意的结果。在自由民主的社会制度下，一项政府政策的出台往往就是各种利益集团进行政治交易的结果。斗争和妥协是政治交易中必不可少的策略和手段。磋商和调解是相互竞争且权力相当的各派政治力量的共同需要，但如果出现互不妥协和谈判破裂的情况，武力的使用和强权的实施也并非不可能出现。

美国前总统艾森豪威尔派军队进驻小石城就是一个很好的例证。阿肯色州当时的州长福布斯（Faubus）曾命令国民警卫队开赴小石城中心中学，目的是阻止联邦法院的命令（取消公立学校的种族隔离）得到执行，当时的总统艾森豪威尔被迫命令美国第82空降师进驻小石城，平息此次由阿肯色州州长发起的对国家权威的挑战。如此看来，当协商解决不了问题的时候，强权往往就会派上用场。

专栏

《优势谈判》

罗杰·道森是美国前总统克林顿的首席谈判顾问。在长达8年的总统顾问生涯中，他经历了众多著名的历史事件，包括1996美国总统大选、巴以和谈、巴尔干冲突、莱温斯基性丑闻案、美国总统弹劾案等。一般认为，在美国政治谈判领域，有两座高峰会让任何心怀野心的后来者望而却步。一位是联邦调查局反恐谈判顾问赫布·科恩，而另一位就是罗杰·道森。依靠对政治局势的敏锐嗅觉以及对政治技巧的谙熟，罗杰·道森无数次化险为夷，在政治谈判舞台上展现出似乎与生俱来的、无与伦比的谈判才能。尽管罗杰·道森保持了美国政府智囊团一贯以来的低调和神秘，但媒体从不放过他，就算克林顿潇洒卸任，他也功成身退，依然有无数好奇的记者整天对他“围追堵截”，喋喋不休地追问那些不为人知的谈判秘闻。最受推崇的谈判教材除了赫布·科恩所著的《谈判天下》，就是罗杰·道森的《优势谈判》。这本凝聚了罗杰·道森毕生心血的旷世佳作，全球发行量与《谈判天下》一样，超过了1 000万册，并被列入耶鲁大学、普林斯顿大学等美国名校的指定阅读书目。这本书针对谈判进程中涉及的各种问题提出了被证实相当有效的实用性建议，包括从谈判之初到谈判的最终决定阶段所遇到的挑战，如何识别谈判诈术，优势谈判策略的主要原则，如何发现谈判压力的要点，如何理解谈判对手并取得谈判优势，对不同谈判风格的总结性分析，等等。这是一本丰富而经典的谈判大师手记，剖析了一些真实而有影响力的案例，教会你如何在谈判桌上取胜，更教会你如何在谈判结束后让对手感觉到是他赢得了这场谈判的胜利。

3. 博弈（gaming）

博弈论又称对策论，原是一种数学的运筹学方法，20 世纪 40 年代始被应用到经济学研究中，用来分析经济和贸易竞争，50 年代以后被广泛应用于政治学、法学、社会学、伦理学等社会科学研究领域，逐渐形成一个分析理性个体间策略互动的、实质性的社会科学范式。政治学者运用博弈分析范式的理论预设、分析方法和数理模型进行的博弈分析政治学研究经过了几十年的探索和发展，形成了理性选择、演化分析、分析叙事等多种分析思路，在策略投票、政治联盟、国际关系、政治发展与民主转型、公共物品提供、公共资源（common resources）治理、群体合作等一系列理论议题上取得了大量有价值的研究成果，推动了政治学研究的范式转变与理论创新。

当代“分析的马克思主义”思潮的奠基著作之一《逻辑与社会：矛盾与可能世界》的作者埃尔斯特（J. Elster）认为，博弈论有别于功能主义、结构主义、角色理论等社会科学分析范式，它以分析行为人之间的互动为旨归，属于意向性解释和因果解释的范畴，能够同时处理人类互动过程所内含的相互依赖性，并为马克思主义社会理论提供微观行为基础。

博弈论试图运用数学模型解释两个或更多的参与者彼此冲突与合作的行为模式，为政治学研究拓展了新的思路。它不像权力理论，更不像交易理论，正规博弈中的参与者并不需要彼此发生直接的影响。他们可以作用于一定的环境以使他们自己（同时也包括其他人）确保一种结果的形成。博弈的参与者彼此通常不具备命令与被命令的关系，至少在权力关系中难以发现处于优势地位的人。有时在某些合作性的博弈中也许会出现讨价还价的现象（通常为达到一定的结果彼此都要付出一定的代价），但在其他一些更富有竞争性的博弈中，特别是零和博弈，参与者不必相互讨价还价，他们可以转而命令旁观者或与旁观者讨价还价，就像候选人对选民们所做的那些事一样。例如，选举的目的就是在与其他参与者的竞争中赢得最多的选票。政治的博弈观所强调的是非权力环境中人们的战略与战术。博弈论有助于阐明政治活动的参与者在既不能彼此控制也无须直接交换利益的情况下颇令人费解的竞争与合作行为。

专栏

最后通牒实验

最后通牒（ultimatum）的基本含义是一方向另一方提出不容商量的或没有任何先决条件的建议，一般用于处于敌对状态的军事双方，但在日常的经济行为如竞争对手之间的谈判中也可作为一种策略应用。

最后通牒博弈（ultimatum game，UG）实验始于1982年的德国柏林洪堡大学。在该校经济学系的古斯（Werner Guth）等三位教授的支持下，42名学生每两人一组参加了一项名为“最后通牒”的有趣的博弈实验。实验中两个人分4马克。其中一个人扮演提议者（proposer），提出分钱方案，他可以提议把0和4之间任何一个钱数归另一人，其余的归他自己。另一人则扮演回应者（responder），他有两种选择：接受或拒绝。若是接受，实验者就按他们所提方案把钱发给两人。若是拒绝，钱就被实验者收回，两个人分文都拿不到。

为防止交情、一时冲动、事后的社会议论等因素起作用，实验采取双盲方式。提议者和回应者都不知道对方是谁。在实验规则宣布后，他们有一天的时间做慎重考虑，提议者填一张表报个数字交给实验者。然后实验者将报来的方案交给回应者，后者决定拒绝还是接受。

按照利益最大化原则，这个博弈的均衡点是很明确的：对于回应者来说，分给自己的钱数，不管多少，只要不为零，则接受比起拒绝来，总有更大的利益，他应该选择接受；既然回应者能接受任何不为零的钱数，那么提议者为自己利益计，分给对方一点小钱就够了。

这个实验重复了两次。第一次实验，参与实验的21组被试者均对该题目缺乏经验。有7组的提议者建议对半分；有2组的提议者要求独占4马克，其中一位提议者的提议被接受，另一位被拒绝；其余12组提议者提出的分给回应者的金额均大于1马克，其中有1个给予回应者1.2马克的分配提议被拒绝。在第一次实验中提议者提出给回应者的比例平均为37%，共有2个提议被拒绝。一周以后重复进行第二次实验，经过一周的思考，许多提议者不像第一次实验中那样慷慨了，但是提议的分配额还是比马克的最小货币单位大许多。这一次的结果是提议者提出给回应者的比例平均为32%，只有2位提议者提出平均分配；只有1位提议者提出给回应者的金额小于1马克，该提议被回应者拒绝；3个给回应者1马克的提议被拒绝了；此外还有1个给回应者3马克的提议也被拒绝了。第二次实验共有5个提议被拒绝。

实验结果显示，不论是对提议者还是对回应者的行为，博弈论对最后通牒博弈没有得出一个有说服力的解释，而且也不能对现实世界中的人们的真实行为提出满意的预测。主持实验的古斯等教授指出原因在于被试者是依赖其公平观念而不是利益最大化来决定其行为的。实验中人们所表现出来的公平分配的倾向与传统经济学中经济人的假设明显不相符。

以上阐述的三种政治观，尽管只是对政治活动庞大家族的重点成员做了极为简单的介绍，远没有达到详尽无遗的要求，但它们具有非常重要的启发性作用，对于指导我们探讨公共政策的含义很有帮助。

1.4.3 政治的三个层面及其与公共政策的关系

埃米特·S. 雷德福在《行政国家中的民主》[①] 一书中从政治行动的层次分析入手对公

---

① REDFORD E S. Democracy in the administrative state. New York：Oxford University Press，1969.

共政策的含义进行了总结和概括。

显然，政策主体并不全部参与所有公共政策的制定过程，社会中只有某一些事务能够引起人们的普遍关注，从而吸引了众多的政策参与者；而另一些事务则因为不那么引人注目或只影响到少数人，结果就很少引起人们的注意或参与。那么，根据问题涉及范围的大小和人们参与程度的高低，就能够从三个层面上去理解公共政策，即微观政治层面、中观政治层面和宏观政治层面。

1. 微观政治

微观政治是指个人、公司和社区向政府有关部门提出其政策诉求，努力寻求政府采取有利于他们的行动。当个人到政府或准政府部门寻求有利的裁定或要求自己免受某种法规的限制时，当公司到政府或准政府部门寻求政策法规的有利变革时，当社区要求政府部门批准他们的建设项目或反对政府在该社区的建设项目时，微观政治便产生了。微观政治所涉及的是一个或数个个人、公司和社区具体和分散且十分迫切的利益需求。这里所要寻求的政策决定只适用于少数人。一般而言，不管一个或多个政策决定对努力寻求它或它们的那些人来说多么重要，也不管一个或多个政策决定最后导致的结果怎样，只有少数人与其相关，即参与的官员有限，政策的目标群体有限，甚至只有他们才关心或了解这种政策决定形成的过程。

做出这类决定一般无须顾虑资源的有限性，因为它所涉及的范围很窄。而且政策诉求往往都是在互不干涉的基础上提出的，社会中的每一个人都有权利为自己寻求利益和资助，同时也并不反对或干涉别人做出同样的努力。个人或团体从政策决定中获取的利益并不以牺牲他人或别的团体的利益为代价。美国国会每年对国内税法所进行的具体修订及其通过的特定税收条例都能够用来说明微观政治。这些政策决定给予某些团体或个人特殊的对待，使他们无须交付原来应该交付的捐税。尽管有关条款是以法律形式进行表述的，但它们按规定只适用于很少一部分人。绝大多数社会公众几乎根本注意不到或不去关心它们的存在。

2. 中观政治

中观政治是指在某一特定的政策领域内，一些与此相关的立法机构、行政机构和利益群体所形成的互动模式。如在航空管理方面，美国国会中的民航委员会及一些负责贸易和拨款的次级委员会、联邦航空署及其有关部门、空中运输联合会及飞行员协会等利益群体，它们之间所形成的关系就构建了中观政治。同样，围绕开发港口和改善河流、围绕公共牧场的开发和管理，都能够形成中观政治。中观政治作为一个系统必然涉及特定的职权范围，带有某种专业性色彩，表现出集中化的行动特征。当有关政策问题不再存在时，这个系统便会走向消亡，当政策问题越加膨胀时，这个系统便会发展壮大。

中观政治在各个公共政策领域的产生，不仅与政府部门的分散性权力和专业化分工有关，而且与人们的愿望和兴趣有着密切的联系。不可能每个人对所有政策问题都感兴趣，就算他都感兴趣，他也不可能都去关注。对民航问题感兴趣的公民和官员，对银行问题或外援问题就可能没什么兴趣。当他希望并试图影响民航方面的政策时，就可能会把银行和外援方面的政策制定留给其他对之感兴趣的人去做。鉴于权力的分散和功能的专门化，中观政治系统在各自的领域内制定和运用政策时具有相当大的自主权。在现行立法的范围内，它们决定了与自己相关领域中政府的行动。不过，这并不是说它们可以完全独立于上层的控制。比如当需要进行新的立法时，它们要么需要国会和总统的支持，要么试图避免国会和总统的否决。尽管如此，从政策制定的现行趋势来看，它们作为相关领域的权威发挥着主体作用。

3. 宏观政治

宏观政治是指某些政策问题已经引起了人们的广泛关注并形成了广泛的政策争论。某一事务可能起初发生在微观政治层面，而后逐渐发展成为宏观政治问题。同样，政策问题也可能从中观政治系统进入宏观政治领域。当然，还有一些问题从一开始就出现在宏观政治舞台。宏观政治的参与者主要包括政党和国会的领袖（他们可能会重叠）、总统和各个行政部门、新闻媒介和社会团体的代表等。由此可见，在宏观政治层面，人们参与的程度很高、范围很广。宏观政治问题常常因为其显而易见和引人注目而引起政策研究人员的密切关注。

同一问题的政策决定在宏观政治层面做出与在其他层面做出有着很大的不同。第一，当某一问题从微观政治或中观政治层面进入宏观政治层面时，冲突的范围和影响的程度无疑大大扩展了；第二，问题的这种演进常常会改变其解决的方式，即引起政策决定的相关变化；第三，在宏观政治层面的政策制定中，社会公众的整体利益更有可能得到充分的考虑。

1.5 市场与政策——从市场角度理解公共政策

古典经济学的代表作是英国杰出的政治经济学家亚当·斯密于1776年出版的经济学巨著《国民财富的性质和原因的研究》，即《国富论》。该书的核心思想是经济自由主义。斯密认为，每个人都力图应用其资本从生产品中获取最大的价值。一般而言，他并不试图增进公共福利，也不知道他所增进的公共福利是多少，他关心的只是其个人的安乐与得失。当他这样去做的时候，有一只看不见的手操纵和引导他去促进另一种目标的实现，而这个目标并不是他实际所要追求的东西。换句话讲，人们追逐自身利益的行为经常会导致社会利益的促进，其效果往往要比他真正想促进社会利益时所达到的要好得多。亚当·斯密的这种观点在当时得到许多经济学家的赞同，他们把其形象地概括为“看不见的手”的原理。当代著名经济学家萨缪尔森指出，亚当·斯密最伟大的贡献就在于他在社会经济领域窥测到了牛顿在物质世界所观察到的东西，即自行调节的自然秩序。斯密的经济自由主义向人们传达了这样一种信息：利己动机是社会经济齿轮运转的润滑剂，放任主义是政府经济政策的最佳选择，经济领域不需要政府的干预，市场能够解决所有的问题，出于良好动机的干预可能会导致灾难性的后果，通向地狱的道路可能是由美好的愿望铺成的。

20世纪初，新古典学派从古典学派手中接过了自由主义的大旗，他们继续鼓吹“市场万能”的神话，其代表人物是英国经济学家马歇尔。他所提出的社会发展观及均衡思想深受达尔文生物进化论的影响，他以“物竞天择，适者生存”的进化观分析社会经济问题，认为社会发展是连续和渐进的，不存在跳跃和突变。经济理论不过是广义生物理论的一个组成部分，企业也和自然界中的生物一样，需要在自由竞争中寻求自身的生存与发展。由此他积极倡导自由竞争，认为市场的竞争机制是克服经济危机最为有效的手段，也是使社会各阶层获取最大福利的必要条件。在马歇尔看来，市场机制具有自发的调节功能，因而经济自由应是社会的必然选择，政府对经济的干预只会起破坏作用。他认为“均衡价格”是市场竞争机制的核心所在。所谓“均衡价格”是指商品的需求价格与供给价格相一致时的价格，这个价格往往不是一次协商就能形成的，它需要经过买卖双方的反复协商，而协商及其调整是建立在供求关系变化的基础上的。只有通过“讨价还价”的过程，“均衡价格”才能够实现。而“均衡价格”会使生产者拿到自己的最大利润，使消费者得到自己的最大满足，从而使社会在市场机制的作用下实现资源的最优配置。

20 世纪 30 年代以前，自由主义的经济理念有着辉煌的经历，西方主要的资本主义国家大都推行和实践着“看不见的手”的原理，并因此获得了经济的繁荣发展，使人们对幸福的前景充满了希望。然而，1929 年 10 月，世界范围的经济大危机爆发了，由“看不见的手”所创造的神话开始破灭。在当时的政策制定者看来，一切似乎只有等待，因为经济学的教科书上明明白白地写着，市场机制具有自发的调节作用，它能够创造自然的秩序。而且根据历史的经验，由外部因素冲击所造成的经济失衡往往是局部或偶然的，在市场的作用下完全可以自我修复。然而，这一次神灵好像无法再现，在经历了漫长而痛苦的等待之后，经济仍毫无复苏的迹象。最让政府感到头痛的莫过于失业问题，成千上万找不到工作的人终日在大街上游荡，对社会的稳定构成了极大的威胁。而经济自由主义者对此却一筹莫展，无计可施，因为他们找不到问题的症结所在。他们认为这种病态现象是荒谬绝伦的，可它却的的确确存在着。市场的失灵促使经济学家们开始对 20 世纪初占据经济活动主导地位的自由主义论进行反思。他们发现市场垄断与自由竞争虽相互对立却不可分离，二者就像一对总在打架的孪生兄弟。当垄断的痼疾不能被自由竞争制约时，政府对经济活动的介入就成为必然的选择。由此，一股主张政府干预的思潮悄然而起，1933 年上任的美国总统富兰克林·罗斯福大刀阔斧地开始了他的新政计划。正当美国公众对罗斯福总统的改革措施满怀期待而又忐忑不安之时，正当多数经济学家对国家干预经济的做法持怀疑和观望态度之时，一位住在英国剑桥的经济学家却为此欣喜若狂。他就是政府干预主义理论大厦的奠基人、被后人誉为“战后繁荣之父”的凯恩斯。

约翰·梅纳德·凯恩斯，1883 年 6 月出生于英国剑桥的一个中产阶级家庭。他的父亲是一位学者，主要研究哲学、经济学和逻辑学，在英国学术界颇有影响。他的母亲是一位神学博士，热衷于公益事业，曾任剑桥市的参议员和市长。良好的家庭氛围造就了凯恩斯严密的逻辑和敏锐的才思。凯恩斯生性聪颖，天赋很高，在 14 岁时他就以总分第十名和数学单科第一名的成绩考入英国最著名的伊顿公学接受中学教育。1902 年 10 月，他考入剑桥大学的皇家学院主修数学，并获得学院颁发的“数学与古典文学”奖学金。毕业前夕，为了准备参加英国的文官考试，凯恩斯开始学习经济学，他受到马歇尔教授及其忠实信徒庇古教授等人思想的影响，逐渐对经济学产生了浓厚的兴趣。凯恩斯于 1905 年秋季结识马歇尔并在其指导下研究经济学。通过交往，马歇尔发现凯恩斯在经济学方面具有非凡的才能和潜质，他对自己的这位学生寄予了厚望，力劝他成为职业的经济学家。尽管凯恩斯后来曾先后任职于英国政府的印度事务部和财政部，但他也一直在剑桥大学担任教职，并没有中断对经济学的研究。作为政府官员的那段经历，加深了凯恩斯对实际经济事务的理解，也为其以后在理论上的建树奠定了基础。凯恩斯最初受马歇尔思想的熏陶，信奉新古典经济学，认为资本主义经济是完美和谐的，通过市场的自由竞争，社会能够实现充分就业，保持良性运行。但是，发生在20世纪20年代的长期经济萧条和30年代的世界性经济危机打破了资本主义自由经济的神话，凯恩斯不得不重新审视和思考自己的信仰。经过数度徘徊，这位承袭了新古典理论的人最终背叛了传统的经济学理论。

在战后的20多年中，凯恩斯理论风靡资本主义世界，成为各国政府制定公共政策的理论依据。由于在相当长的一段时间里，资本主义国家的经济没有再现30年代那样的危机，所以人们很自然地把这一奇迹归功于凯恩斯，誉他为“战后繁荣之父”。然而，经济学领域的“凯恩斯革命”并没有给资本主义经济带来永久的繁荣，从70年代中期开始，经济萧条又一次光临资本主义世界。但这次萧条与以往有很大的不同，一方面生产萎缩，失业率攀升；另一方面通货膨胀居高不下。这种一反常态的现象被人们形象地概括为“滞胀”，即经济停滞与通货膨胀并存。“滞胀”的出现给凯恩斯主义以沉重的一击，这一当时在西方占主流地位的经济学理论不仅在理论上无法解释“滞胀”现象的存在，而且在政策方面也显得非常低能。按照凯恩斯的理论，失业与通货膨胀是此消彼长的关系，通货膨胀只有在经济过热时才会出现。当经济萧条来临时，由于总支出的不足，通货膨胀率不可能居高不下。政府解决失业问题的最佳对策是增加预算支出和赤字，以便扩大社会的有效需求。而当通货膨胀出现时，政府就必须反其道而行之。可是现在一切似乎都处于矛盾之中，医治一种疾病的手段很可能成为加剧另一种疾病的原因。现实的难题使凯恩斯的理论陷入了极为尴尬的境地，其在经济学领域的至尊地位受到了无情的冲击。经济自由主义又开始死灰复燃，亚当·斯密那只“看不见的手”又握紧拳头打了回来，发起对凯恩斯主义的阵阵讨伐。在经济自由主义者看来，凯恩斯主义是导致“滞胀”恶果的罪魁祸首。认为知识管理能更好地解决或调和公共与私人间利益关系的观点在新的经济萧条时代已变得非常陈腐，凯恩斯主义者所倡导的经济管理与自由福利改革引起了越来越多的问题，看上去可能比它所能解决的问题还要多得多。推行国家干预政策一方面阻碍了市场机制充分发挥其效率，导致了失业的增加；另一方面为了减少失业所采取的扩张性财政政策又带来了高额的财政赤字，进一步加剧了通货膨胀。从这一点来看，制止这种恶性循环的最佳选择就是抛弃凯恩斯主义。这股新右倾思潮的主要代表人物是哈耶克和弗里德曼。

弗里德里希·奥古斯特·哈耶克，祖籍奥地利，1931年迁居英国，并于1938年获得英国国籍。他一生都在从事教学和著述，曾先后执教于奥地利维也纳大学、英国伦敦经济学院、美国芝加哥大学和德国弗赖堡大学等著名学府。早在20世纪二三十年代进行的那场资本主义与社会主义、自由经济与集权经济的大论战中，哈耶克作为奥地利经济学界的杰出代表即已出名。尽管他在这场论战中败下阵来，丧失了其一流经济学家的地位，但他仍对经济自由主义坚信不疑。在其后漫长的40多年中，哈耶克度过了他学术生涯中最黯淡的时光。在凯恩斯主义独步天下之时，他就像堂吉诃德一样，不懈地进行着无畏的抗争。俗话说“三十年河东，三十年河西”，70年代的“滞胀”为哈耶克带来了新的契机，他终于盼来了出头的日子。在其后的这段时间里，哈耶克的新自由主义学说在西方世界掀起了一个不大不小的热潮，他也随之成为许多国家学术讲坛的座上宾。他对经济事务所具有的敏锐洞察力和深刻预见力使西方经济学界折服。哈耶克的自由主义观念可谓根深蒂固，他极力推崇私有制，颂扬以个人主义为基础的市场经济。他认为，利用公共政策促进公共利益成长的尝试是徒劳无益的，只有通过给私人利益一只自由的手，公共利益才能得到促进和发展。他对资本主义经济发展所贡献的答案就是，应对公共部门加以限制并对市场机制扩大利用，目的是更好地确保公共部门的作用方式与市场和私人部门及其管理原则保持一致。他于1944年出版的经济学巨著《通往奴役之路》是其经济思想的集中体现。耐人寻味的是，晚年得志的哈耶克在1974年与凯恩斯主义的先锋人物冈纳·缪尔达尔共同分享了诺贝尔经济学奖，这足以表明经济自由主义和国家干预主义的争论还远没有结束。

米尔顿·弗里德曼，在西方经济学界是鼎鼎有名的人物。他虽然个子矮小，但这并不妨碍他成为经济理论界的巨人。弗里德曼能力超群，才学过人，是当代新自由主义最杰出的代表人物，在他的经济主张中处处可以看到亚当·斯密的影子。他的经济思想源于对自由主义哲学的坚定信念。他认为，在不损害他人自由的前提下，人们完全应该具有基于个人意愿运用其才能对机会进行选择的自由，而政府的干预和计划的经济必然会破坏这种选择的自由。他主张，政府的任务不是对经济的干预而是增加货币的供给，只有这样才能保证社会的持续稳定和经济的顺利发展。1980年，他与其妻子共同完成了《自由选择》一书，使高深晦涩的经济学理论进入了平民百姓的视野。该书刚一问世，便进入当年美国畅销书的行列。由于弗里德曼对经济问题的分析往往是从货币供给入手，所以经济学界又将其代表的经济学流派称为货币主义。

新自由主义的复兴并没有彻底摧毁凯恩斯主义的根基，20世纪90年代出现的世界性经济衰退，使它们又一次赢得了重整旗鼓的机会，新凯恩斯主义算得上是90年代西方经济学领域一道亮丽的风景线，大有卷土重来之势。

回顾历史，展望未来，指导资本主义国家经济政策的西方经济学在“自由主义”和“政府干预”的一片争论声中迈入21世纪。如果让我们此时判断二者孰优孰劣，显然是不可能的。客观地讲，当今世界纯粹的自由主义和纯粹的政府干预是根本不存在的，二者在经济活动中只是比重不同而已。经济学理论中并没有包治百病的灵丹妙药，“自由主义”和“政府干预”的争论还会继续下去。二者的争论会不会有一个结局，哪种将会为公众带来更大利益，不妨拭目以待。

专栏

纽约三角内衣工厂火灾

纽约三角内衣工厂火灾发生于1911年3月25日，是纽约市2001年“9·11”事件之前最严重的工作场所灾难，火灾导致146名服装工人被烧死或因被迫跳楼而死，死者大多数是女性。当时管理人员为了防止一些工人趁换班时溜出去休息抽烟，将通向楼梯井和出口的门全部上锁，致使多数女工都未能从着火的大楼中逃生。

《纽约时报》这样描述当时的惨状：1911年3月25日，那一天正好是星期六，发薪的日子，姑娘们已经换下工装，穿上了自己的漂亮衣服，排队领工资。接下来是劳累一周盼来的一个难得的周末，惨剧就在这个时候发生了。“4:40，大火爆发了，有些人跑下楼梯，幸免于难，但一两分钟之后，这条通道就被火封死了。姑娘们冲到窗口，然后开始往下跳。楼下的人叫喊着不要跳，但她们跳了，穿透破碎的玻璃坠落而死。至于没有跳的，就更不必说了——有的尸体只是一堆灰烬。”

这场发生在人们眼前，被众多纽约人目击的大火唤醒了纽约的良心，也震动了全美国。人们的负罪感最终落实为一步步的具体措施。在这场火灾后，纽约建立了有25个成员的改进工作场所安全委员会，这个委员会的第一个4年任期，是大家公认的“工厂立法修法的黄金时期”，劳动法就是在这一时期通过的。根据委员会的建议，到1914年，纽约州共通过了34项改善工人工作条件和劳动安全的法律。劳动法规定，工作场所每3个月就必须进行一次防火训练。1912年立法规定，在7层以上超过200名工作人员的楼层，必须安装自动防火喷淋系统。而在任何一个超过两层、雇员超过25名的工作场所，都必须安装自动报警系统。

这场火灾彻底改变了企业的政府监管。之前，政府远离企业监管。之后，从纽约开始进行了一系列社会改革，美国其他各州也随之跟进。政府全面介入企业监管，重点关注的是工人的人身安全问题。

1.6 伦理与政策——从伦理角度理解公共政策

马克斯·韦伯曾说：一个现代的理性国家首先需要理性的政府所提供的理性的公共政策。现代化的根基是理性，但理性解决不了所有问题。韦伯曾举例：假如现在有一位病人生命垂危，送到医院之后，大夫表示生命倒是可以继续维持，但只能是植物人的状态，而且还要耗费巨额资金，很可能会把整个家庭都给拖垮，那么到底是治还是不治呢？韦伯认为，对于这样的问题，即便是医术最为高超的医生也是无法回答的，因为这个问题所涉及的是“生命的意义”，是伦理问题而非科学问题，科学永远也无法告诉我们做出怎样的选择才是值得的。或许科学可以给我们一个最优方案，但永远无法教给我们如何做出最优的“选择”。

公共政策的制定和执行需要秉持理性，但也不能缺少伦理的考量。伦理强调的是事情隐含的道德因素，注重对与错、好与坏、善与恶的思考，而不是一味算计，只依赖于理性。公共政策伦理所强调的是政策制定与政策执行的道德特征，其目标在于使伦理要求在相应的社会机制中得以有效实现。现代社会更多表现出价值多元化的特征，从而在社会层面带来了一些新的问题，具体表现就是在很多公共话题上的尖锐对立，比如堕胎问题、持枪问题、死刑问题、安乐死问题、转基因问题、动物保护问题、LGBT① 问题

---

① LGBT是女同性恋者（lesbians）、男同性恋者（gays）、双性恋者（bisexuals）与变性者（transgender）的英文首字母缩略词。

等。所有这些，都不是科学理性可以解决的，它们给公共政策带来了严峻的伦理挑战。

1.6.1 关于安乐死问题的思考

安乐死问题在中外一直都是一个非常敏感和极富争议的话题，人们夹在生不如死的境况和宗教、文化、伦理、情感、法律的条框中无所适从。1998 年美国曾发生了一件令人深思的事情。托马斯在杰克·凯沃尔基安医生的帮助之下，成功完成安乐死。杰克医生为了宣扬安乐死的理念，将整个过程拍了下来，并将影片拿到美国哥伦比亚广播公司新闻节目《60 分钟》进行播放，结果引起轩然大波。一年之后，杰克医生以二级谋杀罪名锒铛入狱，服刑 8 年。然而，2000 年格雷茨曼基金会把促进人道主义奖颁给了杰克·凯沃尔基安医生。

安乐死（euthanasia）一词源于希腊文，由“美好”和“死亡”两个词组成，指让患者无痛苦地去世。早在 1516 年，托马斯·莫尔就在《乌托邦》里为安乐死辩护：如果受到痛苦的、无法治愈的疾病的折磨，病人可以选择死亡。经过漫长的岁月，1993 年 2 月，荷兰通过了一项关于“没有希望治愈的病人有权要求结束自己生命”的法案，成为世界上第一个进行安乐死立法的国家。1995 年，澳大利亚北部地区也通过了类似的法案。2002 年 4 月，比利时议会通过《安乐死法》，成为世界上第二个以法律形式准许实行安乐死的国家。

尽管荷兰、比利时等国家已立法允许实行安乐死，而且还有许多国家准备跟进，但中国该不该使安乐死合法化，可能还需要进行慎重的思考和广泛的讨论。

1.6.2 关于死刑问题的思考

《如何执行死刑》是 BBC 地平线系列纪录片，内容是英国议员迈克尔·波蒂略（Michael Portillo）做的一系列关于死刑的调查和探访。迈克尔说的一句话表明了纪录片的主旨：“我想找寻一种最仁慈的方法以使得执行死刑看起来不那么像谋杀。”然而这只能是枉然。支持死刑的人就在乎刑罚的惩罚性，追求的便是因死刑残酷而对面临死刑及潜在的罪犯所产生的巨大震慑力。而对于支持废除死刑的人来说，再仁慈那都是谋杀，没有看起来像不像的问题。

迈克尔希望死刑可以更加人性化，减少被执行死刑者的痛苦，于是他就绞刑、电椅、注射死、毒气等做了调查，甚至亲身尝试了毒气和缺氧死，想要找出一种最人性化的没有痛苦的死刑方式。迈克尔的结论是，我们现在使用的各种死刑方法，都在某种程度上让受刑者非常痛苦，不过科学是强大的，他最终发现吸入氮气导致的缺氧可以使人没有痛苦地死亡，而且很快，又不需要复杂的仪器，非常适合执行死刑时使用，因此他非常开心，自以为找到了答案，于是去找了罗伯特·布莱克（Robert Blecker）——美国非常激进的死刑支持者。迈克尔跟他说，我找到了一种非常人道的死刑方式，你觉得怎么样？罗伯特非常严肃地说：我觉得糟透了，一点都不人道。因为他的理念是，死刑是一种惩罚，如果一个罪犯用残忍的方法杀死他的被害者，为什么我们要让他死的时候无痛苦？这种所谓的人道难道不是对死者家属的不人道？就在这个瞬间，这个纪录片从一个科学实验片演变成一个伦理片。说到底，迈克尔提出的仍然是一个伦理问题，伦理问题总是难有答案。要不要死刑？要怎样的死刑？痛苦大的还是痛苦小的？以牙还牙还是仁慈方法？一个人犯了多大的罪才应该死？杀人者偿命，那如果不是故意的呢？如果说贪污腐败情节特别严重也要受极刑，那么什么标准合适？生和死的界限难道就依赖于数字之间的微小差别吗？

我国的死刑政策是“保留死刑，严格控制”[①]。实践证明这一政策符合我国国情，是一个正确的选择。死刑作为最严苛的刑罚，对暴力犯罪有着很强的威慑性。我国现阶段保留死刑是完全必要的。严格控制就是强调要“少杀慎杀”。“少杀”是指将死刑适用于极少数罪行极其严重的犯罪分子，特别是那些严重危害公共安全和人民群众生命财产安全的严重犯罪分子。我国现在还不能废除死刑，但应逐步减少适用，凡是可杀可不杀的，一律不杀。“慎杀”是指对死刑适用的证据实行最严格的标准，必须达到证据确凿充分，绝不允许出错。死刑作为一种特殊刑罚，有着很强的不可逆性。一旦出现冤案就无法逆转，所以必须慎之又慎。

1.6.3 关于克隆技术的思考

1996年7月里的一天，对于英国罗斯林研究所由维尔穆特（I. Wilmut）[②] 领导的科学研究小组全体成员来讲，是一个令人激动的日子。对全世界来说，也是值得庆贺的一大。因为在这一天，一只“妊娠”了148天的震惊世界的小羊来到了这个世界。这只羊的身世与众不同，它既无父亲，又无母亲，是科学家们用克隆技术复制出来的。经过几个月的精心呵护，这只身世不凡的小绵羊茁壮成长，并有了一个动听的名字——多莉（Dolly）。

克隆简单讲就是一种人工诱导的无性繁殖方式。多莉的出现是克隆技术发展的里程碑事件。世界各地大小媒体均对“克隆羊”产生的前前后后做了详尽的报道，并在全世界范围内引发了一场空前的克隆技术发展利弊讨论。

进入21世纪，生物技术革命继续突飞猛进，在理论上甚至技术上讲，克隆人是完全可能做到的，克隆人问题很现实地摆到了人类面前。由于人们对其出现后可能产生的负面影响与效果极其关注，因而引起了许多科学家的普遍担忧与反对，甚至一些国家的政府直接出面干预，限制或禁止克隆人的研究。的确，克隆人关涉到人类自身并直接对人类伦理造成巨大的冲击，无性生殖技术的出现是对传统生殖方式的极大挑战，人们出现担忧甚至恐惧的情绪都是正常的。

1.6.4 从“戈德华特守则”看精神医学伦理

已经退休的哈佛大学医学院精神病学临床副教授多德斯（Lance Dodes）和国际精神分析协会研究计划委员会前主席沙克特（Joseph Schachter）联合其他33位精神病学家给《纽约时报》写了一封公开信。信中警告说，特朗普“情绪极度不稳”，这表现在他的讲话和行为中，这让他“不能安全地履行总统职责”。这封公开信打破了一项长期坚守的专业守则——美国一位知名精神病专家艾伦·弗朗西斯向《纽约时报》撰文反驳

---

① 参见《关于进一步严格依法办案确保办理死刑案件质量的意见》（法发〔2007〕11号）。

② 维尔穆特，英国科学家，因培育出世界上第一头克隆羊多莉，被誉为“克隆之父”。

道，这35位精神病学家不仅没有遵守自己的职业道德，还违反了戈德华特守则（Goldwater Rule）。

戈德华特守则的制定源于50多年前另一位美国总统候选人戈德华特（Barry Goldwater）的“被诊断”事件。1964年，《事实》（*Fact*）杂志向12 356名精神科医师发出了调查问卷，请他们从专业角度评价戈德华特的精神状态是否适合担任总统。在对该杂志的调查做出回复的2 417人中，有1 189人认为戈德华特的“精神状态不适合担任总统”。戈德华特为此将《事实》杂志告上了法庭，并成功胜诉。法院认为，该杂志歪曲事实，对戈德华特进行了恶意攻击。

6年后，美国精神医学协会以这次事件为戒，将戈德华特守则写入了第一版《美国精神医学协会职业伦理守则》中，告诫心理健康工作者不要再重复这样的错误。《美国精神医学协会职业伦理守则》第7.3条（俗称戈德华特守则）规定：“当被问及对一个公众人物，或一个在大众媒体上透露过自己私人信息的个人时，精神科医师可以和公众分享他在某个精神障碍领域的专业知识。但在没有经过专业问诊，且没有得到正当授权的情况下，就向公众发表相关的专业性意见，是一种违反职业道德的行为。”

1.6.5 有关转基因作物的争论

在世界范围内，几乎所有人类的主要能量来源都是农作物。在基因的秘密被知晓之前，人类培育更高产农作物的方式稍显粗暴：在田野中选择我们需要的植物，对它们进行迭代筛选和特定种植，让目标性状越来越明显。杂交、辐射、航天等育种方式从本质上来说并没有太大的区别，都没有进入分子生物学的领域。但基因学说的确立让人类操作生物的性状，甚至制造全新物种成为可能。简单地说，人类挑选出需要的基因片段，将这部分基因转移到目标生物体内，让这段基因与目标基因结合，让目标生物表达出所需要的性状，这就是转基因技术。转基因作物有两个非常特别之处，一是被转入的基因一定是非本物种的，二是人为决定而非自然选择。我们今日所见所闻的地球生物，既是大自然长期优胜劣汰的结果，也是它们通过本物种内交配进行繁衍的结果。跨物种的交配，在自然界是不可能成功实现的。也正因如此，各物种延续到今天，才能够保持住本物种的稳定性和纯洁性。而转基因作物则是按照人类的需要，在科学家的“帮助”下对原本风马牛不相及的物种进行跨物种的遗传物质交流，以便造就一个自然界中原本不存在的产物。从1983年世界上最早的转基因作物（烟草）诞生，到1994年美国孟山都公司研制的延熟保鲜转基因西红柿在美国批准上市，转基因作物迅猛发展，产品品种及产量也成倍增长。与此同时，有关转基因作物的争论也日渐凸显。支持的一方认为转基因作物代表着人类解决粮食问题的巨大努力，理应接受和推广。反对的一方则认为转基因作物作为科技发展的新产物，接受验证的时间依然太短，还存在安全性方面的问题，并且不忘提醒人们科学是一把双刃剑，科学发展应该有伦理界限。这些争论一方面反映出转基因技术已经走进人们的生活，另一方面也可以看出人们对转基因技术还存在很多的疑虑。

我国关于转基因作物的政策，具有两个鲜明特点：一是注重自主创新，把农业转基因生物新品种的培育放在国家粮食安全、农业可持续发展的高度来进行战略布局，不断加大投入；二是坚持慎重推广，表现为坚持推动转基因作物商业化发展的方向，但同时又突出强调安全性，高度重视公众和媒体有关转基因作物安全方面的舆论。

1.6.6 对“基因编辑婴儿”案的审判

2018年11月26日，南方科技大学副教授贺建奎宣布一对名为露露和娜娜的基因编辑婴儿于11月在中国顺利诞生。这对双胞胎的一个基因（CCR5）经过修改，使得她们出生后即能天然抵抗艾滋病病毒。这对世界首例基因编辑婴儿的横空出世，引起了从科学家群体到普通民众对人类实施基因编辑伦理正当性的普遍质疑。这一消息在社会上迅速激起轩然大波，震动了中国和世界。这种震惊，更多的是不安和恐惧。上百位中国科学家联合署名发表声明，直指这项所谓研究的生物医学伦理问题。国外学术界也是一片谴责之声。美国宾夕法尼亚大学基因编辑专家以及基因学期刊的编辑基兰博士直接斥责道：“这是没有良知的人类实验，在道德和伦理上站不住脚。”哈佛大学干细胞研究中心的穆索努拉教授认为，基因编辑婴儿被暴露在未知的疾病风险中，完全是“得不偿失”。

2019年12月30日，“基因编辑婴儿”案在深圳市南山区人民法院一审公开宣判。法院审理查明，自2016年以来，南方科技大学原副教授贺建奎得知人类胚胎基因编辑技术可获得商业利益，在明知其违反国家有关规定和医学伦理的情况下，仍以通过编辑人类胚胎CCR5基因可以生育免疫艾滋病的婴儿为名，将安全性、有效性未经严格验证的人类胚胎基因编辑技术用于辅助生殖医疗。贺建奎等人伪造伦理审查材料，招募男方为艾滋病病毒感染者的多对夫妇实施基因编辑及辅助生殖，以冒名顶替、隐瞒真相的方式，由不知情的医生将基因编辑过的胚胎通过辅助生殖技术移植入人体内，致使2人怀孕，先后生下3名基因编辑婴儿。根据被告人贺建奎的犯罪事实、性质、情节和对社会的危害程度，依法判处其有期徒刑3年，并处罚金人民币300万元。

本章小结

第1章“绪论”重点阐述了公共政策的基本概念。通过本章的学习，应该明确公共政策的基本含义以及研究公共政策的原因，理解公共物品、公共职能、公共问题、公共利益、公共权力、公共秩序、公共治理这些与公共政策相关的概念，掌握政治行动的基本理论及其对公共政策的影响，了解经济自由主义和国家干预主义的基本观点，认识公共政策的伦理基础。

关键词

公共政策　政府　科学　政治　公地悲剧　公共物品　俱乐部理论　“搭便车”　外部性　公共职能　公共问题　公共利益　公共权力　公共秩序　公共治理　经济自由主义　“看不见的手”的原理　国家干预主义　罗斯福新政　安乐死　克隆技术　基因编辑

思考题

1. 什么是公共政策？
2. 为什么要研究公共政策？
3. 公共政策有哪些表现形式？
4. 如何从公共角度理解公共政策？
5. 如何区分公共问题与私人问题？
6. 公共职能包括哪些内容？
7. 如何界定公共利益？
8. 政治行动有哪些基本类型？
9. 如何理解政治与政策的关系？
10. 什么是经济自由主义？什么是国家干预主义？二者有何区别与联系？
11. 如何进行公共政策的伦理分析？

第 2 章

公共政策的形式、类型、特征与作用

2.1　公共政策的表现形式

2.1.1　西方国家三权分立体制下的公共政策

三权分立（checks and balances）制度是指国家的立法、行政、司法三权分别由三个机关独立行使，并相互制衡的制度。它是根据近代分权学说——由英国的洛克倡导、法国的孟德斯鸠完成——建立起来的，其理论基础是与社会契约论相结合的近代自然法学说。三权分立制度现为绝大多数的资本主义国家所采用，是资本主义国家的国家机关组织与活动的基本制度，但因各国国情不同而有不同的形式。

西方国家三权分立体制下公共政策的制定主要有以下形式：

1. 国会立法

国会立法是公共政策最基本的形式。立法者（国会议员）在政策制定过程中具有重要作用，除了其授权于行政部门的决策以及法院制定的专门政策，几乎所有的政策必须通过立法规定。国会在宪法的“授予权力”和“默示权力”的限度内行使其立法权。一项议案的提出、审议、听证、通过，最终成为法律，标志着一项公共政策完成其制定过程并正式出台。

2. 总统决策

总统是强有力的直接决策者，其决定往往是通过如下途径做出的：一是在内阁决策中具有独断权。就美国而言，宪法把行政决策权仅仅授予总统而不是委员会。据说，有一次林肯在全体内阁成员投票反对他的决定时宣布：“七票反对，一票赞成，决定通过。”可见总统在行政决策中的地位。二是政府各部提出的政策倡议会源源不断地汇集到总统直辖机构这个行政系统的末端。总统决策一般包括以下几种类型：

（1）立法倡议。总统每年要向国会提交国情咨文、预算咨文和经济咨文，并就国防、科技、能源、环保、民权、福利等问题提出专门咨文。这些咨文虽然不是公共政策的完成形态，但其作为重要的立法建议，实际上决定了国会的主要议事日程并最终成为国会的重大立法。

（2）立法否决。国会通过的立法须经总统签署方能成为法律。总统可以运用否决文书或议案搁置的方式行使其立法否决权。

（3）委托立法。国会依法把立法权委托给总统行使。“委托立法权”涉及范围很广，尤以处理对外事务和紧急状态时更为突出。在总统直接行使立法权的情况下，行政决策无须履行国会立法程序而直接以公共政策的形式颁布实行。

（4）外交决策。总统在外交事务方面处于支配地位，可以行使主权国家的“固有权力”。

（5）防务政策。从美国的情况看，总统作为武装力量总司令，有权为“保卫国家权力”而采取一切必要的行动。

3. 政府机构决策

国会授予政府机构正式权力以做出具有法律效力的抉择。如授予环保局正式权力以做出有关规章、条例、细则等。这种高度专业化的决定往往依赖于专门的知识和充分的信息。

4. 司法决策

最高法院也是公共政策的直接制定者。法院通过解释宪法和法律进一步扩大现行法律的适用范围，或直接宣布某项法律违宪使之无效，或提出纠正的具体措施。这实际上就是在制定政策。法官的决策往往比立法决策更尊重先例。美国最高法院的判决被视为国家的法律，各级政府和下级法院必须遵行。司法决策有以下主要形式：

（1）司法审查。司法复审权使最高法院能裁决国会通过的法律是否违宪。

（2）推翻先前的判决。司法裁决一项约定俗成的规则就是维护先前判例的效力。但是，法官有时也在发挥政策分析者的作用，他们至少能够从原则上发现某种适合当前问题的理性政策。这种发现推动他们依据时代的发展变化，抛弃先前的判例，做出新的裁决。

（3）司法命令。它以宪法和法律为依据，规定纠正不公正情况的具体办法。

2.1.2 中国现行政治体制下的公共政策

中国现行的政治体制赋予政策过程两大特征：其一，从宪法规范的权力关系来看，全国人民代表大会是国家最高权力机关，行使国家的立法权，在国家机关体系中居首要的、全权的地位。其二，从政府系统与中国共产党的关系上看，中国共产党是中国政府系统的领导核心，左右着政府过程的运行，主导着公共政策的制定。在西方国家，公共政策多以法的形式出现。当代中国的公共政策，从其实质特征看，充分体现出中国共产党的领导作用；从其形式特征看，则主要由四部分构成，即党的政策、人大立法、行政决策和司法解释。

1. 中国共产党的政策

我国现行宪法规定了中国共产党对国家和社会全面领导的地位。《宪法》总纲第一条规定：“社会主义制度是中华人民共和国的根本制度。中国共产党领导是中国特色社会主义最本质的特征。”党的二十大报告明确指出，“中国特色社会主义制度的最大优势是中国共产党领导，中国共产党是最高政治领导力量”“党的领导是全面的、系统的、整体的，必须全面、系统、整体加以落实”。这些重要思想是一个整体，突出强调了党的“全面领导”，这是在中国特色社会主义进入新时代的背景下，对我们党作为执政党的领导职能所做出的新的论断。

中国共产党是执政党，是国家的最高政治领导力量，其核心作用集中体现在公共政策的制定与执行过程中。中国共产党的政策是其在一定历史时期为实现一定的目标和任务而规定的调整国际上国与国之间、国内团体与团体之间、人与人之间关系与行为方式的依据和准则。

中国共产党的政策往往以直接和间接两种形式形成国家的公共政策。

（1）直接形式。例如，党的历次代表大会和中央全会通过的政策性文件，以及党的主要领导人所发表的重要讲话，如习近平“7·26”重要讲话①、二十大报告②、“1·5”重要讲话③等。党的这些政策都是直接采取公共政策形式贯彻于社会生活的各个领域和各个方面。

（2）间接形式。党的十八届四中全会通过的《中共中央关于全面推进依法治国若干重大问题的决定》提出“善于使党的主张通过法定程序成为国家意志”，这种转化是党的执政过程的核心内容，主要涉及三种类型：第一，中共中央与国家其他机构联名发布的政策文件，这种政策告知形式在中国的政策制定过程中表现得极为普遍。如2020年《中共中央 国务院关于抓好“三农”领域重点工作确保如期实现全面小康的意见》是21世纪以来第17个指导“三农”工作的中央一号文件。第二，中共中央提出政策倡议，国家有关机构据此制定具体的行动方案。如2013年，中国国家主席习近平出访中亚和东南亚国家期间，先后提出共建“丝绸之路经济带”和“21世纪海上丝绸之路”（“一带一路”）的构想。7年来，“一带一路”建设从理念转化为行动，从愿景转变为现实，取得了丰硕成果，得到国际社会的广泛响应。共商、共建、共享、合作共赢、共同发展的理念深入人心。第三，国家有关机构以党的政策为指导原则制定相关政策，如刚刚问世的新中国首部民法典。我国现行民法领域最基本法律规范是《民法总则》。按照党的十八届四中全会关于编纂民法典的任务要求，编纂民法典列入了调整后的十二届全国人大常委会立法规划。编纂《民法总则》作为编纂民法典的第一步，由十二届全国人大五次会议于2017年3月15日通过，自2017年10月1日起施行。2020年5月28日，十三届全国人大三次会议表决通过《中华人民共和国民法典》。这标志着我国从民事单行法时代迈入民法典时代。

2. 人民代表大会的立法

我国宪法规定，国家机关体系有五大组成部分，即国家权力机关、行政机关、监察机关、审判机关和检察机关。显然，国家权力机关在国家机关体系中居首要地位。它从法律制度和原则上规定它们的机构设置、职权范围、人员编制和活动方式。国家行政机关、监察机关、审判机关和检察机关由国家权力机关产生，由其赋予职责和权力，对其负责，接受其监督并向其报告工作。它们与国家权力机关不是平行关系而是从属关系，完全不同

---

① 2017年7月26日，习近平总书记在省部级主要领导干部“学习习近平总书记重要讲话精神，迎接党的十九大”专题研讨班开班式上发表重要讲话，题目是“高举中国特色社会主义伟大旗帜 为决胜全面小康社会实现中国梦而奋斗”。

② 2022年10月16日，习近平在中国共产党第二十次全国代表大会上做报告，题目是“高举中国特色社会主义伟大旗帜 为全面建设社会主义现代化国家而团结奋斗”。

③ 2018年1月5日，习近平总书记在学习贯彻党的十九大精神研讨班开班式上发表重要讲话。

于资本主义国家的三权分立体系。

立法是人民代表大会的首要职权，主要表现为以下几种形式：

(1) 宪法。全国人大有权修改宪法和解释宪法，并监督其实施。而全国人大对宪法的每一次修改和解释都意味着我国公共政策的重大变动。

(2) 基本法。宪法精神或基本原则必须通过基本法的形式加以体现，全国人大所制定和修改的刑事、民事、国家机构、选举等法律都属于基本法的范畴。

(3) 其他法律。这里是指超出基本法律性质的其他法律，但仍包括在现行宪法所界定范围之内。其他法律涉及外交、治安、环保、土地管理、工商、统计、专利等多个领域。

(4) 地方性法规、自治条例和单行条例。我国是单一制国家，执行地方立法只是为了贯彻国家立法或补充国家立法。根据宪法规定，地方人大可制定地方性法规，并报上级人大批准和备案。民族自治地区的人大有权制定自治条例和单行条例，并报上级人大批准和备案。地方人大虽也从事立法活动，但都没有独立的立法权。

(5) 决议、决定、命令、条例等。除立法权外，人大还具有决定权。决定权的表现形式就是决议、决定、命令、条例等的制定和颁行。一般而言，凡是批准性文件都采用决议的形式，它一般不具有实体的规定性和行为的规范性，而是对已有文件或事件的一种带有批准、告知、确认、表态、结论等性质的法律文件形式。而决定则是一种对事情做出实体性规定和对行为进行规范的法律文件形式。从政策角度来看，不仅命令、条例等都属于决定的范畴，而且决议、决定也没有实质性区别。

3. 国家行政机关的行政决策

国家行政机关指国务院及其组成部分和地方各级人民政府，它们是国家权力机关的执行机关，行使国家行政权。决策是国家行政机关重要的职能表现，行政部门所做的决策，即行政决策，是当代中国公共政策的一个重要组成部分。所谓行政决策是指国家行政机关在法定的权力和职能范围内，在履行行政职能的过程中，就所面临的相关问题制定的行动方案和行动准则。行政决策作为公共政策出现主要有以下几种形式：

(1) 行政法规。行政机关依据国家宪法规定和全国人大授予的权力制定行政法规，习惯上被称为政府立法活动或行政立法活动。行政法规常以总理令的形式加以发布，在公共政策中占有极其重要的地位。

(2) 行政措施、决定和命令。行政措施、决定和命令与行政法规在实质构成要件上虽未明确做出规定，但在发布形式上有显著区别，即行政措施、决定和命令往往以国务院文件或国务院办公厅文件的形式发布。无论是行政法规，还是行政措施、决定和命令，都被称为国家政令，具有相同的法律效力。

(3) 部门规章。部门规章是国家法律和行政法规的进一步具体化，外部形式也与国家法律和行政法规很相似，同样具有较强的规范性，常常以部长令的形式加以发布。部门规章须报国务院备案，国务院有权予以改变或者撤销。部门规章与行政法规在制定内容上的划分原则是：凡仅涉及一个部门内的关系的，凡调整内容明确限于部门职权范围内的，须采取部门规章的形式加以规范；凡法律未做规定且国务院也未发布过决定、命令的，凡全国性的和涉及几个部门的关系的，凡调整内容属于部门职权范围尚未明确的，均须采取行政法规的形式加以规范。

（4）地方性规章。根据我国宪法和地方政权组织法，有权制定规章的只有法律明确授权的地方政府，如省、自治区和直辖市政府，省会城市的市政府，以及计划单列市的市政府等。地方性规章与地方性法规在内容上的划分一般表现在如下几个方面：第一，地方性法规是法律原则的具体化，地方性规章是行政法规的具体化；第二，涉及地方司法活动的，制定法规，涉及地方行政机关自身调整的，制定规章；第三，法律和行政法规未做规定，需要创设新的实体及其权利义务时，制定法规，即地方性法规可以在与法律和行政法规不相抵触的前提下，对法律和行政法规未纳入调整范围的问题做出先行规定，只有在不涉及创设新的实体及其权利义务时，可以制定规章，即地方性规章的制定必须以法律和行政法规为依据；第四，本地区重大事项由地方性法规规定，其他事项由地方性规章规定。

（5）地方性行政措施、决议和命令。根据宪法和地方政权组织法的规定，地方各级政府有权规定行政措施，发布决议和命令。那么，怎样区分这些措施、决议和命令与地方性规章呢？第一，地方性行政措施、决议和命令并不需要一定以上级部门的法规文件为依据，只要事务属于自己的职权范围就可以做出相关决定；第二，从行政法角度而言，地方性规章可以设定有限的处罚种类和处罚权，而地方性行政措施、决议和命令则不能做这样的设定；第三，司法部门在审理行政案件时要参照地方性规章，而地方性行政措施、决议和命令则不属于参照依据。

4. 国家司法机关的司法解释

由最高人民法院和最高人民检察院根据法律赋予的职权，对审判和检察工作中具体应用法律所做的具有普遍司法效力的解释是公共政策的一种特殊组成。其特殊性主要体现在其所针对的对象和适用的领域，针对的是现有法律的具体使用，涉及的是法院的审判活动和检察院的检察活动。司法解释因其对案件及案件当事人具有客观实在的约束力，对案件以外的人及其行为有着极大的威慑力而具有普遍的法律效力与政策影响力。

根据宪法和 1981 年全国人大常委会《关于加强法律解释工作的决议》，司法机关被赋予司法解释权。最高人民法院和最高人民检察院除分别行使司法解释权外，还经常就某一问题共同做出司法解释，如《最高人民法院、最高人民检察院关于办理寻衅滋事刑事案件适用法律若干问题的解释》《最高人民法院、最高人民检察院关于办理危害食品安全刑事案件适用法律若干问题的解释》等，这些都可被视为公共政策的特殊表现形式。

除以上四种形式外，随着我国改革开放的不断深入和国际交往与合作的日益加强，我国加入的国际条约、公约逐渐增多，这对我国的公共政策产生了重要影响，甚至内化为我国公共政策的组成部分，如我国加入的《保护非物质文化遗产公约》《不扩散核武器条约》《世界知识产权组织版权条约》《经济、社会及文化权利国际公约》等。再有像三峡工程、南水北调工程、高铁战略、“一带一路”等国家重大工程和大型计划也是我国公共政策的表现形式，还有像邓小平南方谈话、胡锦涛提出科学发展观、习近平谈中国梦等国家领导人的重要讲话同样是我国公共政策的表现形式。

2.1.3　全民公决

全民公决又称全民投票或公民表决，起源于古希腊城邦雅典的公民大会，后来成为民主国家政治制度的重要组成部分。它是由选民通过直接投票的方式，对相关议题表达同意、反对或弃权的明确态度，然后根据表决结果达成决策的一种制度。它是人民自决权实施的一种特定程序选择，属于民主宪政的范畴。从性质上讲，它不是对代议制民主的否定，而是对代议制民主的补充和修正。

求诸全民公决的内容大多是关系国家前途命运和国计民生的重大问题。比较有名的全民公决是欧盟的成立，关于欧盟的成立问题——从最初的《马斯特里赫特条约》到《尼斯条约》，再到最终的《里斯本条约》——欧洲各国前后组织了近百次的全民公决，连最不喜欢全民公决的荷兰，也至少举行了四次，直到最终通过了《里斯本条约》。

专栏

直接民主与间接民主

民主一般可区分为两种，即直接民主与间接民主。所谓直接民主（direct democracy），指的是公民直接参与决定国家与社会事务的民主形式。一般包括在具体事务上的直接民主和国家体制上的直接民主两个层面的含义。前者是指在一些具体问题上以全体直接投票方式做出决定，但是在整个国家的主导制度上仍然可能是代议形式；后者仅指在整个国家体制上的直接投票形式。现代国家中的直接选举、全民公决以及公民通过听证会等方式直接参与公共事务的讨论决定等，都属于直接民主的不同表现形式。

所谓间接民主（representative democracy & indirect democracy）指的是公民通过由自己的同意所选举出来的代表来负责制定法律和管理公共事务。所以，间接民主常常又被称为代议制民主。间接民主要求有一整套的监督机构来对人民所选的代表及由此产生的政府进行监督和防范，以免这些代表和政府官员滥用权力。需要说明的是，间接选举并不等同于间接民主，因为间接选举出来的代表未必真的有权参政。

作为一种民主制度，全民公决的好处是明显的。它基于平等原则，使每个公民都有参与政策制定的权利。的确，全民公决能够获得最大范围的民主，可以更明确地了解人们的真正需求，而不仅仅是通过选举出来的代表获得人们的需求信息。这样也防止了国家重大政策的制定被少数人操纵。不仅如此，全民公决还可以培养公民的参与意识和政治责任感。

然而，全民公决并不是一个完美的制度。第一，投票者多会关注自己的利益，而不会或很少去考虑国家整体的利益，因此某些政策的制定不能够达到国家利益的最大化。第二，简单多数的通过办法，使得少数人的权益没有办法得到有效的保障。第三，全民公决的成本显然要远高于其他的制度设计，因此不可能过于频繁地进行。第四，全民公决不可能具有很强的实时性，一次全民公决从准备到结束，花费的时间要以周甚至以月计，因此不适合处理那些必须迅速做出决定的问题。第五，政府可以通过全民公决推卸责任。政府只需执行全民公决的结果，而不需要考虑决定是否正确。但在很多时候，多数人并不代表真理。总而言之，全民公决的确是一种民主决策的有效方法，但它只适用于那些对国家产生重要影响、关乎大多数人利益的重大提案，应用要十分慎重。

专栏

瑞士公投：否决全球“最高”最低工资标准

在 2014 年 5 月 18 日举行的瑞士全民公决中，超七成投票者反对由瑞士工会组织提出的“保护公平工资”动议，否决了这一全球“最高”最低工资标准。由此，澳大利亚仍然雄踞世界上最低时薪最高国家的榜首，每小时 16.88 美元。在 18 日的公投中，瑞士公民还投票决定是否从瑞典购买价值 35 亿美元的战斗机、是否禁止恋童癖者从事与儿童相关的工作。其中，争议最大的就是：提高最低工资这一政策。瑞士联邦政府网站当晚公布的统计结果显示，在近 290 万人参加的投票中（投票率 55.5%），支持“保护公平工资”动议的只占 23.7%，而反对者占 76.3%。该动议在瑞士全部 26 个联邦州与半州中均遭否决。瑞士人普遍担忧最低月薪的规定会导致失业率飙升，因而否决了这个“高薪”的福利提案。“保护公平工资”动议又称“限定最低工资”动议，发起方要求瑞士联邦与各州推行工资保护政策，将每小时 22 瑞士法郎（1 美元约合 0.89 瑞士法郎）的最低工资标准纳入法律。瑞士全职劳动者每周平均工作时间为 42 小时，若该动议得以通过，瑞士劳动者每月最低工资将达到约 4 000 瑞士法郎。该动议发起方称，瑞士是富裕的发达国家，却有 33 万劳动者月收入不足 4 000 瑞士法郎。设立这一最低工资标准可帮助低薪阶层提高收入，这项动议关乎社会公平。反对该动议的瑞士人担心，若实行这一最低工资标准，生产成本将上升，一些企业可能因丧失竞争力而裁员或迁往经营成本更低的国家，该动议希望惠及的缺乏技能的劳动者和低技术水平的劳动者将面临失业威胁。还有瑞士人认为，设立这一最低工资标准未考虑到瑞士各行业及地区间经济发展水平差异。

2.2　公共政策的类型

在现代社会，公共政策作为政府对团体和个人行动的有效干预手段，存在于社会生活的各个领域，其数量巨大、内容繁杂、形式多样、性质复杂，因此要把它们都解释清楚是很不现实的。公共政策根据不同的标准，可以做不同的分类。从传统角度来看，根据措施规定的详细程度，公共政策可分为计划性政策与纲领性政策，前者明确规定了具体的行动方向和步骤，后者只是规定了总的方向和目标；根据涉及的不同领域，公共政策可分为国防政策、外交政策、经济政策、人口政策、教育政策等；根据政策制定的不同机构，公共政策可分为行政的、立法的、司法的；根据政策出台的不同时间，公共政策也可做出相应划分，如根据中华人民共和国成立后的不同历史阶段，公共政策可以划分为过渡时期（1949—1957 年）政策、全面建设时期（1957—1966 年）政策、“文化大革命”时期（1966—1976 年）政策、“两年徘徊”时期（1976—1978 年）政策、社会主义现代化建设时期（1978 年至今）政策。

尽管这样一些一般性的分类方法在区分不同政策方面比较便捷，但是它们在概括能力上表现出明显的缺陷，因为它们没有真正反映公共政策的基本特征和实质内容。下面有关分类方法的介绍将使读者对公共政策的涉及范围、多样性和目标的差异有更深刻的理解。

2.2.1 实质性政策和程序性政策

1. 实质性政策

实质性政策与政府将要采取的行动有关，如修建高速公路、实施福利计划、抓捕恐怖分子、禁止零售酒精饮料等。实质性政策会直接给人们带来利益或产生不便，并分配相关收益和支付必要成本。2008 年面对全球金融危机日益演化为全球经济衰退，中国政府强力启动了刺激内需计划。国务院出台措施计划在两年内新增约 4 万亿元的投资，相当于 2007 年全国固定资产投资的 29.2%。这项政策具有典型的实质性特征。这 4 万亿元投资的大体构成涉及这样几个方面：民生工程（保障性住房、棚户区改造、农村电网改造、农村道路建设、农村危房改造和游牧民定居工程等）、基础设施的建设（铁路、公路、机场、水利等）、社会事业（教育、卫生、文化、计划生育等）、节能减排、生态工程、调整产业结构和进行技术改造、汶川大地震灾后重建。

2. 程序性政策

与实质性政策相比，程序性政策则只涉及怎样采取行动和由谁来采取行动的问题。根据这样一个定义，程序性政策就包括了一些法律，如组织法①。这些法律是行政机关创建的基础和依据，并决定行政机关的职权范围，规定行政机关在执行任务时的程序和手段，对其运作还提供了行政的、司法的和其他方式的控制。当然，程序性政策也可能会有重要的实质性结果，即“怎么做”和“谁来做”可能对实际做了什么（政策结果）具有重要影响。在行政领域，一些人往往会试图利用程序性问题推迟或阻止实质性的决定与政策的通过，他们擅长此道，有办法使用程序规则来推迟行政机关的行动。某一行政行为可能因为采取了不恰当的程序而遭到诘难，看似是程序问题，但实际试图抵制的却是政策的实质性内容。

2.2.2 分配性政策和再分配性政策

1. 分配性政策

分配性政策涉及将服务和利益分配给特定人群——个人、团体、公司和社区。有些分配性政策只向少数人提供利益。如美国发生次贷危机②后，2008 年 6 月美国政府出手救助联邦国民抵押贷款协会（房利美）和联邦住房贷款抵押公司（房地美）。另一些政策则向大多数人提供利益，如农业收入补贴政策、房屋抵押贷款的减税政策、义务教育及职业培训计划等。

---

① 组织法：专门规定某类国家机关的组成和活动原则的法律，是实体法的一种，如《中华人民共和国全国人民代表大会组织法》《中华人民共和国国务院组织法》等。

② 次贷危机（subprime crisis）：次贷即“次级按揭贷款”，“次”与“高”“优”相对，形容信用低，还债能力差。次级抵押贷款是一个高风险、高收益的行业。它与传统意义上的标准抵押贷款的区别在于，对贷款者信用记录和还款能力要求不高，而贷款利率相应地比一般抵押贷款高很多。那些因信用记录不好或偿还能力较低而被银行拒绝提供优质抵押贷款的人，往往会申请次级抵押贷款购买住房。在房价不断走高时，次级抵押贷款生意兴隆。即使贷款人现金流并不足以偿还贷款，他们也可以通过房产增值获得再贷款来填补缺口。但当房价与贷款金额持平或下跌时，抵押品价值不再充足，按揭人收入又不高，按揭人就会面临贷款违约、房子被银行收回的处境，进而引起按揭提供方的坏账增加和倒闭案增加、金融市场的系统风险增加等，形成次贷危机。

一般说来，分配性政策涉及使用公共资金来支持特定的团体、社区或产业。那些寻求利益的人并不相互直接竞争（尽管也有特例，如大型项目的选址，往往只能有一方胜出），这类利益并不意味着由任何特定团体支付，而是由公共财政承担，即由所有纳税人支付。因此，分配性政策一般只产生受益者，而没有明确的受损者。一个地方政府及其相关支持者在为他们的计划项目争取授权和资金支持的同时，并不会反对其他地方采取类似的行动，可能还会形成一定的同盟。因此，绝大部分项目在进入决策程序后往往支持者众多而反对者寥寥。

2. 再分配性政策

再分配性政策是政府有计划的积极行动，涉及在社会各阶层和团体中财富、收入、财产和权利的转移性分配。例如，穷人和富人之间的利益再分配，“其目的不是财产的使用而是财产本身，不是平等地对待而是平等地拥有，不是行为而是状态”①。

再分配性政策的通常模式是资源从有产者流向无产者。但是，这个流向也可能会出现相反的情况。由于再分配性政策多涉及金钱、权利或权力的再配置，所以往往难以制定和通过。那些拥有财富和权力的人很难心甘情愿地放弃他们的既得利益，并会努力阐述他们为获得财富所承受的巨大压力和所承担的巨大责任。既然金钱和权力在政治世界中是很好的筹码，因此，拥有者也就有了进行抵抗的有效手段。

具有或者曾经具有再分配性质的政策包括累进收入税、医疗保险和医疗补贴、扶贫计划、选举权法以及立法机构席位的重新分配等。以美国为例，约翰逊政府的“反贫困”计划代表了把财富和其他资源向黑人和穷人转移的政策努力，但遭到保守派的强烈抵制，而且总统班子的支持也不力，该计划渐渐偃旗息鼓，无疾而终。美国司法部曾花很大气力去实施的《选举权利法》，使得黑人选民登记、投票的数量有了大幅增加，而且还使一些黑人在南部地区竞选成功。建立在支付能力基础上的累进收入税（收入高的人应当适用更高的税率，税率从 14%～50%分成十几个档次），由于边际税率的逐渐减少（一些人认为高边际税率既会侵害个人自由又会影响经济增长），它的再分配效果现在也大打折扣。

总之，再分配性政策不仅难以通过，而且难以维持，就像上面讨论的收入税政策一样。对大多数人来说，结果或条件的平等（收入或生活水平的平等）对他们其实并没有太大的吸引力，他们更为关注的是机会上的平等。

2.2.3 管制性政策和自我管制性政策

1. 管制性政策

管制性政策是对个人或团体的行动加以限制和约束的政策。或者说，这类政策减少了受管制对象的自由和权利。管制性政策不同于分配性政策，后者的实施只会增加利益相关者的自由与权利。当我们谈到管制性政策时，我们的注意力往往会更多地集中到商业领域，如对污染的控制和对汽车的控制。但对有些人而言，这些正是需要放松政府管制的领

---

① ANDERSON J E. Public policymaking：an introduction. Fifth Edition. Boston：Houghton Mifflin Company，2003：10.

域。实际上，管制性政策涉及的最重要的领域还是针对个人权利、财产保护、打击犯罪、防范恐怖等社会性管制方面，这类政策主要包括平等就业、物权保障、刀具管制、扫黄打非[①]等，其中也会涉及对个人行为的一些规定。

管制性政策的形成通常涉及两个团体或团体联盟之间的冲突。其中一个团体或团体联盟试图将某种管制加给对方，而另一方则试图加以抵抗，声称这种管制毫无必要，或所提出的是一种错误的控制方式。在这种冲突中，管制性的决定会产生明显的赢家和输家，尽管最终赢家所得到的一般少于他们想要得到的。当赢家是以公共利益为目标的团体时，他们并不会得到直接的物质利益，如 2000 年 9 月 1 日起开始施行的《中华人民共和国大气污染防治法》提供的是广泛的社会利益，而非集团利益。

管制性政策存在以下几种形式：

（1）某些管制性政策提出了行为的基本准则，即指定应该采取哪些行动，或命令不得采取哪些行动。如 2008 年 8 月 1 日起开始施行的《中华人民共和国反垄断法》实际上就是明确地告诉企业，政府要“预防和制止垄断行为，保护市场公平竞争，提高经济运行效率，维护消费者利益和社会公共利益，促进社会主义市场经济健康发展”。这类管制能够通过法院对违法者的起诉而得到实施。相比之下，公共事业性的管制多是由地方政府加以承担，往往包含一些更为具体的控制措施，如规定准入机制、服务标准、财务操作标准，以及电力、电话和其他公用公司的收费标准等。相对来说，《反垄断法》比公共事业管制更少限制企业的权利。

（2）消费者保护政策能用来说明管制政策存在的另一些差别。有些立法，如 1994 年 1 月 1 日起开始施行的《中华人民共和国消费者权益保护法》明确规定，消费者为生活消费需要购买、使用商品或者接受服务，其权益受法律保护。这类政策试图向消费者提供有关做决策时所需要的信息。另一些消费者保护的立法，如 1993 年 2 月 22 日颁布的《中华人民共和国产品质量法》等确立了产品生产商必须遵循的质量标准。自 2009 年 6 月 1 日起开始施行的《中华人民共和国食品安全法》，制定了食品安全国家标准。这类政策旨在阻止不符合预定标准的产品进入市场。

（3）某些管制性政策，比如限制企业进入广播、电视、煤炭、电力等特殊行业的政策，是通过将利益赋予某些人，而拒绝赋予另一些人的决定来加以贯彻实施的。对于某一行业的营业执照发放，会有若干申请者提出申请，但只有一家申请者的要求能够得到满足。这些政策可以称之为竞争性管制政策，因为它限制了特定物品和服务的提供商。但是，这样做也可能会降低服务效率和产品质量。

2. 自我管制性政策

同管制性政策相似，自我管制性政策同样涉及对某些事物或某些团体的限制和控制。然而，二者的不同点在于，自我管制性政策受到被管制团体更多的控制，而且它们把其用作保护和促进自身成员利益的一种手段。在一些国家存在几百种专业和职业执照，如树木整形师、拍卖师、调酒师、律师、教师和医师等。通常发放的关于医疗方面的执照就有按

---

① 根据《国务院办公厅关于印发新闻出版总署（国家版权局）职能配置、内设机构和人员编制规定的通知》（国办发〔2001〕97 号），“扫黄”“打非”是指“扫除黄色出版物”“打击非法出版活动”。

摩师、牙医、牙科保健师、急救人员、验光师、药剂师、内科医师、脚病医师、注册护士、心理医师、保健医师和社会工作者。就这类政策的形成而言，通常的模式是，某一专业或职业团体主动从政府部门寻求关于营业执照发放的立法。由于利益关系，它们参与政策制定的热情很高。而在这些团体之外，社会上则很少有人对之感兴趣。结果便是某一关于发放营业执照的立法获得通过，实施权就被授予了行业委员会。这类组织无疑会受到执照持有团体的多方控制。不难想象，在相当长的一段时间内，要进入该行业委员会会受到诸多的限制，而且其索取的专门服务价格也会不断上升。这种自我管制很难说一定能够提高服务的质量。

2.2.4　物质性政策和象征性政策

根据所要分配的利益类型，公共政策还可分为物质性政策和象征性政策。物质性政策是将有形的资源和实质性的权利给予受益人，或将真正的不利条件强加给那些受相反影响的人。确立最低工资标准、给公共住宅计划拨款、给农民提供收入补贴等政策在内容和效果上都具有物质性特征。

相比之下，象征性政策对人们几乎没有什么真正的物质性影响。它们并不交付表面上似乎要交付的东西，也不分配有形的利益。确切地说，这些政策多涉及人们所珍视的一些价值观，如和平理念、爱国主义和社会公正等。对这一类政策效果的评价有时似乎就显得没有什么必要了。谈到象征性政策，这里需要提一下得克萨斯州诉约翰逊（Texas v. Johnson）案。

1984年，美国共和党大会在得克萨斯州举行，反对里根的人在会场外示威游行。他们打出横幅并呼喊口号，一路游行到市政厅。有一个叫约翰逊的男子觉得只打标语和喊口号不过瘾，他接过一面美国国旗，使之浸上煤油并开始焚烧，之后他被当局逮捕。约翰逊因焚烧国旗而违反了得克萨斯州的不准侮辱国旗的法律，一审被判罪名成立，但得克萨斯州的刑事上诉法院推翻了一审判决，认为惩罚损坏国旗的州法律违反了《美国宪法第一修正案》关于“言论自由神圣不可侵犯”的规定，判决约翰逊无罪。最后，联邦最高法院的9名大法官以5∶4的表决维持了刑事上诉法院的判决。其后的民意调查发现，有不少美国人认为：爱国旗，固然是爱国的外在表现；而爱民主、爱自由，则是更深刻、更永远、更爱国的表现。一位美国最高法院的法官意味深长地说：“如果一个国家连自己的国旗都允许你烧，那么你还有什么理由去烧它呢?”

然而，政治家们与大法官的看法是有分歧的。多年以来，美国的国会议员们一直对把焚烧美国国旗作为政治抗议的一种象征性方式的做法感到愤怒和不安。美国1989年颁布的《国旗保护法案》规定，任何“故意损毁、破坏、污损、焚烧、置国旗于地板或地上践踏国旗”的行为都是违法的。然而这一法案很快受到来自最高法院的挑战。最高法院宣布该项法案违宪。最高法院的这一判决引起了很多公众和政治家的愤怒，他们试图增加一条宪法修正案以禁止对国旗的亵渎，但他们的努力在20世纪90年代早期以失败告终。直到1995年，情况有了一些变化，共和党占多数的众议院成功通过了一项修正案，授权联邦和州政府禁止“对美国国旗的物理损害”，然而这项提案在参议院却没有能够获得通过。这场持续的冲突充满了某种象征性的含义。

绝大多数政策既非纯粹的象征性政策，也不是完全的物质性政策。相反，这两类政策可以被视为一个物体的两极，大多数政策落在两极之间，并依据象征性或物质性的程度来确定其在物体中的位置。教师节在中国的设立明显表现出象征性政策的特征，对推动尊师重教的社会风尚、提高教师的社会地位具有重要意义。而政府“限塑令”① 颁布后，虽然商场和超市的塑料购物袋使用量明显减少，但政策的棱角在农贸市场已被逐渐磨平。由此看来，“限塑令”从象征性走向物质性还有一段不短的路程。2008 年 5 月 1 日起开始施行的《北京市公共场所禁止吸烟范围若干规定》在执行中也遇到不少障碍，只能说是介于象征性政策和物质性政策之间。

此外，由于行政活动（政策执行）的干预，或者由于立法机关（政策制定）没有通过政策实施时所需资金的预算，被立法语言标榜的物质性政策有时也会演变成象征性政策。政策声明与政策输出其实并不是一回事。一方面，一些政策提出的实质性目标，如果没有相关资金做保证，那么，就会成为实质上的象征性政策。另一方面，政策也可能从更多的符号类型向更多的物质类型转化，如在过去很长一段时间里，中国环境污染的控制政策更多表现出象征性特征。立法虽然写在纸上，但实际做的并不多。进入 21 世纪，公众对污染问题日益关注，政策执行活动不断增加，政府部门的相关立法活动也有所增多，其结果是随着《大气污染防治法》《环境保护违法违纪行为处分暂行规定》等一系列法律法规的出台，污染控制政策变为更富有实质性特征的政策。

在分析政策效果时，物质性-象征性分类法尤其有用，因为它把我们的注意力带到了正式的政策声明之外，并提醒我们注意符号在政治行为中的重要作用。

专栏

象征性政策

例 1

党的十八大报告用 24 个字提出覆盖全国各方面意见、反映现阶段全国人民最大公约数的社会主义核心价值观的表述。这个表述是分别从国家、社会、个人三个层面进行的。从国家层面看，是富强、民主、文明、和谐；从社会层面看，是自由、平等、公正、法治；从公民个人层面看，是爱国、敬业、诚信、友善。

例 2

社会主义荣辱观是中国共产党中央委员会总书记胡锦涛于 2006 年 3 月 4 日下午在中国人民政治协商会议第十届全国委员会第四次会议的民盟、民进联组会上发表的题为《关于树立社会主义荣辱观》的讲话中提出的。

① “限塑令”：2007 年 12 月 31 日，我国政府有关部门正式发布通知，从 2008 年 6 月 1 日起，在全国范围内禁止生产、销售、使用厚度小于 0.025 毫米的超薄塑料购物袋。该通知被公众称为“限塑令”。政府颁布“限塑令”的目的是限制和减少塑料袋的使用，遏制“白色污染”，保护公共利益。

社会主义荣辱观即：
以热爱祖国为荣，以危害祖国为耻；
以服务人民为荣，以背离人民为耻；
以崇尚科学为荣，以愚昧无知为耻；
以辛勤劳动为荣，以好逸恶劳为耻；
以团结互助为荣，以损人利己为耻；
以诚实守信为荣，以见利忘义为耻；
以遵纪守法为荣，以违法乱纪为耻；
以艰苦奋斗为荣，以骄奢淫逸为耻。

2.2.5　涉公政策和涉私政策

所谓涉公政策和涉私政策实际是指涉及公共物品提供和涉及私人物品提供的政策。公共物品最重要的性质是非排他性，即没有任何有效的方法可以在向某些人提供此种服务的同时把其他人排除在外，也没有任何方法可以计算哪些人比其他人从此项服务中得到更多的收益。国防便是一个标准的例子。因此，一个理性经济人是不会自愿支付国防建设所需资金的，他倒乐意选择让别人支付费用而自己“搭便车”。所以国防必须由政府通过税收加以提供。其他公共物品的例子还有清洁的空气、公共安全、交通控制和卫生行动。与公共物品相比，私人物品就可以任意进行拆分，通过市场进行买卖，让使用者和受益者付费。如此一来，其他人就被轻易地排除在外。政府提供的一些社会物品也有一些带有私人物品的特征，如垃圾收集、邮政服务、医疗卫生、博物馆、公共住宅和国家公园等。有时候政府也会向这类物品的使用者收费，但并不都是如此。政府之所以提供这些物品（当然有时也可以由市场来提供），反映了政治决策的作用，多源于一些传统因素（政府理念、政治文化等）的影响。

人们普遍认为，只有公共物品才是公共政策需要关注的对象。从社会福利的发展趋势来看，现在也的确有通过政府行动将具有私人性事务转化为社会性事务的趋势，如健康问题、失业问题、环境污染、工业事故、疾病控制已被广泛认为是公共问题而不是私人问题，是影响所有人的事情而不是影响个别人（或少数人）的事情。因此，它们得由社会支付，由政府提供。一般来说，凡被认为具有公共物品性质的东西，人们都希望由政府负责提供。如果某些人明显地比别人得到更多的直接收益，他们则可能被要求为此支付费用或税款以承担部分开支。因此人们进入国家公园要买门票、使用公共住房要交租金，以及在大桥和高速公路上开车要交通行费。

20 世纪 80 年代一些国家的政府所倡导的私有化运动代表了一股对长期以来扩大社会物品提供范围的反对力量。依据自由市场经济的理论，私有化运动把很多政府的资产和项目转化到私营机构中，并通过和私营企业签订合同的方式来提供公共服务，如垃圾的收集和监狱的运营。一些人认为，私营部门在行使这些职能方面会比公共部门花钱更少，效率更高。

专栏

公法与私法

法律可以最一般地区分为与国家密切相关的“公法”（包括宪法、行政法和刑法）和规范私人间权利义务关系的“私法”（包括合同法、侵权行为法和物权法）。总体而言，区分二者的实际意义在于，易于确定法律关系的性质，应适用何种法律规定，应采用何种救济方法或制裁手段，以及案件应由何种性质的法院或审判庭受理，应适用何种诉讼程序。具体言之，公法与私法的划分主要有以下不同意义：

（1）从利益保护的重心来看，公法以维护公共利益即“公益”为主要目的，私法则以保护个人或私人利益即“私益”为依归。

（2）从调整的社会关系即对象来看，公法调整的是国家与公民之间、政府与社会之间的各种关系，主要体现为政治关系、行政关系及诉讼关系等。私法调整私人之间的民商事关系即平等主体之间的财产关系和人身关系。

（3）公法以权力为轴心，严守“权力法定”的定律；私法则以权利为核心，适用“权利推定”的逻辑。

（4）公法奉行“国家或政府干预”的理念，私法遵循“意思自治”“私法自治”的原则。

（5）公法以政治国家为作用空间，私法以市民社会为功能范域。

2.3　公共政策的特征与作用

2.3.1　公共政策的特征

1. 政治性

如果单纯从公共与政策的概念上来看，公共政策本应是公共利益的集中体现，不应成为政治统治的工具。然而，在阶级社会中，任何政党和政府都是代表特定阶级利益的政治集团，其一切所为本质上都要服从阶级利益的需要。尽管从表面上看，政党和政府的政策行为表面上看来并不带有政治色彩，如人口政策和环境保护政策等，但实质上还是为了巩固阶级统治的需要。尽管有违统治阶级意愿的政策结果在社会生活中并不鲜见，但那只是由于政策制定者或执行者缺少经验致使措施不当造成的，并不是出于统治阶级的本来意愿。由此可见，公共政策的制定是政党和政府（政治组织）的政治行为，公共政策集中体现了统治阶级的利益需要，是源于政治动机的组织产物，因而它带有鲜明的政治倾向性。

2. 多样性

公共政策的多样性主要包括层次多样性、领域多样性、形式多样性、时间多样性、功能多样性等。从层次来看，政策可以划分为元政策（政策的政策）、基本政策和具体政策；

从领域来看，政策可以划分为国防政策、外交政策、经济政策、科技政策、社会政策等；从形式来看，政策可以划分为指示型（具有指导性和强制性等特征）、决定型（具有确定性和稳定性等特征）、建议型（具有选择性、参考性、试行性等特征）、条例型（具有特定性、详尽性、规范性等特征）；从时间来看，根据效果显示的时间要求，政策可以划分为即时型、短期型和中长期型；从功能来看，政策可以划分为引导型、管制型、协调型、分配型、程序型等。

3. 层次性

公共政策有其层次要求，一刀切到底的政策往往是要碰壁的。一般而言，高层次的政策对低层次的政策具有指导作用，但它往往都是概括性很强的原则规定，难以直接规范人们的行为，可操作性不强。只有把高层次的政策逐层分解并加以具体化，才能使之转化为低层次、具有可操作性的辅助政策。比如，中央政府制定的政策往往是从整个国家的全局出发，对地方政策具有宏观的指导性作用。而地方政府应依照本地区的实际情况，具体分析政策的目标群体，以中央政府的政策为框架，制定出适合本地区情况的政策。

4. 阶段性

从动态角度来看，公共政策有一个发生、发展的变化过程，表现出阶段性的特征。从广义角度讲，政策过程可以分为两个阶段，即政策制定阶段和后政策制定阶段（执行阶段和反馈调节阶段）。前一个阶段涉及问题觉察、议程建立、方案评估、政策采纳及其合法化等环节；后一个阶段涉及政策实施、信息反馈、效果评估、调整变更和政策终结等环节。

5. 复杂性

从执行结果来看，政策表现出多重作用。因为社会是复杂的，事物是变化的，所以任何一项政策都不可能尽善尽美、万无一失，它既可能导致人们希望看到的结果，也可能出现人们不愿看到的现象；既可能有意料之中的事，也可能有始料不及的事；既可能有易于发现的显现功能，也可能有难以觉察的潜在作用。以我国的计划生育政策为例，其正功能不言而喻，可以降低人口增长速度，缓解人口压力，提高人口素质，促进经济发展。但它也有非常明显的副作用，人口老龄化成为阻碍经济发展的因素之一。再如，我国“对内搞活”的经济政策使大批农民进入城市，其直接作用表现为对城市发展起到了极大的促进作用，其间接作用表现为改变了农民“故土难离”的小农封闭意识，使他们得以接受现代社会的精神洗礼。但其负面影响也不可低估，农村流动人口给城市管理带来了巨大的压力。

6. 合法性

从广义角度而言，公共政策的合法性主要是指公众对其的认可和接受程度。公共政策要具有合法性就必须经过一个合法化的过程，这个过程可以分为两个部分，第一部分是政治系统的合法化，第二部分是公共政策的合法化。如果政治系统不能被公众认可，它所输出的政策必然难以被公众接受。没有政治系统的合法性，公共政策的合法性也就无从谈起。

7. 权威性

公共政策的权威性是以其合法性为基础的，政策只有经过合法化的过程，才能对公众具有约束力。一般而言，一项政策不可能符合所有人的利益，有时不得不为了多数人的利益牺牲少数人的利益，为了全局的利益牺牲局部的利益，为了长远的利益牺牲眼前的利益。因此，一项政策的出台，对于那些不愿做出利益牺牲的对象而言，不能不带有一定的强制性，这种强制性往往同一些惩罚性措施相联系，若没有这些措施做后盾，政策就会成为一纸空文。比如，我国目前实行的人口政策就是出于全局考虑而制定的，这样的政策对于那些因各种原因想多生几个孩子的家庭来说，就构成了一定的强制性，如若有人违反了这项政策，公共权威机构就会根据具体情况对当事人进行不同程度的惩罚。

8. 普遍性

公共政策在其所框定的范围内具有广泛的适用性，其规定的行为标准和设定的行为限度具有普遍的约束力。公共政策不是针对个别人和个别事制定的，而是针对多数人和普遍性问题制定的，它是要求社会成员普遍遵守的行为规范。

9. 稳定性

公共政策必须保持一定的稳定性。朝令夕改、变化无常的政策，是最不得人心的。这样做不仅会丧失政策的严肃性和权威性，大大降低公众对政策的信任程度，影响社会秩序的稳定和生产力的发展，而且还会给政策执行带来许多麻烦，使政策执行机构无所适从，导致政策难以贯彻执行。当然，强调政策的稳定性并不是要否定政策的变动性。古人云："世异则事异，事异则备变。"事物都是发展的，没有一成不变的东西，公共政策应该随着环境的变化而有所调整，但保持相对稳定是绝对必要的。特别是一些关系全局和影响深远的政策，其稳定性具有极为重要的意义。而保持这种稳定性最根本的途径就是政策的法律化，即将政策上升为法律，这也叫政策立法。这样做能够防止因重要领导人更迭等因素所引起的政策大起大落。

2.3.2 公共政策的作用

1. 导向功能

公共政策作为规范公众行为的社会准则，其对公众行为具有重要的引导作用，这种引导既包括行为的引导也包括观念的引导，它告诉人们应以什么为标准，应该做哪些事和不该做哪些事。这种行为的引导必然对人的观念变化带来影响，这种影响在社会变革时期表现得尤为明显，这是因为人的观念变化在这一阶段有着强烈的动机需求。

公共政策的导向功能具有两种作用方式，一是直接引导，二是间接引导。比如，我国改革开放后的农村政策直接调动了农民发展农业生产的积极性，引导他们走上脱贫致富的道路；而农村剩余劳动力向城市的大量流入，必然会对城市居民的工作与生活带来影响，起到了农村经济政策间接导向的作用。

公共政策的导向功能从作用结果看，既有正向功能也有负向功能。所谓正向功能是指政策对事物发展方向的正确引导，体现了公共政策与事物发展规律的协调一致；所谓负向功能是指对事物发展方向的错误引导，表现了公共政策与事物发展规律的冲突和矛盾。这里需要强调的是，并非只有错误的政策才具有负向功能，一些正确的政策也可能产生负向功能。如西方某些国家的一些社会福利政策，使社会寄生阶层同时受益，懒汉越养越多，这无疑体现了政策的负向功能。

专栏

“好人法”保护“好人”

美国曾发生过好心助人最后却被告上法庭的事。在 2004 年万圣节的晚上，一位名叫亚历山德拉德的年轻女子驾车撞上了路边的电线杆，车子冒出滚滚浓烟，很可能会发生爆炸，她自己则被卡在车里动弹不得。当时在场的一名好心女子丽莎冒着生命危险从这辆事故车中拽出了伤者。但由于丽莎没有专业的施救经验，从而导致了亚历山德拉德车祸后的瘫痪。2008 年，亚历山德拉德将丽莎告上了法庭，称是丽莎救助的疏忽导致了她的瘫痪，因此要求丽莎对她负责。2008 年 12 月 19 日，加利福尼亚州最高法院以 4∶3 通过裁决，认为法院可以受理此案。加州最高法院的这一裁决引起社会和舆论的哗然，民众的观点几乎一面倒，大家都认为，尽管好心人在帮助他人时会出错，但绝不能因此而惩罚做好事的人。加州议会对此迅速做出了反应。2009 年 6 月，加州议会以 75∶0 的投票结果紧急通过了《好心人免责条例》，从而使丽莎免受控告。这个条例是关于在紧急状态下，施救者因其无偿的救助行为，给被救助者造成某种损害应该免除责任的法律条文。《条例》规定在类似丽莎这样的案例发生时，即如果发生因救助者的疏忽导致被救助者受到伤害的情况，救助者可以免责。

2. 管制功能

为避免影响社会良性运行的不利因素出现，公共政策就要发挥对目标群体的约束和管制功能。这种功能往往通过政策的有关条文规定明确地加以表现，通常采取两种途径达到这一目标。

（1）积极性管制。政策条文的规定突出正激励原则，即对某种行为加以物质或精神方面的奖励，以刺激这种行为重复出现的频率，从而达到减少其反向行为的目的。

（2）消极性管制。政策条文的规定突出负奖励原则，即对某种行为加以物质或精神方面的惩罚，以抑制这种行为重复出现的可能，从而达到有效管制的目的。

专栏

禁放政策的变迁

从放改禁到禁改限，从禁改限到限改禁，法律和民俗的博弈、民俗与环保的博弈，在两个 12 年间经历了政策的变迁。禁放鞭炮的环境条件在一点点发生变化，2017 年的限改禁不过是这种变化积累的必然结果。

（1）放改禁。

据 1993 年的新闻报道：自 1987 年以来，北京市仅春节期间燃放烟花爆竹炸伤的市民就达 2 462 人。另据北京市公安局提供的情况，春节期间因燃放烟花爆竹致伤 544 人，比 1992 年增加 54.5%，其中 5 人被摘除眼球，遗恨终生。除夕烟花爆竹噪声平均值为 92 分贝，瞬时值高达 121 分贝，严重侵害市民的身心健康；其间发生火灾 208 起，造成损失 13.7 万元。

1993 年，北京市以立法的形式实施禁放，即 1992 年 10 月 12 日北京市第十届人大常委会第六次会议通过《北京市关于禁止燃放烟花爆竹的规定》。1993 年 12 月 1 日，禁放规定正式生效。

（2）禁改限。

经历了几个静悄悄的除夕后，“禁放”开始出现反弹，市民中有了“禁放冲淡节日气氛”之类说法。在政府召开的听证会上，赞成燃放和反对燃放的双方展开激辩。几经辩论和征求意见，最终政府做出了妥协。

法律和民俗的博弈，在 12 年间走了一个轮回。2005 年 9 月 9 号，北京市第十二届人大常委会第二十二次会议审议通过了《北京市烟花爆竹安全管理规定》，将原有的禁放政策调整为限放。

（3）限改禁。

在“限放”实行多年以后，随着公众的文明意识和环保意识的提高，大家越来越觉得，燃放烟花爆竹的行为与我们现在这种密集居住情况的环境承载能力形成很大的矛盾。据北京市环境保护监测中心提供的数据：2017 年除夕晚上从 8 点开始，空气质量持续恶化到初一凌晨 2 点时到达峰值，国控站点的平均浓度是 647 微克每立方米，部分站点在峰值的时候能达到 1 000 微克每立方米。民俗与环保的博弈，最终导致政府下决心实行“禁放”。

从 2005 年实行禁改限算起，又恰好过了 12 年，2017 年的 12 月 1 日，北京市第十四届人大常委会第四十二次会议通过《关于修改〈北京市烟花爆竹安全管理规定〉的决定》，又将限放改回了禁放。

3. 调控功能

公共政策的调控功能是指政府运用政策手段对社会生活中出现的利益冲突进行调节与控制。政策的调控作用主要体现在调控社会各种利益关系特别是物质利益关系方面。在社会生活中人们有着不同的利益需求，而且表现出阶段性的特征，利益的差别使冲突不可避免。为了平衡这种矛盾，保持社会的稳定和经济的发展，作为政府重要管理手段的公共政策需要承担起调控社会利益关系的重任。

公众的利益矛盾经常会涉及以下几个方面的问题：第一，人民的利益增长得快一点、激进一点，还是慢一点、稳定一点之间的矛盾。第二，社会中一部分人与另一部分人的冲突。他们同属人民范畴，但处于不同阶层，利益矛盾此起彼伏。如工人与农民之间、国家职工与个体工商户之间、城里人与外来流动人员之间等。第三，人民这方面的利益与那方面的利益之间的矛盾。

公共政策不仅需要指明人们应该做什么和不应该做什么，而且还需要指明人们应该先做什么和后做什么，并以此调控社会群体和个人的行为趋向。因此，公共政策的调控功能还常常表现出其特有的倾斜性。政府工作在不同时期会有不同的侧重点，公共政策就应对此加以倾斜，即在大的目标前提下，优先考虑某一地区或某一领域的发展，并相应对某些利益群体加以保护，如我国特区经济政策和发展第三产业政策等就突出表现了政策的倾斜性特征。

专栏

养老金并轨

养老金“并轨”是指对机关事业单位工作人员实行和企业职工一样的基本养老保险制度。

2012 年 3 月，在全国“两会”上，对养老体制进行改革、取消养老金“双轨制”的呼声高涨。2013 年 12 月，中华人民共和国人力资源和社会保障部确定养老金双轨制并轨方案。2014 年 12 月，机关事业单位养老保险制度改革方案经国务院常务会议和中央政治局常委会审议通过。2015 年 1 月 14 日国务院发布的《关于机关事业单位工作人员养老保险制度改革的决定》（国发〔2015〕2 号）指出，从 2014 年 10 月 1 日起对机关事业单位工作人员养老保险制度进行改革，机关事业单位实行社会统筹与个人账户相结合的基本养老保险制度，保险费由单位和个人共同负担。单位缴纳本单位工资总额的 20%，个人缴纳个人工资的 8%。养老保险金个人账户储存额不得提前支取，免征利息税。这标志着存在了近 20 年的养老金“双轨制”的终结，近 4 000 万机关事业单位人员将和企业职工一样缴纳养老金。

4. 分配功能

对社会公共利益进行分配是公共政策的本质特征。每一项具体政策都会涉及“把利益分配给谁”这样一个问题，换句话讲，就是都要面临一个“政策使谁受益”的问题。人的利益需要是不同的，而社会资源却是有限的，因此，政策对利益的分配不可能同时满足所有人的需要，往往是一部分人从中获得了较多的利益，另一部分人却不能从中获取利益或损失了原有的利益。政策的这种利益分配功能对社会的良性运行和稳定发展有着非常直接的影响。近年来，虽然我们一直强调公平分配的原则，但社会的利益矛盾仍突出表现在分配不公的问题上，而物质利益的分配不公，更是公众瞩目的焦点。那些不合理的分配政策如果得不到及时纠正，就可能激化社会的利益冲突，进而使物质利益上的矛盾转化为政治利益上的矛盾。因此，公平分配的问题既是重要的理论问题，又是紧迫的实际问题。

专栏

公平困境

美国学者德博拉·斯通在她的《政策悖论》一书中举了这样一个例子，在上完一个学期“公共政策”课时，她请班上的学生吃巧克力蛋糕。在清点了班里学生的人数后，她开始按人数切分蛋糕。然而，这种平均分配的方案受到来自学生的多种挑战：

第一，当天请假或逃课的学生提出抗议说，我也是这个班的学生，为什么漏了我那一份？第二，男生代表提出了抗议，虽然男生人数少，但还是应该男的一半女的一半，只有这样才是性别公平。第三，一部分学生认为，平时聚餐时，有的人多吃多占了，他们应该在巧克力蛋糕的分配上做出补偿。第四，有些学生不大喜欢吃巧克力蛋糕，他们宁愿吃小块的蛋糕而把大块留给喜欢吃巧克力蛋糕的同学。第五，班里主修经济学的学生强调起点和机会的公平，主张发给每人一把叉子，待老师一声令下，大家各自去拿。第六，也有的学生强调平等的统计学机会（概率公平），主张把蛋糕分成几大块，然后抽签决定几块蛋糕的归属。第七，还有的学生强调民主的原则，主张用投票方法选出一个委员会，由它来决定怎么分配。

一种看似公平的分配受到了多方面的质疑，从而引发了关于公平分配的悖论：一种意义的公平可能意味着另一种意义的不公平。假如我们能够对巧克力蛋糕分配中出现的挑战加以系统的总结，我们就可以拥有一些被用于政策分析的工具。就任何分配而言，都有三个重要的因素，即接受者（分配给谁）、物品（分配的是什么）和过程（分配如何进行）。毫无疑问，在七个挑战中，前两个都是基于对接受者的重新界定，第三、第四个则是对分配物品的重新界定，而后三个挑战关注的是分配的过程。

如果分一块蛋糕都如此麻烦，那么，把社会财富比作一块大蛋糕，是不是将会陷入无尽的争论中而永远不可能产生公平的分配呢？应当承认，绝对公平恐怕在现实中是不存在的。实现绝对公平也是不可能的。但是，最大限度地凝聚共识却是可能的。而共识的达成往往需要政策制定者的必要解释。他们应该告诉人们，现行政策的公平依据的是哪一条标准和理由，这些是不难做到的。德博拉·斯通的例子带给我们的启示是：政策制定者的解释如果能够获得公众最大的认同，就算达到了最大可能的公平。然而，由于存在多种看法和标准，对政策的批评和挑战无时不在，这并不可怕，经验证明，挑战也为政策创新带来了空间。

本章小结

本章主要阐述了公共政策的表现形式、基本类型、主要特征和重要作用等内容。通过本章的学习，应该明确公共政策的基本性质，认识公共政策在不同政治体制中的表现形式，掌握公共政策的基本类型，了解公共政策的主要特征，并在此基础上理解公共政策的重要作用。

关键词

三权分立　全民公决　直接民主　间接民主　实质性政策　程序性政策
分配性政策　再分配性政策　管制性政策　物质性政策　象征性政策

思考题

1. 西方国家三权分立体制下公共政策有哪些表现形式？
2. 中国现行政治体制下公共政策有哪些表现形式？
3. 从美国的情况看，总统决策包括哪些类型？
4. 如何认识“全民公决”？

5. 公共政策有哪些类型？
6. 实质性政策与程序性政策有何不同？
7. 管制性政策有哪些形式？
8. 物质性政策与象征性政策有何不同？
9. 公共政策的作用主要表现在哪些方面？
10. 如何理解公共政策的导向功能？
11. 公共政策应如何体现社会公平？

第 3 章

政策主体、政策客体与政策环境

3.1 政策主体

一般而言，政策主体可以被简单界定为直接或间接地参与政策制定过程的个人、团体或组织。尽管世界各国的政策环境不尽相同，但政策主体的构成因素并无大的差别，只是它们对政策制定过程的作用方式和影响程度有所不同罢了。许多政策学的论著和教科书都有政策主体的相关阐述，比较具有代表性的看法是，政策主体的构成因素主要包括立法机构、行政决策机构（政务官系统）、行政执行机构（文官系统）、司法机构、政治党派、利益集团、思想库、大众传媒和公民个人等。

政策主体的类别多以官方决策者和非官方参与者进行划分①（当然也有人从体制内与体制外②、国家权威与社会权威③、直接参与和间接参与的角度对政策主体进行分类）。安德森指出，官方决策者是指那些具有合法权威去制定公共政策的人（当然，他们中的一些人事实上可能会受制于非官方的政治党派或压力集团）。这些人包括国会议员、政府首脑、行政人员和法官，他们所从事的决策活动多少会有所不同。然而，除了他们之外，还有许多人参与了政策的制定过程，这些参与者中不仅包括政治党派和利益群体的成员，而且包括代表个人的普通公民。我们之所以把他们称为非官方参与者，主要是因为不管他们在各种政策场合有多么重要或处于何种主导地位，他们自身通常并不拥有合法的权力去做出具

---

① 安德森. 公共决策. 唐亮，译. 北京：华夏出版社，1990：44-48.

② 内格尔. 政策研究百科全书. 林明，等译. 北京：科学技术文献出版社，1990.

③ 张国庆. 现代公共政策导论. 北京：北京大学出版社，1997：34-39.

有强制力的政策决定。

3.1.1　官方决策者

现代西方政治体制多以三权分立为原则构建国家的公共权力。立法、行政和司法三种权力分别由议会、内阁和法院掌握，这三大系统各司其职，彼此独立，依靠国家宪法所赋予的权力制定不同类型的公共政策。它们彼此监督、相互制约，以保持三种权力之间的平衡状态。一些国家所实行的政党制度从形式上看往往能够把政党政治排除于国家的三权之外，而实质上却能够使政党政治"一以贯三"或"以一治三"，从而实现对公共权力的制约和对国家利益的整合。因此，政党权力有时候完全可能会成为凌驾于三种权力之上的至高权力。从这个意义上讲，政党有可能会成为站在官方决策者行列之外的"超官方决策者"。

1. 立法机关

立法机关是政策主体最重要的构成因素之一，其主要职责当然是立法，即履行制定法律和政策这一政治任务。立法机关在政策制定过程中究竟充任怎样的角色？到底能做些什么？起到什么样的作用？要回答这些问题必须通过实际调查进行具体分析。

在美国，国家立法机关常常能够在独立决策意义上行使立法权。如在国会中，常设委员会对提交的法案通常拥有生杀大权，它们甚至可以置议会大多数成员的反对于不顾，强行通过有关法案。美国有关税收、人权、社会福利和劳动关系等方面的政策一般都是由国会加以制定，但在国防和外交政策的制定方面，总统比国会拥有更大的权力，很多时候，总统的意志能左右国会的决定。而美国各州的立法机关却常常因为其职责范围的限制或专业人士辅助不力，难以对较为复杂的或技术性强的立法事务采取主动。它们往往只是简单地批准和通过一些专业部门所提交的法案。当然，至于其他方面的一些一般性事务如治理犯罪等，州立法机关显然具有独立决策的能力，因为这些事务并不需要特殊的技能和科技方面的专业知识。

英国的情况与美国有所不同，英国议会所批准和通过的法律往往是那些首先由政党提出，其后由文官起草，然后由政府（首相和内阁）提交的法案。英国下院在批准立法的过程中拥有绝对权力，起着至关重要的作用。而在拉美一些国家，立法机关受到行政机关的严密控制，几乎难以在独立决策的意义上行使其立法权。对于这样的政治模式，政策学家如果把许多研究精力放在立法组织和立法程序上的话，那么他们只是在白白地浪费自己的时间。某些国家，如非洲的一些国家，则根本没有建立过立法机关，而且它们认为没有必要建立这样的机构。

2. 行政决策机关

一些西方国家虽然推行三权分立的政治体制，但随着行政权力的不断扩张，行政机关在政策制定过程中的地位和作用越来越突出，"行政国家"已成为一个司空见惯的政治现象。就美国而言，总统在进行立法领导方面的权威显然已经被确定，并作为必不可少的规定而被人们普遍接受。委员会制导致了国会领导的分散，加之缺少强有力的政党权威，使国会越来越依赖于总统提出的立法建议。而且，国会还常常将一些非常重大的决策权授予总统，特别是在需要高度集中的外交和军事领域，总统所拥有的合法权力和行动自由比其在内政方面所拥有的权力和自由要大得多。

叶海卡·德罗尔认为，行政部门对政策制定的影响在发展中国家要比在发达国家大得多，他指出："由于发展中国家存在的政策问题少，所以大部分政策问题都能进入政府内阁的议事日程。而且在发展中国家一般不存在专业性的文官系统，因而行政部门在绝大部分政策制定中都起到核心作用。另外，发展中国家的权力更为集中，所以政务部门无须去考虑建立政治联盟的问题，它们有更多的决策自主权。"[①] 简言之，发展中国家的决策体制和结构一般非常简单，主要决策权都掌握在行政部门手中，利益集团由于很少能够在政治体系中独立发挥作用，所以它们很难对政策制定构成较大的影响。

3. 行政执行机关

传统行政学认为，政策往往是由政府中的"政治"部门制定的，行政执行部门只是或多或少地以自主的方式实施这些政策。然而，现代的人们已经越来越明确地认识到，政策制定与政策执行相互缠绕、不可分割，行政执行部门对政策制定不是没有影响，而是有很大影响。当我们把政策定义为政府在特定领域所采取的实际行动时，这一点就更为明显。行政执行部门不仅能够参与一些法律法规和相关政策的制定，而且能够使其他机构所制定的法律或政策徒有虚壳，无的放矢，其最拿手的办法就是行动拖拉和无所作为。

在现代社会，许多政策事务往往带有复杂性和技术性特征，而且需要进行连续控制。立法人员缺乏必要的时间和充足的信息，导致了许多问题的处理权（规制决定权）被授予了行政执行机构。众所周知，权力具有自我扩张的趋势，对其边界难以构成有效的制约，这必然导致行政执行机构做出具有更大政治意义和政策效果的决定。这也难怪，在现代社会中，如果没有官僚组织所发挥的重要决策作用，那么其对公共事务的有效管理就会成为一句空话。

不仅如此，在一些国家的政治系统中，行政执行机构还是立法建议的重要来源之一，它们不仅积极地提出一些所需的法案，还努力地进行游说，试图对国会形成一定的压力，以使其提出的政策建议得到采纳。因此，"公共政策受行政人员的支配"这句话并不为过。

4. 法院

尽管在许多国家特别是发展中国家，法院难以介入政策制定过程，不具备实际的决策功能，对公共政策的影响微乎其微，但在有些国家如美国，法院闯入了许多社会和政治活动领域。它不仅参与了政策的制定，而且在其中扮演了非常重要的角色。法院常常能够通过司法审查权和法令解释权对公共政策的性质和内容产生巨大影响。它不仅规定了政府不能做什么，而且规定了政府应该采取何种行动以符合法律和宪法的规定。

所谓司法审查权是指法院有权审查立法和行政机关的活动是否违宪，如发现与宪法相冲突的情况，有权决定这些活动无效。美国的政策制定显然深受这种权力的制约，国会可能因此而对某些事务所要采取的行动犹豫不决，因为它担心这些活动可能会被法院判为违宪。

法院还有权解释和决定那些只有抽象的表述且容易引起歧义的法规的含义。当法院接受这一种而非另一种解释时，它在无形中就进入了政策制定领域，因为解释的结果无疑会

---

① DROR Y. Public policymaking reexamined. Scranton, Pennsylvania: Chardler, 1968: 118.

使胜方的政策选择得以贯彻和实施。司法活动并非新生事物，司法判决中逐渐确立的某些原则对公共政策制定有着至关重要的影响。

3.1.2 非官方参与者

非官方参与者包括利益集团、政党、公民个人、大众传媒、思想库等，相对于官方决策者而言，尽管它们对政策制定过程的影响较为间接，但同样是政策制定过程中不可忽视的主体因素。

1. 利益集团

利益集团是由具有相同价值需求和利益倾向的个人所组成的团体或团体间的联盟。它代表成员的利益，履行利益表达的功能，其对公共政策的影响一般取决于这样一些因素：团体的规模、资金及其他资源条件、团体的凝聚力、领导层的工作技巧、团体的社会地位、竞争性组织是否存在、官方决策者对其的态度、在政治系统权力体制中所处的位置等。当然，什么事情都不是绝对的，某一利益团体在某一政策问题上可能具有支配性影响，但在别的政策问题上其影响可能微不足道。

由于各个国家具体情况有所不同（民主政体或专制政体、经济发达或经济落后），所以利益集团在组成方式及合法化程度上差异很大。在有些国家，利益集团无论是在成员数量、集团数量、成熟程度、管理状况方面，还是在行动的公开化和享有的自由度方面都远远超过其他一些国家。它们不仅积极表达自己的政策诉求，而且努力为政策制定提供可选方案。它们会就政策方案的性质和可能出现的后果以及操作层面上的一些技术性问题，向官方决策者提供更多的信息。这种活动无疑非常有利于决策过程的合理化。

利益集团影响政策制定的方式或途径是多种多样的，如院外活动、舆论宣传、政治捐款、抗议示威等。其中具有代表性的一种形式就是游说，即作为说客的利益集团的代表，努力劝说立法官员或政府官员，希望他们能够支持利益集团所赞同的议案。由于游说活动通常是在议院走廊或休息室进行，所以人们习惯称之为“院外活动”。

社会发展的多元化趋势必然导致利益集团数量的增多及其规模结构和活动方式的多样化。一般而言，某一利益集团只关注与其集团利益相关的政策领域，其行为动机无疑是追求集团利益的最大满足，这种需要的满足很可能会以牺牲公共利益为代价。因此，政策制定不应受个别或少数利益集团的操纵，而应该调和不同的利益需求或相互冲突的政策愿望。按照政治学的团体理论，公共政策不是某一利益团体的一厢情愿，而是团体冲突的平衡产物。

2. 政党

政党作为利益集团的一种特殊类型，往往以政治联盟的形式出现。其关注的政策范围要比一般的利益集团更广，对政策制定的影响当然也比一般利益集团更大。现代国家的政治统治大都通过政党政治的途径加以实现，政党常常发挥着一种“利益聚合”的功能，即政党努力将不同利益集团的特定需求转变为一般性可供选择的政策方案。

然而，在不同国家、不同历史条件下，这种“利益聚合”的方式并不完全相同，不能一概而论。在实行两党制的国家中，如英国和美国，政党总希望能够获得更多选民的支持，因而在它们的“一揽子”政策纲领中试图更多地体现多数人的需求，并尽力避免与势力强大的利益群体发生直接的利益冲突。在实行多党制的国家中，如法国，政党只代表着各种相对狭隘的利益，其“利益聚合”的功能不能得到很好的体现，它们更多的是以各种特定利益的经纪人而非倡导者的面目出现的。在实行一党制的国家中，如苏联，政党是政策主体的核心力量，在政策制定中起着主导作用，公共政策在一定程度上完全可以被视为执政党的政策。

在两党制和多党制的条件下，政党最重要的一件事就是争取在竞选中获胜，以便能够控制政府的人事安排。简言之，政党首先与权力而非政策紧密相关，它们只有在大选中取胜，把握了国家政权之后，才能把其政治纲领和政策主张转化为真正意义上的公共政策。换句话讲，政党对政策制定的影响往往是靠选举来实现的。哪个政党控制了国会或赢得了总统竞选，它就将在政策制定过程中具有更多的发言权。

3. 公民个人

在政策主体的讨论中，人们往往更多地关注那些重要的参与者而忽视作为个人的公民所能发挥的作用。尽管有相当数量的公民不把自己所拥有的权利当回事，他们惰性十足，政治麻木，自觉放弃能够影响政策制定的机会，如在投票或选举中弃权，不参加政党或压力集团，对政治问题毫无兴趣等，但无论是在专制体制下还是在民主体制下，政策制定者都必须认真对待普通公民的利益和愿望。现代专制政权即使努力排斥公民参与政策制定，也仍然十分关注多数公民的利益需要。而现代民主政权则通过选举制的实行间接地增强官方对公民利益所负有的责任。正如查尔斯·林德布洛姆所言：“投票选举之所以是公民影响政策制定的重要手段，不仅是因为它允许公民选择政府官员，而且在某种程度上指导这些官员对政策的态度……因此，选举的事实间接地将一个原则强加于未来的决策者，即‘政策制定要考虑公民的愿望’。”① 林德布洛姆这里谈及的原则阐明了这样的观点：公民有权让他们的意见被官员听到，而官员有责任认真听取他们的意见。

最健康的制度，其公共决策是建立在最广泛的参与之上的，而未必是建立在最专业的知识之上的。知识可以为人们的参与提供参照，却不能代替参与本身。这种参与性，最终要求把决策建立在民主的框架之中，建立在一人一票的游戏规则之上。

在现代社会，公民参与政策过程的主要途径包括：（1）以权利者身份，通过直接投票的方式决定某些重大的政策问题，直接行使个人的权利。（2）通过代议形式，推选代表参与政策制定，间接行使个人的权利。（3）使用威胁手段，如参加请愿、示威、罢工、罢课等活动，反对某项政策的出台，迫使政府修改或废止这一政策。（4）通过参加政治党派和利益集团，借助团体的力量影响公共政策的制定。（5）通过制造社会舆论或进行多方游说等手段，提出政策诉求，影响政策导向。（6）以个人的知识活动为政策制定提供实证依据或理论指导。

4. 大众传媒

现代大众传媒主要是指广播、电视、报纸、杂志、书籍、电子信息网等人们借以表达思想和意愿、传播各种信息的舆论工具。它是现代社会最强有力、最直接、最方便的沟通手段，对政策制定过程有着非常重要的影响，被视为政策主体的一个重要组成部分，有

① 林德布洛姆．决策过程．竺乾威，胡君芳，译．上海：上海译文出版社，1988：73-74．

"第四种权力"之称。

随着现代科技的发展，网络化时代已经到来。各种信息载体把整个世界联系在一起，其触角已经伸向社会的各个角落。大众传媒具有覆盖率高、信息量大、影响面广、冲击力强等特点，其主要作用是传播信息、制造舆论、沟通思想、传播知识。

大众传媒之所以成为现代社会中政策主体的一个重要因素，是由它的特点决定的。

（1）传媒是传播政府政策意图的有效工具。现代公共决策需要社会公众的广泛参与，因而需要政府把其政策意图及时、迅速、广泛、有效地告知公众，以得到必要的反馈。仅凭机构自身的宣传渠道是不行的，必须借助于现代化传媒工具。

（2）传媒是社会舆论的风向标。它能及时有效地向官方决策者反映社会所需和公众所求，为公共政策的制定提供客观的依据，从而影响公共政策的内容，使政府出台的政策更加符合公众的实际需要。

（3）传媒是社会舆论的导向舵。它总是或多或少、或隐或显地传达一定的思想和情感，能在很大程度上引导公众的价值取向，产生一定的宣传力量。借此，官方决策者得以实现有效的社会控制，从而有助于政策系统的良性运行。

（4）传媒是社会信息分配的中枢。社会公众和各种利益实体往往需要借助传媒影响公共政策的制定。传媒利用自己优先或抢先获得信息的有利条件，能够有效影响利益集团和普通公众掌握信息的数量和质量。当然，首先获得信息的利益团体或公众在影响公共政策方面具有一定的优势，即优于那些没有掌握这些信息的其他团体或公众，这种由于信息差异而对政策制定造成不同影响的状况被称为"知识鸿沟"。知识鸿沟无疑会介入政治过程和政策过程。社会的知识鸿沟越大，则社会在公共政策方面具有的影响力的差异就越大。

5. 思想库

思想库（thinktank）或脑库（braintrust）是现代政策研究组织的别称，它是政策主体的一个十分独特而又非常重要的构成因素，被认为是现代决策链条中不可缺少的一环。布鲁金斯学会、胡佛研究所、兰德公司、野村综合研究所等一些世界闻名的思想库，在政府政策制定中发挥了非常重要的作用。

思想库是现代社会的产物。问题日益复杂，信息不断增多，科学技术发展，决策任务增加，所有这些为思想库的发展提供了活跃的时代和社会背景。现代科学决策离不开政策咨询，政策研究机构的日益崛起，代表了未来决策的发展趋势。思想库是由专业人员组成的跨学科、跨领域的综合性政策研究组织，它的出现对改善政策系统和环境、促进决策质量的提高有着积极的影响。

思想库既从事理论研究又从事应用研究，既关注学术问题又关注实际问题。其服务对象、成员组合、研究领域和构成形式有很大差别，在政策制定过程中所起的作用也不相同。一般来讲，它们可以划分为如下几种类型：

（1）官方思想库。隶属于政府及其职能部门，或作为最高行政长官的智囊团，或隶属于不同职能部门，或具有相对独立的建制。

（2）半官方思想库。一是政府出资支持重点研究课题，把研究工作纳入为政府服务的轨道。二是政府通过与政策研究机构签订合同，从而建立相互依存的关系。三是与政府有关机构有对口挂靠关系的思想库，它们直接为对口单位提供政策咨询服务。

（3）民间思想库。它们是由民间发起，得到基金会或公司企业赞助的社会性政策研究机构。它们具有选题自由、研究范围广、社会联系多、不受政治局限、独立性强、灵活性大等特点。

（4）国际思想库。它们是由不同国家的学者和官员组成的，以国际问题为研究对象的国际性政策研究组织。其研究范围往往涉及人类共同关心的问题，如环境保护、气象服务、战争与和平、资源利用、人口控制等。

3.2 政策客体

政策客体研究的是公共政策的作用对象及影响范围，即所要处理的社会问题和公共政策的目标群体。

3.2.1 社会问题与政策问题

政府的主要功能及公共政策的主导作用就在于有效地解决社会所面临的诸多问题，所以社会问题的客观存在及其主观认定被普遍认为是政策过程的起点。一般而言，政府的政策范围是极为广泛的，但这种范围也不是无限的。政府作为社会的公共权力机构，主要针对社会问题进行决策。什么是社会问题呢？从抽象意义上讲，社会问题就是指实际条件与应有条件之间的偏差，或者是实际状态与社会期望状态之间的差距，而这种偏差或差距往往会导致社会的紧张状态，它超越了个人稳定的环境和范畴，牵涉到较为广泛的社会关系。当社会上的一些人对社会生活中的某方面表示焦虑和不满，或提出一定的主张，或采取一定的行动时，那就表明已经发生了问题。通常，在人们表示不满之前，问题早已存在，只是那些受其影响的人或因畏惧社会习俗或政府权威，或因没有自觉意识到存在不公或应该改革。在这种情况下，问题虽然没有被发现，但的确已经发生并存在一定时间了。

是不是所有的社会问题都属于政府的政策范围呢？当然不是。社会所面临的问题很多，但在政府决策者看来，并非所有的问题都是需要政府解决的。有些问题通过社会渠道就能够进行处理；有些问题可能过于复杂，政府无力加以解决；有些问题已经成为历史，再无解决的必要。另外，也不能排除政府出于各种利益的考虑，对有些问题采取漠视的消极态度。所以，只有一部分社会问题能够得到政府的真正重视，进入政府议程，而这部分社会问题才能转化为政策问题。

社会问题具有如下特征：

1. 社会问题是一种客观条件

所谓客观条件是指一种可以通过实证加以认识的情况。换句话说，它的存在状况及其数量（比例）大小能够被人们认识，如国防状况、出生率倾向和失业问题等。客观条件是社会问题存在的必要前提，但不是充分条件。也就是说，没有客观条件就不可能形成社会问题，但仅仅有了客观条件还不足以构成社会问题。尽管两个不同地区的客观条件完全相同，但这种客观条件可能仅在一个地区会形成社会问题。比如，公共场所吸烟在一些地区是一个社会问题，而在其他一些地区则不是这样；离婚在一些地区是一个社会问题，而在另一些地区则不一定是。

2. 社会问题是一种主观定义

所谓主观定义是指人们对上述客观情况的察觉和认识，即他们明显感到目前的客观条件已经危及他们所珍视的社会价值观，是对他们所信奉的社会规范的一种背离。社会问题主要还是由人们加以定义的，如果某种状态并不为身处其中的人们认定为社会问题，那么对于这些人来说，这种状态就不会构成社会问题，尽管有时候在旁观者或其他人眼中，这种情况可能的确是社会问题。

3. 社会问题受价值判断的影响

以上分析说明，研究社会问题不仅要研究其产生的客观条件，而且要研究身处其中的人们的价值判断。这些价值判断使这些人以不同的方式或从不同的角度看待同一种状况及其解决方法。社会问题之所以能够出现并得以持续，主要是由于人们具有不同的价值选择和目标取向。社会问题会涉及价值观的双重冲突：第一，在某些情况下，人们并不会一致认为某些状态对社会基本价值观构成了威胁，如种族歧视、离婚问题、童工现象等。第二，在另外一些情况下，尽管人们基本上一致同意某些状态对社会基本价值观造成了威胁，但由于他们对所采取的相关措施和解决办法抱有不同的态度，因而难以就改革的计划达成一致性意见。因此，人的价值判断不仅在被认定为社会问题的客观条件中起了一种非常重要的推动作用，而且对解决那些被定义为社会问题的客观条件有时还起到阻碍作用，这主要是因为人们并不愿意去支持那些要求他们损害或放弃固有信仰和制度的改良计划。比如，一项要求社会接受用避孕和堕胎的方法来解决私生子问题的解决措施就被一些人认为是对固有价值观的一种侵犯，受到他们的普遍反对。又如，安乐死的问题已经讨论了很久，人有没有权利选择自己的生命、在什么条件下有权利选择、什么条件下没有权利选择？人们在这样一些问题上的看法有很大的分歧，难以达成共识。再如，经济的发展往往会经历一个从要钱不要命到要钱也要命，再到要命不要钱的观念变化过程，环境污染开始可能并不是什么问题，没有人去注意它，但越到后来环境保护及可持续发展的问题就显得越加重要。这也从一个层面反映出价值观对社会问题的影响。

4. 社会问题是一个关系到大多数人的问题

如果某个问题只涉及个别人或少数人的利益，往往不能形成社会焦点，也难以引起人们的普遍重视，因而一般构不成社会问题。比如，一次偶然的歉收构不成社会问题，但大面积的饥荒却可以构成；某个工厂倒闭，一部分人失业，那只是他们个人的问题，但由社会经济动荡而造成的许多人的失业就会形成社会问题；在一个本不富裕的国家，一家多生几个孩子，吃糠咽菜是他们自己的事，但家家都这么干，那政府就不能坐视不管了。总之，政府是国民的代表，应该重视关系到多数人利益的社会问题。当然，这并不等于说对少数人的事政府就可以弃之不管，而只是表明政府应更多地关注那些引起社会普遍反响的问题。

5. 社会问题的形成往往具有一个发展过程

社会问题往往不是突然发生的，而是逐渐形成的，它有一个从小到大、从潜到显、从一般到突出、从小范围到大范围的变化过程。以我国老龄化问题为例，随着生活水平的提高，医疗条件的改善，人们的预期寿命增长，人口老龄化问题日益严重。统计显示，1982

年，我国65岁及以上老年人口比例只有4.91%，与1953年相比变化不大。2000年末，我国65岁及以上老年人口比例达到7%，标志着我国已经进入老年型人口国家行列。到2007年底，60岁及以上老年人口超过1.53亿，占总人口比重达到11.6%，标志着我国已经进入了老龄化社会。（最直接、最重要的老龄化社会标准就是60岁及以上人口占总人口10%以上。）虽然老龄化问题是一个世界性的问题，但是从目前情况来看，我国的问题尤为突出。我国老龄化问题有这样四个特点：第一，数量多。2007年老龄人口已超过1.5亿。第二，进展快。21世纪前30年中，我国人口老龄化速度将是空前的。专家预计，到2026年老龄人口将超过3亿，2041年将达到4亿。第三，我国生产力水平比较低，政府用来支撑这方面事业可动用的财力有限，不像一些国家是“先富后老”，我们是“未富先老”。第四，历史欠账较多。我们缺少养老积累，这是个沉重的历史包袱。

6. 社会问题往往是系统性的问题

任何一个社会问题都不是孤立存在的，它往往是整个社会问题系统中的一个有机组成部分。一个小范围的社会问题往往是一个更大范围的社会问题的局部，且这个小范围的社会问题的内部还有可能包含几个更小范围的社会问题。不同范围、领域、层次的社会问题存在着相互联系、相互制约的辩证统一关系。比如城市自行车被盗问题，必然会牵扯到城市治安问题，由此又涉及流动人口问题、户籍制度问题、公房出租问题等。所以，社会问题的系统相关性要求我们在处理问题时必须从整体出发，从各个具体问题之间的相互关系上去把握，不能“头痛医头，脚痛医脚”。有时，同时处理几个关系密切的问题反而比单独处理一个孤立的问题效果更好，因为这样能发挥系统的整体效应。我们提倡搞综合治理，就是这个道理。

专栏

冰山理论

1932年，海明威在他的纪实性作品《午后之死》中，第一次把文学创作比作漂浮在大洋上的冰山。他说：“冰山运动之雄伟壮观，是因为它只有八分之一在水面上。”在文学作品中，文字和形象是所谓的“八分之一”，而情感和思想是所谓的“八分之七”。前两者是具体可见的，后两者是寓于前两者之中的。后来，人们在研究社会问题的时候，也借用了冰山的比喻，强调水面上的“八分之一”只是现象，水下的“八分之七”才是根源，只消灭现象解决不了问题。正确的态度是视“八分之七”重于“八分之一”，因为这一部分是冰山的实际基础。

3.2.2 目标群体

尽管政策的目标多种多样，类型千差万别，内容五花八门，规模有大有小，但它总是表现为对一部分人的利益进行分配或调节，对一部分人的行为进行规范或指导。这些受到政策影响和制约的社会成员被称为政策对象或目标群体。

目标群体的作用不可小视。政策能否落实，目标能否实现，不在于政策制定者或政策执行者的一厢情愿，它与目标群体的态度有着直接的联系。目标群体理解、接受、遵从政策的程度是衡量政策有效性的关键性要素。一般说来，目标群体的态度有两种形式，一是接受，二是不接受。当然，接受又可分为完全接受或部分接受、积极接受或消极接受；不接受也可分为完全不接受或部分不接受、积极不接受（强烈反对）或消极不接受（不予合作）。从制度激励角度来看，一项政策如果能够使目标群体获得一定的利益，就容易被目标群体接受；反之，一项政策如果被目标群体视为对其利益的侵害和剥夺，就难以得到目标群体的认可。例如，党的十一届三中全会以后，在我国广大农村推行了家庭联产承包责任制，这项政策适应了当时农民渴望致富的利益需求，因而赢得了他们广泛的支持与积极的合作，为政策执行创造了极为有利的条件，很快取得了超出预想的政策成果。再如，一些基层政府打着发展地方经济的旗号，以修建公共设施为借口，制定相应政策，大搞形象工程、政绩工程，在农民身上征收各种各样的费用，使农民的利益受到侵害，造成了政府部门与农民群众的严重对立。这类严重损害农民利益的政策，必然会受到广大农民群众的强烈反对和抵制，不可能顺利推行，即使采取高压和强制措施，也只能得逞于一时。

1. 政策认同的缘由

目标群体之所以能够接受和服从某一项政策，通常有下述几个方面的原因：

（1）政治社会化的影响。

所谓政治社会化是指人们在社会化的过程中，政治观念的树立（对国家、政党、制度、权威、意识形态、权利义务的认识）和政治行为模式的形成（遵纪守法、拥护社会制度等）。任何国家都会设法通过家庭、教育、传媒等渠道促成人们的政治社会化。如果这一过程较为成功的话，社会成员就会逐渐树立起支持现行社会制度的观念，能够体谅公共政策中的一些无奈之举。

（2）传统思想观念和行为习惯的制约。

政策往往会对目标群体思想和行为的改变提出一定的要求，其变化幅度的大小在很大程度上影响目标群体对政策的接受和服从。例如，我国的计划生育政策之所以在一些地区执行不力，关键是与当地传统的思想观念和行为方式产生了很大的距离。“重男轻女”“传宗接代”“多子多福”“人旺家兴”等传统可谓根深蒂固。时间的塑造和历史的熏陶在一定程度上固化了人们的思想和行为，要想快速改变这些习惯模式是极为困难的。在政策制定中必须考虑习惯的因素，掌握改变的幅度，如果能采取渐进方式就最好别搞激进变革。

（3）对公平过程的看法。

根据社会心理学的公平过程理论，当人们确认程序的公正性之后，他们甚至能够接受这个程序带给自己的不利结果。所以真正把程序做公平了，事情就好办多了。一个非常简单的例子就是分蛋糕，如果你让分蛋糕的那个人最后一个拿蛋糕是不是很公平呀？有了这样的方案，谁还会不满意呢？

（4）对成本收益的权衡。

目标群体对某项政策的态度在很大程度上取决于其对利益得失的判断。如果他们认为接受此项政策比不接受此项政策所受的损失要大，就会采取抵制的态度。当然，现实中有许多条件限制了人们仅仅从利益得失角度考虑问题，但是，目标群体的利益得失是制度激励的关键，必须引起政策制定者和执行者的高度重视。

（5）对大局或整体的考虑。

人虽然是经济人，但也是社会人，他们不仅会从成本和收益角度考虑问题，而且还会从整体和大局角度进行判断。如果他们认为某项政策从整体上看是合情合理的，是照顾大局的，那么即使牺牲一些个人利益和小集团利益、局部利益和眼前利益，他们往往也能够顾全大局，从长远考虑，接受和服从该项政策。

（6）避免受到惩罚。

公共政策的权威性是不争的事实。如果没有强制力做依托，政策就难以得到贯彻执行。作为利益分配与调节杠杆的公共政策，不可避免地会触动一部分人的既得利益。如果没有一定的惩罚措施，他们很可能就会去做违背政策的事情。人们有时候会因为畏惧惩罚而接受和遵从政策。当然，惩罚只是手段而不是目的，为惩罚而惩罚实际上是对权力的滥用。

（7）环境条件的变化。

政策在实施过程中会产生“振动效应”。随着时间的推移和客观条件的改变，人们的主观认识也会产生这样或那样的变化。一项最初不受欢迎的政策可能逐渐被人们理解并接受；一项最初深受拥护的政策可能逐渐被人们认清并抵制。应该从辩证角度认识这个问题，事物的运动是绝对的，静止是相对的，没有一成不变的事物，也没有一劳永逸的政策。

专栏

凯尔曼态度形成三阶段说

美国社会心理学家凯尔曼（H. Kelman）于1958年通过分析典型的态度变化例证，提出态度形成的三阶段说，即依从、认同和内化。（1）依从。或是出于主体的意愿，不知不觉地模仿；或是受到群体规范的压力，从而产生的服从行为。（2）认同。态度不再是表面的改变，也不是被迫，而是自愿地接受他人的观点、信念、行为或新的信息，这一阶段已经与所要形成的态度相接近，但没有同自己的整个态度体系相融合。（3）内化。内心发生了质的变化，新的观点、新的情感和新的意愿已经纳入了自己的价值体系，成为自己态度体系中的一部分，比较稳固，也不太容易改变。到了这一阶段，态度才真正地形成。

2. 政策抗拒的起因

目标群体之所以产生政策认同障碍，其原因主要表现在如下几个方面：

（1）合法性危机。

合法性危机是当代政治学极为关注的一个研究课题。尽管它是一种传统性政治现象，但在现代社会，合法性危机已经成为各国特别是发展中国家所面临的一个普遍性问题。合法性危机的典型表现就是被统治者视为“合法”的事物反被被统治者认为“非法”，这种民众与政府权威之间的冲突无疑会导致合法性基础的动摇。发展中国家之所以更为普遍地面临合法性危机，主要是因为传统社会向现代社会转型过程中出现了一些问题。一是传统价值观受到冲击。人们对政府权力的界限、政府建立的途径、公民应享有的权利、政策制定的程序等政治方面的问题产生了一些新的认识，出现意见分歧，使传统权威的社会心理基础逐渐崩塌。二是物质文化需求的攀升。现代化带来的开放刺激了横向比较的欲望，纵向比较时代形成的心理满足已经难以维系社会的稳定，社会不满情绪的波动必然对政府权威形成巨大的挑战。三是政府的许诺不能兑现。现代化进程本质上就是一场革命，社会的各个层面都会出现动荡和变革，政府要不断出台一些新的措施，做出多种许诺。可一旦不能兑现，公众就会对政府能力产生怀疑，从而对政府权威失去信任。总之，一旦出现合法性危机，作为政府权威“代言人”的公共政策自然会在目标群体中产生认同障碍。

（2）缺乏对政府官员的信任。

信任作为一种复杂的社会心理现象，很早就引起了学者们的密切关注。在任何一个社会中，倘若人们缺乏必要的相互信任，社会运行成本必然会大幅度增加。正如美国著名政治学家亨廷顿所指出的那样：“社会文化中缺乏信任将给公共制度的建立带来极大的障碍。那些缺乏稳定和效能的政府的社会，也同样缺乏公民间的相互信任，缺乏民族和公众的忠诚心理，缺乏组织的技能。”[①] 对目标群体而言，对政策执行者的不信任会通过态度泛化机制向其传递的政策信息投射，即所谓“爱屋及乌，恨屋及乌”。

专栏

个体特征与信任度

政策执行者的个体特征对其所具有的信任度有着非常重要的影响。这些特征包括人格特征、能力特征、权威特征、态度特征和仪表特征等。

- 人格特征。人格魅力是信任的基础，“歪嘴的和尚念不出好经”，真理一旦失去人格的依托，光彩将不再照人。社会心理学的研究告诉我们，人们总是习惯于通过具体形象的事物去把握笼统抽象的事物。

- 能力特征。目标群体对政策执行者的信任不仅取决于它们对执行者道德因素的判断，而且取决于它们对其能力特征的评价。政策执行者光当好人没有用，关键还要看是不是能人。

- 权威特征。权威特征的形成受多种因素的影响，如职业、地位、名望、身份、家庭、年龄等。社会心理学的研究表明，带有权威特征的信息具有更大的影响力，因为权威本身往往就是一张具有较强可信度的名片。在一项心理实验中，同一个人就预防青少年犯罪问题做了三场内容完全相同的报告，只是对报告人的身份做了不同的介绍。第一场报告介绍他是一位著名的法官，第二场报告介绍他是一位社会热心人士，第三场报告介绍他是有过前科的悔过人员。实验结果表明，报告人以法官身份出现，其报告内容最容易使人信服；而以悔过人员的身份出现，报告几乎起不到说服的作用。这项实验以实验

① 亨廷顿. 变化社会中的政治秩序. 王冠华，刘为，等译. 北京：生活·读书·新知三联书店，1996：26-27.

者的名字命名，被称为凯尔曼实验。

● 态度特征。自信、执着、专注、热情，这些态度因素对信任度的影响并不亚于权威因素的影响。所谓自信就是要具有对自身能力的一种信念；所谓执着就是要对目标坚持不懈地去追求；所谓专注就是要集中精力、全神贯注、专心致志、忘我投入；所谓热情就是要做出热烈、积极、主动、友好的情感表达。

● 仪表特征。在一个寒冷的早晨，8点早高峰期间，美国华盛顿朗方广场地铁站的垃圾堆旁，一个落魄的流浪汉在拉小提琴。在43分钟里，他演奏了6首古典名曲。经过他面前的1 097人当中，绝大多数对琴声毫无反应，只有7人驻足聆听，但平均不到一分钟时间。没有任何掌声，倒是有27人施舍，其中大多数是边走边扔给他的。他共得到32美元17美分。实际上，“流浪汉”名叫约书亚·贝尔，是美国最著名的小提琴家之一。此前两天，他刚在波士顿歌剧院举办演奏会，平均票价100美元，开演前门票被销售一空。他手中，是一把1713年制造的意大利名琴，估值350万美元。此外，他还曾入选《人物》杂志“全球50个最俊美的人”。当一个受追捧的音乐家被剥离了所有的符号，只剩下音乐时，就如你所见。整件事是《华盛顿邮报》“社会实验”的一部分，其构想是：看看仪表有多大的威力？

（3）社会心理负担过大。

“社会心理承受力”作为一个研究概念主要是指公众心理对社会刺激所能接受的程度，更多表现为社会成员对社会变革和政策措施的心理适应能力和心理反应程度，即对心理压力的承受能力。其形成因素有：理解能力、应激能力、耐压能力和平衡能力。

1）理解能力：越是理解的内容，越能够被接受，其与心理承受力成正比。

2）应激能力：面临突发和意外情况时的情绪自控能力和随机应变能力。

3）耐压能力：亦称挫折忍耐能力，具有明显的弹性特征。

4）平衡能力：情感上不能接受，但理智上可以接受，沟通中的消极反应在行为中得到补偿，这种心理的平衡是一种重要的能力。

由于不同个体在人格特征、成长经历、生活环境、受教育程度、价值观念、健康状况等方面存在很大的差异，而且人的心理意志力、适应力和承受力具有很大的可塑性，所以社会心理承受力的阈限多表现为一个很宽的范围，而并非是定量清晰的临界点，所以很难找到一个确定的指标对其加以明确的界定。尽管如此，但“社会心理承受力”概念的提出仍具有重要的启发性意义。它提醒我们，政策变革如果超出了人们的心理承受力，政策认同障碍就必然会出现，即所谓“不能承受之重”。

（4）政策自身存在缺陷。

政策本身存在这样或那样的缺陷，从而使政策的客观性和公正性受到公众质疑。如广东某市为吸引金融高管人才，提出了“金融高管子女中考可加10分”的优惠政策。这一新政策引发了广泛质疑。教育是公共资源，把父母从事的优势行业作为子女加分的条件，对绝大多数家长和学生不公平。发展地方经济不能以牺牲教育公平为代价。公民享有平等受教育的权利。即使要对某些群体给予适当照顾，主导原则也应该是“损有余而补不足”。如国家对少数民族或军属烈属子女加分，体现了国家的民族政策和对军属烈属家庭的照顾。又如一些城市给予环卫工人子女入学照顾，体现的是对城市美容师的尊重。金融高管子女本已享有相对优越的条件，没有理由再让公共资源向之倾斜。虽然教育部每年都会发布相关考试招生工作的规定，但列明享受加分政策待遇的对象（少数民族学生、归侨子女、烈士子女等）基本不变，而根本没有将金融界高管子女列入可享受加分政策的行列。但这并不影响一些地方政府自行添加。类似的荒唐加分规定，在其他很多地方早就出现过。譬如，福建某市曾制定政策，规定民营企业纳税大户的子女中考可以加 20 分；新疆某市也有过“重大投资项目的投资商子女，在录取时加 10 分”的规定。这类带病的政策无疑会引起目标群体的政策抗拒。

3.3　政策环境

3.3.1　环境与生态

从广义而言，环境是指事物周边的境况，几乎涵盖所有因素。事物与环境之间往往存在着既可以相互分辨又可以彼此渗透的界限。环境因素对事物本身总会发生或多或少、或直接或间接、或强烈或一般、或明显或隐晦等形式多样、程度不同的影响。

19 世纪，达尔文学派的动植物学家们曾广泛地运用“生态”一词来描述生物体如何生存和适应它们的环境。20 世纪 20 年代，一些社会学家开始借用动植物生态的概念，对人类社会进行分析。他们不仅强调在日益复杂的组织系统内部人类生活具有相互依赖性，而且强调有机系统在生存形态上与该系统周围的环境趋向于均衡化。

生态是指生物体的生存空间和条件，它与生物体共同构成生态系统。在这个系统中，生物体与环境进行物质、能量和信息的交换，从而实现自身新陈代谢的生命过程，并维持生态系统的动态平衡。狼、羊、草之间存在的制约关系是对生态平衡理论最为简化的解释。媒体曾报道过这样一则消息：因大量蛇、麻雀和青蛙被人捕捉，重庆璧山古老城地区爆发了特大蝗灾。近千亩农作物眼看就要绝收，由于是生态农田，还不能使用农药，于是当地农民紧急呼吁，希望支援他们大批蛇、麻雀和青蛙。可见，生态平衡一旦被破坏，后果是十分严重的。

从生态角度来看，生物体对环境有着明显的依存关系，特定的环境满足生物体的特定需要。因此，根据不同的环境可以区分不同生物体的特点，就像北极熊生长在北极，骆驼活动在沙漠，鳄鱼出没于沼泽一样，某种生物在特定的环境条件下，比其他类型的生物有更强的适应能力。研究生物不能抛开其赖以生存的环境条件，不能不考虑两者之间的依存关系。

政策环境是指作用和影响公共政策的外部条件的总和。它涉及诸多因素，从人到物，从自然到社会，从历史到文化，几乎无所不包。研究政策不能不研究环境，这种研究可以借助行政生态学[①]的研究方法和理论成果，把政策与环境的互动视为一个生态系统。

---

① 行政生态学是一门较新的学科，它把行政系统比作生物体，把行政环境和行政系统的相互影响比拟为生态系统的平衡互动，运用生态学的观点和方法来研究行政管理问题，为行政学的研究拓宽了理论思路，开阔了研究视野。

专栏

组织生态论*

组织可以被拟为一个活的物体，生存于一个极为广阔的环境，并依赖于这种环境满足不同的需要。仔细观察一下组织的世界，人们不难发现，可以根据不同的环境来区分不同类型的组织，这就像人们对热带动植物和寒带动植物所做的区分一样。一般来讲，某种类型的组织在特定的环境条件下比其他类型的组织有更好的适应能力。比如，官僚组织在稳定的和受到一定保护的环境中，就会比其他类型的组织表现得更富有效率，而在一种充满竞争和动荡变化的环境条件下，其他类型的组织可能会表现出更强的生命力，拿航天工业和微电子工业的发展情况做一下对比，这个问题就很清楚了。组织机器论（把组织比作机器的观点）更强调目标、组织和效率之间的关系。从过去50年来的理论发展情况来看，这种想象的确存在着一些局限，而组织生态论则更注重的是组织的生存、组织与环境的关系以及组织的实际效用等问题，因此，机器论所侧重的问题在组织生态研究中，就只能起--种辅助作用了。

*美国著名管理学家加雷思·摩根（Gareth Morgan）在1986年出版了《组织的形象》（*Image of Organization*）一书。在这本书中他运用不同的组织比喻，系统总结了组织理论的发展，提出要通过多种方式，从不同角度综合认识组织这一复杂的社会现象，从而决定不同的管理策略。摩根的思想在西方管理学界影响很大，对组织理论的发展做出了很大的贡献。

3.3.2 公共政策与政策环境的关系

公共政策是政策环境的产物，二者存在辩证统一的关系。它们相互联系、相互依存、相互影响、相互作用。就其关系而言，环境决定和制约政策，起主导作用；政策则改善和塑造环境，具有反作用。

首先，公共政策是随着社会的发展由环境的需要而产生的。历史唯物主义告诉我们，经济基础决定上层建筑。由于私有制的出现、阶级的产生、统治集团的形成和国家机器的建立，才有了以社会管理为目标并代表统治阶级意志的公共政策的登台。如果没有这样一种政治和社会环境的形成，公共政策就根本没有存在的必要。

其次，公共政策必须适应政策环境，有什么样的政策环境，就应该有什么样的公共政策。如果公共政策与政策环境存在严重的冲突和对立，也就是说，政府管理社会的政策手段与环境条件格格不入，那么这样的政策就必然走向失败。比如，非洲一些落后国家不考虑本国国情，盲目移植、机械照搬一些西方发达国家的政策经验，其实施结果往往是事与愿违。所以中国政府在借鉴别国政策经验的时候，融入了“中国特色”的概念，这是非常明智的。

再次，政策环境的发展变化必然导致公共政策的发展变化。随着历史的演进、社会的发展，政策环境经历着不断的变化，这是不以人的主观意志为转移的客观规律。公共政策必须适应这种变化的需要，否则就会阻碍社会系统的良性运转，产生消极的影响。不同的社会形态需要不同的政策指导，而且，就同一社会形态的不同发展时期而言，公共政策也表现出不同的特征。以我国为例，自改革开放以来，高度集中的计划经济体制向社会主义市场经济体制过渡，公共政策也随之进行了一系列改变，就是为了适应政策环境变化的需要。

最后，公共政策也不是完全消极和被动的，它对政策环境也具有一定的能动作用。正确认识和合理发挥这种能动作用，是政策实施的重要目标，也是研究政策环境的主要原因。公共政策的作用发挥得好，就能达到改善政策环境的目的，使政策环境不断地得到优化，按照公共政策的目标去发展；反之，公共政策的作用发挥得差，就会使政策环境不断恶化，成为政策环境良性发展的羁绊。

3.3.3　政策环境的构成因素

专栏

PEST 分析

PEST 分析是指对宏观环境的分析，宏观环境又称一般环境，是指影响政策的各种宏观力量。对宏观环境因素做分析，从不同领域的政策特点出发，分析的具体内容会有一些差异，但一般都应对政治的、经济的、社会文化的和技术的这四大类主要外部环境因素进行分析。简单而言，称之为 PEST 分析法，如下图所示：

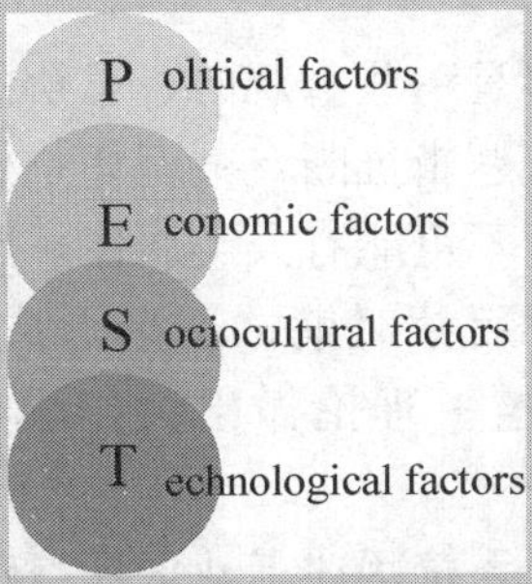

（1）政治环境（political factors）。

政治环境是指一个国家在一定时期内的政治大背景，主要包括国家的社会制度，执政党的路线、方针，政府颁布的法规法令等。这些因素对政策活动都会产生不同的限制和要求。

（2）经济环境（economic factors）。

经济环境主要包括宏观和微观两个方面的内容。宏观经济环境主要指一个国家的人口数量及其增长趋势，国民收入、国民生产总值及其变化情况以及通过这些指标能够反映的国民经济发展水平和发展速度。微观经济环境主要指一个地区的人均收入、消费偏好、储蓄状况、就业程度等因素。

（3）社会文化环境（sociocultural factors）。

社会文化环境包括一个国家或地区的居民受教育程度和文化水平、宗教信仰、风俗习惯、审美观点、价值观念等。

（4）技术环境（technological factors）。

技术环境指的是社会环境中的科技要素及与该要素直接相关的各种社会现象的集合。粗略地划分技术环境，大体包括四个基本要素：社会科技水平、社会科技力量、国家科技体制、国家科技立法。

毫无疑问，离开了公共政策赖以产生的特定环境，人们就无法对公共政策的制定与执行进行分析和研究。政策诉求源于环境，并从环境输入政治系统，形成政策议题。不仅如此，环境条件还制约着决策者的行动，限制政策实施的规模和程度，从而决定了政策系统的现实特性。从广义上讲，政策环境包括地理环境（如气候类型、自然资源、地形地貌）、人口状况（如人口规模、年龄分布、地区分布）、政治文化（如政治认知、感情、态度、价值观等政治心理层次诸要素）、社会结构（如组织结构、区域结构、阶层结构等），以及经济制度与经济体制。涉及外交政策和国防政策时，其他国家的影响也会成为重要的环境因素。我们的讨论并不想把政策环境的一切要素都包揽无遗，而只是想将集中讨论对公共政策构成较大影响的几个环境因素。

1. 地理环境

地理环境是指一个国家所处的地理位置和自然状况，包括地形、地貌、气候、土壤、水系、矿藏甚至人种等自然构成。地理环境是人类生存的摇篮，它与社会发展和公共政策有着极为密切的关系。

早期对地理环境作用的探讨多是一些直观的、思辨的或片段的内容。学者们对缺少直接观察的地方多会采用主观猜测、逻辑推断，甚至凭空想象进行补充。比如，古希腊哲学家亚里士多德就曾推断在赤道附近不可能有人类居住，因为灼热的太阳会把一切生命都烧毁。[①] 地理环境学说是在欧洲文化启蒙时期才逐渐形成了系统的理论，并成为启蒙思想家反对封建专制的有力武器。对这一理论做出突出贡献的代表人物是法国思想家孟德斯鸠。

孟德斯鸠第一次明确提出并且系统阐述了地理环境对法律和社会政治制度的决定性作用。他的研究具有了与早期地理环境学说不同的特点，主要表现在经验性、系统性和实证性方面。

在孟德斯鸠看来，一个民族的性格、风俗、道德和精神风貌及其法律制度和政治制度主要取决于社会赖以存在的地理环境。他认为，决定社会政治制度等的因素是多方面的，如气候的寒热、土地的肥瘠和面积的大小，农、猎、牧等各种人们赖以生存的方式，以及宗教的信仰、人口的多少、社会风俗与习惯等，但其中的气候和土地等地理环境因素起着决定性的作用。孟德斯鸠在《论法的精神》第 14 章中提出关于气候对人类影响的学说。他漠视各种形式的政体和宗教，把万物归于气候所致，“气候的影响是一切影响中最强有力的影响”[②]。其后多数学者把气候理论视为孟德斯鸠地理环境学说的精髓。孟德斯鸠气候理论的观点主要包括以下内容：

---

① 詹姆斯．地理学思想史．李旭旦，译．北京：商务印书馆，1989：34-35.

② 孟德斯鸠．论法的精神：上册．张雁深，译．北京：商务印书馆，1961：311.

首先，不同的气候形成人们不同的精神气质和内心感情。在他看来，居住在寒带地区的北方人体格魁伟，但迟笨，对快乐的感受性很低；居住在热带地区的南方人体格纤细，对快乐的感受性多些。北方人精力充沛、自信心强、勇敢、直爽，较少猜疑、策略与诡计；南方人则精神萎靡、缺乏自信心、懦弱懒惰，丝毫没有进取心，可以忍受奴役，懒惰就是幸福。

其次，"不同气候的不同需要产生了不同的生活方式；不同的生活方式产生了不同种类的法律"[①]，以及适合他们的不同的社会政治制度。孟德斯鸠认为，气候酷热的国家适合奴隶制度，因为把懒惰当作幸福的人，只有畏惧惩罚，才能够强迫他们履行艰苦的义务。在气候寒冷的国家里，勇敢的人应该享有更多的自由，更适合民主制。孟德斯鸠还认为土壤的肥沃和贫瘠与居民的性格之间，尤其与民族的政治制度之间也有非常密切的关系。"土地膏腴，使人因生活宽裕而柔弱、怠惰、贪生怕死。"[②] 所以单独个人的统治最常见于土地肥沃的国家。"土地贫瘠，使人勤劳、俭朴、耐劳、勇敢和适宜于战争……"[③] 因为土地不肯给予他们需要的东西，他们必须靠自己劳动而取得。特别是山区，他们没有多少可以保持的东西，他们唯一值得保卫的东西就是自由。故山区与贫瘠地区适合人民统治的形式。孟德斯鸠还认为，国家疆域的大小也决定国家的政治制度。小国适合共和体，大小适中的国家适合由君主统治，而大国则适合由专制君主统治。亚洲有较大的平原，所以在亚洲总是出现专制制度，如果不实行极端严酷的统治，社会很快会形成一种割据的局面；在欧洲，天然的区域划分形成了许多不大不小的国家，这些国家最适合法治，如果不实行法治，国家即会堕落。

孟德斯鸠的上述思想被人们称为"地理因素说"或"地理环境决定论"。在孟德斯鸠的时代，认为社会现象同物质环境和地理环境有联系这一思想本身，不仅对于神学世界观来说具有一定的进步意义，而且对于使社会存在脱离唯理论的"自然本性"说也具有进步意义。但是，孟德斯鸠的思想不可避免地具有时代的局限性。他的地理因素说是以自然主义历史观为基础解释社会现象，因而没有摆脱形而上学思维方式的束缚。

当然，我们不必迷信孟德斯鸠的"地理因素说"中这样或那样的讲法，但有一点需要明确，地理环境的确与国家政治、经济、文化、军事等方面有互动，从而会对公共政策构成影响。地理环境不仅为社会发展提供了各种可能性，同时也为政策的制定与执行提供了各种可能性。从经济角度来看，如澳大利亚拥有辽阔富饶的草原，所以政府一直把畜牧业的发展视为国家的首要任务；加拿大有着茂密、广大的森林，所以木材的采伐与加工始终在其经济结构中占有突出的地位；中东的沙特阿拉伯、科威特等国地处沙漠，虽然发展不了农业生产，但拥有丰富的石油资源，石油开发与炼制成为整个国民经济的主要支柱。从军事角度而言，如英国是一个岛国，有着优良的港湾条件和海洋所形成的天然屏障，因此，政府一直把发展海军力量作为自己的目标，制定了进攻型的国防战略，在国防部系统内部，海军部门始终居于主导地位；而瑞士位于欧洲内陆，地处相邻强国的夹缝，地理环境缺乏天然屏障，于是，政府一直以陆军力量作为国防主体，制定了中立性的防御型国防

---

① 孟德斯鸠. 论法的精神：上册. 张雁深，译. 北京：商务印书馆，1961：235.

②③ 同①282.

战略，在其军事部门中，陆军占据绝对支配的地位。

总之，地理环境作为政策环境的一个重要方面，对政策系统存在着直接或间接的影响，并且这种影响不是一时的，而是永恒的。但是，过分夸大地理环境的作用，忽视政策系统自身的能动性，则会导致“地理环境决定论”的机械唯物主义，所以，应该用辩证的观点看待两者之间的关系。

专栏

儒家文化的地理依赖性

儒家文化依赖于定居的生活，而定居的前提是农耕，农耕有一个最硬性的约束条件就是年降水量。在大陆上，如果一个地方年降水量少于400毫米的话，靠农耕是活不下去的。中国的400毫米等降雨线在哪儿呢？400毫米等降雨线，基本就是中原和草原的分割线，差不多和长城重合。长城再往北，年降水量就不足400毫米了。也就是说，基于儒家文化所建立的政权在农耕地区的扩张极限，就是400毫米等降雨线。于是在这里，它们修建了长城。长城再往北就是游牧地区了。在古代社会，由于农耕对降雨量的要求，使得越过了长城往北的人必须游牧，否则就是死路一条。据此，就能得出一个结论，即儒家文化有一种地理依赖性。因为自然生态原因，儒家文化越不过长城以北、嘉峪关以西，只能在中原地区展开。

资料来源：施展. 中国史纲50讲：汉人王朝为什么统治不了长城以北.“得到”App.

2. 经济环境

经济环境是指对政策系统有重要影响的各种经济要素的总和，主要由社会生产力和生产关系的发展状况构成，包括生产力的结构、性质（科技发展、国民收入、资源分配等）和生产资料的所有制形式（个人所有、集团所有、国家所有等）。世界上各国之间，国内各地区之间，由于生产力的水平、生产关系的状况以及科学技术的发展存在着很大的差异，经济环境表现出了极大的不同。

历史唯物主义告诉我们，社会的经济基础决定上层建筑，同时上层建筑对经济基础也具有反作用，从而说明社会经济环境对公共政策制定具有决定性的影响。无论什么性质的国家和地区，其政府决策体制、目标、职能、行为、原则、方法等都要受到经济环境的制约。一方面，经济环境是人类社会生活中最基本的环境，政策系统不可能超越经济环境所提供的条件和要求；另一方面，政策系统对经济环境的反作用主要表现在它可以促进或延缓生产力和科学技术的发展以及生产关系的健全与完善。只有正确地认识经济环境，才能有效地制定和执行公共政策。

从历史发展角度来看，经济环境大体经历了自然经济、商品经济两种最基本的形态。自然经济和商品经济反映着社会经济运行和资源配置的不同方式，并因此对政策系统提出了各自不同的要求。自然经济是与较低的社会生产力相适应，以“自给自足”为特征的经济形态。它建立在小生产的基础之上，经济活动由家庭或个人进行组织，产品主要不是为了交换，而是为了满足自身的需要，所以不需要政府对经济活动进行协调管理，从而就决定了与之对应的公共政策经济职能的微弱，管理经济的政府机构弱小，行使职能的手段简化、方法单一等特征。商品经济则是以社会化大生产为基础的，以交换为目的的经济形态。产品只有通过以货币为媒介的交换才能实现其价值，这就使得生产者之间、生产者与消费者之间、生产领域与流通领域之间的关系日益密切，从而需要进行广泛的分工与密切的协作。因此就使得政府机构不得不努力强化经济职能，通过各种经济政策对经济活动进行必要的干预。

商品经济在其自身发展过程中要经历简单商品经济和发达商品经济两个阶段，市场经济就是商品经济的发达阶段。市场经济以商品经济关系的存在为基础，随着商品经济关系不断发展并覆盖整个社会的经济运行过程，商品经济就发展为市场经济。市场经济的本质特征，是由市场体制对整个社会经济运行和资源配置起基础调节作用。

我国目前正在探索具有中国特色的社会主义市场经济的新型发展道路。具有中国特色的社会主义市场经济的基本特征主要表现在以下几个方面：

(1) 在所有制结构上，坚持公有制为主体，多种所有制经济共同发展，一切符合“三个有利于”标准的所有制形式都可以而且应该用来为社会主义服务。

(2) 在分配制度上，坚持按劳分配为主体，多种分配方式并存。把按劳分配和按生产要素分配结合起来，坚持多劳多得，同时健全生产要素由市场评价贡献、按贡献决定报酬的机制。

(3) 在宏观调控上，由于公有制为主体，因而国家对市场的调控具有较雄厚的物质基础，又有牢固的政治基础和广泛的群众基础，所以能够把人民的当前利益与长远利益、局部利益和集体利益结合起来，发挥计划与市场两个手段的长处，把市场调节和宏观调控结合起来。

专栏

常用的宏观经济指标

1. 消费者价格指数（consumer price index，CPI）是反映与居民生活有关的产品及劳务的价格变动情况的指数。它是观察通货膨胀水平的重要指标。

2. 生产者价格指数（producer price index，PPI）是衡量工业企业产品出厂价格变动趋势和变动程度的指数，是反映某一时期生产领域价格变动情况的重要经济指标，也是制定有关经济政策和国民经济核算的重要依据。

3. 国内生产总值（gross domestic product，GDP）是指一个国家或地区在一定时期内国民经济各部门增加值的总额。该指标是宏观经济中最受关注的经济统计数字，因为它被认为是衡量国民经济发展情况最重要的一个指标。

4. 三大产业占国内生产总值的比重。第一产业是指种植业与养殖业，也就是通常讲的“大农业”；第二产业是指采掘业、制造业（工业）、建筑业；第三产业是指除第一、二产业以外的其他行业，包括交通运输、仓储和邮政业，信息传输、计算机服务和软件业，批发和零售业，住宿和餐饮业，金融业，房地产业，租赁和商务服务业，居民服务和其他服务业，教育、卫生、社会保障和社会福利业等。

5. 固定资产投资额（fixed investments）是以货币表现的建造和购置固定资产活动的工作量。它是反映固定资产投资规模、速度、比例关系和使用方向的综合性指标。

6. 社会消费品零售总额（social retail goods）指各种经济类型的批发零售贸易业、餐饮业、制造业和其他行业对城乡居民和社会集团的消费品零售额和农民对非农业居民零售额的总和。它能反映一定时期内人民物质文化生活水平的提高情况、社会商品购买力的实现程度，以及零售市场的规模状况，是研究人民生活水平、社会零售商品购买力、社会生产、货币流通和物价的发展变化趋势的重要资料。

7. 采购经理指数（purchasing manager's index，PMI）。指数 50 为荣枯分水线。当 PMI 大于 50 时，说明经济在发展；当 PMI 小于 50 时，说明经济在衰退。PMI 也称荒岛指数，源于美联储前主席格林斯潘在一次记者会上的发言，当被记者问道：如果把你放到荒岛上，同时你还要调控美国的经济，你需要什么？格林斯潘立即回答：PMI！

8. 货币供应量（money supply）。我国按流动性层次将其划分如下：M0＝流通中的现金；狭义货币（M1）＝M0＋企业活期存款＋机关团体部队存款＋农村存款＋个人持有的信用卡类存款；广义货币（M2）＝M1＋城乡居民储蓄存款＋企业存款中具有定期性质的存款＋信托类存款＋其他存款。其中 M1 反映着经济中的现实购买力；M2 不仅反映现实的购买力，还反映潜在的购买力。

9. 进出口总额是指实际进出我国国境的货物总金额。进出口总额用以观察一个国家在对外贸易方面的总规模。我国规定出口货物按离岸价格统计，进口货物按到岸价格统计。

10. 工业增加值是指工业企业在报告期内以货币形式表现的工业生产活动的最终成果，是工业企业全部生产活动的总成果扣除了在生产过程中消耗或转移的物质产品和劳务价值后的余额。

3. 政治文化

文化是一个非常宽泛的概念，其定义不计其数，但无论是知识的传承还是信仰的选择，无论是特定的思维还是行动的标准，无论是法律的制定还是习俗的形成，无不包括人的价值取向。因此，文化归根到底还是一套价值体系。每个社会都有其独特的文化，从而使其成员的价值观和行为方式区别于其他社会的成员。不仅如此，在某一社会内部，不同地区或团体也可能形成自己独特的亚文化。绝大部分社会科学家认为文化决定或影响社会行为，但这种决定和影响并不是绝对的，文化只是可能对人类行为构成影响的要素之一。

我们这里感兴趣的是社会总体文化中被视为政治文化的那一部分。什么是政治文化？阿尔蒙德（G. A. Almond）等人认为：政治文化是一个民族在特定时期流行的一整套政治态度、政治信仰和政治情感。[①]《政治学分析词典》将政治文化表述为每一社会内通过学习和社会传递得来的关于政府和政治行为模式的聚集，通常包括政治行为的心理因素，如信

---

① 阿尔蒙德，鲍威尔. 比较政治学：体系、过程和政策. 曹沛霖，郑世平，公婷，等译. 上海：上海译文出版社，1987：29.

念、情感及评价取向等。[①]《公共政策词典》把政治文化界定为一个民族在政治制度方面遗传下来的传统和行为特征的总和，包括公众对政治过程所持的态度、信念和价值观，以及由这些观点所产生的行为和制度。它源于政治社会化过程，是一个民族的整体历史经验，以及公民所受的正式和非正式教育的共同产物。[②]

政治文化通过社会化过程代代相传。在社会化过程中，个人通过与父母、老师、领导和其他人的交往，学到了与政治有关的价值观、信仰和态度。这样，个人获取的政治文化就变成了心理要素的组成部分，逐渐固化并体现在其行为中。

政治文化是影响公共政策的一个重要环境因素，不同国家公共政策及其制定过程的差异至少部分地可以用政治文化的不同来加以解释。在不同的政治文化氛围中，政策系统表现出明显不同的一些特征。政治文化对政治行为具有一定影响，尽管它并非处于绝对性支配地位，但与各种行为出现的频率及其可能性直接相关。

政治文化是一个主观价值范畴，是人们对于政治生活的政治价值取向模式，包括政治认知、情感、态度、价值观等政治心理层次诸要素，政治理想、信念、理论、评价标准等政治思想意识是其表现形式，它与客观性的政治系统是互动平衡的关系。尽管各个学派对政治文化的概念各抒己见，但在其主观特征方面是具有共识性的。政治文化的存在，说明在影响政策制定的政治因素中包含主观的成分。无论是政策制定者还是执行者，都处于一定的政治文化氛围之中，并在公共政策的形成和实施过程中不可避免地带有个人判断、价值选择、观念指导和行为取向的主观色彩。所以，公共政策并不只是包含外界客观因素影响，还包含主观的认知成分。

每个国家、每个民族都有其在政治领域内年深月久积淀下来的、根深蒂固的特定行为方式和价值观念。就我国而言，传统政治文化伴有伦理化政治和政治化伦理的相互作用，带有很大程度的人治色彩。人情因素、血缘政治、地域观念、权力意识在政策领域内有着潜移默化的影响。随着改革开放的进一步深入，传统政治文化已经受到严峻挑战，市民社会的价值意识正在成长，公众已不再只是公共政策的被动接受者和服从者，他们已开始扮演参与者和评价者的角色。在现代社会，公众应该成为公共政策制定的主导力量之一。

专栏

和而不同：中国传统政治文化的核心价值

在老子、孔子之前200多年，有一位伟大的思想家，其在中国思想史、哲学史上占有重要位置，学者们在著述中也多有提及，此人就是西周末年的太史伯阳父，亦称史伯。他掌管起草文告、策命诸侯、记录史事、编写史书等工作，还兼管国家典籍、天文历法等事宜，为朝廷重臣。史伯的言论见于《国语》，最具代表性的就是其关于“和”与“同”的评述。史伯使“和”成为事物之本和天地法则，随后“和”逐渐演变为中国古典哲学的基石。史伯认为，和实生物，同则不继。大意是说，“和”能生成万物，“同”则止

① 普拉诺，等. 政治学分析词典. 胡杰，译. 北京：中国社会科学出版社，1986：111.

② 克鲁斯克，杰克逊. 公共政策词典. 唐理斌，等译. 上海：上海远东出版社，1992：26.

步不前。史伯还说："声一无听，物一无文，味一无果，物一无讲。"意思是讲，一种声响不成音乐，没有听头；一种颜色不成画卷，没有看头；一种味道不成美食，没有吃头；一种事物没有比较，没有说头。和是容异，同是排异，"容"则兴，"排"则衰。最简单的事例，土加土，还是土，水加水还是水，只有量的增加，没有质的变化；土加水，则成泥，便可垒墙筑屋，再加火烧，则成各种陶器及砖瓦，便可方便和美化生活。总之，"和"与"同"，貌相似，质相远。要正确把握"和"的理念，运用"和"的原则。

4. 社会环境

就社会环境对公共政策的影响而言，社会变迁是其中最重要的动因。

社会变迁这一概念与社会发展、社会进化的概念相比具有更为广泛的含义，泛指一切社会现象发生变化的动态过程及其结果。社会变迁的内容主要涉及社会人口的变迁、社会制度和结构的变迁、社会思想观念的变迁、社会生活方式的变迁等。社会变迁的具体表现形式呈现出多样性特征，如社会整体和局部的变迁、社会的渐变与突变、社会的进步与退步等。

社会人口的变迁主要是指人口数量、质量、构成及人口流动和分布的变化。人是社会生活和社会活动的主体，一定的人口是社会存在和发展的基本前提。人口的变化给整个社会的变化以极大的影响。

社会制度和结构的变迁主要体现在两个方面：一是社会功能性结构的变化，表现为人们为了满足生存和发展的需要，各种经济、政治、组织、制度等结构要素的分化和组合；二是社会成员地位结构的变化，表现为社会成员由于其经济地位、职业、教育水平、权力、社会声望等的不同和变化，所造成的社会阶级和阶层关系的变化。

社会思想观念的变迁主要通过人们的行为规范和思想体系表现出来。人们的社会活动都是程度不同地在社会观念指导下发生的，社会观念的变化往往成为整个社会变迁的前奏。

社会生活方式的变迁主要是指人们在衣、食、住、行、劳动工作、休息娱乐、待人接物、社会交往等方面活动形式与行为特征方面发生的变化。生活方式在社会环境要素中的地位和作用十分重要，它不仅能改变人，而且能改变社会。

社会变迁的具体表现形式呈现多样性特征。按社会变迁的规模，可划分为整体的社会变迁和局部的社会变迁。整体的社会变迁是指整个社会的整体变化，即社会各种要素合力作用的结果。局部的社会变迁是指各个社会要素自身及它们之间部分关系的变化，不一定与社会整体变迁的方向和速度一致。按社会变迁的方向，可划分为进步的社会变迁和倒退的社会变迁。进步的社会变迁是指符合社会发展的客观规律，带来社会物质的丰裕和社会生活水平的提高，有利于每一个社会成员的全面发展的社会变迁。反之，则是倒退的社会变迁。在社会变迁的实际过程中，进步和倒退往往是同时发生的。尽管人们对"进步"有着种种不同的理解和评判标准，但促进社会进步一直是人们关注社会变迁的主要目的。按社会变迁的性质，可划分为演进的社会变迁和革命的社会变迁。演进的社会变迁主要表现在量的方面。它是一种渐进的、部分质变的社会变化过程，是社会有秩序的、缓慢的和持续的变迁。革命的社会变迁即社会革命，是社会渐进过程的中断和性质上的变化。在社会革命时期，全部社会结构会出现解体、改造和重组，社会由一种形态迅速过渡到另一种形态。

专栏

美国黑人运动与女权运动

社会变迁及伴随社会变迁产生的一系列冲突会促使政府采取一定的政策干预行动。比如，美国黑人领袖马丁·路德·金 1955 年领导了声势浩大的黑人运动，反对公共汽车上的种族隔离制度，这个运动坚持了一年之久，最终，美国最高法院判决公共汽车上的种族隔离违宪。1963 年，为了使世界各国人民关注美国种族隔离问题，马丁·路德·金会同其他民权运动领袖组织发起了历史性的“向首都华盛顿进军”运动。正是在这次斗争中，他发表了那篇世人皆知的著名演讲《我有一个梦想》。这一斗争迫使国会通过了 1964 年《民权法案》，授权联邦政府取消公共膳宿方面的种族隔离，宣布在公营设备方面和就业方面的种族歧视为非法。马丁·路德·金也由此获得了 1964 年的诺贝尔和平奖。

再如，美国历史上的三次女权行动不仅触动了美国的法律和政策，而且极大地改变了美国人的生活观念和生活方式。凡涉及女性权利和权益的问题，女权主义浪潮可以说是无所不包、无所不争的。这三次浪潮发生的时段与西方其他国家的女权主义浪潮大体一致。具体而言，第一次浪潮始于 19 世纪 40 年代末，终于 20 世纪 20 年代；第二次浪潮起于 20 世纪 60 年代，止于 20 世纪 80 年代末；第三次浪潮发端于 20 世纪 90 年代初，持续至今。女权主义运动对美国政治系统形成压力，带来了一些法律和政策结果，妇女权利得到了更好的保护，包括同工同酬、平等就业机会、支持妇女参加大学的体育项目、堕胎权以及妇女休产假的权利。

5. 科技环境

科学技术的进步以及新技术手段的应用对社会发展产生了深远影响。第二次世界大战之后，科学技术与公共政策的联系日益密切，对公共政策的影响越加重要。

随着人类科技的快速发展，人工智能（AI）已经成为未来的一大发展方向，人类已经进入 AI 时代。对于 AI，我们印象最为深刻的是几次经典的人机围棋大战，如果说 AlphaGo 战胜了李世石让全世界重新认识了 AI，升级版的 AlphaGo 战胜柯洁则将 AI 概念彻底引爆，而 2017 年底，AlphaGo 全新迭代版本 AlphaGo ZERO 横空出世，其不依赖人类经验的自我“强化学习”的 AI 技术令世人目瞪口呆。2017 年因此也被称为世界 AI“元年”。随着 AI 基础理论的快速迭代，AI 产品将不断挑战人类的极限，使很多领域的工作岗位发生变化。与此同时，许多学者开始担忧 AI 自身的风险及其对人类的威胁，提出要警惕 AI 对于社会的干预，希望引起各国政府和全社会的重视。

科学技术的发展帮助人们延长了寿命，使得人们对未来的生活更加充满信心。但与此同时，科技发展也导致了一些伦理或道德的困境，要求政府政策介入，施加限制。人类克隆和转基因食品就是一个例证。1996 年苏格兰罗斯林研究所克隆出了小羊多莉，不久之后，美国总统克林顿颁布行政命令禁止联邦政府为克隆人研究提供资金。1998 年，禁止克隆人的议案在美国众议院未能通过，因为反对者称议案中的条款太笼统了，必须区分治疗性克隆和以复制人为目标的克隆。治疗性克隆制造坯胎是为了进行治疗研究。赞成治疗性克隆的人和其支持者认为治疗性克隆有助于发明治愈疾病的新方法，而人权主义者及环境保护主义者则要求完全禁止克隆技术。到目前为止，这种争论还在继续。

20世纪90年代中期，通过重组DNA研究和实验，转基因食品出现，并逐渐进入市场。由于对农作物疾病、恶劣气候和病虫害具有抗御性，像玉米和大豆等转基因农产品生长快、产量高。支持者宣称生产和销售转基因产品的公司及种植转基因产品的农场主能获得巨大的利润。他们认为，转基因食品将会极大缓解世界上日益增长的食物需求。而其他一些人却看到了这一生态工程阴暗的一面，担心它会导致不可预料的负面生态后果，并专门给转基因食品起了个名“frankenfoods”。世界上一些国家目前已开始禁止进口转基因农产品。对于转基因这项技术，尽管目前仍存在许多争议，大量问题还需要继续深入研究，但无论如何，这确实是人类几千年作物栽培史上一场空前的革命。

专栏

指数科技

说到科技，不能不提凯文·凯利的“观察·反思·展望”三部曲：(1)《失控》是关于机器、系统、生物和社会的“大部头”，给出了社会进化特别是互联网发展的“先知预言”。从这本书里，人们可以窥探到社交网络服务（SNS）的今天和未来。(2)《科技想要什么》向人们介绍了一种全新的科技观。凯文·凯利认为，作为整体，科技不是由线路和金属构成的一团乱麻，而是有生命力的自然形成的系统，它的起源完全可以回溯到生命的初始时期。正如生物进化呈现出无意识的趋势，科技也是如此。(3)《必然》是三部曲的收官之作，作者介绍了未来30年里的很多新知，例如更多的流动、共享、追踪、使用、互动、屏读、过滤、知化、提问、形成（being）等。

而谈到指数科技，就不能不提拉里·唐斯的《颠覆定律》一书。继1998年出版《打造杀手应用》(*Unleashing the Killer App*）这本畅销书后，拉里·唐斯又推出了另一力作——《颠覆定律》。这本书揭示了数字生活的定律及其造成的困境与迷局，提出了抓住发展规律、把控数字生活的可行之道。唐斯认为，社会、政治和经济体系的变革是渐进的，而科技的发展是指数式的。科技发展造就了巨大的变革可能性，而实际体制进行的变革落后于此，两者之间的鸿沟不断扩大，意外、激进、无计划的转型发生的可能性也随之激增。颠覆定律是现代生活中一个看似简单却不可或缺的发展原则。按照唐斯的说法：“技术突破的影响常常会超出其发明者的想象。短期内，潜在可能性和人力所及之间的差距会不可避免地引发巨变，这也是颠覆定律的主要副产品。随后，当人类体系，包括经济、社会和法律体系努力适应改革时，真正的转变才会开始。”的确，科技的发展会加速世界的改变，但人们却难以跟上它快速变化的步伐。这种失衡扩大了科技的颠覆作用，形成了对人类体系的巨大冲击，使经济、社会和法律制度间的冲突也变得更为尖锐。

在进行科技预言方面，雷·库兹韦尔（Ray Kurzweil）是个大名鼎鼎的人物。人们习惯称他为伟大的发明家。他曾发明了盲人阅读机、音乐合成器和语音识别系统等，为此他获得了狄克森奖、卡耐基梅隆科学奖等许多奖项。然而，比起他对未来的惊人预测，那些发明其实不值一提。用库兹韦尔自己的话讲，所有的科技预测其实都建立在由他提出的“库兹韦尔定律”上。这个定律也称加速回报规则，它认为技术的力量正在以指数级的速度迅速向外扩充，更多的、更加超乎我们想象的极端事物将会不断出现。似乎是为了让人更直观地弄清什么是库兹韦尔定律，他提出了一个“吓傻指数”的概念，就是假设有一个几世纪前的人来到现代，或是一个现代人穿越到若干年后的未来，他一定会被身处的环境所吓傻，这个时间差就是所谓的“吓傻指数”。从现代科技的发展趋势看，吓傻的周期变得越来越短。比如 250 多年前的人如果来到现代社会一定会被当场吓傻，而现代人去往 20～30 年后的未来，同样也会有一样的感受。换句话讲，科技正以不同寻常的加速度改变着这个世界，如果原来需要几百年甚至几千年才能变出一个新世界的话，现在则只需要 20 年左右的时间。可以想象一下工业革命开始前世界的样子，毫不夸张地讲，那个时候交通基本靠走，通信基本靠吼，取暖基本靠抖，治安基本靠狗。如果那时候的人来到现代社会将会做何感受？各式各样的金属铁壳在宽敞的公路上飞驰，坐在家里可以和太平洋另一头的人视频聊天，从电视里能看几千公里外正在进行的体育比赛，从口袋里掏出手机一下子就可以从电子地图上查到目前所在的位置……不难想象他的样子，瞠目结舌、目瞪口呆、惊慌失措。其实，他很可能直接就被吓傻了。这其实就是“吓傻指数”一词真正的含义。可能真像库兹韦尔所预言的那样，再过 20 年，世界可能真会把我们直接吓傻。而下一个吓傻周期可能会变为 10 年，到了 21 世纪 40 年代中期，世界可能因科技而焕然一新。

资料来源：谢明. 指数科技. 谢明空间（微信公众号），2017-04-18.

6. 国际环境

国际环境是指一个国家同世界各国和各地区之间的政治、经济、文化、地理等方面的关系以及其他国家之间的相互关系。在今天这个科技高度发达的信息社会，国与国之间不同的地理位置已不再成为相互交往的障碍。政治关系中的相互支持，经济关系中的相互依赖，科技文化中的相互交流，密切了国与国之间的关系，使今天的世界成了真正意义上的地球村。国际环境对一个国家的公共政策有着非常重要的影响。

每个国家都置身于国际大背景中。一个国家的公共政策不仅受国内环境因素的影响，也受国际环境因素的牵制和约束。把公共政策置于国际背景中，不仅可以比较公共政策的优劣和效能的高低，同时也是每个国家制定和实施公共政策尤其是外交政策的基本需要。

随着国际关系的日益发展，国际交流的不断扩大，国际社会中出现了许多需要各国政府联手解决的问题，如生态环境保护、外层空间利用、国际邮政通信、控制人口膨胀、打击国际犯罪团伙、研究疑难病症、救济国际难民等。这些国际性问题的出现，使公共政策具有了国际性特征。因此，在全球化和国际化的趋势下，仅靠一个国家的力量往往已经不能解决所有政策问题。各个国家必须加强横向联合，制定共同发展策略，相互协调与合作，努力实现共同的目标。各国共同面临的一些问题也使各国政府的政策逐渐突破国别界限和意识形态的约束，向着越来越紧密合作的方向发展。

和平与发展的国际环境为各国发展经济建设提供了有利的条件，无法想象在一个战乱频繁的国际环境中关起门来搞建设。20 世纪 80 年代初，我国利用和平稳定的国际环境，确立了发展社会主义经济的长远目标，做出了改革和开放的战略决策，努力扩大对外交往，借鉴西方国家先进的管理经验，加强与世界各国的经贸联系，引进大量外资和现代科技，促进了我国经济的飞速发展，提高了人民群众的生活水平，改善了国内的政策环境。由此不难看出国际环境对公共政策的制约与影响，没有和平稳定的国际环境做保证，我国就无法实施与之相适应的一系列政策目标。

进入 21 世纪以来，我国经济持续发展，综合国力和影响力日益增强，尤其是 2010 年我国 GDP 总量超过日本成为当今世界第二大经济体以后，国际地位日益提升，在国际舞台上发挥着越来越重要的作用。一个和平、合作、负责任的中国形象已经为国际社会所公认，中国智慧渐成国际共识，大大增强了对全球治理的贡献。中国国家主席习近平曾明确指出，“我们坚定不移推进中国特色大国外交，营造了我国发展的和平国际环境和良好周边环境”。中国正在以实际行动践行着自己的外交理念与行动方案，如提出“一带一路”倡议，创建亚洲基础设施投资银行（AIIB），参加金砖国家（BRICs）、二十国集团（G20）、亚太经合组织（APEC）、上海合作组织（SCO）、中非合作论坛、中国与东盟地区领导人峰会以及东亚峰会等，积极开展多边外交，努力彰显“大国担当”。然而，随着中国的迅速发展，一些发达国家担心中国可能会成为“另一个超级大国”，走上对外扩张的道路。

2014 年 1 月，美国《赫芬顿邮报》旗下的《世界邮报》创刊号刊登了对中国国家主席习近平的专访。针对一些人对中国迅速崛起后必将与美国等霸权国发生冲突的担忧，习近平主席指出，我们都应该努力避免陷入“修昔底德陷阱”，强国必追求霸权的主张不适用于中国，中国没有实施这种行动的基因。2018 年 6 月，习近平在中央外事工作会议上指出，当前中国处于近代以来最好的发展时期，世界处于百年未有之大变局，两者同步交织、相互激荡。百年未有之大变局，既指世界正在经历的大态势，也指中国面临的大态势，而且这两大态势是彼此影响、互为因果的。这是我们党和国家针对当前世界发展局势作出的一个重大战略判断，这一判断对于在新时期认识和判断国际局势，明确中国发展方向、制订相关任务计划，并进行中国国内外的重大决策有着重要的指导意义，同时也是中国为世界共同发展提出的思考，是倡导人类命运共同体建设的重要形势判断。

党的二十大报告提出，中国始终坚持维护世界和平、促进共同发展的外交政策宗旨，致力于推动构建人类命运共同体。

处在乌卡时代①，面对世界变局，中国提出的方案是：“构建人类命运共同体，实现共赢共享。”为此，必须做到：坚持对话协商，建设一个持久和平的世界；坚持共建共享，建设一个普遍安全的世界；坚持合作共赢，建设一个共同繁荣的世界；坚持交流互鉴，建设一个开放包容的世界；坚持绿色低碳，建设一个清洁美丽的世界。

综上，一个国家所处的国际局势及所拥有的国际地位都是制定和调整内政外交政策的主要依据。随着科学技术的迅速发展，交通、通信工具的不断更新，国际交往日益频繁，各国之间相互依赖的程度不断增强，国际社会呈现出错综复杂的局面，国际环境因素对各国公共政策的影响将有增无减。

---

① 乌卡时代（VUCA）是 volatile，uncertain，complex，ambiguous 的缩写，四个英文单词分别是易变性、不稳定、不确定性、复杂性和模糊性的意思。乌卡时代是一个具有现代概念的词。

专栏

“三大全球倡议”

全球发展倡议、全球安全倡议、全球文明倡议是中国于2021年、2022年、2023年相继提出的三大全球性重要倡议。“三大全球倡议”构成一个有机整体，立足百年变局的现实、顺应时代演进的潮流、谋划世界发展的出路、展望人类进步的未来，有力彰显了中华文明鲜明的自主性、包容性、和平性的精神底色，反映了新时代中国鲜明的全球治理观，是我国党和政府面对世界之变、时代之变、历史之变的深邃思考。

本章小结

本章主要阐述政策系统的构成要素。通过本章的学习，应了解公共政策制定主体的不同类型及作用，掌握社会问题的类型、特征及理论，理解目标群体政策认同和政策抗拒的缘由，认识公共政策的环境要素及其影响。

关键词

利益集团　思想库　社会问题　政策问题　目标群体　合法性危机　政策环境　组织生态论　PEST分析　经济环境　“地理因素说”　政治文化　和而不同　社会变迁　人工智能　“修昔底德陷阱”

思考题

1. 如何划分政策主体？
2. 官方决策者包括哪些机构？
3. 非官方参与者是谁？
4. 什么是“院外活动”？
5. 公民参与政策过程有哪些途径？
6. 大众传媒有什么特点？
7. 思想库有哪些类型？
8. 社会问题有哪些特征？
9. 目标群体为什么会对某项政策产生认同？
10. 目标群体为什么会对某项政策产生抗拒心理？
11. 哪些环境因素会对公共政策构成影响？
12. 经济环境如何影响公共政策？

第4章

政策模型及其相关理论

4.1 模型概述

4.1.1 什么是模型

“模型”这个概念大家并不陌生，如建筑模型、汽车模型、飞机模型等，模型在现代生活中并不鲜见。模型是现实世界部分化、序列化、简单化和抽象化的代表。通过模型进行思维是人类思维的一个典型特征。模型突出了原型的本质特征，忽略了次要因素，使错综复杂、变化无常的现实世界更易于为人们所把握。模型作为研究原型的中介，也是一种重要的方法，它有助于人们分析和理解研究的对象，有助于人们解释和阐述研究的问题。

一般来讲，模型可分为具体模型和抽象模型。具体模型主要指与原型在形态上几何相似的模型，如示意沙盘、模型飞机、交通地图等。这些模型对原型是一种形象的说明，使人一眼望去就会联想到现实生活中的真实事物，突出表现了模型的相似性特征。而抽象模型主要是指用语言、符号、图表、数字等抽象形式反映原型内在联系和特征的模型。

模型不仅仅是现实世界的简单替代物，而且是现实世界抽象化的代表。

在政策科学中，概念模型得到了广泛的应用。这些概念模型是政策科学工作者为了帮助人们理解和解释公共政策产生的原因，认识和分析其社会效果，思考和预测未来的发展，在公共政策研究中不断总结出来的。这些模型体现了对公共政策思考的不同角度，为理解公共政策和进行政策分析提供了多种途径。

4.1.2 模型评述

世界是复杂的，为了理解这种复杂，有必要对其进行简化，因而我们构建了模型。进行政策分析，如果不使用模型的方法，那几乎是不可想象的事情。然而不能忘记的是，当运用这些方法的时候，我们实际上正在把主观强加于客观，人为地创造一种认识世界的方法，从看似并不存在程序的现实中提炼出一种程序。模型事实上的确来源于人类的经验，但它绝不是经验的再现和翻版，而是人们对客观现象的一种认识方式，是人们理论知识、价值观念和个人信仰的综合体现。因而，在政策研究领域，我们不得不非常谨慎地对待模型所代表的“真实”。这种“真实”往往只是一种主观的构建，是人们对复杂现实的一种人为的想象。因此，我们不得不对此保持高度的敏感。公共政策理论性的活动实际上就是在画一张示意图，它包含了我们所知道的内容，引导我们去认识我们所不知道的方面。

一张城市的地铁示意图，即使再精确，也不是真正意义上的城市地铁。一个政策过程的示意图或政策生命周期的比喻，即便再形象，也与政策实践有着相当的距离。我们的理论架构是用来做分析工具的，从某种意义上讲，它们毕竟只是一种人为的想象。然而，有时候我们却常常百分之百地确信这种想象的真实性，把主观的抽象完全等同于客观的现实，这也正是模型方法在实际运用中所面临的一种风险。

伦敦新旧地铁图的对比能够为我们提供一个很好的例证。1900 年，伦敦有了世界上第一条地铁。随着地铁系统的不断完善，为了满足乘客的迫切需要，1910 年第一张地铁图问世。这种早期的地铁图是地理性的，即以实际距离和面积为准，严格按比例缩小而成。但随着地铁线路的日益复杂，新设车站不断增多，早期的地铁图显得越来越混乱，查找路线和车站非常不便，难以继续发挥其本应发挥的作用，迫切需要进行简化。当时一名在地铁系统工作的名叫贝克的临时绘图员认为，如果能运用图解的方式，抛开教条的真实，就不难解决这个问题。他根据早期的地铁图重新设计了一张草图，但遗憾的是被他的上司轻率地否决了，其理由再简单不过了：这张草图完全脱离了实际。到 1933 年，由于社会舆论的压力，地铁公司在无奈之下，只好试探性地推出了贝克的设计图。没想到一炮打响，该设计图受到公众的热烈欢迎。贝克建立的这个地铁站线模型，被一直沿用至今，而且被全世界所有拥有地铁的国家采用。可以说贝克为整个社会做出了一项伟大的贡献，可当时仅得到了极为可怜的报酬——不到一英镑。

的确，贝克的地铁图看上去一目了然，为检索带来了方便。它作为一个非常有用的解释工具，使人们能够方便地了解和使用伦敦地铁这样一个非常复杂的系统。但我们不能忘记的是，它并不是真实的伦敦地铁，而是想象的伦敦地铁，并不是真实的具体，而是具体的抽象。如果把它与实际的地理位置画上等号，你将大错特错。许多来过伦敦的旅游者都曾有过这方面的经验教训，图上标的站都是等距离的，用五分钟走了一站，但可能要用半个小时或一个小时走到另一站。

伦敦地铁示意图是一个很有启发性的例子。在政策研究中我们同样会遇到伦敦地铁示意图所带给人们的困惑。的确，没有简化和抽象，我们就难以认识复杂。为了认识和解释形形色色的政策现象，我们需要借助于一些分析模型。然而，我们应该清醒地认识到许多政策学家曾多次提到的潜在危险——“错置具体的谬误”，即把源于经验的抽象认识等同于实实在在的具体事物。

4.1.3 如何分辨模型的有效性

什么样的模型有用？它为什么有用？以什么为标准？

在展开政策模型的讨论之前，先看一看用以评估模型效用的一些一般性准则。

1. 排列并简化现实

政策模型的有效性首先依赖于它对现实政治生活进行序化和简化的能力。序化（厘清顺序）能够使真实世界中错综复杂的关系建立逻辑上的联系，简化（变复杂为简单）有助于人们清楚地理解那些难以捉摸的复杂现象。当然，如果一种模型过于复杂或空泛，涵盖了过多的内容，就会给我们的理解带来很大的困难，乃至无法得到利用。但如果一种模型过于简化或狭隘，仅仅对表象进行概括，忽视那些关键性的因素，就不可能用其来解释真实的世界。

2. 认定重要层面

政策模型的有效性还与其概括政治生活中重要内容的能力有关。好的模型应该能够抓住主要矛盾，把人们的注意力从那些不相关的因素转移到真正重要的因素上来，使人们更多地关注公共政策的真实起因和重要结果。当然，什么是真实的？什么是虚假的？什么是表象的？什么是深层的？要回答这些问题不可避免地会涉及人的知识水平和价值判断。因而，出现多种不同的答案也是正常的现象。

3. 符合社会现实

一般而言，政策模型应该与客观现实具有一定的联系，即从经验角度看，它应该具有真正意义上的指涉对象。模型的建立往往源于人类的经验，它应该以现实生活为重要的参考依据。对于那些完全脱离实际，没有经验依据的主观模型，人们在使用过程中会感到茫然或不知所措。当然，任何事情都不是绝对的。从另一种角度讲，我们也不该草率地抛弃那些所谓“不真实的”理念，因为它们经常发挥重要的启发性作用，把我们的注意力成功地引向这样一个问题：为什么它们是“不真实的”？比如，几乎没有人会认为政府决策是完全理性的，公共政策能使社会成本最小化、社会收益最大化。然而，“理性决策”的思路还是很有价值的，它促使我们去探讨政府决策的非理性程度以及为什么会如此。

4. 提供有意义的沟通

政策模型往往借助概念进行抽象，而这些概念在沟通过程中应该具有实质性含义并形成较为一致的看法。否则，这个政策模型的有效性就会大打折扣。没有共识就难以沟通，你说东，他理解为西，你跟他就没有办法沟通。例如，“精英”这个概念有不同的含义。一些人可能把“精英”定义为由民选产生的政府官员，他们能够代表大多数公众的利益；另一些人则认为所谓“精英”是指少数社会上层人物，他们根本不是公众的代表，他们只是根据自己的偏好为社会制定政策。对这一概念有着不同理解的人之间就很难进行沟通交流。

5. 指导调查与研究

一个政策模型应该具有一定的可操作性，应该有助于对公共政策进行实证分析。从某种意义上讲，它应该直接指涉现实生活中那些能够被观察到的、可以进行测量的、能够被加以证实的客观现象。一个概念或一系列概念（我们称之为概念模型）所解释的内容应该能够在现实世界中得到检验和证实。如果我们没有办法在政策实践中对此进行证实或证伪，那么它的有效性就很值得怀疑了。

6. 提出一定的解释

一个政策模型应该对公共政策提出一种解释，而不是只对公共政策及其过程进行简单的描述；它应该对公共政策的原因和结果提出一定的假设，而不是仅仅盯住客观存在的经验数据。它源于现实却又超越现实。

4.2　几种重要的政策分析模型

4.2.1　传统理性模型：决策追求最优解

什么是理性？其英文为 rationality，通常解译为“合理”“有理”，它与“感性”相对，指人从理智上控制行为的能力。买汽车光挑颜色，买衣服只注意款式，做决定靠抽签，做事情喜欢打赌，这些都不能说是理性的行为。当然，在评价某种行为是理性的或非理性的时候，人的价值判断起很大的作用。某种行为可能你认为是理性的，但别人却认为是非理性的。我们在谈到理性概念的时候，往往是以共识性标准为前提的。

理性模型起源于传统经济学的理论，传统经济学理论是以经济人的假设为前提的。那么，什么是经济人呢？一般来讲，经济人自私且功利，做任何事都以满足个人最大利益需要为目标。分析经济人的行为实际上很简单，他之所以这样做而没有那样做，就是因为这样做可以最大限度地满足他的利益需要。这种带有强烈自利特征的经济理性尽管十分不可爱，却非常有用。因为我们惊奇地发现，社会财富这块“蛋糕”在市场理性的博弈中越做越大。市场机制这只“看不见的手”会使人的自利行为产生利他的结果。

以经济人假设为前提的理性优化模型，为微观经济学的发展提供了便利条件，同时也对当时经济领域的微观决策起到了一定的指导作用。它舍弃了一些次要变量，使问题的分析得以简化，形成有效的分析框架，能够用来解释资本主义市场活动中的诸多现象。因此，其影响迅速蔓延到社会生活的其他领域，当时这种假设几乎被认为是一个不证自明的公理，是解释人类行为不可缺少的依据。

理性行为的概念是一个非常有力的解释原则，因为它有着许多人类行为的经验依据。我们经常对别人这样解释自己的行为：“我想达到 X 这样一种目的，所以我选择了 Y 这样一种方式。”同样，这也是我们理解其他人行为的基本思路。基于这种考虑，我们同样可以用这种模式去解释一个政府的行为。就政府政策而言，如果你了解了政府的目标，你就不难解释其政策方案的选择。它之所以这样做而没有那样做，是因为它要满足自己最大的利益需要，做出最大价值的选择。

传统的政策理论有着理性主义前期发展的深刻烙印。它认为，任何决策都是目标性的行为，达到目标当然会有很多种途径和手段。所谓理性的选择就是要做出最大价值的选择，即选择达到目标的最优方案。

传统理性模型所要求的最优选择应具备如下条件：(1) 把决策行为视为整体行为而非群体行为。因为是整体，所以才会有一致性的价值判断，如果是群体就必然会出现价值观方面的差异，从而在目标选择和最优认定方面产生分歧。(2) 决策者具有绝对理性。这表现在他们具有完备的知识和信息，能穷尽备选方案并预测所有结果。(3) 决策目标单一、明确和绝对。(4) 决策者在决策过程中具备一以贯之的价值偏好。(5) 决策过程中不考虑时间和其他政策资源的消耗。

最优选择的具体步骤是：(1) 确定决策目标；(2) 提出备选方案；(3) 对这些方案及其结果进行比较分析；(4) 通过排序选择出最优方案。

从理论角度而言，最优选择并不是不可行的。然而，社会现实并不等同于理论假设，传统理性模型的限制条件使其遭遇到诸多的障碍，人们逐渐发现政策实践中的许多现象都难以用传统理性模型来做出解释。其原因不在于它的逻辑体系有缺陷，而在于其前提假设有问题。

第一，决策目标不是单一、明确和绝对的，而是多元、模糊和相对的。传统的经济学理论总是把企业的目标等同于企业家的目标，似乎只是为了最大限度地追求利润。这种认定是完全错误的，因为企业是由许多人组成的，它包括股东、经营者和员工等，他们对企业的目标都会发生直接或间接的影响，尽管在程度上有所不同，但表现了一种多元化的趋向。因为这些人有着不同的价值取向和利益要求，并不一定会把企业目标作为自己的目标，所以企业的实际目标反映了其成员错综复杂的、相互矛盾的利益追求。在公共部门和政府机构，目标多元化的特征表现得更为明显。

美国著名的政策学家赫伯特·西蒙在其《管理决策新科学》一书中讲了一件他亲身经历的事情。一些大公司就购置计算机的问题向西蒙咨询，西蒙当时就建议这些公司应先考虑是否真的需要这样的设备，购置计算机主要是为了解决哪些具体问题，等这些问题明确了以后再决定购置什么类型的计算机。后来西蒙很快就发现自己给这些公司出了个“馊主意”，因为它们在尚未使用过任何计算机之前，根本无法具体明确地了解计算机的性能与用途，从而也不可能提出购买计算机所要达到的具体明确的目标。只有先买一台简单实用的计算机，并在使用一段时间且有了经验之后，这些公司才能知道下一步应该做些什么。可见许多决策问题的总目标往往只是一个不十分明确的大方向，具体的内容还有待于在决策执行过程中逐渐地加以明确。

查尔斯·林德布洛姆也认为，政策是要解决社会问题的，所以要想使政策目标明确就必须找到问题的症结所在，然后才能做出决策。可有时决策者面临的并不是非常具体且可以明确界定的问题，比如，当物价飞涨，公众要求政府做出反应时，政府部门就要对问题的原因进行分析，是公众的要求过分还是物质生产和供应服务的不足？是垄断公司的幕后操纵还是通胀心理引起的连锁反应？或是上述原因兼而有之？不管政府部门出于何种考虑，治标总不是目的，可本在何处？找出通货膨胀的诱因可能是很困难的，这无疑会影响到决策目标的确定，所以大多数情况下目标并不是绝对的，而是相对的。

第二，人是感情动物，存在理性缺陷，其行为往往受到个人偏好、性格特征等非理性因素的影响。如果你是个篮球迷，有朋友送给你一张免费球票，而那天晚上恰巧来了场暴风雪，这使得驾车去体育馆看比赛十分危险，这时你是去还是不去呢？假如换一种情况，同样的球票，同样的暴风雪，但球票是自己花 300 元买的，这时你是去还是不去呢？根据行为学的研究，在后一种情况下，人们多半会冒险前去观看比赛。人大多具有“成本陷入倾向”和“损失厌恶倾向”——认为既然已为此花了钱，那么最好不要浪费，而不去过多考虑结果会怎样。人们通常会把损失看得比收益重要得多，这完全是心理因素在起作用。

第三，人处理信息的能力是有限的，这主要表现在以下两个方面：

（1）人对信息的感知能力有限。

所谓感知就是人通过自己的感官把外界信息作为刺激反应而输入大脑的过程，人的感知能力对大脑处理信息的容量具有限定作用。心理学的研究表明，人的感知是有选择的，而不是全面的。以视觉为例，人们总习惯于用照相机来形容视觉，因为它们都可成像，但二者结构上的类似并不能说明彼此在功能上也相当。照相机能够把视野内所有的物体都拍摄进去，只不过辨别的精度受限于镜头的透光能力和胶片感光材料的颗粒密度。而人的视觉通常只能接收到其注意力比较集中的部分，绝大部分都没有能够被感知，这就是人们常说的“视而不见”现象。心理学的实验结论是：人的视野中存在的东西，能被同时接收并形成印象的大约只占1/70。有位心理学家曾做过这样一个有趣的实验：会场里，一位演讲者正在眉飞色舞地发表演说，听众聚精会神，忽然有一个人破门而入且动静很大，后面紧跟着又追进来一个人，二者在众目睽睽之下扭作一团，其中一个人还抽出了手枪并对天花板放了一枪。这场闹剧历时 20 多秒钟，实验者把整个过程录了下来，闹剧一结束即让听众描述情节。结果五花八门，说什么的都有，与所录实情对照，情节出入极大。在 40 位听众当中，只有一位对主要情节的描述错误率没有超过 20%。

（2）人的记忆能力有限。

一般来说，人脑的记忆容量要比现代最先进的计算机的信息存储量大许多个数量级，似乎可以视为无限大，但实际上人脑储存信息的速度相当慢，所以人脑的记忆能力无法与计算机相提并论。计算机可以按照信息的原输入形式完整地进行保存，并按照既定方式加以检索，它并不关心信息本身所具有的含义。比如，计算机对一个有意义的词 MANAGEMENT 和一个无意义的词 TMNAENMAEG 具有相同的存取速度和相同的单元容量，因为这两个词都是由相同的十个英文字母组成。可是如果让懂英语的人去记忆这两个词，则很容易记住前者，而很难记住后者。由此可见，人脑的记忆模式与计算机截然不同。人们习惯于把记忆分为机械式记忆和联想式记忆，电脑主要依赖机械式记忆，而人脑在这方面是非常落后的。为弥补因储存速度不足所产生的记忆力的有限性，人脑主要依赖联想式记忆。这种联想会重新构建记忆中的事件，而构建记忆内容的主要依据就是信息本身的意义。随着联想过程中记忆构建的不同，记忆的内容就会有所差别。一个懂英语的人之所以能够很容易地记住 MANAGEMENT 这个词，主要是因为这个词有意义，可以使人在这个词与其意义之间形成联想，而对于一个不懂英语的人来说，MANAGEMENT 和 TMNAENMAEG 一样难记。一位心理学家曾做过这样一次实验：他要求一位国际象棋的高手和一位初学者记忆棋盘上两种类型的布局，第一种类型是实战的残局，第二种类型是棋子的随机摆放，结果两位棋手对第二种类型的布局都难以记住，而对于第一种类型的布局，国际象棋高手的记忆能力远远超出了初学者。（中国象棋大师胡荣华曾同时与十多人下盲棋，可见其惊人的记忆力。但如果在棋盘上随机摆放棋子，让他记住两三盘就十分困难了。）这说明人脑记住的往往是能够联想起来的整体而不是其中的各个组成单元。

第四，决策所面临的情况往往是价值冲突而非价值一致。西蒙等人在1956年曾对23名参加专业培训的企业管理人员进行了一次心理实验。首先让他们阅读一段反映某公司经营状况的案例材料，然后请他们分析和判断该公司面临的主要问题是什么，结果发现其所做的判断差异很大。比如，在从事营销工作的管理人员中有83%的人认为该公司的主要问题是市场营销问题，而从事非营销工作的管理人员中只有29%的人持同样的看法。西蒙从这次心理实验中发现受试者的专业经验对他们判断问题有很大影响，这些受试者的看法大多与他们最熟悉或所从事的工作有关。现代系统论的创始人冯·贝塔朗菲也曾说过："同一张桌子，在物理学家看来是电子、质子和中子的聚集；在化学家看来是物质有机成分的组合；在生物学家看来是木细胞的复合体；在艺术家看来是某种艺术风格的体现；在经济学家眼里则是一定货币价值的效用；等等。"由于人们认识事物的出发点和角度不同，所以对问题的判断会有很大的差别。

第五，决策总要受制于时间、人力、物力、财力等资源条件。决策一方面要讲究合理性，另一方面也要讲究及时性。尽管时间因素对不同决策的制约存在程度上的差别，有轻重缓急之分，但毫无时间限制的决策是根本不存在的。"机不可失，时不再来"，讲的就是这个道理。时效永远是决策成功不可缺少的前提。为追求尽善尽美而不顾时间的限制，这是非常愚蠢的做法。就算你真能找到最优的方案，而机会一旦失去，即便再好也一文不值。从某种意义上讲，决策就是在没有时间继续进行信息搜索时所必须做出的选择。除了时间限制以外，决策还要考虑其他资源的消耗。因此，决策不仅要在合理性与时效性之间做出权衡，而且要在合理性与经济性之间做出权衡。所谓经济性是指政策制定过程要力求以小的代价获得大的收益，至少其边际代价不能大于边际效益。比如，政府为制定某项政策需要进行实际的调查。当然，调查的规模越大，程度越深入，获取的信息就会越充分，对决策的合理性就越有帮助。但政府绝不会不计花费地去实施调查，因为政府的人力、物力和财力资源是有限的，而且它还要权衡得失，考虑政策的重要程度，然后采取力所能及且得大于失的调查行动。

基于上述认识，传统理性主义受到多方面的质疑与批判。西蒙等人认为，传统理性主义从经济人假设出发，以逻辑推理方式所确立的规范性政策理论无法解释现实生活中政策制定过程的实际行为。现实生活中不存在纯粹的理性，传统理性模型只能被认为是一种理想的追求，而缺少实践的基础。

尽管传统理性主义在一定程度上带有乌托邦的色彩，我们也欢迎对它的批判，但过于简单和绝对的否定态度也是不可取的。其实，所谓乌托邦无非是指不能实现之事，而不能实现不等于没有意义。理想主义虽没有实践基础，但也绝非无稽之谈。拿破仑有句名言：不想当将军的士兵不是好士兵。仔细想想，士兵想当将军在多数情况下不是乌托邦又是什么？当然，那是关于个人功利的乌托邦，但社会管理又何尝不是如此？取法乎上，仅得其中；取法乎中，仅得其下。人们总是在追求尽善尽美中得到较善较美的。从这个意义上讲，理想主义并无过分的问题，正因为如此，传统理性模型的思想价值一直受到理论界的肯定。

专栏

理性模型：公共政策是社会价值最大化

所谓理性的公共政策实际上就是指能够带来社会效益最大化的政策。社会效益的衡量涉及两项重要的指标，一是收益必须高于成本，二是选择两者差值最高的方案。当然，就社会成本的计算而言，金钱的多少绝非唯一的衡量标准。政府不能用牺牲基本社会价值的方式来换取金钱的收入，必须同时考虑社会、政治、经济、文化等多种因素。理性模型经常被用来思考政府计划的适宜规模，它是评估政府支出决策的主要分析架构。

理性政策的前提条件是：(1) 了解所有的社会价值偏好及其相对权重；(2) 发现所有的备选方案；(3) 预测每项方案的所有结果；(4) 计算每项方案的成本效益比；(5) 选择最有价值的政策方案。因此，理性模型假定社会是一个整体，其价值偏好可以被了解并被赋予权重；同时，理性决策依赖于有关政策方案的充分信息、预测政策方案结果的超强能力以及计算成本效益比的知识和技能；最后，理性决策还需要一套完备的决策系统，以有助于形成理性的程序。

然而，理性决策面临许许多多的障碍，以至于在政府决策领域理性模型很少能够派上用场。但由于理性模型提出了优化目标并分析了理性障碍，所以仍具有重要的解释作用。

资料来源：DYE T R. Understanding public policy. Englewood Cliffs，N. J.：Prentice Hall，2002：16-18.

4.2.2　有限理性模型：决策追求满意解

西蒙认为，现实生活中决策者的理性是介于完全理性与非理性之间的有限理性，他们不是经济人，而是行政人。行政人的价值取向和目标往往是多元的，受到多方面因素的制约，经常处于变动状态且表现出冲突特征。行政人的知识和能力水平可能是有限的，其决策行为往往会受其心理因素的一定制约，他们不可能也不奢望发现最优解，只要找到满意解就知足。

西蒙在对传统理性主义总结和批判的基础上，提出了有限理性模型或称满意模型、次优决策模型。由于这一突出的理论贡献，西蒙荣获了 1978 年诺贝尔经济学奖。西蒙认为，由于种种条件的限制，无论是个人决策还是群体决策，大多数都是发现和选择满意方案的过程；只有在非常例外的情况下，才是发现和选择最优方案的过程。这并不是因为决策者头脑糊涂。一个富有理性的人，如果能够同样顺利地求优的话，就不会止步于满意；如果能够得到最好，就不会安于次好或比较好。但现实世界复杂多变，客观条件充满局限，人们根本无法求得最优解和准确解，不得不转而求其次，寻求足够好的解。人们并不是“不想干”，而是他们“无法干”。

1. 有限理性的行为表现

人的理性实际上是介于完全理性和非理性之间的一种有限理性。这种有限理性在决策过程中的表现是：

(1) 在情报活动阶段，人的决策行为往往受到知觉选择性的支配，不同经验和背景的决策者对决策环境的认识会有不同的解释。

（2）在设计活动阶段，人们并不试图找出所有可行性方案，而是通过力所能及的求解活动，寻找能够满意的决策方案。

（3）在抉择活动阶段，决策者的选择往往与备选方案的提出顺序有关，如果A是先于B提出来的，A又是满意方案，那么就不会再花时间去考虑B，哪怕B比A更好。

2. 次优决策涉及的基本问题

（1）有限目标。

决策并不能保证一开始就有十分明确的目标，而环境（自然环境和社会环境）又经常不允许我们等到目标完全明确之后再做选择。例如，我们到超市去买东西，事前并不一定非得有明确的目的，一旦遇到自己需要的东西，价格又比较合适，就会考虑是否购买。再如，政府遇到一个棘手的难题，涉及多种因素，一时难以厘清头绪，但又不能无所作为，那么就需要从主要的、紧迫的、明确的问题入手，边了解情况，边探索目标。

（2）期望水平。

什么样的决策才能被视为满意或足够好呢？这往往取决于决策者的期望水平。这个期望水平并不是固定不变的，而是随环境条件和个人体验的变化而变化。在存在许多好的备选方案的良性环境中，期望水平会提高；在比较恶劣的环境条件下，期望水平会降低。

为决策目标确定一个恰如其分的期望水平，是决策成败的一个关键环节。在可能的条件下，应尽量采用量化方法将期望水平明确地表达出来。然而，在多数情况下，我们则不得不求助于经验来为自己确定目标期望水平。

（3）搜索方法。

搜索方法基于满意原则，它是西蒙有限理性学说的核心内容。

1）试探方法。在没有现成满意方案的情况下，一种可行的方法就是提出探索性方案，选择若干试点进行试验，看看是否能够满足期望水平，由此总结经验和教训，再设计下一步的备选方案。

2）随机方法。比如，军队被包围，而敌情又不明，这时最大的期望就是能够突围，一个可行的方法就是随机选择突围的方向；再如，一个农民初次进城，他最大的期望就是找到一份工作安身，这时恰好一位招工的人走过来，他很可能就跟着那个人走了。

3）折中方法。当决策面临一定风险，实际情况难以搞清，而又必须提出决策方案时，对尖锐对立的意见进行折中，对相互冲突的方案进行折中，不失为一种可取的方法。

4）效益方法。决策不能不考虑效益，方案的搜索需要一定的成本投入，我们不可能为找到一束漂亮的花而跑遍全世界，这样做实在不值。决策资源的"稀缺性"决定了决策价值分析的重要性。尽管决策多涉及一些非金钱因素，做价值分析并非易事，但是，一些学者在这方面进行了有益的探索。他们认为，信息的价值不仅与决策的重要性有关，而且与决策结果的可控程度有关。时间成本的计算一要看机会成本，二要看决策过程花费的工时。总之，所谓决策效益指的是，在资源有限的条件下，选择能产生最大效益的备选方案。

无论采取何种搜索方法，一旦遇到满意方案便会终止搜索行为。

以上分析说明，有限理性模型对人们的实际决策行为做了比较真实的解释，为决策理论及其实践的发展开辟了一个新的方向。

专栏

37%规则

生活中的很多事情，其实是可以用算法来解决的。比如买房子的问题，与其浑浑噩噩地接受命运安排，不如有点理性决策的精神，把它变成一个数学问题。

我们假设这个问题的条件是这样的：

1. 你随机地遇到各种房子，但是只打算买一个。

2. 遇到一个房子，如果你选择买下，这个房子就是你的。

3. 如果你选择不买，很快别人就会把它买走——你没有第二次机会。

4. 你应该给自己设定一个看房总数的期限，或者一个时间期限——比如说一个月之内一定要买到房子。

这些条件可能跟生活中各人实际买房的情况略有不同，但必须这样把问题简化出来，数学家才能进行计算。

正确答案是 37%。

数学家的策略是，你要把这一个月的时间分成两个阶段。在第一阶段，你只看不买，就是根据自己的购买能力，了解一下市场上哪些房子你喜欢，哪些你不喜欢。记住在这个阶段内你看到过的最满意的那个房子。

等到过了某个时间节点——具体说过了你设定期限的 37%以后——你就进入第二阶段。如果预先设定的期限是一个月，那么第二阶段就从第 12 天开始。

从这天开始，你一旦遇到一个比第一阶段那个最好的房子好，或者类似的房子，就毫不犹豫地买下来。

分两个阶段这个策略，和 37%这个数字，都是数学家们好不容易算出来的。实际上这是一个随机选择优化问题，直到 1958 年才被解决。现在人们把这个办法叫作“37%规则”。

37%规则并不能保证你一定能买到最好的房子，但是在假定市场上的房子随机出现的情况下，它是能让你买到一个足够好的房子的足够好的办法。从概率角度，如果你看了不到 37%房子就开始买，你将来更可能后悔买早了；如果你看了远超 37%的房子开始买，你将来更可能后悔买晚了。

我们生活中有很多情况跟买房是类似的，好东西过了这个村就没有这个店，是要还是不要？使用 37%规则，是你作为一个理性人在这个不确定的世界里所能选择的最优策略。

资料来源：万维钢. 37%规则. 精英日课，2016-11-14.

4.2.3 渐进模型：新政策是对旧政策的补充和修正

美国学者林德布洛姆在批判传统理性模型的基础上提出了渐进模型。他认为，政策制定的实际过程并不完全是一个理性过程（分析问题、明确目标、提出方案、优化选择等），而是对以往政策行为不断补充和修正的过程。政策制定只能根据以往的经验，在现有的政策基础上实现渐进变迁。决策者要依据现有方案，通过与以往政策的比较，考虑不断变化的环境需要，对以往政策进行局部的、小范围的调适，逐渐把一项旧的政策转变成为一项新的政策，也就是“积小的变化为大的变化”的过程。

渐进模型可以用图 4-1 予以说明。它表现了政策渐进与变化的动态过程。

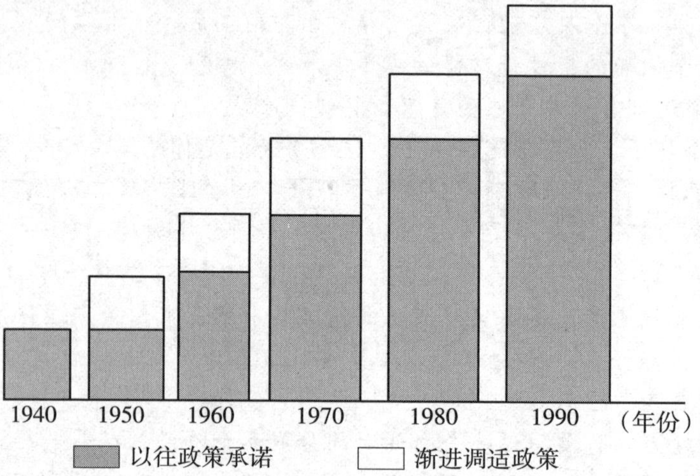

图 4-1　渐进模型

渐进模型有以下一些特点：

(1) 渐进模型要求决策者必须保留对以往政策的承诺。政策制定要以现行政策为基础，不能重打鼓另开张。

(2) 渐进模型注重研究现行政策的缺陷。并不强调有所创新，也不是无所作为，只是注重对现行政策的修改与补充，以弥补现行政策的缺陷。

(3) 渐进模型强调目标与方案之间的相互调适。不是金口玉言，一劳永逸，要注意反馈调节，在试探和摸索中前进。

西蒙有过一个著名的“蚂蚁”比喻。他说，一只蚂蚁在海边的沙滩上爬来爬去，会留下许多蜿蜒曲折的痕迹，这并非是因为蚂蚁的想法很多、很复杂，而是因为对它来说，沙滩上地形太复杂，布满了大大小小的障碍。其实蚂蚁的目的很简单，它要回家，而且它也大致知道家在哪一个方向。可是，在回家的过程中，蚂蚁每时每刻都会遇到困难，需要不断地辗转和迂回。比如它们时而会在斜坡上转向，以便找到一个比较适当的角度；时而会在鹅卵石中转圈，试着发现可以通过的路径；时而会停下来不动，以便感知下一步的爬行方向；我们不妨把所观察到的蚂蚁回窝的路径画在一张纸上，呈现在我们面前的是什么呢？那是一连串极不规则的线，忽左忽右，忽上忽下。当然，这也并不完全是随机性的，因为它还有指向某一目标的隐含的方向性。

渐进的过程实际上就是一个不断学习和试验、不断反馈和调整的过程。从某种意义上讲，这很像蚂蚁向其巢穴的爬行，一边探索一边前进。渐进模型的这一特性有利于避免因决策严重失误所产生的持久性结果。社会是一个惯性很大的系统，覆水难收，越是严重的错误越难以完全纠正。如果把步子迈得小一些，发现了问题就能够及时纠正。迈大步往往意味着进行重大的政策变革，这样做一方面可能会引起决策层内部的紧张和冲突，导致权力的改组和社会形势的重大变化，所冒的政治风险较大；另一方面也可能会在制度安排和公众心理方面遇到很大阻力，形成政策执行中的障碍，引起一些意想不到的后果，不利于社会的稳定。如果能够把大步变为连续的小步，步幅虽小但频率不慢，那么上述风险就会大大地缓解。按部就班、修修补补的渐进主义或许看上去不像英雄之举，因为它缺少惊人的壮举，但它作为足智多谋的问题解决者在现实生活中却大有用武之地。渐进模型的出现有其实际基础和理论依据，当前各国的政治几乎都呈现出一种渐进的趋势。

然而，渐进模型多适用于稳定发展的社会形势，有着很大的局限，带有明显的保守主义偏见，不符合社会变革的需要。特别是在人口剧增、资源匮乏、环境污染、货币贬值、物价飞涨、社会动乱、战争爆发这些突变的形势下，渐进模型显得无能为力。因此，渐进模型这种墨守成规、维持现状、不求改革与创新的倾向，对不少发展中国家，尤其是在需要进行改革规划的许多领域内都是不适用的。

专栏

财政与货币政策中的渐进主义

美国的经济政策主要是通过其财政与货币政策来实现的。前者是关于税收支出和赤字水平的政策，后者是关于货币供给和利率水平的政策。财政政策的制定主要是由两方面因素决定的。一是由总统以及行政管理和预算局确定的联邦年度预算草案，二是国会每年对拨款法案和税法的修订。所有这些政策决定着联邦政府的总体支出水平及各项支出的优先次序。这些支出方面的政策决定了联邦政府每年的财政赤字。货币政策则是由独立的联邦储备委员会决定的。它通过对全国银行的监管决定增加或减少货币的供给。

如果经济政策的制定是完全理性的，它将和一成不变的经济理论联系在一起。现实中经济政策的目标是广泛和多样的，如增加经济产出和提高消费水平，全国劳动力的充分就业，稳定物价和低通货膨胀。在实现这些目标的途径中，许多经济理论是互相冲突的。在不同历史时期，国家经济政策受到不同理论的指导，不过糟糕的是，很有可能经济政策会被相互冲突的经济理论同时指导。

实际上，美国财政与货币政策的制定不是一个纯理性的过程，而是一个渐进的过程，即决策者把注意力主要集中在适度的政策变化上——在现行税收、支出、货币供给和利率政策等方面进行小幅度调整。渐进主义模式的政策制定在编制年度财政预算中尤为普遍。预算编制部门不会每年都重新考虑所有现行支出项目的价值，甚至不会过多关注以往几年制定的支出水平，而是通常将上一年度的支出情况作为下一年度每项支出的基础，对预算报告的积极考虑往往集中在新增加的项目以及比上一年增加的支出。

渐进主义模型描述了经济政策制定的过程，同时它也可以为政府政策提供短期的预测。毫无疑问，了解清楚任何政府项目上一年度的支出水平，就能很好地预测政府下一年度项目的支出水平。渐进主义模型是一个解释性的理论工具，它有助于解释一些政府项目支出的变化情况，比如，在一些政府项目的社会价值随着时间的推移逐渐减少或消失的时候，其支出水平却仍然继续存在或得到强化。

4.2.4 小组意识模型：源自凝聚力的“群体狂想症”

美国学者詹尼斯（Janis）1972年出版了《小组意识》（*Groupthink*）一书，提出了一种关于群体不良决策的理论模型。詹尼斯在分析了大量美国政府决策层所做的政治和军事决策后发现，由于参与决策的群体成员自觉或不自觉地把保持群体一致和创造和谐氛围作为目的，所以往往不能理智地分析各种备选方案，造成决策的失误。詹尼斯认为，在决策小组中存在着一种寻求一致的行为模式，这种现象在面对面进行问题讨论的时候表现得更为明显。小组成员趋向于怎样更好地达成一致，注意力完全集中在这方面了，从而忽略了如何去寻求更好的解决问题的办法。詹尼斯称这种行为趋向为“心理传染病”或者叫作“群体狂想症”。

从个人角度看，一个人不可能不犯错误。犯错误是正常的，不犯错误才是不正常的。一个人不仅观察问题的角度和信息处理能力极为有限，而且从心理因素来看，自满、失望、恐惧、愤怒等情绪波动都会导致决策的盲目性。这是因为人在情绪不稳定的时候最容易做出一些不可思议的蠢事。所以，现代决策往往都依赖于小组的决定，发挥集体的智慧和力量。在小组中，大家可以沟通情况、交换看法、分享知识、经验互补。然而，小组的决定有时却比个人的决定逊色许多。尼采曾说：“疯狂对个人而言只是一种例外，但对有些小组来讲，却成为一种规律。”当危机到来的时候，恐慌的情绪会相互感染，使人失去理智，难以冷静下来；在俱乐部式的轻松场合，闲散的气氛有着很大的感染力，往往使一些重大的问题被一笑置之，难以引起足够的重视。有这样一个例子，在美国的一个矿山小镇，出现了一些塌方的细微迹象。矿山工程师认为情况很危险，希望市民尽快撤离。但在俱乐部举行的市民委员会的讨论中，大家认为没有必要大惊小怪，过去也有过一些迹象，但多少年相安无事，工程师的警告不过是小题大做。没想到后来果然发生了大面积塌方，造成了惨重的人员伤亡和财产损失。

许多人认为，群体的决策之所以有时不能优于个人的决策，主要的原因还在于群体首脑总想使其他成员成为自己的橡皮图章。如果他指鹿为马，大家也会点头称是，趋炎附势。安徒生的童话《皇帝的新衣》便是一个最好的例证。但更多的时候，情况却并非如此，主要领导并不想这样去做，群体成员也没有必要去虚伪奉承。他们都感到自己可以直言，但在潜意识里又总会存在着一种微妙的压力，大家都在努力去寻求一致。按照社会心理学的观点，寻求一致是一种人所共有的、极为普遍的行为心态，在凝聚力很强的群体里表现得尤为突出。我们习惯上认为，一致总是好的、正确的，没想到它有时会是不好的、错误的。生活中不难发现“空前团结”的会议、“一致通过”的事项、“全体举手”的表决曾导致过许许多多的失误。群体凝聚力强是好事还是坏事，应该辩证地分析。凡事总有个度，而在很多情况下却往往是过犹不及。从社会心理的大量观察实验中可以发现，在一个凝聚力很强的群体里，批评性意见难有生存的土壤。群体中的一个成员如持异议，就会受到其他成员的规劝，有人会自觉站出来充当心理卫士。当规劝无效时该成员就会遭到孤立、嘲笑或排斥，甚至发展到被众人敌视。

小组意识表现出这样一些特征：

(1) 一致性思维。表现为从众风气甚浓，大家总是心往一处想，这在平时可能是好事，但在决策的时候可能就是坏事了。

(2) 有倾向性地选择信息。表现为思考角度的单一和观点看法的片面。

(3) 极端化的盲目情绪。表现为盲目乐观或悲观失望，要么对成功做出过高的估计，要么在困难面前丧失自信，容易走极端。

(4) 对群体的过分自信。盲目相信自身群体的力量，忽视外界因素的影响，加强了群体的封闭性。

(5) 很强的群体凝聚力。表现为良好的人际关系和强大的向心力。

(6) 群体成员的共同性。表现为信息掌握、思考方法、价值观念、利益范围的一致。例如同样的家庭背景，同样的成长经历，毕业于同样的学校，学习了同样的专业，从事过同样的工作，等等。

詹尼斯认为，小组意识所表现出的这些特征对决策会构成极大的障碍，并可能导致重大的执行灾难。但这种“群体狂想症”并不是没有办法克服的，在对众多案例进行分析和研究的基础上，詹尼斯提出了以下一些预防措施：

(1) 决策小组的领导应鼓励成员尽可能多地提出怀疑和反对意见，在小组讨论中为意见的交锋创造良好的气氛。

(2) 领导不要一开始就说明自己倾向于哪个方案，避免由于自己的主观好恶对成员造成心理影响。

(3) 按照行政管理的要求，建立一些独立的政策计划和政策评估小组，为同一项政策服务，增强小组的开放性。

(4) 可以把决策小组再分成若干小组，由不同的人主持小组的讨论，然后把意见汇总。这样做所得出的结论会与决策小组作为一个整体所得出的结论有很大的不同。

(5) 决策小组的成员可以和信得过的组外人士交换意见，把他们的意见带到组内，避免“当局者迷”的弊端，发挥“旁观者清”的优势。

(6) 一些专家和有关方面人士可以被邀请到会，并鼓励他们向核心成员的意见提出挑战，加强决策小组的开放性。专家往往没有官场里普遍存在的权威意识。

(7) 领导者在每次会议上应暗中委派一个“魔鬼”角色。这个人的任务就是故意与大家的意见相左，成心挑刺，哪怕是“鸡蛋里挑骨头”，这样做就是为了破除追求一致所带来的消极结果，克服群体压力所引起的从众效应。

(8) 如果政策涉及一个敌对国家或组织，就要警惕情绪化的过激行为，用足够的时间去调查和分析敌对势力的迹象和意图。可采用“角色扮演”的方法，从对方的立场和观点去分析和思考问题，做到“知己知彼”。在敌对状态下，人是最容易情绪化的。

(9) 不要轻易满足于简单的一致，在成员意见完全一致后，应该再开一次会，专门提出疑问，并加以认真研究。

小组意识的理论模型见图 4-2。

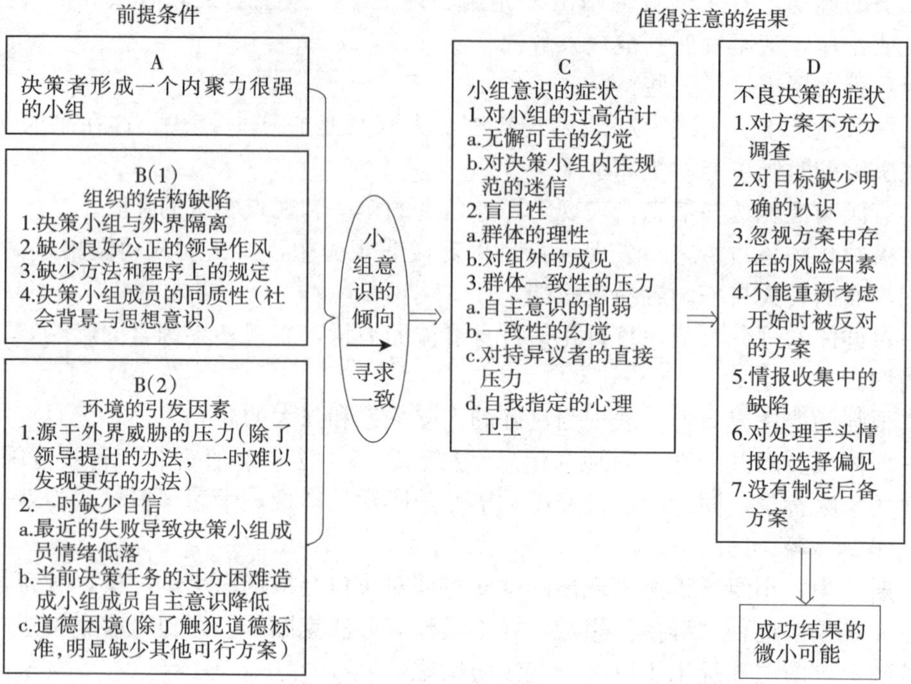

图 4-2　小组意识的理论模型

专栏

斯隆法则与波克定理

管理学家彼得·德鲁克曾经讲过一个他在美国通用汽车公司做顾问时的故事。那时，公司高层基本形成了“听不到不同意见不做决策”的决策理念。因此，开会时的激辩已成为一种司空见惯的事情。在一次公司的重要会议中，一位高管提出了一项重要建议，听上去非常好，给人印象深刻。与会者，包括当时的总裁斯隆在内，都没有提出反对的意见。然后，斯隆先生绕着圆桌逐个问道：你觉得这件事有什么不对吗？大家都说没什么不对。这时，斯隆先生说，我也认为没什么不对，那么好，我建议延后一个月再讨论这项建议，让我们每个人都有机会重新考虑一下，看看会不会有什么不同的意见。结果是一个月后这个建议被否决了。在讲完这个故事后，德鲁克感慨道：“决策并不是个人喜好的竞赛。好的决策并不是在喝彩中形成的。它源于正确的认知。而正确的认知又依赖于‘异议’。你需要给自己一个仔细思考的机会。”

美国庄臣公司总经理詹姆斯·波克提出的波克定理和斯隆的决策法则似有异曲同工之妙。波克认为：只有在争辩中，才可能诞生最好的主意和最好的决定。没有摩擦就没有火花，没有争论也就没有高论。

4.2.5 精英理论：政策是精英们的偏好

精英理论近似于英雄史观，它将公共政策视为把握统治权力的政治精英们的价值偏好。其主要观点是：在政策过程中，公众完全是被动的，他们的要求及其行动对公共政策不会产生决定作用。与之相反，占统治地位的政治精英们把握政策制定的主动权，公共政策完全由他们来决定，然后由行政官员及其机构加以执行。

精英理论是政府权力理论中的一项重要内容，它对政策分析领域具有很大的影响。托马斯·戴伊在《理解公共政策》一书中对精英理论的基本观点做了如下概括：

(1) 社会分化成掌权的少数人和无权的多数人，少数人掌握社会价值的分配权，多数人参与不了公共政策的决定。

(2) 作为统治者的少数人并非是作为被统治者的多数人的代表。精英人物主要来自经济地位较高的社会阶层。

(3) 从被统治的非精英阶层进入统治人的精英阶层，这个变化过程一定是缓慢且持续的，从而才能保持社会的稳定并避免革命的发生。在非精英阶层中，只有那些能够接受精英阶层共同观念的人才可能被允许进入统治精英的行列。

(4) 在社会制度的基本价值观和维护这一社会制度的发展方面，精英阶层表现出看法的一致性。比如在美国，精英集团在私有财产、有限政府、个人自由等所谓的大是大非问题上观点完全一致。

(5) 公共政策所反映的不是大众的要求，而是政治精英的主要价值观。公共政策的变化一定是渐进性的，而非革命性的。

(6) 精英是活跃的，公众是麻木的，二者信息严重不对称。前者对后者的影响远远大于后者对前者的影响。

精英理论对政策分析有哪些启示呢？

第一，它告诉我们公共政策不反映公众的要求，而反映精英的兴趣和偏好。因此，公共政策的变革和创新只是精英们对其价值观重新定义的结果。出于维护社会制度的需要，精英阶层怀有浓重的保守主义情结，所以，公共政策的变化必然是渐进性的，而不是革命性的。尽管公共政策经常被修改和补充，但极少会被替换和取代。渐进的变革将以现行社会制度最小牺牲和最小混乱的方式，对威胁社会系统的重大事件做出必要的反应。社会的稳定对维护社会制度发展和精英所处的地位起着至关重要的作用。精英们的价值观中可能含有很强烈的公众情结，“贵族行为理应高尚”的观念早已深深地融入他们的心中，公众福利可能是精英决策时需要考虑的一个非常重要的内容。精英理论并不认为公共政策一定要违背公众福利，只是说为公众谋取福利的责任应由精英人物承担，而不是由公众自己去承担。

第二，精英理论认为公众是被动、麻木和信息闭塞的，公众的情感往往被操纵在精英们的股掌之中，公众对精英价值观的影响微乎其微。精英与公众的沟通在很大程度上是自上而下的。因此，普选与政党竞争并不会使公众参与统治，政策问题的决定极少会通过民众选举或政党提出政策方案的形式进行。选举制和政党制这些民主制度在很大程度上只具有象征性意义，它们作为民主的符号有助于把民众牢牢地束缚在政治制度的罗网中。公民们在选举日可以行使自己的权利，在平时也有权加入他们认同的政党，他们会以为自己能够而且已经在国家政治生活中发挥着作用，而实际上这只是一种错觉。精英理论认为，公众对精英们的决策行为充其量只会有间接的、微小的影响。

第三，精英理论认为，对支撑社会制度的基础准则，精英集团有着一致的认识。也就是说，它们对基本的“游戏规则”具有共识，对社会制度的延续看法一致。社会的稳定和秩序的存在就依赖于精英集团的这种共识，它们反映了社会的基本价值观。政策方案只有与此相符才可能进入政策议程，得到决策层的认真考虑。当然，这并不意味着精英集团的成员之间不存在意见分歧，他们彼此也会为一些问题而争得面红耳赤。从历史发展情况来看，没有一个社会的精英之间不存在竞争，冲突的产生是一种必然。但是，精英理论认为，这类争论往往是围绕具体和枝节的问题，范围也比较狭小，不涉及一些根本性的问题。而且，精英之间观点一致的方面远远多于不一致的方面。所谓根本性的问题包括很多方面的内容。比如在美国，精英集团的一致性表现在立宪政府、民主程序、多数原则、言论和出版自由、组成反对党和竞选公职的自由、在社会生活中机会均等、私人财产神圣不可侵犯、个人奋斗及其回报的重要性、自由企业、资本拥有者和经济制度的合法性等方面。民众对这些民主制度的象征可能会给予一定的支持和拥护，但往往是非常形式化和表面性的，难以像精英们那样给予这种价值观一贯性的、令人信赖的支持和信任。

精英理论“少数精英操纵一切”的断言受到了多方面的批判，被认为是难以证实的观点。多元主义理论、统合主义理论、职业化理论、专家政治论、马克思主义理论都对此提出质疑。一些学者认为，许多事情包括政策制定，就是因为一少部分人太过负责了，而大多数人无法负责，更无权负责，所以才把事情搞得一团糟。

尽管精英理论引起了颇多的争议，但简单地认定其不成立也不是一种实事求是的态度。的确，大众参政议政是现代社会公共政策制定的发展趋向，也是民主制度所要追求的目标。但是，口号代替不了现实，表象总与真实存在很大的差距，如果仅以理想为标准就很难得出正确的结论。精英理论作为一种启发性方法，为政策分析提供了一条重要思路。

托马斯·戴伊认为，20 世纪 60 年代美国一些人权政策的形成过程，非常适合用来解释精英理论的实际应用。这些政策是这个国家的政治精英对影响少数民族环境的问题所做出的一种反应，而且并非是决策集团对大多数美国公众的情感所做出的反应。精英理论最关心公共政策形成过程中领导人物所发挥的作用，所以在发展中国家特别是一些带有专制色彩的政治系统中，精英理论在分析和解释公共政策制定过程时，其作用可能会远远超出其他一些政治系统。

专栏

苏格拉底与柏拉图

苏格拉底主张专家治国论，他认为各行各业，乃至国家政权都应该让经过训练、有知识和才干的人来管理，而反对以抽签选举法实行的民主。他说：管理者不是那些握有权柄、以势欺人的人，不是那些由民众选举的人，而应该是那些懂得怎样管理的人。比如，一条船，应由熟悉航海的人驾驶；纺羊毛时，妇女应管理男子，因为她们精于此道，而男子则不懂。他还说，最优秀的人是能够胜任自己工作的人。精于农耕的便是一个好农夫，精通医术的便是一个良医，精通政治的便是一个优秀的政治家。

柏拉图是苏格拉底的学生，在 20 岁时拜苏格拉底为师，跟他学习了整整 10 年，直到苏格拉底被雅典民主派处死。老师的死给了柏拉图沉重的心理打击，更加深了他对平民政体的成见。同自己的老师一样，柏拉图坚决反对民主政治，认为一个人应该做和他身份相符的事情，农民只管种田，手工业者只管做工，商人只管做生意，平民不能参与国家大事。他说，我们做一双鞋子还要找一个手艺好的人，生了病还要请一位良医，而治理国家这样的大事却随便交给什么人，这岂不荒唐透顶？

4.2.6　制度理论：政策是组织的产物

制度理论起源于传统的政治学。因为政治活动往往是围绕一些特定的政府制度展开的，所以传统政治学一直对政府制度给予极大的关注。但是，其研究焦点通常只是一些特定的政府机构，对它们的结构、职能、权力、责任、方法、程序等进行描述，并没有对政府制度的政策结果进行系统的考察，忽视了政府制度与公共政策之间的内在联系。尽管如此，传统政治学仍为现代制度理论和制度分析方法的形成奠定了理论和实践基础。

制度理论认为，公共政策与政府制度之间的关系是非常紧密的，政府制度是公共政策的母体，它在公共政策的整个生命周期都发生着决定性的影响。也就是说，不同的政府制度会导致不同的政策输出，公共政策是政府制度的产物。

政府制度赋予了公共政策三个明显的特征：

一是公共政策的合法性。只有公共政策才表现为法律的规定，要求公众与团体予以服从。尽管人们也可以把其他一些社会组织的政策视为非常重要或具有约束力，但从法律角度来看，它们与公共政策绝不可同日而语。

二是公共政策的普遍性。公共政策的触角深入到了社会的各个层面和社会中的每一个人，而其他一些社会组织的政策与公共政策相比，其目标群体是非常有限的。

三是公共政策的强迫性。只有政府才有权关押其政策的反对者，它以武力为后盾，独享社会的强制权，而其他一些社会组织所能实施的惩罚是难以与政府的这种力量相比的。

政府制度实际上是个人和团体行为的结构性模式，我们在这里使用“结构性”一词主要是指这些行为模式所具有的持久性特征。这些相对固化的行为模式对公共政策内容的影响主要表现在这样几个方面：

（1）它们可能有利于某些政策的形成与实施，不利于另一些政策的形成与实施。

（2）它们可能对社会上的某些利益需求提供便利，对另一些利益需求起抑制作用。

（3）它们可能为某些个人和团体提供接近政府权力的便利，为另一些个人和团体设置接近政府权力的障碍。

制度研究侧重于政府机构中那些涉及政策过程的组织和政治行为人的行为方式。政府就像一部机器，这部机器由不同的齿轮和杠杆组成，它有固化的结构（如科层制）、约定俗成的工作习惯（工作俗套）、规律性的运行方式、程序化的工作过程等。毫无疑问，机器自身内在的结构性特征对其产品有着决定性的影响。同理，具有不同制度特征的政府所输出的政策一定会有显著的差别。制度理论视公共政策为政府制度运行的结果。

理性模型断言，重大事件总有重大起因，没有无目的的行动。它视政府为一个整体，犹如单独耸立的一块巨石，其所付诸的行动都是出于某些方面的原因，政策分析就是要探究这些原因。然而，理性模型所讲的目标与行动的结合，不得不面对政府机器这一不可回避的方面。这需要明确以下几点：

（1）政策过程涉及政府中的许多部门，它们的行为规律存在明显的差异，集中表现为日常的工作惯例和俗套。

（2）政策过程中大的行动是无数次和经常性的、小的行动的汇集或结果，政府机构中处于不同层级的部门和个人扮演了这些小的行动的主要角色（尤其是在政策的体制内运作中，这些小的行动对政策形成有着重要的影响）。

（3）政府中的不同部门和个人为一项政策提供多样化服务，他们只是在国家目标、政治目标、组织目标这些富有概念特征的领域部分地一致罢了。

现代组织理论的发展为制度分析提供了理论上的依据，制度模型逐渐成为政策分析的主要方法，代表了当前政策分析的最新动态和研究走向。就古巴导弹危机这个典型的政策事件而言，如果政策分析人员能够明确界定苏联政府有关机构的行为模式等制度方面的特征，他们实际上就已经解释了苏联在古巴导弹危机中的反应，回答了“苏联为什么会把导弹放在古巴”这样一个令人十分头痛的政策问题。制度分析不同于理性分析，不认为某种原因必导致某种行动，而认为具有某种制度特征的组织必会做出某种行动的选择。

专栏

组织过程模型

哈佛大学肯尼迪政府学院院长格雷厄姆·阿利森（Graham T. Allison）教授在《决策的本质：解释古巴导弹危机》（*Essence of Decision: Explaining the Cuban Missile Crisis*）一书中以独特的视角审视了冷战时期的关键事件，鲜活地展现了重压之下的政府决策过程，并尝试解决一个经久不衰的问题：人们如何理解政府的举动？阿利森给出了三种解释模型：理性决策模型、组织过程模型、官僚政治模型。

其中的组织过程模型集中于决策组织运作过程的研究，拓展了制度理论的研究视野。这个模型认为，决策是按照其标准的运作程序完成的。输入决策系统的信息被分解为不同的门类，在不同的层次上由专门组织进行加工整理，这个加工整理过程是按照预置的决策程序运行的。由于标准运作程序可能是有逻辑和明确的，所以谁也无法保证它所产生的决策是国家利益的体现。

4.2.7 博弈理论：政策是竞争环境中进行的理性选择

博弈理论研究的是在特定情况下如何进行理性决策的问题。这种特定情况是指两个或两个以上的参与者，他们彼此存在利害关系，其中每个人的选择都会对他人的决定产生影响，最终的结果依赖于所有参与者的选择。在政策制定过程中也会出现类似的情况，当孤立的最优选择不存在，只能根据他人的选择做出自己最佳的决定时，博弈理论就能派上用场了。

博弈的理念源于互为因果、相互关联的选择。它的每个参加者不仅要考虑自己的需要和能力，而且还要对他人的预期行为做出判断，然后调整自己的决定。“博弈”这个词有游戏的含义，看似难以应用到严肃的场合，但事实恰恰相反，博弈的技巧可以用来处理重大的政策问题。博弈的参与者可以是个人，也可以是组织或政府，只要他们能够以明确的目标为导向实施理性的行动。

博弈理论并不描述人们实际上如何进行决策，而是解释理性的人在竞争状态下会怎样去考虑决策。博弈理论是一种理性的模型，它更多地适用于竞争环境。一般而言，在竞争环境中，自己的选择往往依赖于对手的选择。比如下围棋，你在头脑中考虑的招法是好是坏，要依赖于对手的招法。博弈理论所要告诉我们的就是在考虑了对手所有选择的基础上，做出自己最理性的选择。

博弈规则描述了适用于所有参与者的多种选择，这些选择通常用数学上的矩阵来表述。最简单的形式被称为二阶矩阵，即只有两个参与者，而且每人仅有两种选择（见图 4-3)。

		参与者甲	
		方案 A	方案 B
参与者乙	方案 A	甲：结果 乙：结果	甲：结果 乙：结果
	方案 B	甲：结果 乙：结果	甲：结果 乙：结果

图 4-3　博弈的二阶矩阵

二阶矩阵会有四种可能的结果，通常矩阵的一个小方框用来表示一种结果。当然，每种结果都依赖于双方的选择。在博弈理论中，这些结果代表着不同的价值回报，往往通过赋值来加以表现。因为两个参与者对结果会有不同的评价，所以在矩阵的每个方框内都有两个值。下面用年轻人进行公路挑战的游戏来形象地解释一下博弈理论中的二人博弈。

有两个毛头小伙在公路上高速驾车且相向而行，每辆车都有一侧的车轮压在公路中央的分道线上，如果两个人都照直开，他们肯定会撞在一起，但是谁打轮转向，就会被视为懦夫，因而会在这场博弈中失败。尽管两个人都不想被撞死，但谁也不愿低头认栽。最终结果依赖于双方的选择，每个人都必须试着预测对方将要做什么。公路挑战博弈矩阵见图 4-4。这种边缘性对策的情况在国际关系问题上也经常会发生。

		参与者甲	
		直行	转向
参与者乙	直行	甲：−10 乙：−10	甲：−5 乙：+5
	转向	甲：+5 乙：−5	甲：−1 乙：−1

图 4-4　公路挑战的博弈矩阵

对结果进行量化在博弈分析中是非常必要的，而数值的提供往往是分析人员的工作。如果车手甲和乙都选择直行的话，双方都会有惨重的结局，所以分值都是－10；如果车手甲选择直行而车手乙选择转向，车手甲就会因其勇气获得＋5 分，而车手乙也会因其懦弱获得－5分；如果车手甲选择转向而车手乙选择直行，则结果正好相反；如果两个人都选择转向，那么就都同样表现出了一定的胆怯，尽管如此，这种选择总要比自己转向而别人直行要强得多，所以分值都是－1。

通过分析上列矩阵我们可以得出这样的结论：对两位车手来说，为了能够使造成个人最大损失（－10 分）的可能性最小化，转向是他们的理性选择。当然，上列矩阵太过简单，现实生活可能并非如此。假设参与者对结果的赋值与上列数值具有很大差异，那么分析的结论就难以成立。比如，在公路挑战的博弈中，车手甲宁可以生命为代价也不愿首先打轮而表现出自己的怯懦，因为他更看重个人的尊严和无所畏惧的勇气。至于值不值得，那就得依赖他个人的判断了。尽管竞争双方都没有自己对手价值观的完整信息，但他们都会试图对自己对手的价值观做出一些预测。而出于吓唬一下对手使其误解自己立场的目的，故意制造一些假象的情况在博弈环境中也是经常出现的。比如，在公路挑战的博弈中，一个可供选择的策略就是在竞赛开始之前让对手见到你“喝得醉醺醺”的样子，踉踉跄跄地走进你的车里，嘴里嘟嘟囔囔地说着“这个腐朽的世界已经让我活够了”之类的话。这种信息的传递可能会极大地影响你的对手的判断及抉择。他可能会更高地估计你一直保持直行的可能性，并对他做出转向的选择提供某种程度的激励，从而使你有更大的可能成为这次竞争的赢家。

在博弈理论中还有一个非常关键的概念——策略。它所对应的是这样一种理性决策的情境，即在考虑了对手所有的可能性选择之后，设计一组行动并使之达到最优的结果。博弈理论者借用了这样一个词——“最小最大化”来阐述理性策略的实质性内涵，对博弈的参与者而言，无论对手怎样去做，自己的选择都将使自己最大的损失最小化或最小的收益最大化。“最小最大化”的理性策略能够有效地抑制对手最佳选择给自己造成的伤害。它也许会被认为是一种非常保守的策略，因为它所设计的行为只是为了减少损失或确保最低限度的收益而不是为获取最大利益去冒很大的风险。但是，绝大多数的博弈理论者都把“最小最大化”视为最佳的理性策略（在公路挑战的博弈中，理性的人一定会选择转向，因为这种选择会把他最大的损失降至最小。当然，在这里为了分析的方便，简化和省略了其他一些环境因素）。

另一个有趣的例子就是著名的“囚徒困境”。假设两个同案犯都被抓进了监狱，他们被分别囚禁、分别审理。法官认定这两个人都犯了罪，但如果两个人都不坦白，法官没有充分证据定他们的罪，只能根据一些次要证据判处每人 5 年监禁；如果两个人都坦白，他们就会受到从宽惩处，每人被判 10 年监禁；如果一个人坦白而另一个人不坦白，坦白者将功折罪，从轻发落，处以 1 年监禁，不坦白的人将被处以所犯罪行的最高刑罚——20 年监禁。其博弈矩阵见图 4－5。

		犯人甲	
		不坦白	坦白
犯人乙	不坦白	甲：5 年 乙：5 年	甲：1 年 乙：20 年
	坦白	甲：20 年 乙：1 年	甲：10 年 乙：10 年

图 4－5　囚徒困境的博弈矩阵

现在的问题是，这两名囚犯被分别审讯，他们都知道以上的量刑标准，但他们又被隔离囚禁，都不知道对方将做何选择，他们应该怎样选择自己的对策呢？犯人甲和犯人乙都会考虑对方做出选择之后自己的最佳选择。对于犯人甲而言，如果犯人乙选择不坦白，犯人甲的最佳选择是坦白，因为他坦白后所受的惩罚轻于不坦白所受的惩罚，即监禁 1 年轻于监禁 5 年；如果犯人乙选择坦白，犯人甲的最佳选择仍是坦白，因为监禁 10 年轻于监禁 20 年。这样，无论犯人乙做出什么选择，犯人甲都会选择坦白。同理，犯人乙所做出的最佳选择也是坦白。那么，两人所受到的惩罚都是监禁 10 年。但实际上，如果两个人都不坦白，他们将得到一个对两个人都有利的判罚（监禁 5 年），但由于两人都害怕对方的坦白会使自己获罪 20 年，因而不愿选择不坦白。在竞争状态下，因为人是理性的，所以两个人都选择不坦白而各获罪 5 年的结果是无法达到的。这就是囚徒困境。

博弈理论确实大大开阔了我们的视野，为政策分析提供了一个有趣的思路，特别是在冲突情境下进行政策选择时，它所发挥的作用更为明显。就目前情况而言，博弈理论在政策领域的影响正在逐渐加大。

专栏

“智猪博弈”

博弈论里有一个非常有名的博弈模型，叫“智猪博弈”。它是由约翰·纳什（John F. Nash）在 1950 年提出的。假设笼子里有两只猪，一只大，一只小。笼子很长，一头有一个踏板，另一头是饲料的出口和食槽。每踩一下踏板，在远离踏板的猪圈的另一边的投食口就会落下少量的食物。如果有一只猪去踩踏板，另一只猪就有机会抢先吃到另一边落下的食物。当小猪踩动踏板时，大猪会在小猪跑到食槽之前几乎吃光所有的食物；若是大猪踩动了踏板，则还有机会争吃到小猪还没来得及吃完的食物。

如果定量来看，踩一下踏板，将有相当于 10 个单位的猪食流进食槽，但是踩完踏板之后跑到食槽所需要付出的“劳动”，要消耗相当于 2 个单位的猪食。

如果两只猪同时踩踏板，再一起跑到食槽吃，大猪吃到 7 个单位，小猪吃到 3 个单位，减去劳动耗费各自 2 个单位，大猪净得 5 个单位，小猪净得 1 个单位。

如果大猪踩踏板，小猪等着先吃，大猪再赶过去吃，大猪吃到 6 个单位，去掉踩踏板的劳动耗费 2 个单位净得 4 个单位，小猪也吃到 4 个单位。

如果小猪踩踏板，大猪等着先吃，大猪吃到 9 个单位，小猪吃到 1 个单位，再减去踩踏板的劳动耗费，小猪是净亏损 1 个单位。

如果大家都等待，结果是谁都吃不到。可以得出结论，唯一解是大猪踩踏板，小猪等待。

我们把这个博弈用矩阵的形式表达，见下图：

		小猪：行动	小猪：等待
大猪	行动	大猪：5 小猪：1	大猪：4 小猪：4
	等待	大猪：9 小猪：－1	大猪：0 小猪：0

（1）在矩阵的左上角，大猪踩踏板，小猪也踩踏板，大猪、小猪各得到 5 个单位食物和 1 个单位食物；

（2）在矩阵的左下角，大猪等待，小猪踩踏板，大猪、小猪各得到 9 个单位食物和－1个单位食物；

（3）在矩阵的右上角，大猪踩踏板，小猪等待，大猪、小猪都各得到 4 个单位食物；

（4）在矩阵的右下角，大猪、小猪等待，大猪、小猪都得不到食物。

那么，两只猪各会采取什么策略呢？答案可能出乎意料：小猪将选择“搭便车”策略，也就是说，它会舒舒服服地等在食槽边；而大猪则为了食物不知疲倦地奔忙于踏板和食槽之间。原因何在呢？

因为，小猪踩踏板将一无所获，不踩踏板反而能吃上食物。对小猪而言，无论大猪是否踩动踏板，它自己不踩踏板总是好的选择。反观大猪，已明知小猪是不会去踩动踏板的，自己亲自去踩踏板总比不踩强吧，所以只好亲力亲为了。

如果采用定量分析的方法，根据矩阵，“等待”是小猪的优势策略，“踩踏板”是小猪的劣势策略。先把小猪的劣势策略消去，再来看大猪的策略。由于小猪有“等待”这个优势策略，大猪只剩下了两个选择：等待 1 份不得；踩踏板得到 4 份。所以“等待”就变成了大猪的劣势策略。把它也删去，就分析出相同的结局：大猪来回在猪槽的两端奔波，小猪则坐享其成。

“智猪博弈”的结论似乎是，在一个双方公平、公正、合理和共享竞争的环境中，有时占优势的一方最终得到的结果却有悖于其初始理性。这种情况也常常发生在现实生活中。

4.2.8 团体理论：政策是团体利益的平衡

政策分析的团体理论源于政治学对组织问题的思考，其认为所有政治现象都可以归结为团体现象。团体是个体的集合，是有着共同利益需要或理想追求的一些个人正式或非正式的联合形式。不同的团体有着不同的要求，来自不同团体的不同要求都聚敛于政府，从而对其形成不同程度的压力。

利益团体是指社会中有着共同观点和看法并有权力对其他团体提出要求的社会团体。当这个团体通过政府机构或向政府机构提出其要求时，它就从社会性利益团体变成政治性利益团体。社会中的个人只有在成为团体成员并为团体利益进行活动时才能够在政治生活中发挥其作用。在政府与个人之间，团体成为不可或缺的纽带。团体之间的互动是政治生活的核心，政治实际上就是各团体为影响公共政策所进行的相互斗争。政治体系最根本的使命就是通过以下途径调和团体之间的冲突：

（1）建立团体斗争的游戏规则并充任裁判（角色）。

（2）平衡各方利益，力求彼此妥协（目标）。

（3）以公共政策的形式出台折中办法（途径）。

（4）以各种手段推动政策的实施（方法）。

团体理论认为，公共政策实际上是团体斗争中相互妥协的结果，是不同利益集团之间的一种平衡产物。制约这种平衡的力量来自不同利益团体的相互影响。毫无疑问，公共政策往往更倾向于影响力较大的利益团体，公共政策的相对稳定依赖于团体斗争平衡状态的持续。一旦这种状态被破坏，公共政策就会起变化，待到新的平衡形成，新的政策随之出现。任何利益团体政治影响力的减弱或增强都会延伸到政策的制定领域，从而导致公共政策程度不同的变化。其变化的方向无疑更靠近力量增强的团体的要求，远离力量减弱的团体的要求，从而在新的基础上达到平衡。

团体对公共政策的影响力由其成员的数量、财力的状况、团体的实力、领导者的能力、团体的凝聚力以及与政府决策层的关系等因素来决定。

团体理论试图以团体斗争的分析框架解释所有重要的政治活动。公共政策只是利益团体斗争结果的合法化表现形式，政策制定者的任务就是对团体的压力不断地做出反应，即通过讨价还价、相互妥协、折中调解等形式寻求利益群体间冲突性要求的平衡。政治家的作用实际上主要体现在团体联盟的建立方面，他们总是在试图联系更多的团体以形成多数的力量。

团体理论认为，政治体系本身实质上是所有社会团体的互动体系，这种体系的平衡依赖于几种重要力量的支撑。

第一，社会上存在一个非常庞大的、极为普遍的、潜在的社会团体，它拥护和支持国家的宪法体系和维护社会稳定的运行机制。这种团体并不总是显现的，而一旦有任何团体破坏“游戏规则”，威胁团体间的平衡，这种潜在的力量就会被激活。它会奋起反击，从而对破坏势力形成巨大的压力。

第二，团体间成员资格的相互重叠会使任何孤立的团体难以偏离社会的基础价值观，从而对平衡的维系发挥了至关重要的作用。正因为社会中有许多人既是这个团体的成员又是那个团体的成员，所以一个团体在提出自己的利益要求时就必须考虑避免对这些人的利益造成伤害。这样一来，团体间的矛盾与冲突就会在一定程度上得到缓解。

第三，团体之间的竞争能够使任何单个团体的势力得到有效的控制，并使所有团体能够在相对基础上做到势均力敌，形成相互制约的局面，以维护社会的稳定和体系的平衡。团体理论认为，在一个社会中应避免任何单个团体在人数上形成压倒优势，这主要是出于利益平衡的考虑。每个团体的力量都会受到其他竞争团体的制约，其结果不仅有利于保护团体的利益而且有利于保护个人的权利。

当然，团体理论也有其缺陷。它在把注意力集中于政策制定过程中那些重要的能动因素的同时，似乎过分夸大了团体在社会政治生活中所发挥的作用，而低估了政策制定者（政府官员）在政治过程中所具有的独立的且富有创造性的作用。事实上，政府部门及其成员并非总是处于被动的地位，并非只需要对不同团体的利益需求做出反应。许多社会团体实际上是公共政策的产物，没有公共政策的出台，它们就不可能存在。尽管团体理论对政策分析有着重要的启发性意义，但是我们在解释公共政策问题时绝不能忽略政治生活中其他重要因素的影响。团体理论模型见图 4-6。

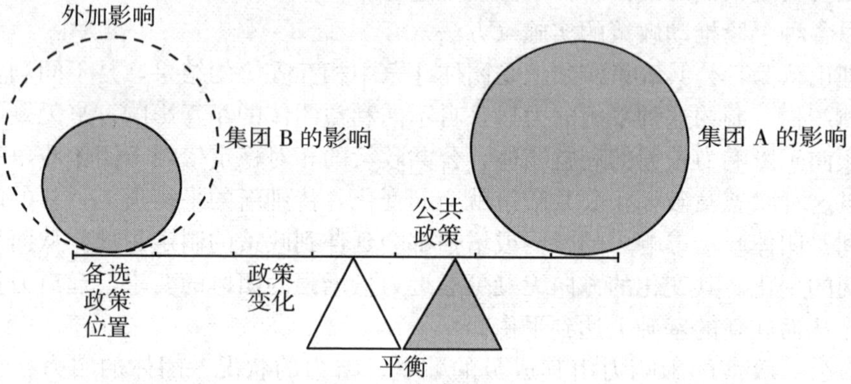

图 4-6　团体理论模型

在结束团体理论的评价时，再讲一个发人深省的寓言，叫作"羚羊与狮子"。

在非洲的大草原上有一条河流，它将草原分成了东西两部分，河东住着一群狮子，河西住着一群羚羊。河东的狮子很强壮，不久就将河东的猎物吃得所剩无几，这使得河东的草长得非常茂盛。河西的羚羊繁殖得也很快，群体一天天壮大起来，它们把河西的草几乎吃得精光。共同的饥饿感常常使得双方来到河边相互对望，东面的狮子望着西面的羚羊禁不住流出了口水，希望有机会能够冲过去饱餐一顿；西面的羚羊望着东面的水草羡慕得不得了，希望有一天也能冲过河去满足愿望。然而，那湍急的河水使它们都无可奈何。于是，双方不约而同地产生了共同的期盼：盼望河水早日干涸。强烈的愿望使它们常常走到河边共同祈祷，祈求天神将河水抽干。共同的期盼使它们逐渐变得亲近起来，通过不断的接触和友好的对话，它们成为同一战壕里的战友，为共同的目标竭尽全力地祷告。后来有一天，这条河真的干了。羚羊很高兴，狮子也很高兴。然而，正当羚羊准备和狮子一起庆祝这件特大喜事时，饥饿的狮子早已迫不及待地踏着泥泞冲了过来，瞬间便将羚羊捕杀。

不要以为有着共同的愿望就一定是志同道合的朋友，不要以为有着同样的举动就证明在致力于共同的事业。形式目标（或称初级目标或手段性目标）与实质目标有着本质性的差异。同样的形式目标不一定代表共同的利益或需要，它可能导致多种不同的实质目标，这里存在一个价值判断和事实判断的问题。正因为如此，我们在现实生活中不难发现政治联盟中常会有寓言"羚羊与狮子"中的悲剧发生。

4.2.9　系统理论：政策是政治系统的输出

政策分析的系统理论源于分析政治系统的方法研究，它把公共政策视为政治系统对外界环境压力所做出的反应。所谓环境是指政治系统的外部条件与状况；所谓压力是指环境作用于政治系统的要求与支持；所谓政治系统是指对社会价值分配具有权威作用的相关机构和运行过程。系统理论模型见图 4－7。

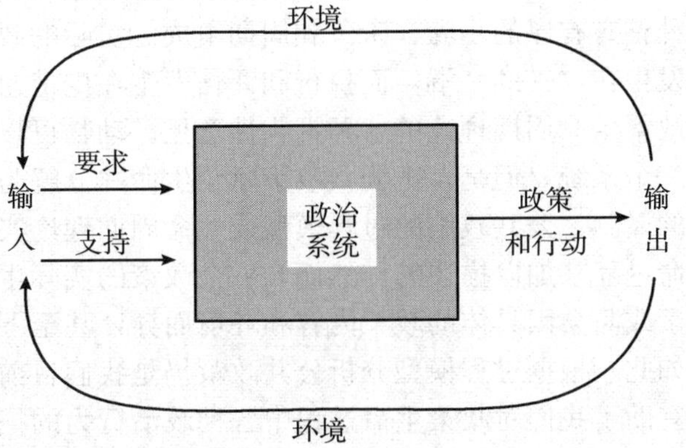

图 4－7　系统理论模型

系统理论认为，公共政策的输出是政治系统与其外部环境互动的结果，要求与支持的输入是社会团体与个人试图影响公共政策的表现。当公众发现社会环境中存在的问题并感到需要为此做点什么的时候，要求就会出现。当公众接受选举结果、遵守国家法律、依法缴纳税款、服从政府决定时，支持就会形成。政治系统为了自身的生存与发展必然会对环境的压力做出反应，而源于公众的要求常常是复杂多变和相互冲突的。为了把这些要求转变为公共政策，政治系统就需要做出制度上的安排并通过有关机构和活动强化这种安排。政策输出可能会起到缓解环境影响、弱化公众要求和影响政治系统内在特征的作用。政治系统与其外部环境之间的互动是一个反复循环的过程，政策输出会引起公众要求的变化，而新要求的不断提出会使新的政策不断出台。政治系统可以通过下列途径保护自身利益，维持系统生存：（1）政策输出满足环境需求，符合公众利益；（2）加强系统自身建设，完善内部机制；（3）以武力为威慑或直接使用武力。

系统理论对政策分析的启发性作用表现在下列问题的提出：（1）什么样的环境条件促成其对政治系统的压力？（2）什么样的系统特征能使政治系统得以将要求转化为政策并维持系统的长久生存？（3）环境的压力怎样影响政治系统的特征？（4）政治系统的特征怎样影响公共政策的内容？（5）环境的压力怎样影响公共政策的内容？（6）公共政策怎样通过反馈作用于环境并影响政治系统的特征？

系统理论对现实政治生活进行了高度的概括，从宏观角度对政策过程进行了分析，它在政策分析领域无疑具有十分重要的理论指导意义。但是，系统理论对政治系统这一“黑箱”缺少针对性的分析，没有能够很好地解释政策决定的具体形成过程，因而使它在政策实践中的应用受到很大的限制。

4.2.10　过程模型：政策是一个动态过程

政策的过程模型也被称为政策生命周期理论，它试图通过阶段性的描述，对政策进行程式化的分析。

过程模型一直是理解和研究公共政策的基础架构。尽管在政策科学领域对此一直存有许多疑虑，但并没有动摇阶段分析方法在政策过程分析中的主导地位。

当然，这种阶段的模型或教科书式的方法并不是没有争议，一些对此持批判态度的理论家认为，这种方法只是创造了一种人为的政策制定观。他们强调，真实的世界是极为复杂的，不可能是由这种整齐有序的步骤、阶段和周期组成。实际的政策过程并不是传送机上的皮带，议程建立发生在皮带的一端，而执行和评估发生在皮带的另一端。

我们应该关注对政策生命周期理论的这种批判性意见。动物可以有一个生命周期，活的物体也可以被视为一个系统，但是，把公共政策赋予生命并分解为如此简化的阶段在方法论上肯定存在一定的漏洞。公共政策的过程模型或生命周期理论实际上是把政策过程视为一种政治行为的生命过程来加以描述的。然而，一个政策的实际生命过程，不一定会与下述过程相吻合，或繁或简会因具体的政策内容和环境而异，甚至下述的逻辑程序也会发生很大的变化。尽管如此，根据过程模型分析公共政策仍是我们目前所要坚持的方法。因为政策生命周期理论有助于我们对政策生命过程中各种政治行为的把握，为政策制定与执行提供了一个科学的分析框架。政策过程理论模型见图 4-8。

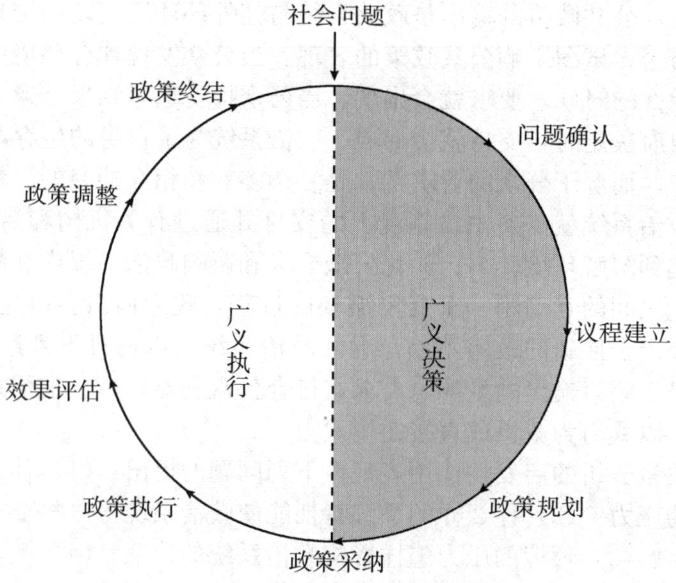

图 4-8　政策过程理论模型

公共政策过程大致包括以下几个环节：

（1）社会问题。社会问题（social problem）是指社会关系失调，影响大部分人的生活，破坏社会正常秩序，妨碍社会协调发展的一些社会现象。它不仅是一种客观存在，而且是一种主观认定，是被人感知和察觉到的状况，是社会实际状态与社会期望之间的差距。

（2）问题确认。问题确认是指发现问题内涵和界限，确定问题特征和性质，把握问题深度和广度，分析问题严重性和关联性，寻找进入政府政策议程的途径，寻求问题解决方法的过程。

（3）议程建立。政策没有能力解决所有的社会问题。社会问题只有在进入政策视野和政府议程的情况下，才会转化为政策问题。建立政策议程是政府部门一项经常性的工作，是解决社会问题非常关键的环节。

（4）政策规划。政策规划是指策划、设计、评估和选择政策方案的过程。其主要类型有单一和多元两种形式，前者主要指体制内运作，后者主要指体制外运作。

（5）政策采纳。政策采纳是指在政策制定系统中，决策者根据一定标准、方法、程序和规则决定采取何种政策方案的抉择行动。决策不仅是政策采纳最为关键的环节，同时也是政策采纳最为典型的特征。政策采纳实际上是一种政治行为，通过采纳过程，政策就具有了合法性特征，带有公共权威的影响力。

（6）政策执行。政策执行是指政策方案的实施过程，特点是从纸上谈兵到实际用兵。有很多事往往说起来容易，做起来难，执行不是一件容易的事。执行涉及目标分解、资源配置、机构建立、人员组合、制度安排、技术利用等多项工作。

（7）效果评估。预期和现实总会有差距。由于主观的认知局限和客观的复杂多变，不会总是事遂人愿，经常会事与愿违。通过政策评估，可以分析政策的价值，把握政策的方向。

（8）政策调整。通过信息反馈和效果评估，会发现一些政策制定的漏洞和执行中新出现的问题，需要对政策内容做出必要的调整。应该说，政策不可一锤定音，更不能一劳永逸，政策只有不断调整才可逐渐完善。

（9）政策终结。通过评估会发现一些不合时宜的或已完成使命的政策，如果不能及时终结，不仅会浪费宝贵的政策资源，而且还可能贻误解决问题的时机。

政策的生命过程一般可以被划分为广义决策与广义执行两大部分。广义决策包括社会问题、问题确认、议程建立、政策规划和政策采纳，广义执行包括政策执行、效果评估、政策调整和政策终结。

4.3　政策分析的相关理论

4.3.1　混合扫描理论

社会学家阿米泰·埃茨伊奥尼（Amitai Etzioni）认为完全理性理论和渐进主义理论都存在不足。比如，渐进主义决策大多反映了社会上最有权势的组织集团的利益，而忽视了政治上处于无组织状态的弱势群体的利益。而且像那些重大的或基础性的决策，比如说对外宣战，就不适用渐进主义。尽管这样的决策为数不多，但它们不仅非常重要并且常常要为渐进主义决策提供背景。

在合并基础性决策和渐进性决策的基础上，埃茨伊奥尼提出了混合扫描的决策方法，强调一种“更好的次序，即基础性决策程序设定基本方向……渐进性决策为基础性决策做准备并在基础性决策达成以后对其加以实施”。对此，他还做出了如下阐述：

> 假设我们要利用气象卫星来建立一个全球气象观察系统的话，理性方法会利用一

> 个先进的卫星探测镜头尽可能经常地、反复地观察整个天空，这是一项耗费巨大的气象调查，将会导致细节信息堆积如山，分析成本加大，并且很可能会超出行动的能力限度。渐进主义则集中关注那些最近发生相似情况的地区或其周围区域。当然，如果这些信息产生于意料之外的地区，那么许多值得关注的信息就会被遗漏。
>
> 混合扫描理论汲取二者的优点，运用两个卫星探测镜头：一个广角镜头全方位覆盖天空中的各个部分，但不要求细节。另外一个镜头锁住那些需要细致观察的地区。尽管混合扫描可能会漏掉某些只有运用细致观测才能发现问题的地区，但是相比渐进理论，它不会忽略在不熟悉的地区存在的明显问题。①

混合扫描理论有助于决策者在不同场合综合运用完全理性理论和渐进主义理论。当然，在某些情况下，用渐进主义理论就可以了，而在其他一些情况下，则需要一种符合完全理性理论要求的更彻底的方法。混合扫描理论同时也考虑到了决策者的能力大小。决策者运用权力执行决策的能力越大，就越能进行更多的扫描活动。扫描的范围越大，决策的有效性也就越强。

混合扫描方法经常为政府部门所采用。比如，经济顾问委员会分析国家经济形势，提醒决策者关注可能遇到的问题或失败的威胁，并针对经济的发展和稳定提出具体的政策建议。如此，经济顾问委员会既关注经济总体运行又关注出现的具体问题。既进行了全面扫描又聚焦于个别物体。由此可见，混合扫描理论试图将理性主义和渐进主义二者相互结合，取其所长，弃其所短。

4.3.2 批判性理论

政策学家科林德里奇的《批判性决策：一种社会选择的新理论》一书在 1982 年出版。在此书中，他提出并解释了批判性理论的思维框架。他认为，规范性政策理论的研究焦点历来集中于讨论如何对一项政策进行辨明或辩护，即通过各种方法对这项政策的正确性加以证实。而实际上这样的辨明是徒劳的，是不可能有任何效果的。原因是：(1) 价值选择是难以确定标准的，其正确与否是无法进行评判的。(2) 受主客观条件的制约，不可能全面且准确地掌握有关的决策信息，因而人们既无法穷尽所有的备选方案，也不可能预测每种方案全部的可能性结果。

因此，辨明性理论有着极其有限的适用场合，即价值标准是既定的且得到公认，备选方案极为有限且执行结果不难预料。但对于绝大多数决策活动而言，这种理论是没有用武之地的。科林德里奇在否定规范性政策理论的同时提出了他的证伪主义框架。他是在借鉴卡尔·波普尔的哲学观点的基础上提出这一理论模型的。

波普尔的哲学观点既反对辨明主义或证实主义，也反对非理性主义或怀疑论。辨明主义亦称绝对无误论，它认为科学知识所提供的内容是确实可靠的，是经得起证明的。而波普尔不这样看，他视无误论者的认识为天真的幻想。他认为任何科学的主张都不是无可挑剔的，都不是容易证实的。而怀疑论者对一切都持怀疑态度，从绝对意义上否定科学知识

---

① ETZIONI A. Mixed scanning: a "third" approach to decision-making. Public administration review, December 1967: 389.

的可靠性，认为没有任何理由和证据可以证明某种科学主张比其他的主张更好。波普尔对怀疑论更是不屑一顾，他认为人们已经发现了能够把合理的科学主张同各种形式的迷信加以区别的有效途径，这就是可证伪性。他指出，科学的发展表现为知识的增长，而知识增长的过程就是理论不断扬弃的过程，旧的理论不断受到责难和批判，人们找出它的不足，发现它的错误，在此基础上才会有更好的理论产生。因此，波普尔的观点被称为证伪主义和批判主义，或称可误论。

科林德里奇受波普尔哲学观点的启发，认为政策制定的过程也像科学探索一样，虽然无法证实某项政策方案绝对正确，但这并不等于说我们就无法证实它比另一项政策方案更好。一般而言，越经得起批判的政策就越好，越经不起批判的政策就越差。因此，在政策制定的过程中，正确的途径不是去寻找那些可以被完全证实且正确无误的政策方案，而是去寻找那些错误和缺陷尽可能少且可以很快克服与改进并无须花费过多代价的决策方案。

科林德里奇的批判性理论对政策分析的主导性理论提出了挑战，其反向思维的认识方法具有鲜明的特征。尽管这种批判性观点也同样受到来自各方面的批评，但是，它对政策分析的启发性作用是不容忽视的。

专栏

黑天鹅与可证伪性

在 18 世纪欧洲人发现大洋洲之前，由于他们所见过的天鹅都是白色的，所以在当时的欧洲人眼中，天鹅只有白色的品种。直到欧洲人发现了大洋洲，看到当地的黑天鹅后，人们认识天鹅的视野才得以打开，只需一个黑天鹅的观察结果就能使从无数次对白天鹅的观察中推理出的一般结论失效，引起了人们对认知的反思——以往认为对的不等于以后总是对的。“黑天鹅”隐喻那些意外，它们在通常的预期之外。这种隐喻的流行使“可证伪性”这个词日渐时髦。如果一个主张是可证伪的，则至少在理论上存在一种观测的方法（即使实际上没有进行这项观测也无妨），来表明这个主张不符合重言式的标准（这个主张不总是真的）。对某种描述进行观测的逻辑前提是它描述的事物是存在的。例如，“所有的乌鸦都是黑色的”这个主张可以被“存在白色乌鸦”的观测证伪，虽然这个观测并不一定会发生。一个可证伪的命题必须定义某些被禁止的情形。例如，在这个例子中，“所有的乌鸦都是黑色的”这个主张禁止了“白乌鸦”的存在。由于理论上可能存在“观测到白色乌鸦”这个反例，所以“所有的乌鸦都是黑色的”这个主张是可证伪的。

4.3.3　实验性理论

1975 年，美国著名的思想库——布鲁金斯学会组织了一次有关政策实验方面的研讨会。与会的专家、学者在其后发表了一系列论文，内容涉及教育、税收、工资等方面的政策实验。他们普遍认为，囿于政府决策的高度不确定性，所以在政策正式出台之前应进行慎重的社会实验或搞小范围的试点，以减少决策中的无知，避免执行中的缺陷，并预防一些意想不到的后果。

政策实验主义论者认为，政府的政策制定往往是在对预期结果没有充分把握下进行的。考察一下那些曾被政府采纳并颁布实施的政策，人们就不难发现，如果能在事前对结果做出正确估计，这些政策无疑会在出台之前就已经被否决；再考察一下那些曾在事前就已经被否决了的备选方案，如果能在事前对后果有更深入了解的话，这些方案很可能是应该被采纳的。公共政策的制定不是一场游戏，政府不能拿全民做实验，拿公众开玩笑，这样做的社会代价实在太大，谁都难以承受。因此，进行可控制的实验或小范围的试点不仅是合理的，也是必要的。

一些学者对政策实验性理论提出了批判，主要有以下几个观点：

(1) 不可能对所有重大的决策都进行实验或试点，比如外交领域的决策就不具备实验和试点的条件；再如危机状态下的决策，决策者面临着巨大的时间压力。

(2) 对谁进行实验？目标群体怎样选择？他们是否具有代表性？回答这些问题是困难的。

(3) 被实验者将体会强制性条件和操作性说明，特别是在控制因素的人为调整过程中，这种体验将表现得更为明显，这无疑有悖于民主政治的价值原则。

(4) 尽管有时在理论上讲得通，但从实际情况来看，难以对政策问题进行可控制的社会实验。

(5) 模拟的现实替代不了真正的现实，局部的现象常常是整体的假象。

(6) 进行盲试（在被试不知情的条件下进行试点）的困难极大，很难避免人为因素的干扰，如霍桑效应（当一个人意识到自己正在被别人研究时，很可能改变自己的行为，即该那样做而没有那样做）。

专栏

实验法的分类

1. 自然实验（natural experiment）：自然实验研究的是社会生活中自然形成的现象，其“外生的干预”是自然发生的，一般不存在外部有效性问题，实验者根本无法参与操作，所以也有学者认为，不能将其归到真正意义上的实验法的范畴。

2. 田野实验（field experiment）：田野实验是在真实世界中开展的实验，可控程度较低。加里·金（Gary King）* 等学者受墨西哥政府委托在墨西哥 13 个州实施的全民医保（SPS）实验是迄今为止最大的政策领域的实验之一，政府的委托和配合使研究者能够克服来自政治和社会方面的制约。

3. 实验室实验（lab experiment）：实验室实验是在可控环境中开展的实验。实验环境的高度可控性使研究者可以开展现实中无法进行的研究，而且较容易将其他影响实验结果的因素排除在外。

4. 调查实验（survey experiment）：调查实验是借助调查问卷开展的一类实验研究。调查实验相对成本较低且易于实施，因而受到许多研究者的青睐，国外已有很多基于调查实验法的研究，尤其是依托耶鲁大学的 Breadboard 实验平台开展的大量研究。

5. 准实验（quasi-experiment）：准实验与真正的实验设计不同之处在于，没有随机分配实验对象到实验组和控制组，严谨性略低，因而所产生的因果结论的效度比真正的实验研究低，但优点在于所要求的条件灵活，在无法控制所有可能影响实验结果的无关变量时，准实验具有广泛的应用性。

* 加里·金：哈佛大学教授，以实证研究知名，擅长量化研究，其研究涉及政治学、公共政策、法学、心理学和统计学等领域。

4.3.4　取舍理论

取舍理论源于正统的经济学原理。经济学家在分析经济政策或经济目标时，通常把现有资源假定为有限和固定的，若他们面临多项政策或多重目标的选择，那么就必须有所取舍。换句话说，采取某项政策或追求某种目标，就必须舍弃其他政策或牺牲其他目标。就国家范围的经济政策而言，取舍理论也曾被广泛使用。

例如，经济增长与公平分配的取舍。经济学家在研究发展中国家的发展问题时注意到，在发展中国家经济发展的初始阶段，公平分配的问题无从谈起。他们认为发展中国家要使经济增长就该舍弃公平分配的考虑，因为其生产水平如此低下，能公平分配的只有贫瘠而非财富。

又如，物价稳定与充分就业的取舍。凯恩斯理论运用不当，会使通货膨胀成为维持充分就业的可能代价；传统经济理论运用不当，则会使失业率增加成为稳定物价的可能代价。

再如，工业生产与环境保护的取舍。要保护周围环境，必会增加生产成本，不利于利润的获取。因此，增加生产与保护环境往往相互矛盾，不可兼得。

此外，在社会和政治领域，亦有相似的取舍问题。如政治民主与政治安定两个目标，通常被认为是相互冲突、难以调和的。有时为使政治安定，就不得不对公众的自由范围加以必要的限制；有时为给予公众更多的自由与民主权利，就不得不冒政治不安定的风险。当代公共政策的多元化特征使政策分析不能不关注政策与政策之间的关系，研究不同政策及其目标究竟是彼此对立的还是相互和谐的。从这一点来看，源于经济学的取舍理论对政策分析领域不无启发。的确，从静态角度观察社会，其任何一个目标都会有它的机会成本（为获得完成某一目标的机会就必须放弃以同样资源达成其他目标的机会），这在经济学研究中是一个不争的事实。但取舍理论的反对者认为，把这种理论应用于政策实践是非常危险的，取舍理论是短视观点，是权宜之计，它与可持续发展背道而驰。在分析公共政策的过程中，应该尽可能地超越取舍的观念，因为政策目标间的冲突并非是不可调和的。

专栏

机会成本

机会成本又称择一成本，是指在经济决策过程中，因选取某一方案而放弃另一方案所付出的代价或丧失的潜在利益。某种资源常常有多种用途，即有多种使用的“机会”，但用在某一方面，就不能同时用在另一方面。因此在决策分析中，必须把已放弃方案可能获得的潜在收益，作为被选取方案的机会成本，这样才能对中选方案的经济效益做出正确的评价。机会成本决策中不容忽视的是优选方案的预计收益必须大于机会成本，否则所选中的方案就不是最优方案。实际上，如果某项资源只有一种用途，则其机会成本为零。

4.4 中国古代政策观

2017年1月，中共中央办公厅、国务院办公厅印发《关于实施中华优秀传统文化传承发展工程的意见》。《意见》指出：文化是民族的血脉，是人民的精神家园。文化自信是更基本、更深层、更持久的力量。中华文化独一无二的理念、智慧、气度、神韵，增添了中国人民和中华民族内心深处的自信和自豪。中华文化源远流长、灿烂辉煌。在5 000多年文明发展中孕育的中华优秀传统文化，积淀着中华民族最深沉的精神追求，代表着中华民族独特的精神标识，是中华民族生生不息、发展壮大的丰厚滋养，是中国特色社会主义植根的文化沃土，是当代中国发展的突出优势，对延续和发展中华文明、促进人类文明进步，发挥着重要作用。

在我国的历史上不仅有许多非常成功的政策实践，也有许多辉煌卓越的政策思想。这些政策思想是中华优秀传统文化的重要组成部分，如儒家的“中庸”之道、道家的“无为”之治、墨家的理性推理、法家的系统理念、孙子的“知变”战术等。

4.4.1 儒家的“中庸”之道

“中庸”之道贯穿儒家的整个思想体系，它强调的是不偏不倚，无过无不及。它注意到人的行为方式有着极端化的倾向，人的行为结果有极好或极坏的不同。它认为任何极端性的行为选择都不会有好的结果，任何对极好结果的努力追求都是没有把握的。按照“中庸”的标准，人们在做事情时要把握重心、保持平衡、执其两端、力求折中。不这样做，人们的行为结果就难以把握。

专栏

守度——行动的艺术

孔子在《论语·泰伯》中说：“恭而无礼则劳，慎而无礼则葸，勇而无礼则乱，直而无礼则绞。”意思是说“恭敬而不符合礼的规定，就会劳倦不安；谨慎而不符合礼的规定，就会畏缩拘谨；勇猛而不符合礼的规定，就会犯上作乱；直率而不符合礼的规定，就会偏激刺人。”礼实为求中之器，亦可以理解为度。正如孔子在《礼记·仲尼燕居》中所做的解释：“夫礼所以制中也。”

凡事皆应有度，俗话说“过犹不及”“水满则溢”“真理与谬误只差一步”，这都是在讲“度”的问题。人生智慧，你可以道出千万条，但最重要的一条是“做事要有度”。度是一定事物保持自身质和量的限度，是和事物的质相统一的限量，也可称为关节点或临界点，而超出这个范围，事物的性质就发生了变化。水的沸点是一百摄氏度，水的凝固点是零摄氏度。从零摄氏度到一百摄氏度是水的温度范围，过了这个度，水要么变成水蒸气，要么变成冰。

儒家强调中庸，“中庸”之道的精髓其实就是守度，这是一门行动的艺术。

4.4.2　道家的“无为”之治

老子作为道学的创始人从人类社会和自然界中总结了许多物极必反、相反相成的道理。他认为，统治者如果少干涉老百姓的事，下面的事就会自然而然地好起来。他说：“我无为，而民自化；我好静，而民自正；我无事，而民自富；我无欲，而民自朴。”老子的“无为”原则主要包含以下几方面的内容：

（1）贵柔。老子认为，“人之生也柔弱，其死也坚强；草木之生也柔脆，其死也枯槁。故坚强者死之徒，柔弱者生之徒。是以兵强则灭，木强则折。强大处下，柔弱处上”。“天下莫柔弱于水，而攻坚强者莫之能胜，其无以易之。”

（2）守辱。老子认为，人们应该“知其雄，守其雌”，“知其白，守其黑”，“知其荣，守其辱”，只有这样才能最后以雌胜雄，以黑胜白，以辱胜荣。

（3）不争。老子认为，不与别人争先的人才会最终领先。由于圣人“以其不争，故天下莫能与之争”。“水善利万物而不争”，“善胜敌者，不与”，“勇于敢则杀，勇于不敢则活”。

在老子的思想中，“无为”并不是目的，而只是一种达到目的的手段。贵柔是为了以柔克刚，守辱是为了以辱胜荣，不争是为了最终争先，无为是为了最终有为。所以，老子说，“道常无为而无不为”。

专栏

老子的人生智慧

老子的人生智慧是什么？不妨与达尔文的进化论做比较。进化论怎么说？物竞天择，适者生存。老子呢？天择物竞，弱者生存。有个故事，许多古书都讲过，下面是《太平御览》的版本。这个故事说，老子有个老师，叫商容。商容病重时，老子去看他。老子说：先生有没有什么遗言要教导学生的呢？商容问：经过故乡要下车，明白吗？老子说：是不是不要忘本？商容又问：经过大树要趋行，明白吗？老子说：是不是应该敬老？商容又张开自己的嘴巴说：你看我的舌头还在吗？老子说：在。商容又问：你看我的牙齿还在吗？老子说：不在了。商容再问：你明白了吗？老子说：是不是刚硬的就灭亡，柔弱的就存活（非谓其刚亡而弱存乎）？商容笑着说：所有的道理都在这里了（天下事尽矣）！

4.4.3　墨家的理性推理

墨子作为我国古代逻辑学的奠基者，其最大的贡献在于提出了“类”和“故”两个逻辑范畴的基本概念。所谓“类”是指事物的类别，表现了同类事物的共同特征；所谓“故”是指事物产生的原因，表现了一个事物的前提条件。墨子相信理性的作用，承认逻辑思维的正确性，他认为根据逻辑的推理可以得出必然的结论。墨子以“类”和“故”的概念为基础进行了很多的推理。

专栏

“焉在矣来”

《墨子·鲁问》有这样一段文字：

> 彭轻生子曰：“往者可知，来者不可知。”子墨子曰：“籍设而亲在百里之外，则遇难焉，期以一日也，及之则生，不及则死。今有固车良马于此，又有奴马四隅之轮于此，使子择焉，子将可乘？”对曰：“乘良马固车，可以速至。”子墨子曰：“焉在矣来！”

故事中彭轻生子提出未来“不可知”论。墨子便设定了一个情景，让彭轻生子选择。这一选择说明凭借已有的经验，人是可以预知未来事情结果的，所以墨子反诘彭轻生子说“焉在矣（疑）来”，意思是：假如未来发生那种事情，你就会凭借你的已有经验做出正确判断（文中所说的选择“良马固车”），那么未来之事将会产生何种结果早就已经知道了（文中所说的“速至”），你为什么还要怀疑未来“不可知”呢？

4.4.4 法家的系统理念

法家作为战国时期社会改革的代表，他们所提出的法治理论成为当时新兴地主阶级制定统治政策的思想基础。法家的思想强调以法治为中心，法、术、势相结合。所谓“法”是指政权统一的标准，即“法者，宪令著于官府，刑罚必于民心，赏存乎慎法，而罚加乎奸令者也”。所谓“术”是指统治者根据“法”控制官吏的方法和手段。与“法”不同的是，“术”不是公开而是隐蔽的。所谓“势”是指国家政权，把握政权是实施统治的前提条件。法家认为，国家统治要以“法”为根据，以“势”为前提，以“术”为手段，使“法”“势”“术”有机结合，协调统一。

专栏

商鞅变法

商鞅变法是指战国时（公元前475—前221年）商鞅在秦国进行的两次政治改革。商鞅姓公孙，卫国贵族，又称卫鞅或公孙鞅，是法家代表人物。秦孝公六年（公元前356年），商鞅实行变法。

变法的主要内容是：奖励耕织，生产多的可以免徭役；废除贵族世袭特权，制定按军功大小给予爵位等级的制度；推行连坐法。

变法令下达后，商鞅以三丈之木置于国都南门，募民有能徙木于北门者赏十金，但无人响应。他又将赏金增至五十金，有一人应募，即获得五十金。以此来取信于民。当时太子犯法，商鞅刑其师傅公子虔、公孙贾。商鞅执法敢于不避权贵，在秦国引起很大的震动，这是上下都能奉公守法的重要原因。

新法令推行几年后，秦国百姓家给人足，国势蒸蒸日上，孝公以商鞅为大良造。两年后，秦从雍（今陕西凤翔）迁都咸阳，并第二次下达变法令：推行县制。全国共置三十一县；废除井田制，准许土地买卖；统一度量衡。商鞅的两次变法，奠定了秦国富强的基础。

4.4.5　孙子的“知变”战术

《孙子兵法》是我国现存最早、最完整、最著名的一部兵书，其军事思想对中国历代军事家、政治家、思想家产生了非常深远的影响，其已被译成日、英、法、德、俄等十几种文字，在世界各地广为流传，享有“兵学圣典”的美誉。书中阐述了一系列古代的战争理论，同时也提出了特有的“知变”战术。

（1）要取得战争的胜利，在战争中首先需要对于敌我两方都要有比较全面的认识。因此孙子说：“知彼知己者，百战不殆；不知彼而知己，一胜一负；不知彼不知己，每战必败。”（《孙子兵法·谋攻》）

（2）“知吾卒之可以击，而不知敌之不可击，胜之半也；知敌之可击，而不知吾卒之不可击，胜之半也；知敌之可击，知吾卒之可以击，而不知地形之不可以战，胜之半也。故知兵者，动而不迷，举而不穷。故曰：知彼知己，胜乃不殆；知天知地，胜乃不穷。”（《孙子兵法·地形》）意思是说，只了解自己的部队可以打，而不了解敌人不可打，取胜的可能只有一半；只了解敌人可以打，而不了解自己的部队不可以打，取胜的可能也只有一半。知道敌人可以打，也知道自己的部队能打，但是不了解地形不利于作战，取胜的可能性仍然只有一半。所以，懂得用兵的人，他行动起来不会迷惑，他的战术变化无穷，知彼知己，知天知地，可常胜不败。

（3）“校之以计，而索其情”。所谓“校”是指比较，所谓“计”是指估计，孙子强调要对战争的各种条件及其情况进行充分的比较，并在此基础上对这些条件和情况的变化做出正确的估计。孙子说：“故经之以五事，校之以计，而索其情：一曰道，二曰天，三曰地，四曰将，五曰法。”“曰：主孰有道？将孰有能？天地孰得？法令孰行？兵众孰强？士卒孰练？赏罚孰明？吾以此知胜负矣。”（《孙子兵法·计》）意思是说，要通过敌我双方五个方面的分析和七种情况的比较来探索战争胜负的情势。这五个方面，一是政治，二是天时，三是地利，四是将领，五是法制。七种情况是：哪一方君主政治开明？哪一方将帅更有才能？哪一方拥有更好的天时地利？哪一方法令能够贯彻执行？哪一方武器装备精良？哪一方士兵训练有素？哪一方赏罚公正严明？

（4）孙子曰：“夫未战而庙算胜者，得算多也；未战而庙算不胜者，得算少也。多算胜，少算不胜，而况于无算乎？”（《孙子兵法·计》）意思是说，战前，就已“庙算”（古时战前在宗庙里举行仪式，商讨作战计划）周密，充分估量了有利条件和不利条件，开战之后就往往会取得胜利；战前，没能进行周密“庙算”，很少分析有利条件和不利条件，开战之后就往往会失败，更何况开战之前无“庙算”呢？

（5）一切作战方式源于奇正变化，奇正的灵活运用派生出无穷无尽的作战方法。“奇正相生，如循环之无端，孰能穷之？”（《孙子兵法·势》）“奇”与“正”是彼此相对的概念，如守备为正则机动为奇，如明攻为正则迂回为奇，如钳制为正则突击为奇，“战势不过奇正，奇正之变，不可胜穷也”。孙子认为，军事情况复杂多变，战略战术要随具体情况的变化而有所改变，奇正方法应交错运用。“凡战者，以正合，以奇胜。故善出奇者，无穷如天地，不竭如江河。终而复始，日月是也；死而复生，四时是也。声不过五，五声之变，不可胜听也。色不过五，五色之变，不可胜观也。味不过五，五味之变，不可胜尝也。”

专栏

《孙子兵法》中的十大智慧

1. 谋定而动的智慧：三思而后行。
2. 避实击虚的智慧：发现巨人之踵*。
3. 兵贵神速的智慧：攻其措手不及。
4. 知己知彼的智慧：了解自己并要认识对手。
5. 谋略至上的智慧：运筹帷幄，决胜千里。
6. 出奇制胜的智慧：让其出乎意料。
7. 因敌而变的智慧：博弈论的实践。
8. 背水而战的智慧：置之死地而后生。
9. 谨慎用兵的智慧：理性胜于感性。
10. 不战而胜的智慧：不战而屈人之兵。

*巨人之踵（Achilles' Heel）：原指古希腊神话中大力神阿喀琉斯的脚后跟，因这是其唯一一处没有浸泡到神水的地方，所以成为他唯一的弱点。在特洛伊战争中它被射中致命。巨人之踵后指致命的弱点或要害。

本章小结

本章主要阐述政策分析模型及其相关理论。通过本章的学习，应该了解模型的作用与风险，认识评价模型有效性的基本标准，掌握政策分析模型的主要理论观点，理解政策分析模型在政策实践中的应用。

关键词

具体模型　抽象模型　理性主义　有限理性　37%规则　渐进主义　小组意识　“群体狂想症”　精英理论　制度理论　组织过程模型　博弈理论

零和博弈　　公路博弈（懦夫博弈）　　囚徒困境　　“智猪博弈”　　团体理论
系统理论　　过程模型　　混合扫描理论　　取舍理论　　机会成本

思考题

1. 具体模型和抽象模型有何不同？
2. 评价模型有效性的准则是什么？
3. 传统理性模型所要求的“最优选择”需要具备哪些条件？
4. 传统理性模型有哪些实际障碍？
5. 有限理性有哪些行为表现？
6. 渐进模型具有哪些特征？
7. 小组意识有哪些表现形式？
8. 怎样预防小组意识的出现？
9. 政府制度赋予公共政策哪些特征？
10. 精英主义有哪些基本观点？
11. 根据团体理论，什么是政治体系最基本的使命？
12. 取舍理论对公共政策制定有哪些启示？

第 5 章

政策制定

5.1 社会问题的产生

5.1.1 什么时候由谁来认定社会问题

任何社会在其运行过程中都会产生这样或那样的社会关系失调，并由此带来不同类型的社会问题。乔恩·谢泼德（Jon Shepard）和哈文·沃斯（Harwin Voss）是美国当代社会问题研究领域很有影响的两位社会学家。他们在其代表作《美国社会问题》一书中把社会问题定义为：一个社会的大部分成员和一部分有影响的人物认为某种社会状况不理想或不可取，应该引起全社会关注并设法加以改变。[①]

人们不禁会问，社会问题是怎样产生的？哪些因素起重要作用？为什么有的社会情况在一个时期里能够被人们接受，而后来又变成社会问题了呢？比如在公众场合吸烟、在节日里燃放烟花爆竹等。反过来，为什么有些情况一度曾被人们普遍视为严重社会问题而后来又被认为没那么严重或根本不是社会问题呢？

一个社会必然存在种种不合理的社会现象，比如贫困、犯罪等客观情况，虽然这些社会情况对社会良性运行构成了威胁，但还不能由此就认定它们是社会问题。那么谁来决定某一社会情况是社会问题呢？回答是：只有当社会的大部分成员和一部分有影响的人物认为某种社会状况是社会问题时，它才是社会问题，其中权力因素起着非常关键的作用。社会上一些有影响的人物对某一社会情况的关注程度及其看法态度，有时候能够把某一社会

---

① 谢泼德，沃斯．美国社会问题．乔寿宁，刘云霞，译．太原：山西人民出版社，1987：1-2.

情况直接推上社会问题的舞台。

在社会问题的主观认定方面经常存在很大的分歧。我们可以拿贫困这个社会问题来说明。一些人认为，如果没有穷人，谁去买那些便宜的食品？谁去雇用那些收费低廉的医生和律师？社会救济和福利工作人员到哪儿去找工作？一些以穷人为主体的政治团体和党派何以在社会中存在？在他们看来，社会是一个等级的社会，必然存在贫富之间的差别，贫困是有利于社会均衡发展的一种自然安排，它起到的是一种积极的作用，破坏这样一种均衡可能会带来更多、更严重的社会问题。而另一些人则认为，贫困只是有利于有权有势的富有阶层的一种社会安排，如果对这种社会状况不加以改变，就会出现严重的社会对立，由此引发激烈的矛盾和斗争，阻碍和破坏社会的良性运行。当然，还可能存在一些比较折中的看法。总之，观点认识上的统一有时是很难的，只有社会上那些真正有影响的人物才能在社会问题的认定过程中发挥非常重要的作用。

另外，人们的主观认识、思想信仰、生活态度等价值因素在社会问题的形成过程中具有决定性的影响。这些意识形态的东西左右着人们对一些问题的根本看法。随着社会的发展和各方面条件的不断变化，人们的价值观、信仰和态度也会有所改变，所以定义社会问题的概念自然会发生一定的变化。从社会经济发展的进程来看，人们对待环境污染与环境保护的问题，开始时是要钱不要命，后来是要钱也要命，再后来才是要命不要钱。

5.1.2 社会问题的类型

饥饿、贫困、吸毒、贩毒、卖淫、嫖娼、酗酒滋事、种族歧视、性别歧视、精神疾病、家庭暴力、就业问题、人口问题、资源问题、环境问题等，许多人都能亲眼看到或亲身体验到这些社会问题的存在。如果我们从最一般意义上进行划分，可以把以上这些问题简单划分为两类：一是过失性社会问题；二是结构性社会问题。

1. 过失性社会问题

过失性社会问题产生于偏离社会正常生活和规范的一些过失行为，如青少年失足和社会犯罪等。一般来说，因为他们与大多数人的正常生活格格不入，所以这类社会问题很容易被人们识别。然而，有两点需要注意：一是一些社会规范允许一定程度的行为偏差，即一些社会规范的边界有一定的伸缩余地，在这个空间，有的行为并不至于被认定是超越规范极限的过失行为。二是“偏差”这一概念具有相对性，在某种情形下被认定是偏离社会规范的过失行为，而在另一种情形下则可能被认为是可以接受的行为。

社会行为的可接受性是有一定余地的，并没有绝对标准。汽车司机遇红灯应该把车停在停车线后面，可有时也会因刹车不及时越过停车线，但对交叉路上其他通行车辆远构不成威胁，警察往往会睁一只眼闭一只眼。这里还有更为典型的例子可以说明，某种社会行为被社会接受的限度是因人而异的。一个未成年的孩子犯了和成人差不多的罪，所受的处罚不会相同。

过失和偏差往往是相对而言的，并没有绝对的标准，需要放在特定的社会环境中去考察。比如，重婚在一些国家和地区是非法的，而在有些地方，一夫多妻和一妻多夫则是被社会接受的。又如，父母打骂子女在一些国家被认为是一种典型的家庭暴力现象，是需要被制裁的，而在另一些国家则被视为理所当然的教育手段，觉得孩子不打不成才。再如，同性恋者、嬉皮士、吸烟者在一些人眼中是有偏差行为的人，而在另一些人眼里，他们的行为并没有超出社会规范的界限，不关其他人的事。当然，并非所有的过失和偏差都是相对的，比如谋杀就普遍被视为一种犯罪行为，没有人会认为随意或蓄意杀人是正当的或可以被接受的社会行为。对有些社会现象的认识，人们还是有共识的。

2. 结构性社会问题

所谓结构性社会问题是指由社会自身结构不合理所导致的一些社会现象。如果说连过失性社会问题有时都难以确定的话，那么那些符合社会规范的结构性社会问题又该如何确定呢？就拿人口爆炸这个问题来说，它是不是一个社会问题呢？我们不能把它归咎于任何形式的行为偏差或行为过失。相反，正是人们按照传宗接代、养儿育女的传统习惯行事，社会才能延续，这是再正常不过的行为，可正是因为这种正常的行为，才导致了现在这种严重的后果。世界人口急剧增长，这么多人都能有吃有穿吗？都能接受良好的教育吗？都能过上高质量的生活吗？现在最根本的问题是世界能否容得下这么多人和怎样避免世界范围的饥荒。看来，人类在组织自己的社会生活时，结构方面的偏差同样会产生严重的社会问题。

结构性社会问题涉及社会生活的许多方面，其中最为突出的就是各种各样的不平等现象，如由经济不平等所带来的贫富两极分化。两极分化的直接后果就是贫困，而贫困问题有时并不为人们所注意。基督教新教理论就认为，人穷并非社会制度和社会结构之过，贫穷往往是个人无能和懒惰造成的。只有虔诚、节俭、勤劳和奋斗才是克服贫穷之道。不这样做，受穷是很自然的，根本不值得同情。而社会达尔文主义的观点就更为直白，其核心就是“物竞天择，适者生存”，认为社会的发展来源于竞争，有竞争才有优劣的筛选，富人是自然筛选后的佼佼者，他们为社会做出了贡献。穷人是社会竞争的落败者，是那些处于社会底层的无能之人，他们竞争不过别人，所以只好受穷。虽然人们早已摒弃了社会达尔文主义的观点，但其仍潜移默化地左右着公众的价值观。美国的一次民意测验表明，公众中绝大多数人都把穷人受穷归于个人的原因，只有少数人认为穷人受穷是他们根本奈何不得的现存社会制度和社会结构造成的。大量的统计调查结果表明，说穷人好逸恶劳就愿吃救济根本站不住脚。穷人并非能工作而不愿意工作，他们在社会竞争中的不利条件是社会强加给他们的。把贫困的责任推给穷人毫无道理，贫困是社会政治和经济结构不合理造成的。除了贫困问题，还有由民族歧视和种族偏见所引发的民族矛盾；由政治不平等所产生的政府权力滥用；由教育不平等所导致的社会不满；等等。这些都属于结构性社会问题。

此外，由价值观变化引发的结构性社会问题也不在少数，如家庭问题、劳动问题、人口问题和环境问题等。家庭问题的重点是“核心家庭”的出现以及随之而来的种种麻烦，如家庭亲情的淡化、老人晚景的凄凉、社会资源的浪费、儿童家庭教育的淡化等。劳动问题反映了人们对机械式劳动的普遍厌恶，及其对独立、自主和民主化管理的渴求。看看卓别林主演的电影《摩登时代》，想想流水线上工作的工人，一旦人成了机器的部件，他怎么会不产生厌恶之情？人口问题在不发达国家和地区表现得尤为突出，使人类面临严重的生存危机，如食品短缺、医疗条件恶劣、教育水平低下、人口素质下降等。环境问题是人类大量、无节制地利用地球自然资源的直接后果，对可持续发展构成严重的威胁，人们与天斗、与地斗，没有学会与大自然和谐相处，导致大自然的一系列报复。许多环境问题的产生并非天灾而是人祸。而且非常糟糕的是，大自然的报复并非像司法机关对付犯罪分子那样，谁犯罪就惩罚谁，而是针对整个人类。一些个人和组织乃至政府的愚昧和贪婪行为，导致大自然愤怒反击，使所有人都跟着一起受惩罚。

5.1.3 社会问题理论

1. 社会冲突论

社会冲突论以科塞（L. A. Coser）和达伦多夫（Ralf G. Dahrendorf）为代表，重点研究社会冲突的起因、形式、制约因素及影响。科塞在出版于1956年的《社会冲突的功能》一书中最早使用了“冲突理论”这一术语。科塞认为，冲突是价值观、信仰以及对于稀缺地位、权力和资源的分配的争斗。冲突具有正功能和负功能，只要不直接涉及基本价值观或共同观念，那么，它的性质就不是破坏性的，而是积极性的，即冲突所表现出的正功能。他提出了冲突的五项正功能，即冲突对社会与群体具有内部整合的功能；冲突对于社会与群体具有稳定的功能；冲突对新社会与群体的形成具有促进功能；冲突对新规范和制度的建立具有激发功能；冲突是一个社会的重要平衡机制。

科塞认为，弹性比较大、比较灵活的社会结构容易出现冲突，但对社会没有根本性的破坏作用，因为这种冲突可以导致群体与群体间接触面的扩大，也可以导致决策过程中集中与民主的结合及社会控制的增强，它对社会的整合和稳定起着积极的作用。相反，僵硬的社会结构采取压制手段，不允许或压抑冲突。冲突一旦积累、爆发，其程度势必会更加严重，将对社会结构产生破坏作用。为此，科塞提出，要建立完善的社会安全阀制度，这种制度一方面可以发泄积累的敌对情绪，另一方面可以使统治者得到社会信息，体察民情，避免灾难性冲突的爆发，破坏社会整个结构。

达伦多夫则认为，社会现实有两张面孔，一张是稳定、和谐与共识，另一张是变迁、冲突和强制。社会学不仅需要一种和谐的社会模型，同样需要一种冲突的社会模型。为此，社会学必须走出帕森斯所建构的均衡与和谐的乌托邦，建立起一般性冲突理论。在出版于1957年的《工业社会中的阶级和阶级冲突》一书中，达伦多夫主要吸取了韦伯关于权威和权力的理论，从阶级层面阐述冲突理论。他认为，社会组织不是寻求均衡的社会系统，而是强制性协调的联合体。社会组织内部的各种不同位置具有不同量的权威和权力。社会结构中固有的这种不平等的权威分布，使社会分化为统治和被统治两大彼此对立的准群体。在一定条件下，准群体组织表现为明显的利益群体，并作为集体行动者投入公开的群体冲突当中，从而导致社会组织内部权威和权力的再分配，即完成新的统治和被统治角色的制度化过程，社会会趋于暂时的稳定与和谐。然而，和谐中潜伏着冲突的危机，一旦时机成熟，社会成员又会重新组织起来，进入另一轮争夺权力的冲突。社会现实是冲突与和谐的循环过程，而“权力和抵制的辩证法乃是历史的推动力”。

2. 社会越轨论

所谓越轨，包括社会成员（社会个体、社会群体和社会组织）违反法律、规章制度、道德规范和社会习俗的所有行为。在社会学概念里，“社会越轨”本是一个中性词。从狭义角度看待“社会越轨”现在主要是指社会上的违法违规事件，它实际上是一个“负面”

行为。任何一个社会都会有一些制度规范作为人们的行为准则，一般按照制度规范去做事就被认为是按照轨道去走，反之，违反制度规范，就成了“社会越轨”。

越轨行为不完全等同于社会问题。只有当某种越轨行为频繁地发生且对社会造成危害，使相当数量的人受到威胁时，才会转化为社会问题。

（1）越轨的行为表现。

1）不适当行为，指违反特定场合的特定管理规则，但对社会并无重要损害的行为。此种行为虽会引起众人的不满，但通常不会受到正式惩罚。2）异常行为，多指因精神疾病、心理变态导致的违反社会规范的行为。3）自毁行为，即违反社会规范的自我毁坏或自我毁灭的行为，诸如吸毒、酗酒、自杀等。4）不道德行为，指违反人们共同生活及其行为准则的行为，此种行为通常会受到舆论的谴责。5）反社会行为，指对他人与社会造成损害以致造成严重破坏的行为。6）犯罪行为，指违反刑事法规而应受刑事处罚的行为，它与反社会行为同属最严重的越轨行为，但并不是所有的反社会行为都构成犯罪行为，只有那些触犯刑法的反社会行为才是犯罪。

（2）越轨研究的理论视角。

由于越轨行为的形式多样、范围宽泛，没有哪一个单一理论能够解释所有形式的越轨。各个学科试图从自己学科的角度去研究越轨，用自己的专业方法去实验和检验结论，并对越轨做出自己的解释。

1）生物学。

生物学解释是把人类生物、生理方面的因素作为社会越轨的原因。该理论认为，有些社会越轨行为是由人的体质中的生理缺陷造成的，比如犯罪型越轨，罪犯往往有多方面的遗传和生理缺陷。美国心理学家威廉·谢尔登（William Sheldon）曾认为，体型可能与犯罪有关：他将肌肉发达、筋骨健壮的身体结构称之为斗士体型，在他研究的罪犯中有这类体型的人占很大的比重。美国佛罗里达州立大学的研究人员曾进行过一项暴力基因研究，他们在对 2 500 名学生的 MAOA（单胺氧化酶 A）基因和他们的行为方式进行调查分析后得出结论，MAOA 基因发生变异会使男孩的暴力倾向明显增加。当然，仅从生物学视角来解释越轨行为不太公平，因为它忽视了后天生活环境和经历对人的影响，生物学的研究视角虽然极具启发性，但在当代已逐渐淡出人们的视线。

2）心理学。

任何个人行为都是个人的需求与自我控制力相互作用的结果。一方面，人有各种需求并试图得到满足；另一方面，生活于社会中的个人又应实现自我控制，使满足需求的方式符合社会规范的要求。当个人需求的力量过于强大，而自我控制的力量又过于弱小时，就容易出现越轨行为。自我控制力弱小有多种原因，如没有经过良好的社会化、个人人格具有严重缺陷，以及心理失调等等。社会心理学家阿尔伯特·班杜拉（Albert Bandura）曾经提出“习得理论”，他认为，即使并没有真正从事过攻击行为的人也会通过观察和模仿来学习攻击行为。通过这种方式，他们学会了怎样使用暴力（例如，如何打枪），即使他们在实际中并未采取过他们所学到的行为。

3）社会学。

社会学者更关注的是越轨产生的普遍性的、社会性的、本质性的根源，他们更倾向于从外在的和稳定性的因素中去研究越轨。他们认为，越轨行为的发生与其所处的社会环境是不可分的。首先，社会上存在着不同的种族、民族、集团、阶级、阶层等等，它们常有着不同的、有些甚至是根本对立的行为规范、价值观念。在此情况下，违反规范的行为是不可避免的。在存在着阶级冲突的社会中，统治阶级总是将那些触犯其自身利益与价值观的行为定为越轨行为，并以此作为社会控制的对象。其次，当社会急剧变迁时，旧的行为规范已不适用，或受到怀疑，而新的规范又没有建立起来或还未被人们广泛接受时，人们失去了行为规则，便发生一系列越轨行为。社会急剧变迁还造成社会文化的各个部分发展不平衡，出现差距，这也是导致越轨行为的重要原因。最后，有关阻碍人们采取遵从行为的其他社会因素，也为越轨行为提供了机会或条件。如社会控制力降低、遵从行为未受到鼓励、越轨行为未受到惩罚、制度不健全等，均可导致越轨行为的产生。

3. 社会解组论

社会解组（social disorganization）是指社会各组成部分之间联系减弱或失调，社会行为规范对社会成员失去约束，从而导致社会的组织程度降低，乃至处于无组织状态的社会现象。社会解组论注重的不是个人而是社会规范，强调从社会结构的角度去看待社会问题。社会解组区别于社会解体。前者指社会中出现松散、分裂现象，但尚保持在原有的社会制度结构、社会体系之内；后者指整个社会的制度、结构、体系遭受破坏，原有的社会秩序无法维持下去，而逐渐被新的社会制度所取代。

社会学对于社会解组的研究主要有三种观点：

（1）文化堕距观点。

文化堕距（culture lag）是指在社会变迁过程中，文化集丛中的一部分落后于其他部分而呈现呆滞的现象，亦称文化滞后。文化的两个或多个部分，由于变化的时间和程度不一致，导致彼此间的协调性降低。文化堕距观点认为，正是这种差距和错位现象导致了社会解组。

美国社会学家 W. F. 奥格本在其《社会变迁》（1923）一书中首先提出“文化堕距”概念，他用这个概念来说明在社会变迁中由于社会各部分变化的速度不同而产生的种种问题。奥格本认为，在社会变迁的过程中，物质文化与科学技术的变迁速度往往是很快的，而制度与观念等部分的变化则较慢，这就产生了一种迟延现象。他认为，有的迟延现象可延续较长的时间，有时甚至达数年之久。这种迟延产生的差距即文化堕距。

（2）异化观点。

这一观点认为，在传统社会向现代社会过渡的过程中，出现了个人在精神上与其周围世界相分离或相对立的现象，这是引起社会解组的重要原因。在传统社会里，人们从事农牧业生产，以家庭为中心承担特定角色，有特定的生活目标。然而，现代的工业化和城市化将这些秩序打乱了。在工业生产中，传统知识变成无用之物，家庭的管理、宗教、教育等功能逐渐丧失，它们不再是人们生活的中心。工业社会产生了一系列为人们所不熟悉的新角色，提出了一些新的生活目标。人们普遍感到已被置于一个完全陌生的世界之中，周围的一切都与自己相分离或相对立。现代大城市的“匿名式”人际关系、工业流水线以及事务性工作中那种“非人格”的劳动方式，进一步增强了异化的程度，从而导致社会解组。

（3）社会机会结构与社会目标结构失调的观点。

这一观点认为，社会解组是在个人或群体目标无法充分实现的条件下发生的社会问题。照此观点，任何社会均有两种因素起着重要作用：一是目标，即在某种社会或文化中为人们所追求的事物；二是规范，即该社会或文化所规定的、实现上述目标的合法手段。在理想状态下，社会机会结构为人们实现这些目标提供了较充分的合法手段，机会与目标协调，因而越轨行为较少发生。但是在有些情况下，机会与目标之间发生矛盾，如积累财富的目标与致富机会有限的矛盾。这样，许多很难通过社会认可的合法途径去实现目标的人就有可能违反规范，或认为没有必要遵守这些规范，于是发生社会解组现象。

简单地说，社会解组论强调，当社会系统的平衡机制在社会变迁的过程中受到干扰，这时冲突与解组最容易发生，社会控制力量消失，偏差问题自然随之而来。

4. 标签理论

标签理论是解释社会问题产生原因及其发展过程的理论。这种理论认为，人类的行为并不取决于行为的内在性质，而取决于社会对其采取的态度，取决于社会的揭示和认定。

标签是指某些人给另一些人所施加的符号或固定性看法，在标签理论中主要是指对被施加者不利的符号或污名。这种理论认为，一些群体（主要是弱势群体）的偏差行为是由于强势群体的妄加标签而产生的。偏差行为并不是问题的本质，强势群体对弱势群体施加标签才是问题的实质。

标签理论注重对异常行为过程的研究，其基本观点是：在人们变成异常行为者的过程中，社会给贴上异常行为者的标签是一个关键因素；当社会通过创造新的准则而把异常行为的标签贴在初发性异常行为者身上后，这个人就可能成为复发性异常行为者。

一些学者分析了初次越轨与再次越轨，以说明社会反应的意义。他们认为，每个人都会发生一些不同程度的越轨，但大多数是偶然的，程度也不严重。如果这种越轨行为被其他人发现并公之于众的话，他就会被贴上越轨者的标签，这时他的处境就会发生很大变化，就可能从初次越轨变为再次越轨，由平常人变为一个经常有越轨倾向的危险人物，越轨者成为他的身份。实际上，越轨行为不在于行为本身，而是一种社会反应，即他人定义的结果。正是他人给某一行为下了定义、贴了标签才使这一行为成为越轨，并引发了进一步的越轨行为。所以，越轨行为是被社会建构而成的。

5. 手段-目标理论

这是美国的社会学家默顿（Robert Merton）在涂尔干（Emile Durkheim）社会失范论的基础上提出的一种理论。他认为，社会越轨行为是由于社会为人们提出的目标与达成目标的合法手段不配套、不统一造成的。在他看来，社会的理想状态是所有成员都可以用社会所认可的手段实现社会所提出的目标。但现实之中，社会往往无法在任何时间、任何地点，为所有成员提供达到理想目标的正常途径和手段。因此，部分成员就可能会去寻求非正常或非法的途径来实现自己理想的目标。这时，社会所推崇的目标和社会所认可的手段之间就出现脱节和冲突，于是，有悖社会的价值标准的越轨行为就出现了。

默顿列举了四种越轨行为的类型：有些是有偏差，有些则是犯罪。

第一种为创新型。虽接受社会目标，但拒斥合法的手段。寻求用新的、不合法的手段达到目标，经济犯罪多属此类。

第二种为形式型（ritualism）。虽拒绝社会目标，但屈从社会现实，被动地使用社会所认可的方法，表现出应付状态，可谓“当一天和尚撞一天钟”。

第三种为退缩型（retreatism）。同时拒绝社会目标与合法手段，往往以退缩方式解决自己的挫折感，如街头流浪汉的表现等。

第四种为叛逆型（rebellion）。不但拒绝社会目标与合法手段，而且试图以新的目标和手段加以替代，如采取起义、革命的形式等。

6. 社会分层理论

分层本来是一个地质学的概念，指地质构造的不同层面。社会学家借用这一概念来分析社会的纵向结构，提出了社会阶层的概念，用以指称由于经济、政治、社会等多种原因而形成的，在社会层次结构中处于不同地位的社会群体。阶层是因为社会的等级分化而形成的具有连续性的等级序列。

在西方社会学中，对社会分层研究影响最大的一个理论源头，是马克斯·韦伯的“三位一体”分层理论。韦伯认为，对社会成员进行阶层划分有三个标准，即经济标准（财富）、政治标准（权力）和社会标准（声望）。财富是指社会成员在经济市场上的生活机会，也就是人们在市场上以其经济收入和财富来交换商品和服务的能力，或者说满足自己需要的能力。简言之，财富实际上就是“市场购买力”，而不涉及在所有制中所处的地位。财富的多少反映了人们在经济领域的不平等。权力则是指一个人即使在遇到反对时也能实现自己意志的可能性，因此实际上是一种强制力，权力分配反映了人们在政治领域的不平等。声望是指一个人在其所处社会环境中所得到的声誉和尊敬。韦伯认为，声望同人们的身份有关，也同人们的知识教养、生活方式有关。在西方社会学中，具有相似身份和生活方式的人被称为身份群体。不同的身份群体在社会生活中具有不同的声望，也具有不同的社会地位。

韦伯提出的三个标准，说到底就是“利、权、名”。韦伯认为，这三种东西在任何社会中都是既有价值而又稀缺的，因而人们总是要在各个社会活动领域千方百计地逐利、争权、求名。

上述三个分层标准有时是相互联系、相互转化的。比如财富上的差别可能同权力上的差别直接相关，市场机会同声望也有某种关系。但是，这三个标准又是相互独立的，每一个标准都可以单独作为社会分层的标准。然而，按三种标准对同一人群进行阶层划分的结果，可能会出现比较大的差异。所以，韦伯在强调三个标准的独立性的同时，又提出了分层中轴原理。在不同的历史时期，三个标准的重要程度会发生变化，应该根据不同的历史条件确定优先的分层标准，即分层中轴。社会生活中的某一领域发生了重大变化，那么这一领域分层标准的重要性就会上升，成为社会分层的主要标准，即分层的中轴。

在韦伯之后，西方社会学家对社会分层的研究，大多继承了韦伯的上述观点，并在此基础上提出了多种分层模式。

5.1.4 社会问题的比喻

比喻更多地用于修辞，所以往往被认为是语言学的一种方法和手段，而实际上它的作用并非仅限于此。运用比喻，我们可以更好地认识和了解大千世界中复杂的事物，无论是在日常生活中，还是在科学研究领域里，我们都不难发现比喻对人类思维所给予的启示，当我们用已知的事物理解和说明其他事物的时候，往往需要借助比喻，这种具体形象的思维是人类认识世界的一种有效方法。比喻最简单的表现形式就是A像B，比如当我们说某个人像只老虎的时候，我们就是在借助老虎的形象来表现这个人的个性特征。尽管比喻的方法不可避免地会受到光环效应（极端化、夸大化的心理效应）的影响，但在把握事物整体和认识重要特征方面，比喻具有不可替代的作用。因此，我们在认识和理解社会问题这样一种复杂现象的时候，同样可以借助比喻的方法。

（1）急性病。有一类疾病会对人体发动短期的、急剧的进攻，如果不进行及时的治疗就可能产生严重的后果，所以医院的急诊室都是24小时上班。社会中出现的突发事件或危机事件都可视为“急性”的社会问题，这类问题在军事和外交领域常常发生。

（2）慢性病。慢性病是一类持续性的疾病，只能对其加以控制，很难最终治愈。从社会角度看，一些问题持续了很久，也“治疗”了很久，但收效甚微。比如贫困问题，一项项政策出台，一个个措施颁布，但都无法从根本上解决问题。

（3）自愈性疾病。人类遇到的绝大多数疾病都是自愈性的。这类疾病不会致人死命，但会使病人经历痛苦。如果病人的身体基本健康，那么通过辅助性治疗且主要依赖自身的抵抗力就会逐渐摆脱病痛的折磨。同样，一些社会问题也带有自愈性疾病的特征，最佳的“治疗”就是依赖社会自身的抗体。

（4）晚期疾病。在疾病早期可能还有一些治疗的办法，可一旦进入晚期有时就很难治愈，特别是一些严重的疾病。社会问题也是如此，这时除非做出一些实质性的变革，否则一切都会于事无补。

（5）先天性疾病。有些疾病不是后天患上的，而是与生俱来的。相对而言，后天得的病通过自身肌体的抵抗力或对症下药的治疗多能得到痊愈，但先天的疾病往往与器官构成整体，难以发现有效的治疗办法。生物工程学的发展为今后人类的优生提供了条件，但就目前情况而言，对那些患有先天性疾病的人来说，医生也只能诊疗其症状或减轻其病痛。社会问题会不会也有这样一些先天特征呢？很可能有！一些组织机构从它们诞生的那天起，就已经被深深地打上了问题的烙印。

（6）传染性疾病。一些疾病涉及细菌、病毒的传染，其蔓延速度之快、影响范围之广，有时令人难以想象。不说艾滋病、肝炎、流感和鼠疫等疾病，但说2020年暴发的新冠肺炎疫情，在短时间内就蔓延至全世界。传染病的治疗首先需要进行隔离，其次要搞清楚传染的渠道，最后要发现病菌的抗体。这种治疗步骤对解决社会问题给予了重要的启示。

（7）不治之症。由于受到人的认知和科技发展水平的限制，有些疾病我们还没有发现有效的治疗途径，如癌症、艾滋病等。这些目前的不治之症带给现代医学严峻的挑战。由此不难联想到一些类似的社会问题，即那些被称为“社会之癌”的问题，我们所能做的只是尽量防止“癌细胞”的扩散，而不要去幻想什么彻底消灭或根除。如果明知不能为而为之，那么这种盲目的资源投入就实在不值得了。

（8）医源性疾病。人们在求医治病的过程中，由于某种因素又得了新的疾病。从诊疗角度看，可能有多种因素导致医源性疾病，如医生缺少医德，以赚钱为主要目的，胡乱开药；医护人员专业水平参差不齐，有时好心办错事；医院管理出现问题，比如病历管理混乱、隔离措施不当；等等。社会问题有时也会带有医源性疾病的特征，治疗某种社会疾病的“良药”，可能正是导致其他社会疾病的原因。

（9）食源性疾病。1984年世界卫生组织将“食源性疾病”一词作为正式的专业术语，以代替历史上使用的“食物中毒”一词，并将食源性疾病定义为“通过摄食方式进入人体内的各种致病因子引起的通常具有感染或中毒性质的一类疾病”。食源性疾病一般可分为感染性和中毒性，包括常见的食物中毒、肠道传染病、人畜共患传染病、寄生虫病以及化学性有毒有害物质所引起的疾病。这类疾患有一个共同的特征，就是通过进食行为而发病，这就为预防这类疾病提供了一个有效的途径：加强食品卫生监督管理，倡导合理营养，控制食品污染，提高食品卫生质量，这样可有效地预防食源性疾病的发生。这种控制源头、预防优先的防控策略对解决某些社会问题不无启发。

综上所述，社会问题可以有多种不同的疾病比喻，尽管这类比喻看上去颇为简单，但却蕴含了深刻的道理。比喻的方法无疑为确认和分析社会问题提供了一个创新的思路。有效的分析不仅仅只是为了确定何种社会问题类似何种病症，而是为了借鉴医生诊疗疾病的方法，正确区分不同类型的社会问题并提供有效的解决办法。

专栏

《公共政策的病理》

英国学者霍格伍德（Brian W. Hogwood）和彼得斯（B. Guy Peters）的《公共政策的病理》（*The Pathology of Public Policy*）一书在1985年出版。在书中他们运用了疾病的比喻，对社会问题进行了系统的“病理”（疾病发生、发展的过程和原理，疾病特点、症状和影响等）分析，提出要通过多种方式，从不同角度认识和分析社会问题这一复杂现象，从而确定有效的“诊疗”方案。霍格伍德和彼得斯两人对社会问题的研究思路，不仅在社会学领域，而且在公共政策领域都引起了极大的反响，给予政策分析重要的启示。他们在书中强调：

1. 区分健康与疾病

一个医生最基本也是最重要的使命，就是要区分什么是健康、什么是疾病。如果这一点都搞不清楚，鲁莽地给健康人下药，那么药劲越猛，对健康肌体的危害就越大。处理社会问题同样如此，下力气去解决那些虚幻的或本不是问题的问题，不仅浪费资源，而且有害无益。正像人们习惯说的那样：先要选择做正确的事，然后再考虑怎样正确地做事。

2. 区分症状与疾病

内科医生在给病人看病的时候会根据当时发现的症状做出诊断，以便采取恰当的治疗方法。有时，医生难以发现明显的症状，就只能留待进一步的观察或采取比较保守的治疗方法，如吃阿司匹林加卧床休息，这种疗法可能会产生令人惊异的治疗效果，因为它几乎适用于所有的病症。一般来说，症状不等于疾病，且不同的疾病可能具有同样的症状，所以医生的诊断十分重要。政策分析人员作为诊疗社会问题的“医生”，也需要具备区分“症状”与“疾病”的本领。

3. 诊断中的难点

● 多因素影响：可能是由于懒惰本性或先天因素的影响，人们总是在试图发现一种现象背后的单独原因。但现实生活中往往难以找到那种独立且清晰的原因。

● 同症异病：两个人体温和血压都不正常，但完全可能生了不同的疾病，如果不能做出正确诊断，就不能对症下药。那么，小病就可能治大，大病就可能治死。

● 流行性疾病的诊断：一些疾病是周期性发作的，某种治疗方法在这个时期有效，但在另一个时期可能就无效。社会问题的诊断同样如此，这个阶段的原因并不一定是那个阶段的原因。

4. 预防比治疗更有效

预防为主的道理人人知晓，但在政策实践中不难发现，太多的资源被用来处理已经出现的问题，而预防工作的投入却少得可怜。人们似乎已经对这种本末倒置的做法习以为常。当然，知识的缺乏限制了我们的预防工作。有时我们不得不等到一些迹象出现后才采取相应的措施。

资料来源：HOGWOOD B W，PETERS B G. The pathology of public policy. Oxford：Clarendon Press，1985.

5.1.5 问题分析方法

1. 层级分析法

层级分析法是一种用来明确一个问题情势可能原因的技术。它帮助分析人员确定三种原因，即可能的原因（possible causes）、合理的原因（plausible causes）和可行的原因（actionable causes）。可能的原因是一些事件或行动，无论它们多么遥远，都会影响到问题情势的出现。例如，拒绝工作、失业、受教育程度、疾病等都可能被看作贫困的原因。合理的原因是根据科学研究或直接经验，被认为对某一问题情势的出现具有重大影响的那些原因。在前面的例子里，拒绝工作是贫困的可能原因，但肯定不是合理原因。可行的原因，是指可由政策制定者操控的原因，或那些可以通过行动加以解决的原因。就贫困问题而言，失业可以被认为是一个可行的原因。三者的层级关系如图 5-1 所示。

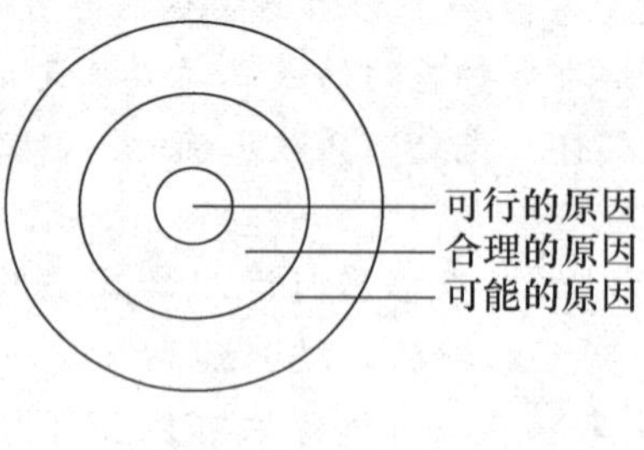

图 5-1　可行的、合理的、可能的原因层级分析图

2. 鱼骨图分析法

鱼骨图分析法是一种发现问题“根本原因”的方法。鱼骨图的特点是层次分明、条理清楚、简洁实用、形象直观，因为看上去有些像鱼骨，故取名鱼骨图。最先提出这一分析工具的是日本企业管理权威石川馨（Kaoru Ishikawa），故又称石川图。

（1）鱼骨图的基本结构。

如图 5－2 所示，①，决定问题特性；②，用主骨连接特性；③，标出主刺和要因；④，围绕“为什么会这样”标出中刺和小刺；⑤，记入中刺和小刺的要点；⑥，深究主要因，用红圈标记；⑦，记入关联事项，如标注名称、记录时间等。

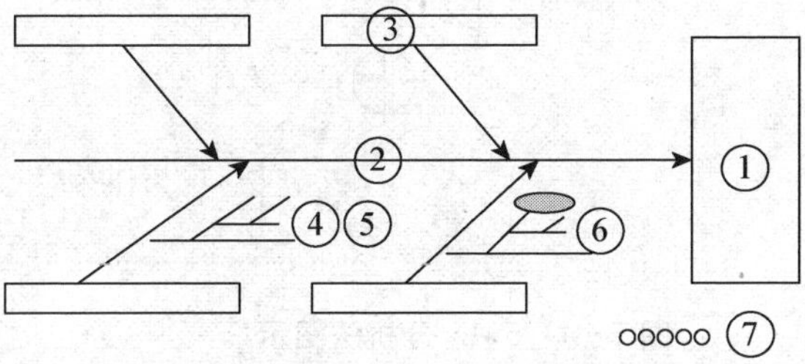

图 5－2　鱼骨图基本结构

（2）鱼骨图的六要因即 6M。

6M 是指 materials（材料）、methods（方法）、measurement（测量）、manpower（人力）、mother-nature（环境）和 machinery（机器）等。在运用鱼骨图分析问题的过程中可以从以上几个维度去思考，尽可能将所有的可能因素罗列出来，以便进行有针对性的分析。

（3）应用举例（见图 5－3）。

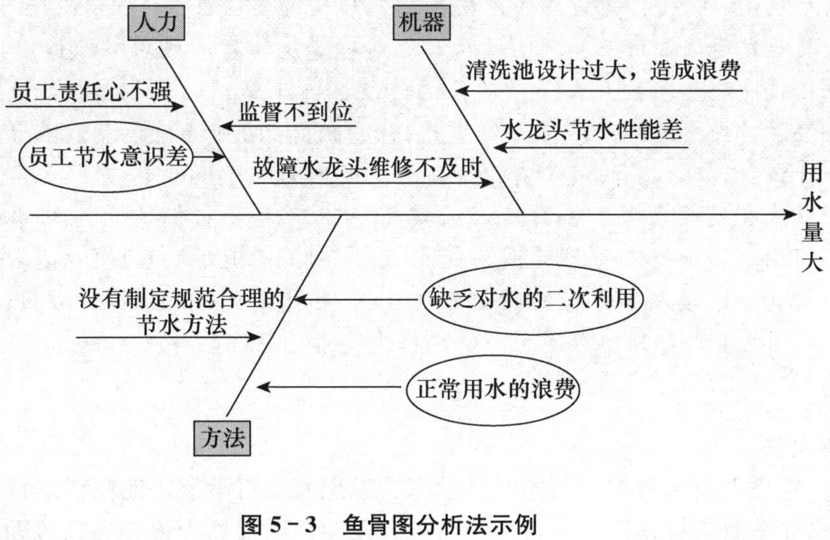

图 5－3　鱼骨图分析法示例

3. 5why 分析法

所谓 5why 分析法，也称“5 问法”，即对一个问题点连续追问 5 个“为什么”，以探究根本原因。虽为 5why，但使用时并不限定所问次数，直至找到根本原因为止。5why 分析法的关键是：鼓励解决问题的人努力避开主观或自负的假设和逻辑陷阱，从每问的结果着手，沿着因果关系链条，顺藤摸瓜，从直接原因入手，经过中间原因，直至找出原有问题的根本原因（见图 5-4）。

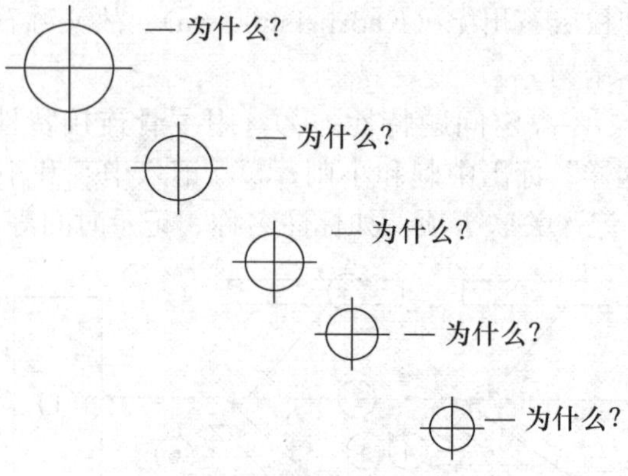

图 5-4　5why 分析法图示

专栏

5why 分析法与杰斐逊大厦

在美国华盛顿广场屹立着一座宏伟的建筑——杰斐逊纪念馆。20 世纪 80 年代，美国政府相关部门发现纪念馆外墙受腐蚀严重，变得斑驳陈旧。于是请来专家调查原因。调查的最初结论以为侵蚀建筑物的是酸雨，但后续的实验表明，酸雨不至于造成那么大的危害。其后发现经常用来洗刷墙壁的清洁剂对建筑物有强烈的腐蚀作用，而该纪念馆的外墙每年被冲洗的次数大大多于其他的建筑，因此腐蚀问题相对比较严重。问题是：为什么要经常对外墙进行清洗呢？答案是因为纪念馆的外墙被大量的燕子粪便所污染。再问：为什么会有那么多的燕子粪便呢？答案是因为燕子喜欢在这里聚集。接着问：为什么燕子喜欢在这里聚集？答案是因为建筑物上有大量它们喜欢吃的蜘蛛。继续问：为什么会有那么多蜘蛛？答案是因为昆虫被黄昏时馆内的灯光所吸引。那么，如何解决杰斐逊纪念馆外墙腐蚀严重的问题呢？（1）使用没有腐蚀性的清洁剂；（2）捕杀燕子；（3）清除蜘蛛；（4）消灭昆虫；（5）拉上窗帘。最终的解决办法当然是：拉上窗帘。

4. 穆勒法

约翰·斯图亚特·穆勒，英国经济学家、思想家、哲学家。他在《逻辑体系》（1843）一书中区分了五种实验推论方法，用于研究因果关系，被称为穆勒法。穆勒法是用符号形式分析因果联系的最简单模式。

（1）契合法。

契合法的内容是：考察几个出现某一被研究现象的不同场合，如果各个不同场合除一个条件相同外，其他条件都不同，那么，这个相同条件就是某一被研究现象的原因。因这种方法是异中求同，所以又叫作求同法。

契合法可用下列公式表示：

场合	先行情况	被研究现象
①	A B C	a
②	A D E	a
③	A F G	a
	⋮	

所以 A 是 a 的原因

例如：1960 年，英国某农场 10 万只火鸡和小鸭吃了发霉的花生，在几个月内都得癌症死了。后来，用这种花生喂羊、猫、鸽子等动物，都发生了同样的结果。1963 年，有人又用发霉的花生喂大白鼠、鱼和雪貂，它们也都纷纷得癌而死。在上述各种动物患癌症的前提条件中，对象、时间、环境都不同，唯一共同的因素就是吃了发霉的花生。于是，人们推断：吃了发霉的花生可能是这些动物得癌死亡的原因。后来通过化验证明，发霉的花生内含黄曲霉素，黄曲霉素是致癌物质。这个推断就是通过契合法得出的。

契合法的结论是或然性的。为了提高契合法结论的可靠性，应注意以下两点：

1）结论的可靠性和考察的场合数量有关。考察的场合越多，结论的可靠性越高。

2）有时在被研究的各个场合中，共同的因素并不止一个，因此，在观察中就应当通过具体分析排除与被研究现象不相关的共同因素。

（2）差异法。

差异法的内容是：比较某现象出现的场合和不出现的场合，如果这两个场合除有一点不同外，其他情况都相同，那么这个不同点就是这个现象的原因。因这种方法是同中求异，所以又称为求异法。

求异法可用下列公式表示：

场合	先行情况	被研究现象
①	A B C	a
②	— B C	—

所以 A 是 a 的原因

例如：一百多年前，一艘远洋帆船载着五个中国人和几个外国人由中国开往欧洲。途中，除五个中国人外，其他人全病得奄奄一息。经诊断，他们都患有维生素 C 缺乏病。同乘一艘船，同样是人，一样是风餐露宿，受苦挨饿，漂洋过海，为什么中国人和外国人却不同呢？原来这五个中国人都有喝茶的习惯，而外国人却没有。于是得出结论：喝茶是这五位中国人不得维生素 C 缺乏病的原因。这个结论就是用差异法得出的。

差异法是求异除同。运用差异法进行比较的两个场合一定要只有一点不同，其他情况都相同。这种条件在通常情况下是少见的，因而差异法常和实验直接联系。运用差异法应注意以下两点：

1）必须注意排除除了一点外的其他一切差异因素。如果相比较的两个场合还有其他差异因素未被发觉，结论就会被否定或出现误差。

2）还应注意两个场合唯一不同的情况是被考察现象的全部原因还是部分原因。

（3）契合差异并用法。

契合差异并用法又叫作求同求异并用法。它的内容是：如果某被考察现象出现的各个场合（正事例组）只有一个共同的因素，而这个被考察现象不出现的各个场合（负事例组）都没有这个共同因素，那么，这个共同的因素就是某被考察现象的原因。该法的步骤是一次求同一次求异。

契合差异并用法可用下列公式表示：

场合	先行情况	被研究现象
①	A B C	a
②	A D E	a
③	A F G	a
	⋮	
①	— B C	—
②	— D E	—
③	— F G	—
	⋮	

所以 A 是 a 的原因

例如：某医疗队为了了解地方病甲状腺肿的原因，先到这种病流行的几个地区巡回调查。发现这些地区地理环境、经济水平都各不相同，有一点是共同的，即居民常用食物和饮用水中缺碘。医疗队又到一些不流行该病的地区去调查。发现这些地区地理环境、经济水平也各不相同，但有一点是共同的，即居民常用食物和饮用水中不缺碘。医疗队综合上述调查情况后，认为缺碘是产生甲状腺肿的原因。后来对病人进行补碘治疗，果然疗效甚佳。这一结论就是通过契合差异并用法而得出来的。

应用契合差异并用法应注意以下两点：

1）正反两组事例的组成场合越多，结论的可靠程度就越高。

2）所选择的负事例组的各个场合，应与正事例组各场合在客观类属关系上较近。

（4）共变法。

共变法的内容是：在其他条件不变的情况下，如果某一现象发生变化另一现象也随之发生相应变化，那么，前一现象就是后一现象的原因。

共变法可用公式表示如下：

场合	先行情况	被研究现象
①	A1 B C	a1
②	A2 B C	a2
③	A3 B C	a3
	⋮	

所以 A 是 a 的原因

例如：一定压力下的一定量气体，温度升高，体积增大，温度降低，体积缩小。气体体积与温度之间的共变关系，说明气体温度的改变是其体积改变的原因。

应用共变法应注意以下三点：

1）不能只凭简单观察来确定共变的因果关系，有时两种现象共变，但实际并无因果联系，可能二者都是另一现象引起的结果。如闪电与雷鸣。

2）共变法通过两种现象之间的共变，来确定两者之间的因果联系，它是以其他条件保持不变为前提的。

3）两种现象的共变是有一定限度的，超过这一限度，这两种现象就不再有共变关系。

（5）剩余法。

剩余法的内容是：如果某一复合现象已确定是由某种复合原因引起的，把其中已确认有因果联系的部分减去，那么，剩余部分也必有因果联系。

剩余法可用公式表示如下：

A　B　C是复杂现象，a　b　c的复杂原因

已知A是a的原因，B是b的原因

所以C是c的原因

例如：有一次居里夫人和她的丈夫为了弄清一批沥青铀矿样品中是否含有值得提炼的铀，便对其含铀量进行了测定。令他们惊讶的是，有几块样品的放射性甚至比纯铀的还要大。这就意味着，在这些沥青铀矿中一定含有别的放射性元素。同时，这些未知的放射性元素只能是非常少量的，因为用普通的化学分析法不能测出它们来。量小放射性又那样强，说明该元素的放射性要远远高于铀。1898年7月，他们终于分离出放射性比铀还强400倍的钋。该元素的发现，应用的是剩余法。

应用剩余法应注意以下两点：

1）确知复杂现象的复杂原因及其部分对应关系，不得有误差，否则结论就不可靠。

2）复合现象剩余部分的原因，可能又是复杂情况，这又要进行再分析，不能轻率地下结论。

5.2　政策问题的确认

政策问题的确认指对于政策问题的察觉、界定和描述的过程。从认识论的角度而言，这是一个从对客观事实的感性认识到理性认识的过渡。一般而言，问题的有效确认比方案的精心设计更为重要。对决策者来说，用一个设计精妙的方案去解决一个错误的问题（不是问题的问题），其带来的不良影响比用有某种缺陷的方案去解决一个正确的问题要大得多。这不仅是政策资源的浪费，而且可能引发更大的社会问题。

问题确认是问题求解过程中最为关键的一环。对问题进行明确和系统的阐释是探求问题解决方案的有效途径。通过提出恰当的疑问和进行有效的分析，那些起初看起来无法解决的问题有时就能够被重新构建，以至先前未被发现的解决方案会凸显出来。

一位荷克斯特茨城堡指挥官的故事就说明了这个道理。那是1334年的事，他指挥士兵抵御来自提洛尔女公爵的武装包围。围困已经持续了很长一段时间，指挥官和他的战士们只剩下一头公牛和两袋大麦粉，显然，仅靠这些东西他们支撑不了几天，他们正面临一个看似毫无解决办法的难题。

然而，这位指挥官重新构建问题，分析了问题的实质，用了一个对于他的军队来说看似绝对不合理的解决方法。他杀死了那头牛，并在牛的腹腔填满了剩下的大麦粉，命令士兵将牛的尸体从陡峭的崖壁扔到敌人营地前的牧场上。看到城堡的指挥官对被围的困境表现出如此轻蔑和不屑的态度，女公爵感到气馁，她觉得城堡里可能还有足够的给养，否则城堡的指挥官不可能做出这样的举动。最后，她命令放弃对城堡的围攻，撤走了她的军队。

专栏

数据告诉你，粮食供应不是问题

新冠肺炎疫情蔓延全球，引发了一系列连锁反应。一些国家出现恐慌性抢购现象，近日更是出现国家层面的囤粮情况。目前已有多个国家正在限制粮食出口或加大粮食储备，联合国粮农组织总干事也呼吁防止疫情引发粮食危机。国际粮食市场的新动向引起国内一些人的担心：多国囤粮，对中国人的粮食供应会产生什么样的影响？国内粮食供应会不会成为一个问题？中国的粮食安全战略能不能经受住考验？

如何看待以上问题呢？先让我们来看看官方给出的4组数据：

1. 我国谷物年度进口数量不大，2019年净进口1 468万吨，相当于不到300亿斤，仅占我国谷物消费量的2%左右。主要目的是调剂需求结构，更好满足人们个性化、多样化的消费需求。

2. 这些年我国粮食连年丰收，已连续五年稳定在1.3万亿斤以上，2019年粮食产量是13 277亿斤，创历史新高，小麦多年供求平衡有余，稻谷供大于求。

3. 我国人均粮食占有量，2010年以来持续高于世界平均水平，2019年超过470公斤，远远高于人均400公斤的国际粮食安全标准线。

4. 目前我们国家粮食库存是充足的，库存消费比远高于联合国粮农组织提出的17%～18%的水平，特别是两大口粮小麦和稻谷库存大体相当于全国人民1年的消费量。

以上这4组数据给大家吃了个定心丸。2%、1.3万亿斤+，470公斤、1年，这些数据告诉我们，口粮绝对安全有保障。

5.2.1 问题察觉

问题察觉是指某一社会现象被人们发现并扩散，逐渐引起社会公众和政府有关部门关注的过程。在这个过程中，人们普遍感到应该行动起来做点什么，以改变目前这种状态。但究竟做什么和应该怎么做，人们并没有认真去考虑。问题察觉能否实现，不仅取决于客观条件，而且取决于相关人员的主观条件，如政治立场、思想意识、个人利益、价值观念等。

专栏

雾霾来袭

2013年12月2日至12月14日，我国中东部地区发生了重度雾霾事件，这是我国2013年入冬后最大范围的雾霾污染。2013年12月2日10时，中央气象台发布霾黄色预警。预警指出，预计从12日14时到13日14时，江苏、安徽东部、上海、浙江东北部、河北中南部、天津、山东西北部等地空气污染气象条件达4～5级，局部可达6级，不利于空气中污染物的扩散，上述大部分地区有中度霾，其中江苏中南部、上海、河北中南部等地的部分地区有重度霾。此后，雾霾范围继续扩散，几乎涉及中东部所有地区。天津、河北、山东、江苏、安徽、河南、浙江、上海等地空气质量指数达到6级严重污染级别，使得京津冀与长三角雾霾连成一片。首要污染物PM2.5浓度日平均值超过150微克/立方米，部分地区达到300～500微克/立方米，其中上海市在12月6日达到600微克/立方米，局部至700微克/立方米以上。受雾霾影响，多地发生严重交通事故，高速大面积关闭，多个机场进出港航班发生延误，人民出行、活动受到严重影响。

这次重霾污染最为严重的区域位于江苏中南部，南京市空气质量连续5天严重污染、持续9天重度污染，12月3日11时的PM2.5瞬时浓度达到943微克/立方米。4日，南京又是重度霾，能见度低于3千米，监测软件显示污染数据爆表。12月5日至6日，南京大气污染持续发布红色预警，南京中小学、幼儿园全面停课。与此同时，儿童医院门诊量上升1/3，喘息性气管炎、肺炎、普通上呼吸道感染发病率都有明显上升。更有网友吐槽："雾霾与尘埃混杂齐飞，路面共天空灰蒙一色。""真害怕金戈铁马，都毒死在城下!"直至12日后，受冷空气和降雨影响，南京的严重雾霾天气才告一段落。

所谓雾霾其实是雾和霾的统称，但是雾和霾有着不同的意思。雾是由大量悬浮在近地面空气中的微小水滴或冰晶组成的气溶胶系统，多出现于秋冬季节，是近地面空气中水汽凝结的产物。霾是悬浮在大气中的大量微小尘粒、烟粒或盐粒的集合体，使空气混浊，水平能见度降低到10千米以下的一种天气现象。雾是自然现象，霾是大气污染所致。对于雾霾，我们可以从空气湿度上大致做出判断，通常在相对湿度大于90%时称之为雾，小于80%时称之为霾，80%～90%则称之为雾霾混合物。

纵观全球的工业化进程，中国面临的雾霾问题并不是孤例，发达国家早已尝过苦果。20世纪40年代的美国洛杉矶、50年代的英国伦敦、60年代的德国鲁尔区都曾出现过严重的空气污染。治理雾霾也是一个长期的过程，洛杉矶从1943年第一次雾霾出现到1970年《清洁空气法案》出台经历了整整27年。英国的空气质量是在《清洁空气法案》通过后的30年才得到根本改善。但是，中国的情况更为复杂，除了燃烧煤炭产生的污染外，密集的机动车尾气排放也对空气造成了严重的污染，因此中国的雾霾是混合了当时伦敦和洛杉矶两种污染。2013年11月4日，中国社会科学院、中国气象局联合发布的《气候变化绿皮书：应对气候变化报告（2013）》指出，近50年来中国雾霾天气总体呈增加趋势。绿皮书称，中国雾霾天气增多最主要的原因是社会石化能源消费增多造成的大气污染排放逐渐增加。这些污染的主要来源是热电排放、工业尤其是重化工生产、汽车尾气、冬季供暖、居民生活（烹饪、热水），以及地面灰尘。严重的雾霾推动了我国节能减排工作的开展。当然，我们在应对环境挑战时也需要正视这样一个现实，即我国正处于工业化发展的上升期，排放量很难快速下降。因而，寻找更好更清洁的能源、调整更有创新力和附加值的产业结构以走出污染困境是中国政府目前迫切需要做的事。

5.2.2 问题界定

问题界定是指对问题进行特定分析和解释的过程。

首先，需要通过一定的方法对问题进行必要的归类，如根据政策问题的性质可以把其界定为政治的、经济的、文化的，根据政策问题的作用范围可以把其界定为全局的/局部的、国际的/国内的、全国性的/地区性的，根据政策问题的作用方式可以把其界定为指导性的（涉及指导方向方面的问题）、分配性的（涉及资源配置或利益分配方面的问题）、限制性的（涉及行为或利益限制方面的问题），等等。

其次，需要对问题进行必要的诊断，这就像医生给病人看病一样，诊断了病情，知道病人得了什么病，才好决定治疗方向。诊断问题应主要解决两个问题：一是差距何在。一个问题的存在，实际隐含着现实状态与理想状态之间的距离，任何解决办法无非都是为了缩短或消除这种距离。因而，能否准确表达这种差距，就成为能否发现解决办法的必要前提。二是原因何在。光找到差距还不够，还要弄清产生这些差距的原因。正如医生给病人量血压、测体温一样，光知道血压和体温不正常不行，他还要想办法知道是什么原因引起血压和体温不正常，否则就无法对症下药，无法标本兼治。

最后，需要把问题情境转变为实质问题。问题情境实际上包含了问题牵涉的众多因素及其相互间错综复杂的关系。问题界定的主要目标就是要把复杂、混沌的问题情境总结概括为清楚明了的实质性问题。分析主要矛盾，关注重要因素，是情境转化过程中必须注意的问题。

问题界定阶段所涉及的主要方法有类别分析法、类比分析法和假设分析法等。

（1）类别分析法是为了澄清、界定、甄别和区分问题情境而对问题进行类别划分的一种方法。

问题依据不同的标准可以进行多种分类，如根据地理范围、影响程度、政治性、确定性、结构功能、性质特点等进行分类。分类是为了有效地鉴别。

（2）类比分析法是建立若干类比的标准和模型，对已出现的问题成因、表现形式、具体特征、类别因素等与其他问题进行比较分析，以发现此问题与彼问题的相似性、相关性和差异性，并以类比的结果为基础，对问题的性质和特点进行确认。

（3）假设分析法是通过假设一定的前提，推导相关的结论，提供有效的方法。假设的焦点在于问题的主要因素尤其是相互冲突的因素。比如，设定问题的利害关系人，提出相应的主客观依据，对假设条件进行检验，在评估分析的基础上提出政策建议。

专栏

失独家庭问题

在中国，有这样一群父母：他们大多生于 20 世纪五六十年代，正赶上 70 年代末 80 年代初国家实施独生子女政策，只生一个孩子，将其视若掌上珍宝。可是，到中年、老年之后，他们中有的人却要承受意外丧子的痛楚。这些父母组成了让人心酸的失独* 家庭。目前，我国对于失独家庭还没有进行过详细的官方统计。有学者和研究机构根据国家统计局和卫生部（现为卫计委）此前发布的一系列数据进行了相关推算。据国家统计局发布的数据，2011 年，全国总人口约为 134 735 万。此前抽样调查还显示，2009 年，全国 15～19 岁人口约占总人口的 7.17%，20～24 岁人口约占 7.52%，25～29 岁人口约占 6.48%，三者合计为 21.17%。在此基础上，可以推算独生子女的大致比例，全国15～30 岁的独生子女总人数约为 1.9 亿。此外，根据卫生部发布的《2010 年中国卫生统计年鉴》，15～30 岁年龄段人口的死亡率至少为万分之四。按照这一数据推算，目前，全国年龄在 15～30 岁的独生子女中每年至少有 7.6 万人亡故，由此带来的是每年至少 7.6 万个失独家庭。**

随着独生子女家庭越来越多，由失独所引发的问题也日渐浮出水面。从现实生活来看，这些失独家庭在经历人生的大悲之后，还要独自承受着精神无依的折磨和生活无靠的压力。而从家庭功能的角度出发，失独的家庭变故不仅打破了他们正常的家庭结构，更使得家庭功能变得残缺不全。失独使得家庭失去了人口再生、赡养、经济生产、遗产继承等重要的微观功能；同时，失独者逃避社会、拒绝与人交往、回避亲人朋友，害怕看到同情和异样的眼光，从而导致家庭的社会功能难以发挥。失独使得家庭在一定程度上失去了其存在的价值。

失独家庭作为一个特殊的群体，对他们的精神关爱、经济帮扶以及养老的社会保障体系构建是改善民生的一个重要组成部分。此外，还应该从社会建设的战略高度出发，帮助他们实现家庭重构，而在这一方面，失独者本人要发挥核心主体作用，国家和社会则是不可或缺的帮扶力量。

* 失独是指一个家庭中的独生子女由于疾病或意外等原因死亡，而父母丧失生育能力并且没有另外收养子女的情况。

** 周静．“失独家庭”，谁来抚平你的伤痛．法律与生活，2012（14）．

5.2.3　问题描述

问题描述是指运用可操作性语言（如运用数字、文字、符号、图表等表达方式）对问题进行明确表述的过程。问题描述要尽可能量化，使问题分析具有一种定量特征。对“不足”或“过剩”都应有个强度的描述。“太大”是多大？“太小”是多小？“太慢”慢到什么程度？“太快”快到什么程度？例如，对于人口问题的描述，就需要准确记载一些相关的指标，并做出量化分析，如人口现有数量、人口的增长率、人口发展趋势等。再拿城市中打工子弟学校来说，到底有多少进城务工人员子弟进入了学校？还有多少没有进入？又比如农业用水的问题，目前有多少水资源可以利用，实体设施的发展能力如何？随着时间的推移，这种能力会提升还是会降低？如果有必要，就要设法收集一些信息以便对这一具体的“大小”或具体的“程度”进行核准。在多数情况下，你必须估计（或更为可能的是猜测）问题的有关强度。有时你需要设定一个范围并估计出一个强度。这种对问题所做的描述将作为政策制定的直接“原料”输入决策系统。

专栏

雨停了，还用再撑着伞吗？

中国人口形势已发生历史性转变，这个判断于2000年前后在人口学界就已达成了高度一致。从那以后，一批国内人口学家开始呼吁官方正视已发生了逆转的中国人口形势，重视低生育率的现实及风险，并试图通过扎实的调研推动政策的调整。

1980年，人口总数已达10亿的中国开始实施“一对夫妇只生一个孩子”的计划生育政策，试图用“一代人”的时间非常规地控制这个世界第一人口大国的人口增长。

然而，1992年以来，中国人口问题开始出现历史性转变，即我国的生育率已经逐渐低于实现人类世代交替所需的更替水平（平均每对夫妇生育2.1个孩子）。这意味着如果中国生育率继续保持在这一水平，在并不很遥远的将来，中国人口会以平均每30年减少1/4的速度下降，并将以人类历史上从未有过的速度加速老龄化。这将给中国未来的经济、社会乃至文化等方面的发展带来深远影响。坦白地讲，对于一心扑在降低生育率政策的中国官方来说，对过低生育率及其影响似乎还没有做好心理准备。按照惯例，通常把低于1.5的总和生育率称为“很低生育率”，把低于1.3的总和生育率称为“极低生育率”。2010年全国第六次人口普查的资料表明，我国各地区育龄妇女总和生育率仅有1.18，其中，城市总和生育率只有0.89，镇为1.15，只有乡村超过了1.3。就年龄构成来看，0～14岁少儿人口为2.22亿，占总人口的16.60%，15～59岁劳动年龄人口为9.40亿，占总人口的70.14%；60岁以上人口为1.78亿，占总人口的13.26%，其中65岁及以上老年人口为1.19亿，占总人口的8.87%。有专家预测，如果中国的生育政策不改变，到2030年中国少儿人口比例将持续下降，老年人口比例将加速上升，总人口年龄结构将全面快速老龄化。预计到2050年，65岁及以上老年人口比例将从2010年的8.87%持续上升到接近28%。

1980年中国采取计划生育政策的时候，是在一个短缺经济时代，当时希望通过控制人口过快增长，达到减少消费、提高储蓄率和投资以拉动经济的目的。同时，减少粮食、能源等的消耗，减少环境污染。然而，实践表明，在一个社会中，特别是在工业化、信息化、知识化的现代社会，某一地域的人口数量多寡，并不是决定国家发展成败和强弱兴衰的决定性因素，而只是国家在选择不同发展道路和模式时需要仔细考虑的关键性因素之一。在专家们看来，低生育率是在不久的将来中国遭遇严峻人口难题的根源。

问题的改变推动生育政策的调整。2013年12月28日，第十二届全国人大常委会第六次会议表决通过了《关于调整完善生育政策的决议》，“单独二孩”政策依法启动实施。然而，“单独二孩”政策实施后，在实践中遇冷，并未出现前期预想的生育潮，有些出乎意料。截至 2014 年 12 月，全国仅有不足 100 万对单独夫妇提出再生育申请，而此前的官方预计是每年增加 200 万人左右。中国社会科学院发布的《经济蓝皮书：2015 年中国经济形势分析与预测》认为，中国目前的总和生育率只有 1.4，远低于更替水平 2.1，已经非常接近国际上公认的 1.3 的“低生育陷阱”。据此，生育政策再做调整。党的十八届五中全会提出：坚持计划生育的基本国策，完善人口发展战略，全面实施一对夫妇可生育两个孩子政策。在“全面二孩”政策实施当年（2016 年），新出生人口 1 786 万，较 2015 年增 131 万人，并创下 2000 年以来的新高，政策刺激效应明显。但 2017 年即降至 1 723 万人，2018 年进一步降低 200 万人至 1 523 万人，2018 年的出生人数创下了 1961 年以来出生人数的最低纪录，2019 年更甚，比 2018 年还少了 58 万人。显示二孩政策效应正明显消退。中国人口出生率的持续下降为生育政策的再次调整开启了机会窗口。

在一般的决策系统中，政策问题的确认与政策方案的选择之间往往存在着一定的距离。这个问题并不难理解，因为对政策问题进行确认与直接拍板决策总是两个系统。也就是说，察觉、界定和描述问题的人并不直接参与政策的决定，决策者更多地依赖于问题的描述而不直接参与问题的确认。这种情况在我国的决策过程中表现得尤为明显。

很多政策问题的确认都是通过自下而上的报告体系来完成的。由于传统的、文化的、体制的和环境的种种原因，在这种报告链条中，经常会出现沟通的障碍和信息的失真，从而导致决策的失误。因此，为了进行有效的政策制定，问题确认过程中应注意以下两方面问题：

第一，问题描述应做到真实详尽，切忌人为夸大或缩小。在现实生活中，我们不难看到，迎合上级旨意，满足个人或集团利益的需要，是一般心态；夸大工作成绩，缩小存在的问题，是普遍现象。所以虚假与半虚假的问题描述在日常工作中并不鲜见，对决策中的正确选择构成很大障碍。因此，有时就需要建立多个平行的报告渠道，以比较和鉴别信息的真伪。

第二，尽量缩短报告链条，减少报告层次。从组织原则的角度出发，越级报告本属于不当行政行为。然而，层层报告不仅会造成时间的延缓，而且掺杂了层层的筛选与加工。由于政策问题的不确定性和多变性，时间的延误很可能造成问题描述的失真。另外，由于信息上达需要经过许多环节，过滤的层次越多可能与所要反映的问题出入越大。所以，在政策问题的确认过程中，越级行为有时是完全必要并值得鼓励的，特别是在发生一些重大政策问题的时候。

总而言之，对于政策问题的描述，要尽量做到以客观代替主观，以直接代替间接，以准确的事实代替加工过的材料，坚持实事求是的原则，有一说一，有二说二。当然，有效的制度安排是不可或缺的要素。

这里还有一点需要说明的是，一个政府如果能及时确定和认清所有重大的政策问题，并及时运用政策手段加以解决或缓和，那当然是再好不过的事情。但令人遗憾的是，政府许多时候不能够及时发现和认定重大的政策问题。当然，这是有很多原因的。首先，现代社会的发展变化非常快，各种社会问题的出现受多种因素的影响，表现得复杂多变且相互牵扯，识别起来有相当难度。其次，许多社会问题往往不是非常明显，人们有时忽视了这些隐含的问题。从理论上讲，政府工作人员应该对潜在和隐含的社会问题加以特别的重视，但实际上他们为日常的工作所困扰，没有时间和精力去做那些未雨绸缪的工作。最后，政府的精力往往更多地投入那些眼前迫切需要解决的问题，没有条件去注意那些将来可能会发生的问题。在许多时候，政府的确只是在发挥“灭火”的作用，而疏于“防火”的考虑。

5.3 政策议程的建立

安珀警戒

安珀警戒（AMBER Alert）是指当美国国内确认发生儿童绑架案时，通过各种媒体向社会大众传播的一种警戒。“AMBER”是“America's Missing：Broadcasting Emergency Response”（美国失踪人口：广播紧急回应）的缩写，也是以于1996年在美国得克萨斯州阿灵顿市被绑架杀害的九岁女童安珀·海格曼（Amber Hagerman）的名字命名的。在佐治亚州安珀警戒则被称为李维呼叫（“Levi's Call”），在某些州这样的计划也是以在当地失踪的儿童命名的。安珀警戒使用美国紧急警报系统（EAS）通过商业广播电台、卫星电台、电视台，以及有线电视向全国发布，同时会利用电子邮件、电子交通号志状况，以及无线装置的短信发布。安珀警戒的发布是由负责调查该绑架案的警察机构决定的。对大众发布的安珀警戒内容通常包含了对被绑架者的描述、对绑架嫌犯的描述，以及对绑匪车辆的描述和车牌号码。为了避免发出错误警报而让这个系统被当作“狼来了”被忽略，发布警戒的标准相当严格。

专栏

中国公安部儿童失踪信息紧急发布平台：中国的安珀警戒

公安部儿童失踪信息紧急发布平台上线启动仪式于2016年5月15日在北京举行。为适应“互联网+反拐”的时代要求，建立儿童失踪信息发布的权威渠道，发动群众搜集拐卖犯罪线索，公安部刑事侦查局打拐办在阿里巴巴公司的技术支持下，开发了儿童失踪信息紧急发布平台，并于2016年5月15日正式启动。此平台用于全国各地一线打拐民警即时上报各地儿童失踪信息，目前公安部、省、市、县四级共5 000余名打拐民警有平台发布权限。

棕地事件

拉夫运河位于纽约州，是一个世纪前为修建水电站挖成的一条运河，20世纪40年代干涸被废弃。1942年，美国一家电化学公司购买了这条大约1 000米长的废弃运河，当作垃圾仓库来倾倒大量工业废弃物，持续了11年。1953年，这条充满各种有毒废弃物的运河被公司填埋覆盖好后转赠给当地的教育机构。此后，纽约市政府在这片土地上陆续开发了房地产，盖起了大量的住宅和一所学校。从1977年开始，这里的居民不断患上各种怪病，孕妇流产、儿童夭折、婴儿畸形、癫痫、直肠出血等病症也频频出现。1987年，这里的地面开始渗出含有多种有毒物质的黑色液体。

1980年美国国会通过了《环境应对、赔偿和责任综合法案》（CERCLA），该法案批准设立污染场地管理与修复基金，即超级基金，该法案也因此被称为超级基金制度。

专栏

常德“毒地”事件：中国式棕地事件

常州外国语学校是江苏省内一所较好的初中学校，因为教学水平较高，所以成为不少家长择校的首选。然而，自2015年底开始，很多在校学生开始出现不良反应和疾病，家长怀疑与旁边的“毒地”有关。

所谓“毒地”指的是如今常州市外国语学校北部那块面积约26.2公顷的平地，曾有三家相邻的化工厂落户在此，它们分别是建于1958年的江苏常隆化工有限公司，建于1983年的常宇化工有限公司和建于1990年的常州市华达化工厂。2010年前后，三家工厂搬迁，随后政府在此进行土地修复。

作为该地修复单位，常州市黑牡丹建设投资有限公司于2013年，曾向江苏省环保厅报送《建设项目环境影响报告表》。该报告表披露了三家企业的问题：使用大量的有毒有害化工原料，部分化工原料及其中间产品具有高毒性，存在巨大环境风险。报告称：“原企业搬迁后遗留的已受污染的土壤和地下水成为该场地的主要污染源；该场地地下水大都受到污染，是该场地的一个面源污染。”

2015年9月大批学生入校，但此时北边的污染土壤还正在开挖修复中。2016年4月17日，央视报道披露了常州外国语学校新址建在重污染地块附近。当晚，常州市政府召开紧急会议，成立联合调查工作组，并称将按照“客观公正、依法处理、公众参与、信息公开”的原则，认真调查核实，依法处置，调查结果将及时向社会公开。一个数月前即有多家媒体报道的问题，在央视曝光后迅速升温，人们不禁疑惑：常州在表态零容忍之前是不是太能忍了？

校车重大事故与《校车安全管理条例》出台

2011年11月16日9时40分许，甘肃省庆阳市正宁县榆林子镇发生一起交通事故，一辆货车与一辆榆林子镇小博士幼儿园接送校车迎面相撞，校车司机与4名幼儿当场死亡，多名幼儿重伤。11时50分，经医院抢救无效死亡人员上升至19人。发生事故的校车核载9人，实载64人。

针对16日上午发生的这起交通事故造成重大人员伤亡的情况，教育部当日发出紧急通知，要求各地教育部门和中小学幼儿园，立即开展对中小学生和幼儿上下学乘车安全情况的排查。甘肃省庆阳市正宁县发生的这起校车事故最终造成21人死亡、43人受伤，引起社会广泛关注，从而使校车管理问题提上议事日程，相关政策议程的推进步伐陡然加快。

2011年11月27日，国务院责成国务院法制办迅速起草“校车安全条例”，将校车安全问题纳入法制轨道。12月11日，国务院法制办正式公布《校车安全条例（草案征求意见稿）》，广泛征求社会各界意见。经过几个月时间的准备，2012年3月28日国务院第197次常务会议通过了《校车安全管理条例》，自2012年4月5日起施行。《条例》总共62条，分为总则、学校和校车服务提供者、校车使用许可、校车驾驶人、校车通行安全、校车乘车安全、法律责任、附则等8章。这个校车安全管理的专门行政法规，依循以人为本的原则，确立了保障校车安全的基本制度，将校车安全问题纳入法制轨道，为校车行驶画出清晰可辨的“安全线”。

专栏

德清校车

2011年5月24日晚9时30分，中央电视台新闻频道唯一一档“时事新闻评论直播节目”——《新闻1+1》，以《校车：何谓“最牛”?》为题评述了德清县政府投入2 000多万元购置接送学生校车的事实，并称赞其是很有远见的做法，这在中国校车史上是一个重大突破。

直播节目援引了《岩松看美国》系列电视片中关于美国校车的“特权”资料。白岩松在节目中，对德清为当地小学生购买美式校车的做法给予了高度评价。他说，德清作为先富裕起来的地方，敢于拿这么多钱花在孩子身上，购买这样安全的校车，这是一种很有远见的做法，校车实现了全覆盖、无差别对待、考虑到了周边环境和道路状况等几大重要特点，对于像他这样一名父亲来说，十分羡慕拥有这种校车的地方。

有人把德清县的校车称为美式校车，是因为在政府出资购买的79辆校车中有14辆“长鼻子”校车，它们完全是按照美式校车的标准，由国内的宇通公司设计制造。这些校车，每天要负责接送德清县23个学校的6 000多名小学生，德清县政府每年要补贴校车运营费用400多万元。德清县进行的校车改革，因为遥远的甘肃正宁县那场幼儿园校车事故，意外引起了人们的普遍关注。他们所采取的政府补贴、公司管理的运营模式，以及像欧美那样在行驶中给予校车最高优先权的做法，被称为“德清模式”。政府行为成为德清校车模式的鲜明特征，地方政府为孩子们上下学撑起了一把保护伞。

熔炉效应

《熔炉》这部电影是以真实发生在韩国光州一所聋哑障碍人学校的性暴力事件为蓝本拍摄而成的。从2000年开始，长达5年，在这所学校里遭受性暴力的受害者多达30人，最小的只有7岁，而犯罪者包含校长、教务长在内有14人。两个救助孩子们的主人公一位是律师，另一位是医生。在抗争过程中，即使他们找到了最有力的直接证据，犯罪者也没有得到应有的惩罚，甚至是一些人受到轻微处罚后重返教师岗位。后来，律师患癌症死亡，医生继续抗诉却走投无路，最后只得以自杀的方式来换取公众的关注，并在自杀前留下几万字的遗书，把该事件自始至终详细叙述了一遍并在网上传播，这才引起了社会的注意。

韩国作家孔枝泳将其写成小说出版，正在服兵役的演员孔侑看到这本书，被书中描述的事件深深震撼，在军中就致电经纪人，请他托人征求作者孔枝泳的意见，希望将小说搬上银幕。经过多方努力，2011 年 9 月《熔炉》上映。

这部电影改变了韩国法律：

电影上映第 6 天，光州警方组成专案小组重新侦办此案。重启调查后发现，现行性侵害防治法刑责太轻。

电影上映第 37 天，韩国国会以 207 票通过、1 票弃权压倒性通过《性侵害防治修正案》，又名《熔炉法》。该法要点是：性侵女身障者、不满 13 岁幼童，最重可处无期徒刑；废除公诉期。加害者如任职于社会福利机构或特殊教育单位可加重处罚。新法于 2012 年 7 月实施。同时催生了“熔炉防治法”——《〈社会福祉事业法〉修正案》，确保社会福利机构经营公开透明，并引入外部监督力量。

5.3.1　政策议程的类型

1. 公众议程与政府议程

政策议程的建立是社会问题转化为政策问题的关键一步。在任何政治系统中都存有若干政策议程，其中公众议程（也称系统化议程）和政府议程（也称制度性议程）是两种最基本的形式，同时也是政策议程两个不同的阶段。一般来讲，如果一个社会问题不能够在公众议程上占有一席之地，它就很难进入政府议程。

公众议程是指某个社会问题已引起社会公众和社会团体的普遍关注，他们向政府部门提出政策诉求，要求采取措施加以解决的一种政策议程。从本质上讲，公众议程是一个众人参与的讨论过程，是一个问题从与其具有特殊联系的群体逐渐扩展到社会普通公众的变化过程，即一个问题引起相关群体的注意，进而引起更多人的兴趣，最后受到普通公众的关注。在这一过程中，非正式群体的情绪和大众传播媒介起着十分重要的作用。问题扩展的活力，取决于问题自身的特性。罗杰·科布（Roger W. Cobb）和查尔斯·埃尔德（Charles D. Elder）指出：（1）一个问题的定义越模糊，这个问题到达更广泛的公众的可能性就越大（特殊性的程度）；（2）一个问题被认为社会意义越大，这个问题到达更广泛的公众的可能性就越大（社会重要性程度）；（3）一个问题被认为长期的关联性越大，这个问题到达更广泛的公众的可能性就越大（关联期的长短）；（4）一个问题被认为越不具有技术性，这个问题到达更广泛的公众的可能性就越大（问题复杂程度）；（5）一个问题被认为越缺少明确的先例，这个问题到达更广泛的公众的可能性就越大（先例的明确程度）。①

政府议程是指某些社会问题已引起决策者的深切关注，他们感到有必要对之采取一定的行动，并把这些社会问题列入政策范围的一种政策议程。从本质上讲，政府议程是政府部门按特定程序行动的过程，政府的制度性因素在其中发挥十分重要的作用。

政府议程的项目有新旧之分。旧项目是指以常规形式出现的项目，如增加工资、财政拨款、社会保障等方面的事项。一般而言，政府官员对这些问题都较为熟悉，而且处理这些问题的方案在一定程度上也已经成形。新项目是指因特定情况或事件引起的项目，如工

① COBB R W，ELDER C D. Participation in American politics：the dynamics of agenda-building. Baltimore：Jones Hopkins University Press，1972：86.

人大规模罢工、外交方面出现危机等。有时新项目还可能由不断加大的社会压力（社会上越来越多的人要求政府对某些问题做出反应）所引起。政府议程的旧项目往往能够从决策者那里获取处理的优先权，这是因为决策者总是发现自己的时间有限且议程很满，他们自觉不自觉地会把自己的目光更多地投向旧项目。

公众议程和政府议程作为政策议程的两个阶段，二者之间既有联系也有区别。公众议程往往出现在政府议程之前，是由一些片段的、零散的、不系统的或不完全成形的议论所组成，人们对于问题的实质及其社会影响认识还不够具体，其主要目标是使公众诉求能够在政府议程中获取一席之地。尽管如此，公众议程所形成的强大推动力对政府议程的建立还是具有决定性的影响。政府议程往往是由一些意义非常明确的项目所组成，具有制度化的操作程序、运行方法，其主要目标就是对与问题有关的客观事实做出主观认定。一般而言，社会问题转变为政策问题先要经过公众议程，然后才能进入政府议程。但有些时候社会问题也有可能越过公众议程直接进入政府议程，这是因为决策者有时能够主动发现问题，并把其列入自己的议事日程。

专栏

“沉默的螺旋”

德国女传播学家伊丽莎白·诺埃勒-纽曼（E. Noelle-Neumann）在对历史现象进行研究和多年民意调查的基础上，于 20 世纪 70 年代提出了一种描述舆论形成的理论假设——“沉默的螺旋”（spiral of silence）。她在 1980 年《沉默的螺旋：舆论——我们的社会皮肤》一文中系统阐述了自己的观点。

“沉默的螺旋”这个概念实际上描述的是这样一个现象：人们在表达自己想法和观点的时候，如果看到自己赞同的观点，并且受到广泛欢迎，就会积极参与进来，从而使这类观点越发大胆地发表和扩散；当发觉某一观点无人或很少有人理会时（有时会有群起而攻之的遭遇），即使自己赞同它，也会保持沉默。意见一方的沉默会造成另一方意见的增势，如此循环往复，便形成一方的声音越来越强大，另一方越来越沉默的螺旋式发展过程。

2. 外在创始型、内在创始型、政治动员型

美国学者罗杰·科布以政策诉求的主体为标准，提出了建立政策议程的三种类型。①

（1）外在创始型。

政策诉求由政府系统以外的个人或社会团体提出，经阐释（对政策诉求进行解释和说明）和扩散（通过一定方式把政策诉求传递给相关群体）进入公众议程，然后通过对政府施压的手段使之进入政府议程。

（2）内在创始型。

政策诉求源于政府机构内部的人员或部门，其扩散的对象仅限于体制内的相关团体和个人，客观上不涉及社会一般公众，扩散是为了形成足够的压力以使决策者将问题列入政

① 科布．比较政治过程的议程制定．美国政治学评论，1976（3）．

府议程。“体制内运作”是内在创始型的主要特征，政策诉求的主体并不希望建立相应的公众议程。

需要指出的是，任何政策议程的建立都是公众议程与政府议程交互作用和影响的结果，其过程表现为不同政治力量的不断组合与分化，既涉及体制内又涉及体制外，现实的情况绝不会像上述模型所归纳的那样抽象和简单，对具体问题还要进行具体分析。

（3）政治动员型。

具有权威作用的政治领袖主动提出其政策意向，并使其进入政府议程。因为在一般情况下，政治领袖的政策意向往往能够成为政府的最终决策，所以看似没有必要建立相应的政府议程。之所以仍要这样去做，主要是为了寻求社会公众的理解和支持，以便更好地贯彻和实施这项政策。政治动员型以政府议程为基点，以公众议程为对象，其目标在于政策方案的执行。

3. 实质性议程与象征性议程

（1）实质性议程。

实质性议程往往涉及一些社会影响非常广泛、具有潜在性和爆炸性特征的公共政策问题。这些议题的重要性和复杂性使其不可避免地带有冲突的特征。它们通常会在公众中、决策者中以及二者之间引起争议，从而存在导致重大冲突的可能性。

一个政策问题进入实质性议程必须具备三个条件：一是公共资源的分配涉及重大的利害关系；二是议题引起公民和决策者的密切关注；三是议题包含了发生重大变化的可能性。

实质性议程所讨论的实质性问题不仅涉及范围广，而且影响强度高。公众可能对此已进行了长时间的争论，触角已深入一些细节，有时还会达到白热化程度，迫切需要决策者做出行动上的回应。一般来说，经济领域存在的问题往往会成为实质性议程关注的焦点（尽管不总是如此）。一项政策的出台往往会涉及谁出钱和谁受益的问题，并由此产生大量的政治冲突，会远远超出这项政策的具体实施及其影响范围。比如税收问题，政府要利用公共权威对一些人高征税，对一些人低征税，决策者要确定收入的钱将如何分配，需要投入哪些公共项目和计划。毫无疑问，税收政策的变动将涉及广泛的利益关系，直接影响到那些从收入的钱中获得利益的计划和团体。实际上，由此引发的一些现象实际上将会突破税收问题的界限，演变为其他问题出现的背景。

近年来，随着经济的发展，越来越多的非经济问题引起了公众的广泛关注，进入公共政策的实质性议程，如民族问题、宗教问题、环境问题、人口问题、治安问题等。显然，所谓非经济问题与经济问题很难有清晰的界限，决策者是否会以解决经济问题的形式回应非经济问题，或反其道而行之，这是实质性议程中经常会遇到的问题。

（2）象征性议程。

在政策议程中，不仅存在占主导地位的实质性问题，而且存在大量需要解决的象征性问题，它们同样分享了政治的聚光灯。象征性问题注重的是价值而不是资源。比如，树立良好的公民观念就是一个典型的象征性问题，它所关注的不是权利的多少，而是社会行为的“对”与“错”。尽管大量费用或权力（政策资源）的倾斜都不以象征性问题为重，但象征性问题解决不好同样会给社会带来许多的麻烦。

从功能角度来看，象征性议程可分为暴力威慑型、价值导向型、政府公关型、意识形态型等类型，其象征性往往意味着，最重要的不是实际发生了什么，而是它所具有的重要意义。许多国家的政府之所以会对侮辱国旗的举动做出迅速的反应，多半不是考虑到公众的不安情绪及社会的治安需要，而是考虑到价值观的损害和爱国主义的需要。同样，婚姻、家庭中存在的问题，如家庭暴力、虐待儿童等，之所以引起公众和决策者的密切关注，并非存在尖锐的利益冲突，而是社会观念方面的问题。这类具有象征性意义的问题也会牵动人们的共同意识。

5.3.2 政策议程建立的条件

现代社会存在着大量需要加以解决的问题，而政府所掌握的公共资源和输出政策的能力却是很有限的，这无疑就注定了社会的公共需求与政府的供给能力之间存在尖锐的矛盾。因此，总有一些社会问题能够顺利进入政策议程，而另一些则不能。那么，社会问题需要具备哪些条件才有进入政策议程的更大可能呢？

1. 公民个人的作用

从某种意义上讲，很多具有公共性质的问题都是由私人问题而引发的。比如，一个人对现行的车辆管理法规给自己带来的过重负担感到强烈不满，他有可能忍气吞声、自认倒霉，或偶尔在亲朋好友间发发牢骚。这时，无论是对他还是对其他人而言，这只是一个私人性质的问题。但是，他还可以采取另一种方法，比如将自己的问题告知公众和媒体，或将与之有类似看法的人组织起来，向政府有关部门提出抗议，或以正当形式展开对话并提交政策议案。上述行动很可能导致反对意见的出现，从而形成讨论的局面，许多人就这样直接或间接地卷入这一事务中。还需要强调的一点是，非正式关系在政策议程建立过程中起着一定的作用。所谓非正式关系，是指超出法定组织制度和工作程序的人际关系，如老乡、亲属、同学、朋友等关系。通过这类关系，个人所提出的问题很有可能被决策者列入政策议程。这是因为非正式关系的突出特点就是相互亲近与信任，有很强的互动作用。尽管利用非正式关系建立政策议程并非正常现象，但这种现象在现实生活中并不鲜见。

2. 利益团体的作用

任何利益团体都有自己的利益所求，在社会中它们寻求着某种合理的平衡状态。如果出现的某种情况威胁到这种平衡状态的存在，那么它们就肯定会做出必要的反应。比如，当个体零售商的利益受到大批发商的威胁时，他们就会通过其同业组织要求政府采取必要的行动以保护他们的利益；再如，当国内化工企业发现进口的化工产品威胁它们的价格和利润时，它们就会设法要求政府对化工产品的进口量加以限制。此外，某个利益团体从政府那里得到一定的特惠政策时，其他利益团体也有可能做出相应的反应（在体制改革和机构重组当中，利益团体的作用能够得到更为直观的表现，争权夺利的斗争完全表面化）。

3. 政治领袖的作用

迄今为止，在任何国家和地区，政治领袖都是决定政策议程的一个极为重要的因素，而且经常是起关键性和决定性作用的因素。政治领袖在政策议程建立过程中所发挥的特殊政治作用是无可替代的。他们不管是出于公众价值观和政治使命感，还是出于个人需要和团体利益的考虑，都会密切关注社会中出现的这样或那样的问题，提出对这些问题的一些解决方案，并在可能的条件下将其告知公众以引起必要的回应。在政治舞台上，政治领袖作为决策系统的核心，其对政策议程的影响力往往来自制度的授权，他们常常扮演政策议程主要决定者的角色，其政策建议几乎可以自动地提上政府议程。这里需要指出的是，政治领袖对社会问题的关注往往带有明显的个性色彩，他们对问题的认定受多种个人因素的制约，如个性特征、成长经历、受教育情况等。在建立政策议程的过程中，这些个人因素往往会与公共问题交织在一起，并以国家和公众的名义加以表现。

4. 政府体制的作用

一定的政府体制从制度上规定了信息的沟通渠道和利益的表达方式，从而形成了协调各种利益关系的组织机制。政府体制涉及组织结构、工作程序、代表制度、选举制度等多种因素，这些因素对政策议程的建立都有很大的影响。政策议程能否建立，很多时候取决于政府体制的开放程度。社会问题能否被政府关注不仅依赖于社会大众的发动，而且需要政府系统自身的努力。

5. 大众传媒的作用

大众传媒在推动政策议程建立的过程中起着非常关键的作用。第一，它能把少数人发现的问题广泛传播，以争取多数人的理解与支持，从而为建立公众议程创造了条件。第二，它能制造强大的舆论压力，促使政府决策系统接受来自公众的愿望和要求。第三，它是连接公众与政府决策系统的桥梁，使公众参与决策成为可能，从而扩大了政策问题的来源。第四，它能发挥政府决策系统外脑的作用，是政府决策系统了解和掌握社会信息的重要工具。

6. 问题自身的作用

社会问题的明朗化程度对政策议程的建立具有非常重要的影响。明朗化的社会问题最容易引起社会公众的普遍关注和政府决策系统的政策反应。一般来讲，问题明朗化的程度是问题严重与否的一个重要标志，从而是促成政策议程建立的基础条件。当然，如果只有明朗化事件才能导致政策议程建立的话，政府决策系统就只能做到“头痛医头，脚痛医脚”，就像一个庸医，始终处于被动状态。政府不是救火队，“有事则忙，无事则闲”绝非好的运行模式。所以需要政治领袖以积极的姿态，立足现实，预测未来，及时洞察潜在的问题。

5.3.3 政策议程的触发机制

1. 触发机制的影响因素

在公共政策制定的早期阶段，触发机制表现出极其重要的作用，它有助于识别和澄清面临的问题。但遗憾的是难以预测那些涉及触发机制的活动，因为它们常常隐含在一些日常生活中发生的事件后面，具有一定的隐性特征，很难直接被观察到。

触发机制作为公共政策的催化剂，其作用的发挥源于三个影响因素的互动。

(1) 范围。范围指的是受触发机制影响的人员数量和地区规模。如果一个事件对社会中多数人或多数地区构成影响，那么它必然具有普遍的社会意义，从而使采取相关行动的要求具有了广泛的社会基础。反之，如果触发机制只是改变了少数人的生活或少数地区的常态，那么要“有所例外”则是非常困难的，同时也很难从决策者那里获得处理的优先权。

（2）强度。强度是指公众的态度反应。如果发生了某种意外，但得到了公众的宽容与接受，那么随后出现的平和态度就不会引发相关的政策议程。反之，如果这个事件引起担心与愤怒，导致舆论哗然，那就必然会引起政策制定者的高度重视。比如，为保护濒临灭绝的鱼种，美国环保组织和动物保护机构发起强大的舆论攻势，要求政府停建已投资了几亿美元的大坝，政府迫于压力最终做出了妥协。

（3）时间。时间是指触发机制产生的时间。据此，可以把触发机制划分为瞬间机制和持续机制。前者是指很快就能够广为人知的事件，如苏联切尔诺贝利核电站的核泄漏事件、1976 年中国唐山大地震等；后者是指需要经历一个酝酿过程的持续性事件，如艾滋病问题。20 世纪 80 年代刚发现艾滋病时，因为它多与同性恋者和吸毒者有关，所以人们指其为“上帝的惩罚”，不关心它的致命性及其对社会的潜在威胁。但到了 90 年代，随着越来越多的人感染艾滋病和相关医学研究的开展，社会公众开始急于了解艾滋病预防和治疗的方法，并希望政府部门对此有所作为。

2. 触发机制的类型

触发机制作为公共政策的潜在先导，产生于内部（国内）和外部（国外）两种不同的环境，因此可以区分为内在触发机制和外在触发机制两种类型。

（1）政策议程的内在触发机制。

1）自然灾害。自然灾害的发生不受个人或政府从事活动的影响。虽然在自然界里不存在政治，但自然事件及其结果却可以极大地影响政治，如政治价值观的改变、政治优先顺序的改变等。一般来说，自然灾害难以在现代社会起触发机制的作用，环境的一般性破坏并不需要政府做出公共政策方面的迅速反应。许多灾害如火山爆发、地震、洪灾、火灾、旱灾、虫灾、飓风、泥石流、山体滑坡等，发生的频率都很高，但就其影响范围和持续时间而言，都不足以构成政策议程。然而，1994 年发生在美国洛杉矶的大地震，却促使联邦政府迅速做出反应。地震发生在人口密集区，强度为里氏 6.4 级，很快就使整个地区成为自然的“人质”，社会经济受到空前的破坏。国会迅速通过了一项 80 亿美元的“一揽子”救济计划，用以帮助灾区摆脱困境。

2）经济灾难。经济事件并非只会对经济领域构成影响，它的发生同样会给社会生活和政治生活带来影响。1982 年俄克拉何马的一家银行倒闭，之后不久，美国第八大银行伊利诺伊大陆银行也关了门，从而导致投资者的恐慌，挤兑成风，造成银行倒闭的连锁反应，经济的萧条触发了政策变革的社会要求。

3）技术突破。技术创新为社会带来了源源不断的发展动力，它可以实实在在地改变人们的日常生活和社会关系。汽车的发明及其批量生产带来能源的巨大需求，引起公路的大规模建设，造成环境污染和交通事故等问题；电视电话技术的应用使信息能够得到迅速的传播，国会辩论、总统讲话、时事新闻，一开开关就进入了家中；电脑的激增和互联网技术的出现开创了历史的新纪元，它不仅改变了普通人的生活方式，也改变了政府的管理方式，“全时政府”的概念得到越来越清晰的表现。

4）生态变迁。人类生存最为必需的一些资源，多是不可再生性的资源，仅以一定数量存在。一些国家和地区的乱垦滥伐造成水土流失和自然灾害的发生。生态的改变并不完全由生态自身的推动力所产生，其中涉及许多人为因素的影响。当然，对人类活动做出反应的生态转移是缓慢发生的，然而，生态问题一旦形成就可能造成极大的震惊，导致公众的迅速反应，产生过去从未考虑过的政策问题，如水污染、臭氧层的破坏、酸雨的影响、沙尘暴现象等。

5）社会变迁。随着社会中的大多数人对社会价值、行为规范、政治理念和政府责任等方面态度的转变，社会的方方面面都会随之产生很大的变化。我国从计划经济向市场经济转轨，促使公共政策发生很大的转变；发生在美国的女权运动，促使社会重新思考与妇女社会地位有关的经济和政治制度；黑人解放运动吹响了向种族歧视进军的号角，提高了黑人的社会政治地位，推动了社会的进步和发展。

（2）政策议程的外在触发机制。

1）战争行动。受到他国的武力侵犯是外在触发机制最为典型的例子。即使本国并没有直接卷入冲突，但也会受到间接的影响，可能会成为与冲突有关的活动参与者。第二次世界大战导致美国直接参战的珍珠港事件就是战争直接触发政策议程的典型例证。然而，类似珍珠港事件这种既清晰又完全地影响公共政策过程的触发事件很少。更普遍的情况是，当战争尚为一种可能性时，一个国家需不需要对威胁做出反应还得权衡考虑。

2）地区与国际冲突。除了战争这种国家间的大规模冲突之外，在全世界多个地方都有小规模冲突出现，比如印度和巴基斯坦两个国家的摩擦，以色列和巴勒斯坦持续不断的流血冲突，爆发在波黑地区的局部战争，令俄罗斯政府倍感头痛的车臣问题，“基地”组织的恐怖活动，等等。这类冲突同样会对政策议程的建立产生重要的影响。

3）经济对抗。各国在经济领域存在博弈是一个不争的事实。世界的“经济馅饼”有人多吃一口，别人就会少吃一口，即一国的收益可能造成他国的损失。比如许多石油进口国对石油输出国就有发不尽的牢骚；一些第三世界的发展中国家不断批评工业发达国家低价购入原料，高价返销产品，赚取过高的利润。当一个国家以损害他国的方式制定其公共政策时，就不可避免地会导致经济对抗，从而引发经济报复行动，带来双边关系的恶化，如欧美经济冲突、美日贸易摩擦、反倾销政策的实施、贸易壁垒的形成等。

4）新式武器与力量失衡。美国于1945年在广岛和长崎投下两枚原子弹，向世界证明了美国处在先进武器的最前沿。直到1949年苏联试爆核弹成功，才打破美国的核技术垄断。其后有英国、法国、中国等多个国家拥有了核武器。大规模杀伤性新式武器（不仅包括核武器，还包括化学武器和生物武器）的不断出现不仅对国家间的关系有显著影响，而且对整个国际政治体系也会带来冲击。特别是在今天全球一体化背景下，美国作为新式武器的“超级大国”，试图在21世纪继续其霸主地位，推行“孤立主义”外交，坚持“单边主义”立场，重“冷战思维”，制定“防新战略”（防止新对手再度出现的战略），以“竞争、威慑、取胜”作为核心理念，“大国竞争”成其首要关切。美军还成立太空军，试图开辟太空战场，拉开全球太空对抗的序幕。

3. 政策议程与突发事件

美国政策学家詹姆斯·安德森在其《公共政策制定》一书中对政策议程问题做了更为

具体的阐述。他认为某种危机或惊人的事件、抗议活动、新闻媒介的报道等因素可以促成政策议程的建立。①

（1）某种危机或惊人的事件。

很多时候，人们可能已经对某些问题有所察觉，并提出了政策诉求，希望能够对之采取必要的行动。但它没能引起普遍性的重视，政府也处于左右为难之中。在这种情况下，的确需要有某种突发性事件，将问题推上政策议程。突发性的重大事件往往会使形势发生逆转，从而成为社会各界关注的焦点，引起政府的高度重视。例如，1957 年苏联发射了第一颗人造地球卫星，尽管当时艾森豪威尔政府的有关官员表面上并没有显出过分的在意，但这一突发事件的确将探索太空的问题提上了美国政府的政策议程。

专栏

人造地球卫星发射成功

1957 年 10 月 4 日，莫斯科时间晚 22 时 28 分，在苏联的拜科努尔基地，运载火箭将直径 58 厘米、重达 83.6 公斤的人造地球卫星送入太空。人类的太空时代开始了。

苏联发射的这枚卫星代号为 PS-1，形状为球形，铝合金外壳，外置 4 根天线，长度分别为 2.4 米和 2.9 米。卫星设计成球形，据说这样可以更多更好地安装科学仪器。

苏联成功发射第一颗人造地球卫星之后，全世界的主要报刊连续数日对这一事件做了大幅报道，全世界为苏联所取得的成就感到震惊。因为美国在这方面落后于苏联，美国总统艾森豪威尔受到了来自民主党的激烈批评。民主党候选人约翰·肯尼迪在 1960 年的总统大选期间，在竞选大纲中把发展美国的航天工业作为未来主政期间的一项重要工作。1958 年，美国的第一颗人造地球卫星发射升空，重量为 8 公斤。

一个让人迷惑的问题是：如果美国发射了第一颗人造地球卫星，那么历史将会怎样？乔治·华盛顿大学太空政策研究所所长约翰·诺斯顿说："如果没有苏联的人造地球卫星，就可能没有阿波罗计划。"

（2）抗议活动。

这是使问题引起决策系统关注并进入政策议程的另一种途径。抗议活动是一种激烈的利益表达形式，往往带有某些反常规的行动特征。其表现形式有示威游行、静坐斗争、绝食抗议、暴力冲突、武装对抗等。社会中出现大规模的抗议活动通常说明社会问题已经发展到了非常严重的地步，政府的现行政策已经难以调和这种矛盾，只有做出新的政策选择才能平息由抗议引发的混乱局面。抗议活动是建立政策议程的有效方法，但不是最佳的途径。它多以极端方式向政府施压，表达某些利益群体的政策诉求，往往形式过激、发生突然、超乎常规、始料不及，给政府带来"超负荷压力"。在政府能够有效控制和疏导这种压力时，政府可能会采取一定程度的妥协，建立相应的政策议程。然而，这种激烈的表达方式毕竟有可能造成社会失态，形成与政府的严重对立，对既成的社会秩序构成威胁，导

① 安德森. 公共政策制定：第 5 版. 谢明，等译. 北京：中国人民大学出版社，2009：109-111.

致一些悲剧性的后果。

专栏

《我有一个梦想》

1963 年 8 月 28 日，美国民权运动史上最伟大的日子。美国黑人民权运动领袖马丁·路德·金* 率领近 25 万人向华盛顿进军，发动了一场规模空前的示威游行，为黑人争取自由平等和就业权利。在这次游行集会中，马丁·路德·金于林肯纪念堂前发表了他永垂史册的演说——《我有一个梦想》(I Have a Dream)。他在富有激情地描述自己对于黑人与白人有一天能和平共存、平等相处的远景时，不断重复使用了“I have a dream”，演说由此而得名。这次游行集会成功地向当时的肯尼迪政府施压，并迫使美国国会通过了 1964 年《民权法案》，宣布所有种族隔离和歧视政策为非法。之后，尽管马丁·路德·金遇害，但是他所领导的这场轰轰烈烈的民权运动给黑人在政策议程的建立上争取到了很大的权利，实现了黑人政治从民权到政治选举的转变。从此政府开始任命黑人担任高级职务，甚至接受一些“黑人权力”组织，给它们注资，让其进行政治活动。一些大城市的民众选举和接受黑人担任市长。美国体制开始把黑人纳入其中。

* 马丁·路德·金（1929—1968），美国黑人律师，著名黑人民权运动领袖。一生曾三次被捕，三次被行刺。1964 年获诺贝尔和平奖。1968 年被种族主义分子枪杀。他被誉为近百年来八大最具有说服力的演说家之一。

（3）新闻媒介的报道。

一些问题可能会引起新闻媒介的特别注意。通过新闻媒介的报道，这些问题很可能会成为政策议程里的内容。如果没有新闻媒介的介入，这些问题就很可能长久地存在而不会引起社会公众的注意，政府自然也就不会去考虑这些问题。而对于那些已经被提上议程的问题，新闻媒介的渲染也能够使其获得更多的关注。新闻媒介作为重要的社会舆论机器对政策议程的整个过程及其结构都有重要的影响。当然，新闻媒介往往出于各种不同的动机，或为了制造新闻，或为了增加发行量，或为了公众的利益，或出于其他目的，不可避免地会出现不真实的报道，这对政策议程的建立也会产生一些负面影响。

专栏

议程设置理论

议程设置理论是 20 世纪 70 年代在美国风行起来的一种有关大众传播效果的理论。由美国传播学家马克斯韦尔·麦库姆斯（Maxwell McCombs）和唐纳德·肖（Donald Show）首先提出。他们于 1972 年在《舆论季刊》上发表了论文《大众传播的议程设置功能》，其主要含义是：大众媒介注意某些问题而忽略另一些问题的做法本身就可以影响公众舆论，而人们一般倾向于了解大众媒介注意的那些问题，并采用大众媒介为这些问题所确定的优先次序来确定自己对这些问题的关注程度。他们二人的这项研究标志着一个新的传播效果理论——议程设置理论的诞生。

议程设置理论暗示了这样一种媒介观，即大众传播具有一种为公众设置议事日程的功能，传媒的新闻报道和信息传达活动以赋予各种“议题”不同显著性（salience）的方式，来影响人们对周围世界的“大事”及其重要性的判断。传媒是从事“环境重构作业”的社会机构，即通过向公众提示“社会生活中的重要议事日程”的形式来完成环境重构的任务。

议程设置理论是传播学经典学派的重要理论成果之一，探讨的是大众传播的舆论影响和社会效果，该理论的提出具有重要的理论和实践意义。它从考察大众传播对人们的环境认知作用入手，重新揭示了大众传媒议程设置的有力影响，为有关政策议程问题的研究提供了重要的参考。

5.3.4 政策议程建立的障碍

1. 政治原则的偏离

任何国家都有被其视为立国之本的基本政治原则，坚持这些原则，是政府义不容辞的职责。因此，政策诉求一旦偏离了这些原则，政府就会通过各种方法将其排斥在政策制定系统或制度化程序之外，有时甚至是在其提出之前或接近相关的政策领域之前就会被改变或扼杀。

2. 价值体系的排斥

价值体系涉及社会的基本观念及其信仰倾向，是人们思考的依据和行为的准则。任何社会都有其占主导地位的价值体系，它排斥特定的社会问题和政策选择方案进入政策议程。换句话讲，如果提出的政策诉求与社会价值体系不符，就难以形成公众议程，更不可能转化为正式议程，即政府议程。

3. 政府体系的封闭

如果政府体系保守，决策过程封闭，民选代表不能代表选举人的利益，那么公众与政府联系的渠道就会出现障碍，公众的呼声和愿望就很难为决策者所知。人们不仅无法与决策者进行必要的沟通，而且不能通过问题讨论等形式参与政策的制定过程。在这种情况下，公众认定的社会问题很难进入政策议程。当然，我们并不否认政府的“黑箱运作”有时是切实可行的甚至是唯一可行的办法，但这并不是没有限度的。公共政策事关公众的利益，必须接受公众的检验，一个保守的政府、一种封闭的体制难以产生有效的政策。

4. 承受能力的超重

任何一种政策问题的提出，如果超出了决策者的承受能力，就会受到他们的排斥或回避。即使这种问题的提出对社会有利，符合时代潮流，往往也难以进入政策议程。

5. 表达方式的失当

有些问题本可以通过法定的正常渠道提出，却偏偏要选择非正常渠道；明明可以在正式场合上讲，却偏偏要进行地下活动；明明可以采用平和形式提出政策诉求，却偏偏要采取过激的形式。表达方式的失当，很多时候使本该列入政策议程的问题无法被列入。

专栏

美国禁枪为何难?

在美国，私人有权拥有枪械。对这种代价昂贵、只有潜在意义的自由和权利，美国人在付出了有目共睹的惨重代价之后，为什么至今没有放弃呢？要回答这个问题，说难也难，说易也易。看看下面这则小故事，我们可能就会有了答案。

一名生活在美国的犹太人后裔在得知以色列正在建立所有二战中被迫害致死的犹太人的详细档案时感到奇怪：那么多的牺牲者怎么会无力反抗？后来他发现，二战之前德国人也是合法拥有武器的，但希特勒在上台之后，首先搞枪支登记，然后设法逐步没收枪支，以致犹太人最后只能束手就擒。他由此坚信失去自卫武器是犹太民族的悲剧原因之一。他拥有好几种枪，他说："我也希望永远不去用这些枪。但是你应该知道，枪不仅是一种工具，更是一种权利。"

的确，在美国，人们捍卫自己与生俱来的权利得到宪法的保障和司法制度的支持。简单地说，凡是发生"抄家"这类的情况，法律是支持开枪一方的，但是为了避免误伤，必须事前发出警告，如果在受到警告之后继续侵犯，主人有权开枪，事后不必承担后果。

5.4 政策规划

政策规划过程是一个狭义的政策分析过程，需要决策者与政策分析人员的密切配合，它是在既定原则指导下寻求方案优化的一系列分析和抉择活动。

5.4.1 政策规划主体

政策规划主体既有单一型也有多元型。前者通常是指规划在政府系统内部进行，后者则是指规划不仅有政府参与而且扩展到社会领域，表现为多种主体的合法介入。在多元型主体结构中，还需要正确区分直接主体与间接主体，前者不仅享有决策的法定权力，而且要承担由此带来的一些政治、法律、经济和道义方面的责任，后者则只是享有政策方案的拟订、推荐和评判权，而不需要对其后果承担任何责任。

在现代社会，政策规划完全由政府部门独立完成的情况已经越来越少，规划主体多元化在世界范围内已经成为一种发展趋势。当然，在强调规划主体多元化的同时，我们必须认识到政府在政策规划过程中所要发挥的主导作用。

在实现政策规划主体多元化的进程中，世界上不少国家都先后采取了听证制度。"听证"一词，最早源于西方国家的司法实践，后来被逐渐运用到立法活动和行政活动之中，从而成为公共政策规划过程中一项非常重要的制度形式。其核心原则是增强决策的透明度，推进决策的民主化。其具体要求是，在讨论和研究政策方案时必须经过合法程序，听取有关专家、有关部门、利益团体、社会公众等的相关意见，进行必要的政策辩论，以保证政策规划的科学性。

专栏

听证制度

听证制度起源于英美，其传统可以追溯到英国自然法古老的自然公正原则*：当事人非经听取意见不受人身和财产的处罚。它要求任何权力必须公正行使，无论是法官判案还是行政裁决，只要对当事人做出不利的决定，必须听取当事人的意见，不能主观片面地认定事实，剥夺当事人的辩护权利。“听取当事人意见”在法律规范方面就体现为“听证程序”。

从听证制度的起源来看，听证最初是指初审法院的法官在对案件进行公开审讯前进行的各项中途聆听诉讼各方的申请或陈述、审核相关证据的法定程序。通常只有在当事人一方要求法官裁决某些特定事项时，法官才会在公开审讯前举行听证，如当事人一方要求法官下达临时禁止令或要求授予临时性子女监护权或抚养费等。

司法审判的听证模式后来逐渐被引入行政和立法程序。20 世纪 30 年代，美国爆发了严重的经济危机，出现了经济大萧条，罗斯福上台后实施“新政”，为解决政府面临的复杂的社会问题，国会授予行政机关司法权力。按理讲，司法权力本是属于法院的“专利”，但为什么会部分交由行政机关行使呢?

首先，现代行政日趋专门化，解决行政上的争端需要行政事项的专门知识，而法官既缺乏这方面的专门知识，也缺乏解决行政问题所必备的开拓和进取精神，于是国会立法把这类争端委托给执行相关法律的行政机关处理。

其次，法院的程序规则已经不能适应行政上的需要，法院不仅缺少专业能力而且没有足够时间参与解决行政争端，致使那些需要迅速加以解决的行政争端不能及时处理。而具备专业能力的行政机关解决纠纷时间迅速、程序简单、成本低廉、效率很高。

最后，司法输出的是一种程序正义，其必然要求当事人和国家为此支付昂贵的制度成本。与高薪供养的法官、苛刻烦琐的仪式、一丝不苟的判决相比，行政官员的供养成本及行政解决纠纷的制度成本要远远低于诉讼成本。法院的任务是实现高标准的公正，行政机构的任务是完成高效率的裁决。

1946 年美国公布的《联邦行政程序法》首次以成文法形式明确规定了行政听证程序，这部法典对后来其他许多国家的行政听证制度都产生了重大影响。行政和立法听证模拟司法审判，由意见相反的双方互相辩论，其结果通常对最后的处理有约束力。具体来说，凡是在听证会上提出的意见，决策者必须在最后裁决中做出回应，否则相关行为可能因此而无效。在美国行政法程序上，正式的听证完全克隆法庭辩论模式，并由行政机关指派一名行政法官**担任主持，对立的双方不仅发表意见，还会提出相关的证人和证据来支持自己的观点。最后行政法官必须像法院审案一样做出最后的裁决，裁决必须详尽地回应双方的观点，否则在司法审查中该裁决可能因程序问题而被判无效。在美国，立法程序中也经常使用听证会。立法中的听证会相对要随意一些，通过抽签产生的听证代表就某个法案发表自己的观点，这些观点将成为议员们投票时的重要参考。由于议员具有言论和表决的免责权，立法程序中的听证会不像行政程序中的听证会那样有约束力，换言之，从理论上说议员可以完全无视听证会上的意见，但是在一个民主体制下，议员不能不为选票着想，听证会毕竟反映了选民的意见，很少有哪个议员敢无视这些意见的存在。

听证制度在我国是个“舶来品”。1993年，深圳在全国率先实行价格审价制度，政府在制定或调整与百姓生活密切相关的商品和服务价格时要征求消费者、经营者和有关专家的意见，这就是价格听证制度的雏形。从1996年起，在全国范围陆续出现了对行政处罚、价格调整和立法决策等领域的听证实践。1996年10月1日生效的《中华人民共和国行政处罚法》第四十二条明确规定：“行政机关作出责令停产停业、吊销许可证或者执照、较大数额罚款等行政处罚决定之前，应当告知当事人有要求举行听证的权利；当事人要求听证的，行政机关应当组织听证。当事人不承担行政机关组织听证的费用。”2000年7月1日生效的《中华人民共和国立法法》第三十六条规定：“列入常务委员会会议议程的法律案，法律委员会、有关的专门委员会和常务委员会工作机构应当听取各方面的意见。听取意见可以采取座谈会、论证会、听证会等多种形式。”2002年11月，中共十六大政治报告首次明确提出要广泛建立听证制度。2003年9月1日起开始施行的《中华人民共和国环境影响评价法》首次将听证制度引入环境影响评价，为国家行政机关依法行政、统筹规划、促进可持续发展、保护环境资源提供了法律依据。2004年7月1日起开始施行的《中华人民共和国行政许可法》更是将听证制度推而广之，其中第四十六条规定：“涉及公共利益的重大行政许可事项，行政机关应当向社会公告，并举行听证。”

从我国听证制度的发展状况来看，听证主要是指政府机构在做出涉及公众利益的公共决策时，听取利益各方和社会各个方面以及有关专家的意见，以实现良好治理的一种必要的规范性程序。听证制度在我国的建立体现了行政民主化的要求，其现实意义显而易见。首先，听证制度的实施使公民参政权得以体现，使公民的诉求能够有渠道表达，由此会进一步激发公民的民主权利意识，弱化对行政权力的疏远和恐惧。其次，听证制度的实施有助于行政机构提高行政效率。虽然从表面上看，听证会增加制度成本，但从最终结果看，听证能够从程序上保证行政决定的易被接受性，减少服从成本，提高行政效率。再次，听证制度的实施有利于树立“阳光行政”的理念，让公众通过听证参与政策过程，能够使政府行为更为公开透明，符合社会发展的客观需要。最后，听证制度的实施有利于社会的和谐进步。社会一般公众有机会与行政主体直接沟通、协商解决利益矛盾与冲突，有助于促进社会和谐，实现社会协调发展。

过去，我国水、电、煤气、电信、铁路等关系到群众切身利益的公用事业价格、公益性服务价格、自然垄断经营的商品价格一直是政府说了算，而百姓在定价过程中所起的作用微乎其微。这种笼罩着垄断阴影的行政模式，显然与市场经济规则和行政改革需要严重不符。现在，听证的大幕已经逐渐拉开，民主决策的理念已经普及，平民百姓在政府决策过程中发挥着越来越重要的作用。除了行政程序中有听证制度外，在我国立法实践中也开始采用听证制度，已经有多个地方的人大在制定地方性法规时进行了听证，全国人大在修改个人所得税法时也进行了听证。

* 自然公正原则：英国1215年制定的《自由大宪章》第39条规定：“任何自由人，如未经其同级贵族之依法裁判，或经国法判决，皆不得被逮捕，监禁，没收财产，剥夺法律保护权，放逐或被加以

任何其他侵害。”1354 年英国国会首次以法令形式明确提到并解释了“正当程序”：未经法律的正当程序进行答辩，对任何财产和身份拥有者一律不得剥夺其土地或住所，不得逮捕或监禁，不得剥夺其继承权和生命。正当程序条款最初适用于司法程序，具体包括两项内容，即“任何人都不应当成为自己案件的法官”和“当事人有陈述和被倾听的权利”。之后正当程序又逐步运用于行政活动领域，成为衡量行政行为正当性的标准。

** 美国的行政法官模式：1946 年以前主持听证的人员只能行使机关授予的职权，无特殊地位，不能取得当事人的信任，1946 年《联邦行政程序法》明确规定了听证审查官制度，1972 年以后改为行政法官。行政法官具有独立性质，不受行政机关首长直接控制，除非有文官事务委员会所规定和确认的正当理由，行政法官不能被罢免。行政机关无权自己任命行政法官，只能从文官事务委员会所确认合格的人员名单中选择任命人员。他们在编制上是所在机关职员（在组织上隶属于各行政机关），但在任免、工资等方面，不受所在机关控制（在职业上独立于他们所属的行政机关）。1981 年修正的《州示范行政程序法》规定了行政法官集中使用制，即在州行政部门内设立行政听证局，行政法官根据听证局的指派，可以在不同机关服务。行政法官具有明确的法律地位，对纠纷和争议的裁决具有独立的权力。

不管是单一型主体还是多元型主体，决策者与政策分析人员的互动在政策规划过程中起着核心作用。

社会中有很多种人都在从事政策分析工作。当然，他们中的一些人乐于把自己的工作描述为政策分析，而另一些人则不是这样。尽管如此，他们还是具有许多共同的和相互重叠的关注内容：关注各类社会问题以及这些问题与公共政策之间的关系；关注各类公共政策的具体内容；关注决策者或政策制定者做了些什么和没有做什么，即对一项公共政策的输入及其过程感兴趣；关注公共政策形成的社会影响，即对一项公共政策的输出及其结果感兴趣。那么，政策过程的哪个阶段是政策分析人员关注的焦点？政策分析人员对政策规划可谓情有独钟，他们所进行的实证分析和理论研究最重要的目的就是为政府部门的政策制定提供可靠的依据。

人们在哪里可以发现政策分析人员的身影呢？

其一，大学。对政策与问题领域以及政策过程感兴趣的大学教师，他们主要从事个人的研究并且要为争取得到有关机构给予的项目基金展开一定的竞争。

其二，独立的研究机构和思想库。这些组织有专职的合同制雇员，他们都在从事专业性研究工作。

其三，部内制政策部门。在政府、政府代理机构和公共团体内部负责研究工作和情报工作的分析人员。

其四，压力集团和院外活动团体。这些利益集团中的政策分析人员通过对政策实施监控和提出各种政策主张及建议寻求对政策制定施加影响。

其五，党内制政策部门。一些为支持政党政治活动、维护政党利益而从事政策研究和开发的机构、部门或团体。

其六，自由职业的政策咨询人员。根据签订的合同和所付的酬劳从事政策研究的社会人员。

尽管政策分析人员共享对政策的关心并且可能有许多共同关注的领域，但他们的专业背景和学术取向却有着很大的不同。在政策分析领域工作的这些人涉及广泛的学术领域，如经济、法律、政治、社会、地理、环境科学等。他们所编排的“节目”会在不同的“政策舞台”上公演。

由于公共政策是一个趋向于由多种政策范畴或组成部分进行定义的领域，所以在这样的一种背景下，无疑会产生学科间和机构间的互动作用和交叉影响。当然，这同时也为比较研究提供了良好的条件。

公共政策分析所涉及的一些主要领域包括健康、交通、教育、环保、社会保障、住房、经济、种族、治安、市政等。每个领域都会存在一些专业化的研究团体，它们关注具体的问题与政策，并会提出与之相关的政策主张。

有一些人怀疑政策分析人员的作用，他们认为政策分析只不过是掩饰政治冲突的一种时髦的虚饰而已，决策者为解决冲突所进行的实际上是实力的较量。他们更多地依赖于权术的玩弄、阴谋的策划、竞争性投票、政治上讨价还价，有时甚至不惜付诸暴力。在政策制定过程中，理性的谋划虽说无害，但也只是一种无效的消遣，政策分析人员所做的大量专业分析实际上是枉费心机，因为各种重要问题的最终决定还要依据政治力量的对比。

的确，理性的呼声并不一定能博得听众的好感，所以政策分析人员常常抱怨决策者忽视了他们的研究成果。而政治家们对此却不以为然，他们认为政策分析人员提供给自己的分析结果往往并无多大用处。的确，政策分析有着很多的障碍和局限，如利益和价值方面的冲突、信息不对称、资源的有限性、时间和心理方面的压力等。因此，它不可能完全取代政治的作用，但据此否定政策分析在政策制定过程中的影响也是不客观的。

5.4.2　政策规划的原则

1. 信息原则

信息是政策规划的基础材料，从某种意义上讲，政策规划的过程就是信息的收集、整理、加工和利用的过程，政策规划的成效在很大程度上依赖于信息的全面、具体、准确、及时。如果没有充分的信息保障，政策规划也就只能是“巧妇难为无米之炊”。

专栏

“波将金村”复活

2020 年 1 月 14 日晚，央视反腐专题片《国家监察》播出第三集《聚焦脱贫》。片中介绍了 2018 年影响极大的安徽阜阳“刷白墙”事件，让人真切感受到了形式主义、官僚主义之害。“刷白墙式脱贫”刷的已不是简单的形式主义，而是对党的事业不负责、不尽责，对贫困地区群众敷衍塞责。

这样的做法说奇也不奇，因为这套把戏，算不上什么首创，是一个从俄国进口的“舶来品”。沙俄叶卡捷琳娜女皇时代有个大臣叫波将金，在世界史上这个人可谓大名鼎鼎。他的出名，不是因为他是女皇身边最得宠的臣子兼面首，而是因为他为了讨女皇的欢心，在女皇沿第聂伯河巡视期间，在自己的领地用墙壁遮挡沿途贫困肮脏的景象，并把大片墙壁画成鳞次栉比的房舍轮廓，一眼望去，是一片繁华乡村的面貌。从此在世界史上就留下了一个专有名词——“波将金村”，它成为人所共知的做表面文章和弄虚作假的代名词。

2. 系统原则

系统性是社会问题的重要特征之一。任何政策问题都不是孤立存在的。在社会大系统内，不同范围、领域、层次的社会问题存在着相互联系、相互制约的辩证统一关系。这就要求政策规划工作的参与者必须牢固树立系统观念，在决策活动中要根据客观事物所具有的系统特征，正确处理整体与局部、战略与战术、当前利益与长远利益、主要目标与次要目标的关系。考虑问题以大局为着眼点，从事物的整体出发，去认识、分析和处理局部性问题，既见树木，又见森林，谋一域，更要谋全局。

专栏

丁渭工程

人们对系统的认识是随着对自然界和人类社会认识能力的提高而不断深化的。据《梦溪笔谈》记载：北宋年间，汴梁皇宫为大火烧毁，大臣丁渭受命限期重建。工地“患取土远”，又远离水道，运输材料不便，面对如此多的困难，他该怎么办呢？经过勘察和思考，他终于找到了解决的办法：一、在皇宫旧址前大街上挖出宽大渠道，取土烧砖；二、再引开封附近的汴水入大渠道，将上游木材水运至宫门；三、皇宫建好后，用工程遗留下来的碎砖废土填塞河道，“复为街衢”。“丁渭工程”最终“一举而三役济，计省费以亿万计”。一举就是挖沟，省去从远方运土烧砖是谓一得；引水入沟把陆路运输改为水路运输，省工省时，节约了运输费用，提高了运输效率，是谓二得；碎砖废土填塞河道解决了废墟的处理问题，是谓三得。虽然挖沟取土暂时破坏了一条完好的大街，从局部角度看，可谓巨大损失，但从工程的全局来看，是非常有利的。丁渭的修复方案包含了系统思想的重要内容，丁谓其人也因此被后人誉为运用系统方法解决实际问题的历史先驱。

3. 预测原则

政策规划是对未来事务所做的行为设计和方案抉择，是一种面向未来的活动。凡事预则立，不预则废。科学预测是保证政策规划成功的必要前提。只有建立在可靠预测基础上的政策方案，才是具有现实可行性的政策方案。

专栏

真正的远见

1985 年，在英国牛津的一所学院发生了一件大事。校方在例行的工程检查中发现，有着 350 年历史的学校大会堂出现了安全问题。20 根由巨大橡木制成的横梁，已经风干朽化，失去了支撑屋顶的力道，必然要进行抽换。校方请人估算了将梁木更新的价格。由于那么巨大的橡木已经很稀少，预估每根横梁要花 25 万美元左右，总计要 500 万美元才能完成修缮工程。预算一出来，校方感到非常为难，若不募款，恐怕没有办法进行修缮。这时，却有个天降的好消息化解了危机，园艺所负责人前来报告：在 350 年前，设计该大会堂的建筑师，已经想到后代会面临的困境，所以早早请园艺人员在学校所拥有的土地上种植了一片橡树林。现在，每一棵橡树的尺寸，早就超过了横梁所需。不知名的建筑师墓园虽已荒芜，但在350年后，他的用心让人们肃然起敬。这才是真正的远见。

4. 客观原则

实事求是，尊重客观规律，把握政策对象及其环境的主要特征，一切从实际出发，克服政策规划过程中的主观随意性，这是政策规划最基本的要求。只有做到这一点，才能大大减少政策规划的主观盲目性。不能心血来潮，脑袋一热，就要“挟泰山以超北海”，大话好说，事情不一定好办，不是人有多大胆，地就会有多大产。有人说“无私者无畏”，其实“无知者最无畏”，无知加无畏的结果就是，“明知山有虎，偏去喂老虎”。

专栏

高阳应造屋

《吕氏春秋》记载了这样一则故事：“高阳应将为室家，匠对曰：‘未可也。木尚生，加涂其上，必将挠。以生为室，今虽善，后将必败。’高阳应曰：‘缘子之言，则室不败也。木益枯则劲，涂益干则轻，以益劲任益轻，则不败。’匠人无辞而对，受令而为之。室之始成也善，其后果败。”大意是说：从前有个人叫高阳应，总是自以为是。有一次，高阳应要盖新房子，他催木匠马上开工。木匠说：“不行啊！现在木料还没有干。如果把湿泥抹上去，会把木料压弯的。用新砍下来的湿木料盖房子，刚盖成的时候挺像样，过不了多久就会倒塌的。”高阳应马上接过话茬儿：“按照你的说法，这房子还管保坏不了！因为日子一久，木料越干就越硬，而湿泥越干就越轻。用越来越硬的木料去承受越来越轻的泥土，这房子还能坏吗？”高阳应的诡辩把木匠噎得无话可说。木匠一赌气就开工了。房子盖成以后，外表看上去挺气派，但没过多久，因为梁木变形，就倒塌了。这则故事说明：尽管高阳应能言善辩，能把别人噎得无话可说，但是，规律就是规律，光凭主观臆断，十有八九会坏事。

5. 智囊①原则

借助外脑，发挥智囊团的作用，让专家参与，形成智力共振，这是现代政策规划不可缺少的外部条件。所谓智囊团又称脑库或思想库，是指专门从事开发性研究的政策咨询研究机构。它将各学科的专家学者聚集起来，运用他们的智慧和才能，为社会经济等领域的发展提供政策备选方案，是现代决策体制中一个不可缺少的重要组成部分。

① 智囊一词出自《史记·樗里子甘茂列传》。书里有一句：“樗里子滑稽多智，秦人号曰‘智囊’。”后常用智囊来比喻足智多谋和善于给人出主意的人。也有人说，汉代的晁错多智谋，颈下有一大肉瘤，好像袋子一样，因此朝野称之为“智囊”，后沿袭至今。

专栏

兰德公司

美国的兰德公司（RAND）是一所具有代表性的智库。它成立于1948年，开始是由福特基金会提供资金，总部设在加利福尼亚州。兰德公司在其成立之初主要为美国军方提供调研和情报分析服务。其后，这个组织逐步扩展，并为政府以及一些营利性机构提供服务。兰德公司目前已拥有1 600名左右的员工。兰德公司的名字是“调研和发展”的缩写（RAND=“R”esearch “AN”d “D”evelopment），其长处是进行战略研究。它开展过不少预测性、长远性研究，提出的不少想法和预测是当事人根本就没有想到，而后经过很长时间才被证实了的。兰德公司正是通过这些准确的预测，在全世界咨询业中建立了自己的信誉。成立初期，由于当时名气不大，兰德公司的研究成果并没有受到重视。但经过几件事后兰德公司声名鹊起。朝鲜战争前夕，兰德公司组织大批专家对朝鲜战争进行评估，并对“中国是否出兵朝鲜”进行预测，虽然研究报告篇幅很大，但结论只有一句话：“中国将出兵朝鲜。”当时，兰德公司欲以200万美元将研究报告转让给五角大楼。但美国军界高层对兰德公司的报告并不感兴趣。在他们看来，当时的新中国无论人力财力都不具备出兵的可能性。然而，战争的发展和结局却被兰德公司准确言中。这一事件让美国政界、军界乃至全世界都对兰德公司刮目相看。二战结束后，美苏称雄世界。美国一直想了解苏联的卫星发展状况。1957年，兰德公司在预测报告中详细地推断出苏联发射第一颗人造卫星的时间，结果与实际发射时间仅差两周，这令五角大楼震惊不已。兰德公司也从此真正确立了自己在美国咨询业的地位。此后，兰德公司又对中美建交、古巴导弹危机、美国经济大萧条和德国统一等重大事件进行了成功预测，这些预测使兰德公司的名声如日中天，成为美国政界、军界的首席智囊机构。

6. 优化原则

比较和选择是政策规划最突出的特征，追求优化是政策规划当然的目标。选择其实就意味着取舍，这不是一项容易的工作，特别是在不可逆的情况下，选择就更为困难，因为你根本就没有反悔的机会。当你选择了A，就意味着你放弃了B和C，无论它们在某些方面表现得多么完美，对你都不再有任何的意义。经济学里有一个非常重要的概念——机会成本，即把一定资源投入某一用途后所放弃的在其他用途中所能获得的利益。任何决策都必须做出一定的选择，因此也伴随机会成本的考量。人们常说：“两利相权取其重，两害相权取其轻。”其实，在选择中，简单的好坏比较，要比好中取好或坏中择轻简单得多。所以有些东西往往知易行难。

专栏

古巴导弹危机

1962年10月，苏联在古巴部署导弹，从而引起美国的强烈反应，爆发了震惊世界的古巴导弹危机。美苏两个核大国剑拔弩张，使世界处于核战争的边缘。如何正确处理这次危机？美国总统肯尼迪召集了重要的政府阁员进行紧急磋商，他们重点讨论了下列六项对策：

方案 1：无所作为。对苏联在古巴建立导弹基地一事不予理睬。

方案 2：施加外交压力。呼吁联合国或美洲国家组织进行干预，或者与赫鲁晓夫进行秘密或公开的接触。

方案 3：秘密接触卡斯特罗。利用各种渠道，通过多种手段，赋予优厚条件，设法使卡斯特罗与苏联分裂，从而解决古巴导弹危机。

方案 4：武装入侵古巴。导弹危机正好为美国入侵古巴提供了一个借口，可以使美国实现其推翻卡斯特罗统治的多年愿望。

方案 5：实施外科手术式空袭。轰炸苏联在古巴建立的导弹基地，可以显示美国的强硬态度。

方案 6：进行海上封锁。通过这种常规形式来处理核冲突，把下一步棋的决策负担甩给赫鲁晓夫。

决策小组进行了多日的讨论，对每项方案的利弊都进行了全面的分析。通过比较鉴别，他们最终选择了进行海上封锁的方案，并以空中打击作为备用手段，他们认为在六个可行性方案中，无论是从战略还是从战术角度来看，海上封锁都是最优的选择，可以获得最大的价值。后来事态发展的结果也证实了这一点。美国政府之所以会做出这种选择，还源于这样一个原则，正像肯尼迪在总结危机教训时所指出的那样："核大国在保护自己重要利益的同时，注意不要把对手逼上绝境，使他要么选择丢人的惨败，要么选择发动核战。如果真发生了这样的事，那就是我们政策的重大失败，或者说是我们对世界末日的追求。"的确，在许多情况下，只留给对手一种选择的棋绝非好棋。

7. 兼听原则

在政策方案的讨论过程中应注意听取不同的意见。这是一条非常重要的政策规划原则，体现了事物在矛盾中运动的规律。

不要轻易地满足于"一致"，特别是那种轻易形成的"一致"，更不要迷信什么"完全一致"。"完全一致"不一定就是好事，它往往会掩盖事物的本质。当你感觉"仿佛全世界都在支持你"时，需要重温一下美国作家马克·吐温说过的一句话："每当你发现自己和大多数人站在一边，你就该停下来反思一下。"

正确的判断和英明的抉择更多不是源于一致而是源于分歧，真正意义上的一致实际上是建立在意见交锋基础上的一致。真理辩中求，如果没有交锋也就无所谓正确。不同的意见可以使人们注意到问题的各个方面，促成多角度的思考，集中集体的智慧，避免或减少决策的失误。从这个意义上讲，"多听取不同意见"应该成为决策者时刻牢记的信条。

当领导的不能一听有反对意见就皱眉头，有反对意见实际上不是什么坏事。掌声并不一定代表正确，决策者应该为那些敢于直言、大胆提出反对意见的人鼓掌，努力做到"尽管我反对你的意见，但是我捍卫你讲话的权利"。意见交锋最大的优势在于通过观点的碰撞、达到智力共振的效果。因此，关键的问题不是"一致"，而是"不一致"，领导要欢迎“异议”，设法创造意见交锋的平台。李瑞环同志曾说：“什么问题都是完全统一，没有不同声音，并不正常。一呼百应、一言九鼎，久而久之必犯错误。”“掌声、歌颂未必真帮忙，批评、反对不一定都添乱。”“要善于吸纳意见，多听意见，听各种意见特别是听和自己不同的意见，择善而从之。要勇于自以为非，不要自以为是。”①

专栏

“谔谔以昌”

“千羊之皮，不如一狐之掖；千人之诺诺，不如一士之谔谔。武王谔谔以昌，殷纣墨墨以亡。”这是策士赵良对商鞅所说的话，出自西汉司马迁《史记·商君列传》。大意是讲：一千张羊皮，也不如一只狐狸腋皮珍贵，众多唯唯诺诺之人，不如一名诤谏之士可贵。周武王因喜人直言不讳而使国力昌盛，殷纣王因喜人唯命是从而致国灭亡。

这段话具体形象地说明了真话的可贵与附和的无聊。谔谔之士敢于不为尊者讳，不为框所囿，胸怀坦荡，言为心声；诺诺之人行察言观色之事，为阿谀奉承之言，心怀叵测，言不由衷。

历史经验说明，谔谔之言多含超人之见，虽忠言逆耳，但良药治病。据《旧唐书·魏徵列传》载：“（太宗）尝临朝谓侍臣曰：‘夫以铜为镜，可以正衣冠；以古为镜，可以知兴替；以人为镜，可以明得失。朕常保此三镜，以防己过。今魏徵殂逝，遂亡一镜矣！……’”唐太宗李世民是一位出色的政治家，他很能听取不同的意见。宰相魏徵是位讲话不留情面的人，经常当着满朝文武的面直言不讳地指出皇帝决策中的缺点。但李世民信奉“兼听则明”，勇于纳谏，所以才有了历史上著名的“贞观之治”。魏徵去世，太宗感失镜之痛，于是决定设置专门为皇帝进言的官职，并推行“五花判事”，使国家“鲜有败事”，这是盛唐之世得以持续的关键原因之一。

8. 时效原则

俗话说：机不可失，时不再来。有些时候，客观情况的变化会创造某种机会，不论你是否利用，这种机会错过了就不会再来。由于短暂的时间差，成功的希望会马上成为泡影。所以决策不可优柔寡断，坐失良机。要敢于承担风险，把握决策时机。

专栏

“D日计划”

1944年，以艾森豪威尔为总司令的盟军远征军，经过近一年时间的准备，在英国集结了大量的兵力，计划横渡英吉利海峡，在欧洲开辟第二战场，实行战略大反攻。登陆地点确定在诺曼底。当时在海峡东南岸担任守备任务的德军指挥官是伦斯德和隆美尔。

① 李瑞环．同天津市委组织部负责人谈选人配班子问题．1987-12-10；听取中央统战部汇报时的谈话．2002-02-01；在全国地方政协工作经验座谈会结束时的讲话．2001-12-06．

他们也估计到了盟军准备大规模登陆。但何时、何地登陆，二人看法不一。伦斯德认为兵贵神速，盟军会在海峡最窄处加莱附近登陆；隆美尔却凭直觉感到会是诺曼底。由于二人意见相持不下，希特勒最后采取了一个折中方案，把西线兵力一分为二，从而失去了把握战局的良机。

艾森豪威尔在 5 月 29 日下令实施“D 日计划”，准备在 6 月 5 日发起进攻。但英吉利海峡连日暴风雨，天气情况极为恶劣，“D 日计划”几乎无法实施。盟军全力投入了气象资料的分析，预测到暴风雨会有间隙，海峡地区会有短时间的晴好天气。艾森豪威尔抓住时机，果断决策，命令部队做好一切部署，随时准备发起进攻。与其相反，连日来的恶劣天气使德军放松了警惕。6 月 5 日作为西线德军总指挥之一的隆美尔飞回柏林面见希特勒。德军最高统帅部一致认为，这段时间里，盟军渡海登陆的作战计划根本无法实施。于是让大部分军官休假，并取消了空中和海上的例行侦察，使德军完全处于戒备松懈状态，失去了进行防御部署的时机。结果，在 6 月 6 日凌晨 2 时整，盟军发动了全面进攻，首先把三个伞兵师空降到了德军防线的背后，接着进行了大规模的空中轰炸和舰炮攻击。其后，发起了登陆冲击，使德军腹背受敌。凌晨 6 时半，经过 4 个多小时的激战，盟军突破了德军的防线，诺曼底登陆宣告成功。

5.4.3 政策规划中的思维方法

政策规划是一种高强度、高难度的思维活动。正确的判断离不开有效的思维活动，决策者在思维能力和水平上的差异往往体现在其决策行动中。所谓思维能力和水平主要表现在对思维方式的具体掌握和灵活运用方面。

1. 经验思维

在规划活动中，经验思维是最易碰到和最常使用的一种方式。在处理问题时，像条件反射一样，人们自觉不自觉地总是要首选经验思维，这似乎体现了一种心理上的惯性。只有当经验思维解决不了问题时，人们才会去考虑其他的思考方式。

经验思维的特点在于经验的联想和经验的迁移。经验的联想适用于处理重复性的工作。就是说，当前所要处理的问题是过去曾经处理过的。因而，通过联想，运用经验，就可以做到胸有成竹。然而，这里所说的重复并不是百分之百的重复，按照辩证观点看问题，不可能有完全的翻版。但是，事情在主要环节上出现重复或基本一致是完全可能的，这就为经验联想的运用创造了条件。

经验迁移与经验联想有所不同，它是通过类比，发现两类事物之间的共同性或机械性，从而将解决这一类问题的方法迁移到解决另一类问题上去。比如美国人莫尔斯在发明电报时碰上向远距离发报信号减弱的问题，后来看到驿车到驿站换驿马的情况，从而受到启发。他把这种方法迁移到了发报信号上，形成了沿电报线设放大站的想法。经验迁移超出了重复性界限，挖掘两类不同事物之间实质的相似，从某种意义上讲，带有创造性思维的特点。然而，这种思维的迁移所依据的仍是经验的类比，仍然属于经验思维的范畴。

经验思维方式简单实用，但适用范围有限，局限于重复的和可类比的事物。无论是经验联想还是经验迁移，都容易忽略一些新的变动因素。这些因素有可能会对事物产生重大影响，而在经验范围内却难以察知这种影响。一旦出现这种情况，运用经验思维方式就难免带来一定的失误。

专栏

经验思维举例

老河兵的经验

我国清代纪昀《阅微草堂笔记》卷十六中有一段关于河中石兽的故事记载，说明了经验的价值。沧州南面，靠河有座石庙，有一天山门倒进了河里，门前一对石雕的神兽也随之沉入河底。过了十多年，庙里的和尚募集了资金，想重修山门，准备从河里打捞那对石兽。和尚们派人驾几只小船，带上铁耙，顺水打捞了十几里，却不见石兽踪影。这时恰好一位学究正在寺庙里讲学，他认为石兽质地坚硬而且重，河沙松软而且轻，石头落到沙上就会越沉越深，不可能让洪水冲到下游。一位老河兵听了却哈哈大笑说："凡石头掉到河里，都应到上游去找，因为水冲不动石头，其反击的力量一定会朝着水流的方向把石头底下的沙土冲走，而在那里形成一个深坑，及至石头的一半时，石头就会倒转滚进坑里。如是，水不停地流，石头就逐渐滚到上游去了，所以不能在原地河底去挖。"和尚们按老河兵说的去找，果然找到了石兽。

捞铁牛

我国古代宋朝的时候，有一回黄河发大水，冲断了河中府城外的一座浮桥。河两岸拴住浮桥的八只大铁牛被洪水给冲走了，陷在河底的淤泥里。洪水退了以后，人们想重修浮桥。可是哪个大力士能把那么笨重的铁牛一个个捞起来呢？正在人们束手无策的时候，一个和尚站了出来，他说："我来试试看，铁牛是被大水冲走的，我们要想办法再叫大水把它们送回来。"和尚先请熟悉水性的人潜到水底，摸清铁牛沉在哪里。然后他让人们准备两条很大的木船，船上装满泥沙，慢慢行驶到铁牛沉没的地方。船停稳以后，他叫人把两条船并排拴在一起，并用结实的木料搭了一个架子，跨在两条船上。这时候，又派熟悉水性的人带上很粗的绳子潜入水底，把绳子的一头牢牢地拴住铁牛，另一头绑在两条大船之间的架子上。准备工作做好以后，和尚请水手们动手，把船上的泥沙铲到黄河里去。船上的泥沙一点点减少，船身慢慢地向上浮，拴住铁牛的绳子越绷越紧，铁牛开始从淤泥里被拔上来。船上的泥沙铲空了，铁牛也脱离了河底。和尚让水手们使劲划桨，两条大船终于把水里的铁牛拖回到岸边。和尚用同样的办法把八只铁牛都拖了回来。这个和尚名叫怀丙，是我国历史上出色的工程家。

2. 逻辑思维

逻辑思维又称理论思维或抽象思维。它以抽象为特征，通过对感性材料的分析思考，撇开事物的具体形象和个别属性，揭示出物质的本质特征，形成概念并运用概念进行判断和推理，从而概括地、间接地反映现实事物的本质特征。

与经验思维相比，逻辑思维方式更偏重于理性的思考。强调有理有据，重视逻辑推理。它已摆脱了对感性材料的依赖，带有符号特征和抽象意义。它扩展了思维的空间，跨越了时间的界限，而随着时空跨度的增大，思维中也就能容纳更多的对象。这些对象不仅是现实中存在的，而且包括历史状况和未来发展。

逻辑思维是一种概念思维，多运用概念进行推理。概念思维是相对于形象思维而言的。思维中，形象表现的只是个别的对象，概念却可以概括一类对象。当我们说高度的抽象包含着丰富的具体时，在抽象中出现的并不是大量的具体形象，而是对其进行分类，揭示各类对象的共同本质，再将本质凝结在概念中。由此，我们就可以将各类对象之间的关系用概念与概念之间的关系表述出来。也就是说，概念之间的关系反映了对象之间的本质联系。

总之，逻辑思维是人脑对客观事物间接概括的反映，它凭借科学的抽象揭示事物的本质，具有自觉性、过程性、间接性和必然性的特点。逻辑思维的基本形式是概念、判断、推理；基本过程是分析、综合、比较、抽象、概括和具体化；基本方法主要有归纳和演绎、分析和综合以及从抽象到具体等。

专栏

三人决斗游戏

美国纽约大学政治系教授勃拉姆斯曾领着学生做过一个有趣的“三人决斗游戏”。

勃拉姆斯对三个学生说，游戏的规则是这样的：假定你们三个是决斗的枪手，每人一把枪，枪里只有一发子弹，并假定你们的命中率为百分之百，而你们每人的目标是尽量使最少的人活着并且你也活着。也就是说，最优的结果是，其他两个枪手被打死而自己活着；次优的结果是，有一个枪手活着，自己也活着；第三优的结果是，三人同归于尽；最差的结果是，自己被打死而其他枪手有一个或者两个活着。

当勃拉姆斯说“开始”时，三个学生毫不犹豫地以手代枪瞄向对面的两个学生中的一个。

勃拉姆斯教授随后讲解了答案：“理性的”枪手是随机选取另两个枪手中的一个开枪，而不是不开枪。因为，自己是否活下来，并不取决于自己是否开枪。但自己如果不开枪的话，其他人活下来的概率就会增加。因此，开枪是“最优”的策略。

勃拉姆斯教授又开始了第二个游戏。他对三个学生中的一个说：“现在给你一个机会，让你先开枪，可以瞄向你想射击的目标。当然，你还有另一个选择：对空放枪。你将如何选择?”那个学生想了想，将手指向空中说：“我选择对空放枪。”

勃拉姆斯教授说：“这是理性的选择。因为，如果你选择一个人作为靶子，并开枪杀死对方，那么剩下的人将毫不犹豫地把你作为靶子。结果是你将死掉，而另外两个人中的一个人将活着。但如果你放了空枪，其他两个枪手因为你自动解除了武装，不再构成威胁，而会将枪瞄向对方。结果是，后两个枪手发生自相残杀。因此，在规则允许的情况下，最聪明的选择是向空中开枪。当然，也可能出现这样的情景，另外两个枪手会预见到这个自相残杀的结果，从而建立一个约定：一起朝解除武装的人开枪。但这个约定是无效的，因为一旦两个中有一个决定向解除武装的人开枪，则另一个向对方开枪就是最优的选择，而当两个人都这样想时，这种可能就不存在了。”

3. 直觉思维

从古希腊哲学家对直觉问题的关注发展至今，人们对于直觉的认识和讨论已经进行了两千多年，它一直是非理性问题研究中一个重要的焦点。一般而言，人们在使用直觉这个概念时，较多的还不是对事物本身“是什么”做出判断，即分析因为什么，会导致什么，而是对人应当“怎么做”进行直接选择。也就是说，直觉主要是指思维判断的一种方式。因此，决策行为研究对直觉问题予以高度的重视。在政策规划实践中，直觉思维也会发挥一定的作用。当然，从纯科学角度来看，似乎不该凭直觉思考。这里所讲的纯科学角度，是要求人们思考问题时收集详尽的信息，运用严格的逻辑推论去得出结论，人们无疑应该向着这个目标去努力。但从现实情况来看这却是很难做到的，如果能做到的话，也只是适用于那些范围较窄、关系简单、变动性小而时间又允许的情况。对于涉及范围较广、关系复杂、动态性强而又严格限定时间的情况，信息不可能完整，难以按程序推论，这时人们就只能更多地依靠直觉了。这后一种情况，是人们更经常遇到的现实情况，因而直觉思维的运用在现实中是极为普遍的。反过来说，如果否定直觉，那么在现实中人们也就难以进行决断了。

什么是直觉？有人说，直觉是知识积累的本能反应。也有人说，直觉只是一种灵感，是一种说不清道不明的东西。还有人说，直觉就是当你有了它的时候，它是确定无疑的，如果你还存在一定的犹豫，存在其他的选择，那就说明你还没有真正发现它。买东西时，一眼就看上了，这可能就是你的直觉。

与逻辑思维相比较，直觉表现出非逻辑的跳跃性。结论得出来了，论证却尚未进行，甚至不知道怎样去论证。直觉的结论也是直接把握对象的整体而形成的，至于部分，则隐没于整体之中了。直觉的结论何时在头脑中产生具有随机性。逻辑思维是按程序一步步进行的，因而结论何时产生是可以预计的。直觉却不同，常常是突然产生的。

由于直觉具有整体性、直接性、跳跃性、随机性和突发性等特点，造成人们对直觉的评价出现很大分歧。要否定直觉是相当简单的，只要说它没充分根据就行了。然而，直觉的特性就是提不出充分的根据，如果能的话，它就是逻辑思维而非直觉思维了。可见，直觉的成立，通常不在于根据。对个人而言，靠的是自信；对他人来讲，靠的是权威。

专栏

直觉思维举例

阿基米德原理与万有引力定律

依靠直觉思维形成灵感或顿悟，从而实现科学领域理论上突破，这方面的例子有很多，比如阿基米德原理的发现。正是直觉思维使阿基米德在坐下浴盆的瞬间突然领悟到（顿悟）：浴盆中水面升高的体积很可能等于身体浸入水中部分的体积。“水面升高部分的体积”和“身体浸入水中部分的体积”这两件事，从表面上看互不相干，但是阿基米德通过整体把握与直观透视的方法，却在瞬间发现了二者之间的内在联系（或称内隐关系）——体积相等。另一个例子是万有引力定律的发现。牛顿从苹果落地中发现万有引力定律也与直觉思维分不开：“苹果落地”和“月亮绕地球旋转”，在一般人看来，这是风马牛不相及的两件事，但是牛顿却从中领悟到苹果之所以掉到地上而不朝天上飞，和月亮始终绕着地球转而没有脱离地球和太阳系飞向宇宙深处，都是由于有地心引力作用，即看到了两个表面互不相关的事实之间的内在联系（内隐关系），这就是一种高度发展的直觉思维能力。要想能看出一般人所看不到的内隐关系，往往要依靠这种直觉能力。

梅里美的故事

二战期间的一则间谍故事也可以用来说明直觉思维方法。梅里美是一名出色的特工。一次他接受了一项任务——潜入某国使馆获取一份间谍名单。这是一个艰巨而棘手的任务，因为此名单放在一个密码保险箱内，梅里美只有设法获知密码，才能成功打开保险箱并安全返回，否则任务完不成还将暴露自己。据事前掌握的情报，保险箱的密码只有老奸巨猾的格力高里知道，于是梅里美在所在机构的安排下进入使馆成为格力高里的秘书，他凭着自己的才智逐步获得了格力高里的信任。尽管如此，格力高里却始终守口如瓶，从没提过保险箱密码一事。梅里美多次试探打听也毫无结果，这时上级传来命令，要求在三天时间里必须把间谍名单搞到手，否则后果严重。梅里美焦急万分，但多次努力都毫无结果。到了最后一天的晚上，他决定铤而走险。梅里美潜入格力高里的办公室，试图用自己掌握的解密技术打开保险箱，可是一阵忙碌之后他发现一切都是徒劳。一看表发现离警卫巡查的时间仅剩十分钟了。怎么办？突然，他的目光盯在了墙上高挂着的一部旧式挂钟，挂钟的指针都分别指向一个数字，而且从来没有走过。梅里美猛然想起自己曾经问过格力高里是否需要修钟，格力高里摇头说自己年龄大了，记性不好，这样设置挂钟是为了纪念一个特殊的时刻。想到这，梅里美热血沸腾，他立即按照钟面上的指针指定的数字在关键的几分钟内打开保险箱并拿到了名单。梅里美的“急智”在同行中传为佳话。科学家把这种“急智”称为“直觉”或“直感”。梅里美对当时自己的想法也是知其然不知其所以然，用他的话说就是“这部挂钟肯定与密码有关，它一定能告诉我密码”。如果需要分析一下原因的话，那么下列两点可供参考：首先，梅里美是一名经验丰富的优秀特工，他具备丰富的间谍知识；其次，密码是梅里美梦寐以求的，所以在紧要关头他能从挂钟上领悟到玄机，得到直觉的灵感。

4. 创新思维

创新思维是人类社会前进的主要动力。它基于现实而又超越现实，从揭示事物的本质出发，冲破了经验俗套的障碍，克服了思维定式的束缚，以新为本，以奇制胜，能提供新颖的具有社会价值的思维成果。阿迪达斯公司有一句著名的广告词“Impossible is nothing”，它激励人去创造奇迹，告诉人们世上没有不可能的事情，充分表现了创新的理念。

与一般性思维相比较，创新思维往往能突破常规思维的界限，以超常规甚至反常规的方法和视角去思考问题，提出与众不同、新颖独创的解决方案。它表现出思考的独立性（不依赖经验、不迷信书本和权威）、方法的独特性（统一的或通用的、适于解决各种问题的创造性思维是不存在的）、目标的前瞻性（强烈的超前意识）、思维的发散性（多线特征、正向反向）、结果的聚敛性（思想火花表现出无序和混乱的特征，聚敛是一个不可缺少的过程）、形式的超常性（求新求异、有所突破，不“人云亦云”）等特征。

专栏

创新思维举例

第 6 罐可乐

先做这样一个游戏：假设可乐两元钱一罐，两个空罐可以换一罐可乐，如果给你 6 元钱，你最多能喝几罐可乐？这个游戏，你可以问问身边的很多人，包括同事和朋友，还有亲人。几乎 90%的人在推算后都会说："是 5 罐吗?"的确，大多数人只能喝到 5 罐可乐，想办法喝到第 6 罐才是游戏的核心。很多人会说，我只有一罐可乐了，没办法继续了，干脆喝掉，一个空罐也没什么价值，扔掉算了。这就引发了一个问题：空罐有没有价值？你如何利用手中的空罐？游戏其实可以这样做：你把第 5 罐可乐喝掉，再向别人借一个空罐，就能换回第 6 罐可乐，把可乐喝掉后再把空罐还给人家。这个游戏会让我们发现闲置资源——空罐的价值。每个人都有空罐，如果被充分整合，我们将惊叹它们的表现。游戏不在大小，关键看你能不能从中领悟什么。游戏其实也是一种人生态度、人生智慧。如果你不善于质疑你的假设，你的决策将很难合理。成功往往属于那些认真思考问题、善于转换思路、敢于探索发现和充分利用资源的人。

金门大桥模式

谁都知道 4＋4 等于 8，2＋6 等于 8，6＋2 也等于 8，但有人却奇迹般地让 2＋6 或 6＋2 大于了 4＋4，这是为什么呢？事情还要从美国的金门大桥说起。金门大桥是"4＋4"8 车道模式，但由于上下班的车流在不同时段出现两个半边分布不均匀的现象，所以桥上经常发生堵车问题。为了解决这一问题，美国当地政府经研究后决定，在金门大桥旁边再建造一座大桥。一位年轻人得知这个消息后，向当地政府提出建议，不再建大桥也能很好地解决桥上堵车问题。年轻人说，在桥面不增宽的情况下，可以在有限的 8 车道上做文章，完全可以让"8"大于"8"。这位年轻人的妙计就是，把原来的"4＋4"车道模式，按上下班的车流不同，改为"6＋2"模式或"2＋6"模式，也就是说，在上班或下班这个特殊的时段，车流拥挤的一边，扩展为 6 车道，而另一边则缩减为 2 车道，但整个桥面的车道仍是 8 个车道。当地政府采纳了年轻人的建议，从此大桥堵车的问题很好地得到了解决。而就是这个金点子，为当地政府节约了再建大桥的上亿美元资金。创新决定效益！看来，这话一点不假。

5. 思维定式

创新思维往往需要突破思维定式的束缚。所谓思维定式，就是按照积累的思维活动经验教训和已有的思维规律，在反复使用中所形成的比较稳定的、定型化了的思维路线、方式、程序、模式（在感性认识阶段也称作"刻板印象"）。举个简单的例子。如果给你看两张照片，一张照片上的人英俊、文雅；另一张照片上的人丑陋、粗俗。然后对你说，这两个人中有一个是全国通缉的罪犯，要指出谁是罪犯，你大概不会犹豫吧？

先前形成的知识、经验、习惯，都会使人们形成认知的固定倾向，从而影响后来的分析、判断，形成"思维定式"，即思维总是摆脱不了已有"框框"的束缚，表现出消极的方面。认识的固定倾向是一种习惯，而习惯却是一种因循式的思维形式。习惯——

已经熟练掌握的不假思索的反应行为和适应行为，经常使不饥而食，不困而眠，不愠而吼，压倒合理的思想而不给它自由发挥的机会。若想要提高能力，就必须从冲破思维定式开始。

专栏

思维定式举例

洞穴人寓言

有一则著名的“洞穴人”的寓言故事。这则故事出自柏拉图的《理想国》，说的是一群犯人被囚禁在一个山洞里，他们被绳索捆绑住，背对着山洞的出口，面朝着山洞里的一面墙，头不能转动，身后燃烧的火把把外面的情况反射到他们面前的墙壁上，囚犯们只能通过墙壁上的影子来认识外面的世界。他们一直都深信外面的世界是他们从墙壁上看到的样子。直到有一天，他们其中有一个人挣脱了绳索，跑到了山洞外面，看到了真实的世界。他回来后告诉同伴们真实的世界并不像墙壁上的影子所呈现的那样，可是没有一个人相信他。虽然这只是一则寓言，但它告诉了我们一个深刻的道理：当我们已经习惯某种虚构的现实时，真相对我们来说已经失去了意义。我们很多时候会以为已经知道了事情的全部，可实际上还有很多我们不了解的真相。

毛毛虫实验

法国心理学专家约翰·法伯曾经做过一个有趣的“毛毛虫实验”：这种毛毛虫有一种“跟随者”的习性，总是盲目地跟在前面的毛毛虫后面爬。

法伯把许多毛毛虫放在一个花盆的边缘上，首尾相连，围成一圈，花盆周围不到六英寸的地方，撒了一些毛毛虫喜欢吃的松针。毛毛虫开始一个跟一个，绕着花盆，一圈又一圈地爬。

一小时过去了，

一天过去了，

又一天过去了，

……

这些毛毛虫还是夜以继日地绕着花盆的边缘在转圈，一连转了七天七夜。它们最终因为饥饿和精疲力竭而相继死去。

约翰·法伯在他的实验笔记里写下了这样一段耐人寻味的话：“在这些毛毛虫中，其实只要有一只能够破除尾随的习性而转向去觅食，就完全可以避免悲剧的发生。”

“爬蚤”心态

科学家做过一个有趣的实验：他们把跳蚤放在桌上，一拍桌子，跳蚤迅速跳起，跳起高度均在其身高的 100 倍以上，堪称世界上跳得最高的动物。然后在跳蚤头上罩一个玻璃罩，再让它跳，这一次跳蚤碰到了玻璃罩。连续多次后，跳蚤改变了起跳高度以适应环境，每次跳跃总保持在罩顶以下高度。接下来逐渐改变玻璃罩的高度，跳蚤都在碰壁后主动改变自己的高度。最后，玻璃罩接近桌面，这时跳蚤已无法再跳了。科学家于是把玻璃罩打开，再拍桌子，跳蚤仍然不会跳，变成“爬蚤”了。

火鸡的悲剧

塔勒布的《黑天鹅》里有个故事，说有一只火鸡很聪明，它每天只要听到农妇的脚步声，就知道自己要开饭了。所以它每天都满心期待着能听到农妇的脚步声，一年 364 天都是如此度过。可是到了这一年的第 365 天，当火鸡再次听到农妇的脚步声时，它还以为自己又要开饭了，没想到的是，农妇提刀走来，火鸡悲剧了。

6. 逆向思维

逆向思维也叫求异思维，是创新思维重要的补充形式。

逆向思维作为人们一种重要的思维方式，是对司空见惯的似乎已成定论的事物或观点反过来思考的一种思维方式。敢于“反其道而思之”，让思维向对立面的方向发展，从问题的相反面深入地进行探索，树立新思想，创立新形象。人们习惯于沿着事物发展的正方向去思考问题并寻求解决办法。其实，对于某些问题，尤其是一些特殊问题，从结论往回推，倒过来思考，从求解回到已知条件，反过去想或许会使问题简单化，使解决它变得轻而易举，甚至因此而有所发现，创造出惊天动地的奇迹来，这就是逆向思维和它的魅力。

专栏

逆向思维举例

怎样立瓶子

有一道趣味题是这样的：有四个相同的瓶子，怎样摆放才能使其中任意两个瓶口的距离都相等呢？可能我们琢磨了很久还找不到答案。那么，办法是什么呢？原来，把三个瓶子放在正三角形的顶点，将第四个瓶子倒过来放在三角形的中心位置，使四个瓶口构成一个正四面体，答案就出来了。把第四个瓶子“倒过来”，多么形象的逆向思维啊！

用思路疏通道路

在美国某市，足协体育场为了满足大批球迷看足球的强烈要求，开始动工将看台上的 8 万个座位扩容到 12 万个。可是，政府的治安管理部门发现了问题，通往足协体育场的道路最多可容纳 8 万人的流量，对 12 万观众来说则远远不够。如果不解决这个问题，就很难避免在大型赛事中因交通堵塞而导致伤亡事件的发生。于是，政府的治安管理部门同道路管理部门协商如何解决交通问题。道路管理部门提出，可以把道路加宽，扩大其容量，但政府至少得拿出 4 000 万美元的经费。治安管理部门清楚，这笔经费不算少，政府暂时很难办到。无奈之下，政府治安管理部门向市民征集建议，寻求一个稳妥的过渡办法，以解燃眉之急。经过各方面的论证，最后采纳了一位音乐家的建议：在足球比赛结束时，增加一些精彩的能吸引人的娱乐演出。比如，用象征性的 1 000 美元请一些乐队来演出，这对乐队来说也是一次向数万观众展示自己实力的难得机会。这样，有些人会陆续离开，有些人会因观看演出而多留一会儿，观众离开足协体育场的时间就不会集中，道路拥挤的问题也就会相应地得到缓解。要疏散观众先留住观众，逆向思路疏通了道路。

奇怪的摄影师

英国摄影师巴尔特，特别擅长拍团体照，他与别的摄影师一样，在准备拍照前都是喊“1、2、3”，所不同的是：别的摄影师要求大家先做好准备，拍出来的效果却不能让人满意，因为上百人之中，难免有人忍不住眨了眼睛；而巴尔特在未拍照前却要求大家先闭上眼睛，待喊过“1、2、3”后再睁开眼睛，结果拍出来的照片个个目光炯炯。这个逆向思维的创新之举简单又奇妙。但在生活中许多人想不到，原因就是受惯性思维的束缚，因而窒息了创造力。

拼地图

曾经有一个记者在家写稿时，他五岁的儿子吵着要他陪着玩。记者很烦，就将一本杂志的封底撕碎，对他儿子说：“你先将这上面的世界地图拼完整，爸爸就陪你玩。”过了不到五分钟，儿子过来拖他的手说：“爸爸我拼好了，你该陪我玩了。”

记者很生气：“小孩子要大人陪着玩可以，但如果说谎话就不好了。你怎么可能这么快就拼好一幅世界地图呢？”

儿子非常委屈地说：“可是我真的拼好了呀！”

记者一看，地图还真的拼好了。怎么可能？难道家里出了神童？他非常好奇地问：“你是怎么做到的？”

儿子说：“世界地图的背面有一个人的大头像。我是反过来拼的，只要这个人拼好了，世界地图就完整了。”

变罚款为奖励

某市一下岗女工开了一家小自助餐馆，因其诚信经营，物美价廉，很快顾客盈门。但在经营过程中她的餐馆同样未能避免自助餐普遍存在的顾客用餐时的浪费问题。对此，餐馆开始也是以提示的方式告诫顾客——浪费罚款。可实际上对浪费的顾客无法实施罚款。因为一般情况下顾客用餐时的浪费并不是故意的。再说。对顾客罚款就意味着失去顾客。究竟用什么方法既能防止顾客浪费而又不伤害顾客呢？经过一番苦思，她终于想出一招——给不剩饭菜的顾客发奖。

7. 创新方法

创新的具体方法有许多，下面选择几种方法进行简单介绍。

（1）头脑风暴法。

“头脑风暴”过去只用来形容精神病人毫无逻辑的胡言乱语，从中受到创造性思维的启示。1939 年，美国学者奥斯本首先把它总结归纳为一套创新方法，早期的头脑风暴法多用于广告设计，试图通过思维共振达到智力放大的效果，目的主要还是产生更多、更新的广告创意。其后，这种方法逐渐流行起来，被广泛应用于社会各个领域。头脑风暴法随着实践经验的不断积累，日趋成熟，在整个 20 世纪 50 年代被视为思想创新的主要方法。

奥斯本为头脑风暴法提供了必须遵循的几点原则：

1）排除批评（Criticism is ruled out）：必须阻止对新观点的不利评价，不能违背“无批评”原则。

2）欢迎畅所欲言（“Free-wheeling” is welcomed）：不存在权威的意见，与会者人人平等，谁也无权做出结论，大家自由思考，任意遐想，即使是非常荒诞无稽的看法也应受到鼓励和尊重。经验告诉我们，有上下级关系的小组讨论常常会使下级的自由参与信心不足。

3）观点多多益善（Quantity is wanted）：质量源于数量，观点看法的数量越多，产生创新思想的可能性就越大。

4）合并与改进（Combination and improvement are sought）：不同观点的组合与改进也是产生创新思想的必要途径。

此外，头脑风暴法还有一些需要注意的事项：以较大团体为宜（6～12 人），团体太小，效果不好；做好观点意见的笔录，即使是看似毫无意义和价值的观点；特定时段集中关注一个特定的问题，以便有更好的思维共振的效果；遵循判断置后原则，对观点的评估要在产生理念阶段之后进行，因为观点提供者会将此视为批评。因此，应该由另外一些人在随后的讨论会上对头脑风暴法产生的观点进行筛选。但在实践中发现，参与者不进行相互间观点的评价和批评是非常困难的。一些人认为，持不同意见的人不能即时表明自己的看法并非一件好事，推迟的判断不一定会有好的效果，头脑风暴法产生的不利因素可能会多于有利因素。正因为存在这些不同的看法，奥斯本告诫人们，不能对这项技术的使用范围和效果进行不切实际的夸大。

专栏

头脑风暴法的创新作用——野生动物园的建立

一个研究野生动物的组织有一次邀请一些专家来座谈，想从中获得一些有益的启示。会议的议题包括了这样一个题目：用什么方法可以捉住老虎？与会者充分发挥了个人的想象力。一位专家提出近似的替代，即老虎的近似是猫，抓住一只猫就可近似地认为抓到了老虎。另一位专家提出了同态像问题，认为拍到一些老虎的照片，就可以认为抓到了老虎。还有一位专家是研究拓扑学的，他的意见最为离奇，他说："抓老虎就意味着把老虎关在一个铁笼子里，让人站在笼子外观赏。如果对笼子做一个拓扑变换，即笼子的外面变为里面，里面变为外面，就是说把人关在铁笼子里放入有老虎的野生环境。这样，只要人看到了笼子外面的老虎，也就等于人在笼子外面看笼子里面的老虎。于是老虎就等于被捉住了。"离奇不等于荒谬，人们从中得到启示，建立了天然野生动物园。游人可以坐在汽车里，尽情观赏在大自然中生活的各种动物，真是妙不可言。同时还保持了自然生态环境的原有状态。

（2）哥顿法。

这是美国人哥顿于 1964 年发明的一种创新思维的方法。它主要是通过会议形式，根据主持人的引导，让与会者进行讨论。但会议的根本目的是什么，真正需要研究的问题是什么，只有主持人自己知道，其他与会者都不知晓。这样做是为了避免思维定式的约束，使大家能跳出框框去思考，充分发挥群体智慧以达到方案创新的目的。哥顿法有两个基本观点，一是"变陌生为熟悉"，即运用熟悉的方法处理陌生的问题；二是"变熟悉为陌生”，即以陌生的方法处理熟悉的问题。从实践来看，后一种方式运用得更多一些，已逐渐成为哥顿法的主流。哥顿法强调要暂时抛开所要处理的问题，通过讨论一些其他问题，从类比中得到启发，然后再回到原来的问题上。当然，这种方法对会议主持人的要求是很高的，智力激发的效果与会议主持人的方法艺术有很直接的关系。

（3）零起点方法。

这是 20 世纪六七十年代首先在美英流行的一种创新方法，源于行政领域的零基预算法，宗旨是抛开过去所有的框框，破字当头，突破思维定式，一切从零开始。毛泽东在新中国成立初期曾这样讲过：我们现在是“一张白纸，没有负担，好写最新最美的文字，好画最新最美的画图”。这句话可以用来形象地说明零起点方法。比如在学校里我们要为一门老专业重新进行课程设计，如果采用零起点方法，就不能参考过去的内容，如某某老师曾担任过某门课程的讲授，某某课程过去是多少学时，这个专业过去都包括哪些课程，等等。一切从零开始，就像建立一个新的专业那样去考虑问题。当然这里只是举例进行一下说明，零起点方法在学校运用合适与否则另当别论。需要进一步强调的是零起点方法在政府部门的应用代价是很大的，也是很昂贵的。即便如此，这种方法的创新作用也是大家所公认的。

专栏

零基预算法

零基预算法（zero-base budgeting，ZBB）最初是由得克萨斯州仪器公司开发的，是指在编制预算时对于所有的预算支出，均以零为基底，不考虑以往情况如何，从根本上研究分析每项预算支出的必要和支出数额的大小。这种预算不以历史为基础做修修补补，在年初重新审查每项活动对实现组织目标的意义和效果，并在成本-效益分析的基础上，重新排出各项管理活动的优先次序，并据此决定资金和其他资源的分配。

（4）综摄法。

这种方法基于心理学中的“垃圾箱理论”，试图利用非理性因素激发群体创造力。“垃圾箱理论”认为，知识在人脑中有两种存在状态，一种是规则排列状态，一旦需要从头脑中寻找这些信息时，就可按其排列顺序去查找，这就是合乎逻辑的推理过程；另一种则是不规则排列，这些知识是偶然反映在人脑中的，无法按一定排列顺序或规律进行存放或整理，只能非常杂乱地堆放在大脑的某一区域，像个大垃圾箱。要想在垃圾箱里找东西，自然无规律可循，只能靠瞎翻乱找，至于找得到找不到，有时全凭运气，即心理活动中的非推理因素。但这种靠非推理因素组合或综摄起来的知识，其中往往存有独特、新奇、具有创造性的知识产品。“废物”利用，有时会收到意想不到的效果。综摄法力求收集那些看似不合理、带有更多情感色彩的想法，并把它们与理性看法相结合，通过比较鉴别，实现创新突破。

5.4.4　政策论证

在政策规划过程中，政策论证是必要的。根据威廉·邓恩的观点，政策论证的模式是指把政策信息转化为政策主张时所遵循的特有方式。这些模式主要包括权威论证、方法论证、概括论证、分类论证、因果论证、符号论证、动机论证、直觉论证、类比论证、案例论证、伦理论证。

1. 权威论证

政策主张主要源于权威（具有社会影响力的个人）的推理，相关信息的可靠性与可信度多与提供者的社会地位或背景有关，如专家学者、内部人士、政府官员、公众人物、新闻记者、宗教领袖、大学教授、知名作家等。概括地讲，权威特征的形成受制于多种因素的影响，如职业、地位、名望、身份、家庭、年龄等。权威的存在是人类社会的一种客观现象，是维持社会秩序的必要机制。

2. 方法论证

方法论证基于对产生政策信息的方法或技术的认可，其功能主要体现在把政策信息与认可的方法和技术联系起来。方法论证强调产生信息的方法的重要性，重视事件的描述、情况的说明、目标的阐述及其相关价值因素。比如在政策分析中广泛采用的成本-收益分析，其权威性已得到政策分析人员的普遍认可。人们有时似乎相信，这类方法的使用实际上设定了政策议程及其发展方向。

3. 概括论证

概括论证实际是指归纳推理，即从个别性知识推出一般性结论的推理，例如：直角三角形内角和是 180 度，锐角三角形内角和是 180 度，钝角三角形内角和是 180 度，直角三角形、锐角三角形和钝角三角形是全部的三角形，所以，一切三角形内角和都是 180 度。这个例子从直角三角形、锐角三角形和钝角三角形内角和分别都是 180 度这些个别性知识，推出了“一切三角形内角和都是 180 度”这样的一般性结论，就属于归纳推理。

4. 分类论证

分类论证是指通过类别进行推理，从类别界定入手，分析相关个人、团体、环境或事件所具有的特点，从而在类别上加以区分。分类论证的合理性，在相当程度上取决于所定义的这个类别特征的明确性或性质的完整性。许多分类看似简单，实则复杂和困难。比如，对政权的意识形态进行分类就存在这方面的问题。

5. 因果论证

因果论证是指在研究对象的先行情况中，把作为它的原因的现象与其他非原因的现象区别开来，或者是在研究对象的后行情况中，把作为它的结果的现象与其他的现象区别开来。所谓原因，指的是产生某一现象并先于某一现象的现象；所谓结果，指的是原因发生作用的后果。原因与结果具有时间上的先后关系，但具有时间先后关系的现象并非都是因果关系；除了时间的先后关系之外，因果关系还必须具备一个条件，即结果必须是由于原因的作用引起的。因果性是自然界现象之间普遍的和基本的联系。虽然在宇观世界、宏观世界和微观世界因果律的表现形式各异，但是因果律的存在是确定无疑的。

6. 符号论证

符号论证也称示性论证。它与因果论证完全不同，不是要解释事物之间的因果关系，而是要指明一件事情所标明的一些现象。具体来说，A 如果标明 B，并非 A 会导致 B。比如，温度升高和鲜花盛开会标明某个特定的季节，但这个季节绝非是温度升高和鲜花盛开带来的结果。符号不是原因，原因必须满足一些额外的要求，而符号不需要。符号论证只是基于相关关系和概率价值做出的一些判断。

7. 动机论证

动机论证源于自亚里士多德以来被哲学家大为推崇的三段论式实用推理。实用推理一般表现为大前提、小前提、结论的三段论模式，即从两个反映客观世界对象的联系和关系的判断中得出新的判断的推理形式，要求是从一般性的前提出发，通过推导，即“演绎”，得出具体陈述或个别结论的过程。举例来说，自然界一切物质都是可分的，基本粒子是自然界的物质，因此，基本粒子也是可分的。在实用推理中，对政策意图、目标和价值的认可能够促成对特定结论和具体主张的认可。一般来说，实用推理中的主张通常用于理解行动，而理论推理中的主张则是为了解释事件。

8. 直觉论证

直觉涉及洞察力、判断力和理解力等心理因素并与隐性知识（知识积累）有关。直觉论证依赖于对政策分析人员洞察力的前提假设，强调的是政策主张的创造性特征。尽管在开发创造性解决方案中，洞察力、判断力和理解力具有非常明显的作用，而且许多人都建议将直觉判断和隐性知识纳入政策分析的视野，但客观地讲，几乎不可能提前辨别源于洞察力的论证方法。按照美国学者丘奇曼（C. W. Churchman）的说法：尽管可以进行回溯分析，但一项创造性的行为不可能是被提前设计的行为。

9. 类比论证

类比论证是指一种通过已知事物（或事例）与跟它有某些相同特点的事物（或事例）进行比较类推从而证明论点的论证方法。其中，“相同特点”是这种论证方法能够成立的前提，没有它，就无法进行类推；而“比较类推”则是这种论证方法的根本标志，没有这个推理过程，就达不到证明论点的目的。类比论证力图把抽象的道理具体化，用以启发人们思考。这种论证要注意找准类比点。不管是自然现象的类比，还是古今中外事实的类比等，都要找出类比事物和所要证明道理之间的共性。

10. 案例论证

案例论证注重两个或更多政策制定案例的相似性，例如，治理城市交通拥堵和空气污染的政策能够互相借鉴。案例论证源于经验前提的假设，即在相似情况下采纳的政策及其结果具有参考价值和启发意义。无论是国内还是国外，政府往往面临一些相似的问题，因此政策主张可以借鉴别人的经验或汲取别人的教训。比如，新加坡、英国伦敦、瑞典斯德哥尔摩为治理城市交通问题而实施的拥堵收费政策，可以作为我国制定相关政策的依据；中国在抗击新冠肺炎疫情过程中采取的措施可以被世界上其他国家所借鉴。

11. 伦理论证

伦理论证基于对政策方案或其结果的判断，表明事情的对与错或善与恶。比如，政策主张的依据通常需要包含“公正”的价值判断或“良善”的伦理规范。社会的道德原则和伦理规范是超越个人和团体理念的。对一些公共政策而言，许多关于经济成本和收益的论证并未阐明隐含的道德因素，缺少伦理分析，因此会受到公众质疑。伦理论证表明了政策主张的是非对错，提供了政策主张的理念依据，有助于政策的接受和采纳。

5.4.5 政策规划程序

政策规划主要包括政策目标的确定、政策方案的设计、政策方案的评估、政策方案的选择四个重要环节。需要提醒注意的一点是，实际的政策规划过程并不是一个单向的直行系统，而是一个多向、多段的反馈系统。在系统运行过程中，当某一环节出现问题时，就会跳回到前一个环节，或直接返回开始环节，通过不断反馈、调整，逐渐形成最终的政策。

1. 政策目标的确定

（1）政策目标的特征。

政策规划的第一步工作就是确定政策目标。政策目标不仅是政策方案设计和择优的基础依据，同时也是政策执行的指导方针，并且为政策评估提供了参照标准。

无目标的行为抉择是不可思议的。就像打高尔夫球，如果让一个人夜间去打，他会感到非常好笑，连标杆都看不见，怎么打？政策目标就是决策者对未来一个时期内所能取得的结果的判断，没有这种基础性的判断，决策就无从谈起。

一般来说，政策目标具有如下特征：

其一，层次性。政策目标是由总目标、子目标、次级子目标等从大到小、自上而下组成的一个多层次的目标体系。总目标、子目标之间既相互联系，又相互制约，构成了一个层层节制的目标系统。

其二，多样性。公共政策内容的广泛性和复杂性决定了政策目标的多样性。从内容上看，有政治目标、经济目标、社会目标等各领域的目标；从范围和数量看，有宏观目标、中观目标和微观目标、单目标和多目标；从期限上看，有长期目标、中期目标、近期目标；从程度上看，有主要目标和次要目标；等等。

其三，系统性。多层次、多样化的目标并不是相互独立的，更不是相互并列的。各种具体目标之间要建立有机的联系，形成合理的结构，发挥系统的功能。局部的、低层的、近期的目标要从属于整体的、高层的、长期的目标。具体目标受制于总体目标，并根据总体目标的要求进行调整。

为了防止“制订了正确的方案，解决了错误的问题”，保证政策目标的正确性，政策目标的确定必须遵循一定的原则：

第一，针对性，即目标必须针对现实问题，有的放矢，切中要害，并选择好突破口。

第二，可行性，即目标必须是在现有条件下通过一定努力可以实现的。

第三，系统性，即从整体着眼，对目标进行层层分解，并将其系统地归并和综合为一个有机的目标体系。

第四，规范性，即目标必须符合一定社会的法律、政治和道德规范，符合人们的价值观和信仰。

第五，具体性，即目标的表达要准确清楚，含义单一，有明确的时限、范围和约束条件及具体指标。

专栏

目标置换效应

目标置换效应是指，对于工作如何完成的关切会渐渐让方法、技巧、程序方面的问题占据一个人的心思，从而导致忘记对整体目标的追求。换言之，“工作如何完成”逐渐取代了“工作完成了没有”。美国管理学家约翰·卡那首先指出了这种现象并提示我们：手段再高明也代替不了目的。

二战期间有这样一个例子，在诺曼底登陆后，盟军开辟了欧洲战场。美国为盟军生产的军火需要大量运往欧洲。由于运输任务很重，政府动员了许多商船。开始时由于德国飞机攻击频繁，商船的损失极为惨重。美国海军部因此决定在商船上安装高射炮和高射机枪。但过了一段时间后发现，这些高射武器的战绩实在糟糕，几乎没有击落或击伤一架敌人的飞机。所以有许多人产生了这样的疑问：有没有必要继续在其他商船上安装高射武器？这样做是不是多此一举？盟军海军的运筹小组经讨论研究后认为，在商船上安装高射武器并不是为了击落多少架敌机，而是为了减少被击沉击伤的运输船数量。虽然高射炮没有击毁一架敌机，但通过统计数据的分析，发现它在保护商船、防止敌机轰炸方面起到了很显著的作用，商船受损失的数量明显下降。看来，安装高射炮并不是徒劳之举，关键是要看为了达到什么样的目的。

（2）区分价值前提与事实前提。

根据西蒙等人的看法，目标选择无非是根据前提引申出结论，这类前提主要涉及两个方面的内容，即事实因素和价值因素。所谓事实因素是指决策活动中所依据的客观事实，比如一个人在决定带不带伞时要考虑天气情况，天气情况就是我们所说的事实因素。但决策的依据不仅仅是事实因素，还包括价值因素。所谓价值因素是指决策者的个人好恶。仍以上述的简单决策为例。如果下雨，带伞可以遮雨；如果不下雨，雨伞就成为累赘。在进行决策时有的人更看重身体健康的保护，有的人则更看重减少不必要的麻烦，他们依据同样的天气情况会做出完全不同的选择，这就是他们在进行价值判断。做任何一项决策首先需要考虑的就是价值问题，因此，价值判断被认为是决策的首要前提。可能有人会提出，一些非常具体的且技术性很强的决策活动并不含有价值因素的作用，比如决定一条市区道路如何修建的问题，看似与价值因素毫不沾边。其实不然，只要我们了解了“决策层次系统”或“目标手段系统”的概念就不难理解这一点了。人的行动都是有目的性的，支配低层次行动的目标总含有实现更高层次行动的内容。比如，人穿衣是为了出门，出门是为了去书店，去书店是为了买书，买书是为了阅读，阅读是为了掌握知识，掌握知识是为了有所作为……如此推导下去，直至达到一个相对的终点目标，这就形成了一个决策层次系统。在这个系统中，较低层次的决策行为往往成为实现较高层次决策目标的方法和手段，因此又称为目标手段系统。由此看来，较低层次的决策判断总会受到较高层次决策目标的制约。既然任何决策都离不开目标的选择，而小目标又要服从于大目标，所以，决策行为无论其重要性大小、技术性强弱都包括价值因素在内，都需要回答“值不值得去做”这样的问题。就拿修建市区道路的问题来说，在进行决策时固然要考虑地形、地质、资金、技术等事实因素，但也必须考虑“值不值得修建这条道路”的问题。这就自然会涉及更高层次的目标，如城市交通安全、经济发展布局、纳税人的负担等。怎样排列这几方面的重要性又是一个价值判断问题。当然，我们可以笼统地认为，决策中价值因素与事实因素的区分大致相当于目标与手段的区分。越是低层次的、技术性较强的决策，事实因素所占的比重越大；反之，越是高层次的、战略性的决策，价值因素所占的比重越大。

决策的价值前提不是由单一因素决定的，而是由诸多价值因素构成的价值系统决定的。在价值系统内部，既有一致的方面，又有不一致甚至相互冲突的方面。进行决策时往往很难兼顾价值体系的多重因素，于是决策者有时就需要在价值冲突中求得平衡或为突出某些价值因素而放弃其他价值因素。价值体系的这种矛盾性特征往往是决策者难以下决断的重要原因。

价值判断不仅在决策的开始阶段存在，而且在整个决策过程中持续。确立了以某一价值前提为指导并不意味着它不会在其后发生动摇和改变。决策活动往往涉及多个目标和多种方案，选择判断中的复杂性不可能单纯服从于价值前提的不变性。重新确立具有指导性的价值前提是决策活动中经常发生的现象。此外，在决策方案的评估过程中，价值前提的评估也是一项重要的内容。择优离不开方案的论证，论证首先涉及的就是价值因素，而价值论证实际上就是对价值前提的重新评价。

价值判断常常表现为价值目标的选择。价值目标与决策目标是既有联系又有区别的两个概念。决策目标包含价值目标，但又不等同于价值目标。决策目标主要是对实践结果的预先设定，而价值目标则是对实践结果的意义的评价。两项决策在决策目标上的一致并不说明它们在价值目标上也一致。比如，同是做出研制核武器的决策，一方是为了扩张侵略，另一方是为了反击侵略。尽管这是一个极端的例证，但也说明了价值目标与决策目标是有所区别的。当然，成功的决策需要二者的一致，如果我们将决策目标称为“事”，将价值目标称为“愿”，我们将会力求“事遂人愿”，防止“事与愿违”。

事实前提的特点主要表现在客观性、可检验性和变动性三个方面。

事实前提虽然也依赖于决策者的认知，但这种认知与决策者对价值前提的认知有所不同，它不是对主体自身需求的认知，而是对客观对象的具体认知，所以其内容具有客观性。具有客观性的事实前提人们是可以通过实际调查和科学实验加以认识的，它具备量化的依据，是能够被检验的。事实前提是决策的客观依据，它只是客观事实中对决策发生作用的部分，决策的选择性特点必然会导致事实前提的变动性。

专栏

“韦伯难题”与交往行动理论

什么是“韦伯难题”呢？韦伯把现代人的理性分成了两种，即工具理性与价值理性(instrumental rationality and value rationality)。前者关注手段，靠的是计算，很容易达成共识；后者关注目标，要考虑主观的因素，认识上很难形成一致。现代社会，大家不容易相信上帝，像尼采所说“上帝死了”或如韦伯所言世界被“祛魅”* 了。在价值问题上，没有了统一的标准。你要这，他要那；你要这么做，他要那么做。这就使现代社会陷入了多元主义，韦伯把这种局面称为“诸神之争”**。韦伯提出了这个问题，但是他并未找到解决的办法。他只是告诉人们，对这个多元化的世界要有一个清醒的认识。然而，哈贝马斯不以为然，他认为，百家争鸣不是坏事，但是人类的公共生活，没有一个客观原则，没有共同的规范，那还成何体统？没有原则和规范，冲突所带来的就会是弱肉强食、成王败寇的野蛮。哈贝马斯决心要解决这个“韦伯难题”。他的两卷本巨著《交往行动理论》出色地回应了这个挑战。“韦伯难题”的本质所在就是强调人和人的想法不可调和，哈贝马斯认为，造成这种不可调和性的实际原因是人的主体性，有了这种主体性，就难免会主观看问题。而我们的真实生活，并不都是靠自己的主观面对的。人不只是一个主体，而是生活在人间，通过和他人交往才完成自我塑造的，许多的决定都是产生在人和人之间。哈贝马斯提出了一个很重要的概念叫“主体间性”（inter-subjectivity），通俗的解释就是——“在人间”，在人和人之间。其实在现实生活中，每个人的行动方式、思想观念，不是只诞生在自己脑子里的，而多是在人和人之间被塑造出来的。哈贝马斯指出，这个主体间性不是工具，因为“在人间”是我们根本的存在方式，我们人类是需要相互沟通的，包括语言交流、相互交往等方式，从而形成我们所有行动的共同基础。哈贝马斯把我们的日常行动划分为两种，一种是“策略行动”，即你要达到特定的功利性目标，更多依赖的是工具理性。另一种是“交往行动”，即没有什么特定的功利性目标。在这种交往行动中，比如进行一场谈话，我们有时候会谈得好，有时候会谈不好，甚至谈崩了。但是，我们不仅仅只用成败这个功利标准来评价这场谈话，我们心里可能还有另一把评价的尺子，即这场谈话是不是在讲道理、是不是在好好说话。哈贝马斯说，不能小看“讲道理、好好说话”这件事，它其实也是一种理性的类型，是工具理性和主体价值理性之外的另一种理性，存在于人和人之间交往中的一种特殊理性，哈贝马斯称之为“交往理性”。他在著作中通过大量语言学、伦理学、心理学和社会学的研究，发现和论证了这种理性。如果说哈贝马斯为“韦伯难题”找到了解药，那“交往理性”这个词，其实就是这个解药的名字。哈贝马斯通过研究发现，“交往理性”其实是我们生活中真正规范的源头。生活中不难发现，在很多情况下我们和别人达成共识，不是某个人的态度特别强硬，让我们哑口无言，而是因为在好好说话的氛围下，我们出于彼此的理解和尊重一起把道理说通了。“讲道理、好好说话”虽然未必一定会有最后的结果，但它比任何其他方式都更有可能达成共识。因为大家在运用交往理性，而非没有规范的妥协或宽容。实际上，我们能合作，能建立良性的公共生活，不是因为消除了主体性带来的主观分歧，而是通过运用“交往理性”这种迂回战术，才最终达成共识。

* “祛魅”一词源于马克斯·韦伯所说的“世界的祛魅”，汉语也可译作“去魅”“去魔”“解魅”“解咒”，是指对世界的一体化宗教性解释的解体，它发生在西方国家从宗教神权社会向世俗社会的现代转型中。

** “诸神之争”是马克斯·韦伯用来指称现代西方走出一神统治之后的价值多元局面的一个命题。

事实前提与价值前提既有联系又有区别。它们的区别主要表现在以下几方面：

其一，提出问题的角度不同。价值前提是从需不需要和值不值得做出决策的角度提出问题，侧重于决策主体的要求；事实前提则是从能不能和可不可以的角度提出问题，侧重于客观实际的条件。因此，常有具备了价值前提却缺少事实前提或与之相反的情况出现，使决策活动难以进行。

其二，认识形式的表现不同。事实前提的判断依赖于明显的客观标准，所以往往容易达成共识；价值前提的判断则更多地依赖于人们的价值体系，所以经常引起冲突和矛盾。

其三，影响决策的作用不同。价值前提对决策的影响主要表现在决策目标的确定上；事实前提对决策的作用主要体现在行动方案的选择上。

专栏

选择性观察

美国著名社会学家艾尔·巴比在《社会研究方法》一书中提出："一旦你们认为存在某种特别形态，且获得了对该形态的一般性理解，就很可能只注意符合这种形态的事物或现象，而忽视其他不符合的状况。"* 这就是选择性观察。社会科学研究将选择性观察的主要原因归结为过度概化，即用少量的证据对宏观的、一般的社会现象进行解释。在决策过程中对信息的筛选和加工无可厚非，但不应该存在选择性观察的错误，更不应该进行价值前置（价值判断对信息选择的前置性约束）与刻板思维（把一种固有观点或看法推而广之，忽视个体差异）。

* 巴比．社会研究方法．邱泽奇，译．北京：华夏出版社，2005.

2. 政策方案的设计

政策规划的第二步工作就是设计政策方案。就像医生给病人开出的药方，是能否治好病的关键性步骤。在很大程度上，病人去找医生并不只是为了诊断，而是为了得到治病的药方。同样，决策者对于政策问题的分析和判断，其根本目的就在于寻求一种解决这一问题的途径和方法。决策的内容一般涉及原则和操作两个层面，原则层面是指政策目标的确立，操作层面是指政策方案的设计。在政策方案的设计中，需要注意两方面的问题：一是对方案后果及其效应的准确估计。没有这种估计，我们就无从辨别方案的好坏优劣，从而失去进行选择的价值标准。二是对方案实施细节的详尽规定。没有这种规定，再好的方案也难以付诸实施，从而也就无法进行优化选择。

政策方案本身并不是行动，而是行动之前对行动的内容、程序、方式、方法等进行的设计。按照事前设定的方案行动，是人的行动区别于动物行动的一个显著特点。动物行动所表现出来的计划性，只是长期生存过程中形成的习惯性本能，是毫无意识地服从自然。人的计划则完全不同，人是唯一有意识活动的高级动物，其行为受思想的支配，行动之前总有思考和选择的过程。马克思对人类活动与其他动物活动的区别曾有过一个非常形象的解释，他说，蜂窝的精密构造曾使建筑大师们为之叹服，但建筑师在建造楼房之前就已在头脑中有了楼房的完整形象，而这正是蜜蜂所没有的，也是根本做不到的。搭建蜂窝完全是蜜蜂代代相传的本能行为，人是自觉地改造自然并使之为己服务，这是被动适应与主动改造之间的区别。这种以改变外部世界达到自己目的的计划，就是人们制订的行动方案。行动方案的内容是多方面的，通俗地说可以用 5W1H 法进行概括，即 what（做什么）、why（为什么做）、who（谁去做）、when（何时做）、where（何地做）和 how（怎么做）。

专栏

政策设计：巴西政府的“零饥饿”计划

贫富差距的扩大是世界上绝大多数国家工业化过程中不可避免的现象。如何缩小贫富差距，考验着各国政府的智慧，许多国家都推出了卓有成效的措施。

巴西曾经是世界上贫富差距最大的国家之一。自 2003 年以来，巴西政府推出针对低收入者的“零饥饿”计划，把扶贫减困作为工作重点，贫困问题有了很大的改观。

1. 一顿午餐 1 雷亚尔

每天中午，巴西的穷人只要花 1 雷亚尔就可以在“大众食堂”饱餐一顿，食堂里菜品丰富，物美价廉。每逢圣诞，食堂还免费向穷人开放，让他们可以聚在一起享用丰盛的圣诞大餐，还有由慈善机构赠送的生活用品可以带回家。

2. “第一次就业计划”

巴西人口众多，劳动力资源丰富的另一面则是就业压力非常大。自卢拉执政以来，巴西以加速经济增长和提高就业为目标制定经济和社会政策，收到良好效果。这其中就有著名的“第一次就业计划”。这个计划是专为 16～24 岁、第一次就业的低学历青年人准备的。青年失业是巴西失业问题中较为突出的现象之一，在失业人员中，该年龄段所占比例约为 45%。

3. 穷孩子上学，领现金补贴

作为“零饥饿”计划的一部分，“家庭补助金”计划是具有巴西特色的著名扶贫措施。该计划把贫困家庭分为两种：一是赤贫，指人均月收入低于 50 雷亚尔的家庭；二是贫困家庭，指人均月收入在 50～100 雷亚尔的家庭。政府按人数不同向他们发放每月 15～95 雷亚尔的现金补助。

要领到补助金，先决条件就是必须保证让家里的孩子上学（6～15 岁的学生到校率须在 85%以上），并定期接受健康检查。目前全国已有 1 240 万个贫困家庭享受这种政府补贴，惠及巴西全国人口的 26%。

享受“家庭补助金”计划的家庭必须持身份和收入证明在当地政府登记，而且每两年重新登记一次。政府发给符合条件的家庭一张银行卡，每月定期打入补助金。持卡人可以到银行提取现金，也可以到任何超市和商店购物。这种方式把联邦政府的社会救助金直接发到救助对象手中，避免了被地方官员贪污挪用的可能性。

与教育和健康挂钩的现金补助政策已经被其他国家拷贝。巴西每年为“家庭补助金”计划的财政拨款约有 65 亿雷亚尔，仅占国内生产总值的 0.35%，占巴西家庭总收入的 0.69%。但这笔钱在贫困家庭收入中所占的比重高达 43.6%，对这些家庭来说无异于雪中送炭。

（1）方案设计要点。

1）成本（cost）：方案需要考虑成本及其效率。

2）稳定性（stability）：方案的抗干扰性及目标的可持续性。

3）可靠性（reliability）：在既定时间段实施方案的可能性有多大。

4）牢固性（invulnerability）：如果执行中方案部分失灵或受损，该方案能否持续。

5）灵活性（flexibility）：方案的伸缩余地有多大，目标和手段能不能改变。

6）风险性（riskiness）：方案失败的可能性有多大。

7）传播性（communicability）：如果方案容易被理解，那么贯彻执行就会减少障碍。

8）功效性（merit）：方案的价值表现及其伦理特征，解决问题的是非界限。

9）简单性（simplicity）：方案是否易于操作和执行。

10）相容性（compatibility）：方案是否与现行相关政策及其目标、手段衔接或相容。

11）可逆性（reversibility）：方案执行中阶段性目标和程序的相互替代性。

12）强韧性（robustness）：方案是否适应不同环境和条件。

（2）备选方案的来源。

备选方案是如何形成、怎样出现的呢？一般说来，分析人员多以“与现状相符且尚未实施过的方案”为起点，然后参考他人的经验、案例的调查、类似问题的类推、学者专家的意见、权威人物的要求、参与者的想法、法律条文的规定、技术条件的提供等相关内容，逐渐形成自己的方案框架。一些学者认为，备选方案大致有四个基本来源：现行的政策方案、通常的解决方案、调整的解决方案和创新的解决方案。

寻求备选方案有下列几种方法：

1）消极等待法（passive approach）：像新闻热线等待新闻线索提供那样，等待一些人以毛遂自荐的方式提供问题的解决方案。

2）主动寻求法（search-generation approach）：不仅要让其他人了解我们所要寻求的方案，而且应主动提供方案的政策目标和分析的基本思路。

3）触类旁通法（neighborhood approach）：寻求在解决类似问题时前人的一些通常做法，在差异比较的基础上，类推新的解决方案。

专栏

方案移植

移植原本是说将秧苗或树木移走并栽种在另一个地方，现在多用来比喻引进别处的经验、长处、做法等。所谓方案移植就是把已成熟的方案进行转移，应用到新的地区、新的部门和新的领域，用来解决相近或相似的问题。因此，方案移植也可以说是现有成果在新情境下的延伸、拓展和再创造。方案移植的特点概括来说就是它国用于本国、它地用于本地、它部门用于本部门、它领域用于本领域。

进行方案移植首先要解决为什么要移植、到底要移植什么这两个问题。然后还要考虑应用条件问题。方案移植的应用条件主要包括：

一是用传统或习惯的方法难以找到理想的解决方案和合适的处理办法；二是它国、它地、它部门和它领域存在解决相似、相近或相同问题的方案；三是对移植方案的适应性具有提前预判。当具备这三项基本条件时，才可以进行方案的移植。

根据利用内容和参考程度的不同可以把方案移植分为以下六种形式：
（1）复制：直接拷贝、完全照搬；
（2）参照：部分利用，有所选择；
（3）效法：模仿框架，变动细节；
（4）混合：不同参考方案的内容混合；
（5）借鉴：只是借鉴原则和理念；
（6）启发：从参考方案中得到启发，在此基础上加以创新。

3. 政策方案的评估（前评估）

政策规划的第三步工作就是政策方案的评估。评估就是对所有设计出的政策方案进行全面的分析和评价。由于这种评估活动发生于政策执行之前，所以带有明显的预测性质。政策规划者需要利用掌握的信息，对每种方案的收益、成本和可能遇到的问题进行预测，对方案实施的可靠性和可行性进行分析，并且说明每种方案的优缺点。

政策方案的评估涉及三个方面的内容：一是预测性评估；二是可行性评估；三是不可行性评估。

（1）预测性评估。

政策规划是一项立足现实却又面向未来的活动，而未来对任何人来说都是一个未知的领域。然而，人们不会甘心于在未知的领域面前无所事事，他们希望能够对未来做出一定的判断，以把握自己今后行动的方向。但这种判断只是一种事前的估计和设想，任何人对行动的结果都没有百分之百的把握，可他们会尽其努力去接近这种把握。当然，面向未来并不是脱离现实凭空设想，而是立足于现实又不停留于现实，以现实作为通向未来的起点，根据现有的知识和经验，进行科学的预测。

那么什么是预测？又怎样进行预测呢？

所谓预测，就是立足过去和现在，预料和推测事物发展的未来。预测是人类固有的一种行为，充分体现了人类活动的主观能动性。自古以来，人们对于预测就有着非常浓厚的兴趣，但那时由于知识和经验的缺乏，预测多为巫师占卜、抽签算命、信天由地，很难摆脱宿命的怪影。随着社会的进步和科技的发展，人们逐渐发现客观事物的发展变化带有一定的规律性，如果能够认识它们的运动规律，就能把握其变化趋势和预知其发展前景，对其未来的走向做出正确的判断。现代科学预测就是在这样的认识基础上逐渐形成和发展起来的。科学预测绝非主观臆断和凭空猜测，而是要以科学理论为指导，以知识和经验为依据，运用各种预测方法和技术，分析和判断所掌握的各种信息，对事物未来发展的可能状态做出合理的估计和推断。

预测的发展首先来自决策的需要，其目标就是为决策提供合理的依据。决策所要解决的问题也正是预测所要解决的问题，预测的内容会随着决策的不同需要而有所变动。一般而言，预测的作用更多地体现在备选方案的内容评估方面。它要评价未来选择的多种可能性，以及每种选择所要承担的风险和所能得到的收益。

预测的方法可分为专家会议法、德尔菲法、投入-产出分析、时间序列法、回归分析法、趋势外推法和马尔可夫模型等。

1）专家会议法。

这是指以专家为索取信息的对象，通过会议讨论的形式，对决策对象未来的发展趋势和状况进行分析和判断的预测方法。专家会议法具有如下优点：集思广益、信息放大；思维共振、有利创新；优势互补、智能叠加；知识共享、互相启发。其最明显的优势在于当缺少足够的统计数据和没有类似经验可以借鉴的情况下，它能够取得非常有效的预测效果。专家会议法往往被用于项目规模宏大且环境条件复杂的预测情境。然而，面对面的专家会议方法也存在一些局限，如：参加会议的人数有限，代表性不充分，意见表达受到一定限制，看问题不全面；权威人物影响较大，容易出现“乐队效应”，即某些人的意见严重影响集体的看法；忽视少数人的意见，表现出从众倾向；专家之间的意见交流会受到心理因素（如固执己见、感情用事、以人画线、听不得不同意见等）的干扰；专家的语言表达能力和信息接受能力对会议中的意见交流也会产生很大影响。

2）德尔菲法。

德尔菲是古希腊的一个地名，是阿波罗神殿的所在地。后人用德尔菲比喻神的高超预见力。德尔菲法由美国兰德公司命名并首先使用。这种预测方法是对传统专家会议法的改进和发展。德尔菲法采用匿名通信和反复征求意见的形式，使专家们在互不知晓、彼此隔离的情况下交换意见，这些意见经过技术处理后会得出预测的结果。

德尔菲法需要设计意见征询表。具体要求是：

第一，问题含义要明确，以免应答者对问题产生不同的理解，出现所答非所问的情况。如“到哪一年（未来10年还是未来20年甚至更远）小汽车（什么样的小汽车）可以进入普通家庭（什么样的家庭可以被称为普通家庭）”这样的问题就比较模糊，缺少具体的指标，对这个问题的不同理解会导致不同的答案。

第二，问题具有独立性，对一个问题的回答不应以对另一个问题的回答为条件。如“到哪一年某城市的私人轿车拥有量可以超过50万辆”这种问题涉及公路建设的发展、家庭收入的提高等一系列前提条件，如果不事先进行说明，就很难做出预测。

第三，回答问题的方法要统一，否则就难以对预测的结果做出比较。如“某件事发生的可能性有多大”这样的问题，回答起来就难以统一。因为事件发生的概率总是随着时间的推移而增大的，如果没有具体的时间条件，预测的结果是没法比较的。

使用德尔菲法要经过几轮调查，图5－1描述了德尔菲法的一般程序。

第一轮：把意见征询表寄给专家小组的成员，请他们填写意见。预测工作小组收回征询表后，进行初步的统计和计算，发现具有共识性的意见和看法。

第二轮：将第一轮得到的相对比较集中的意见再反馈给每位专家，要求他们以此为参考，重新填写意见。如果某位专家做出的第二轮预测仍与多数人的意见不符，则要求他陈述理由，说明为什么他的意见不同于大多数人的意见。预测工作小组收到征询表后，就要根据新的数据重新进行统计和计算。

第三轮：将第二轮统计结果及有些专家的陈述理由告之每位专家，请他们在此基础上进行新的预测。

一般来讲，经过三轮或四轮调查后，专家意见将会比较集中，这时就可以把最后一轮调查所得到的结果作为专家小组的意见。

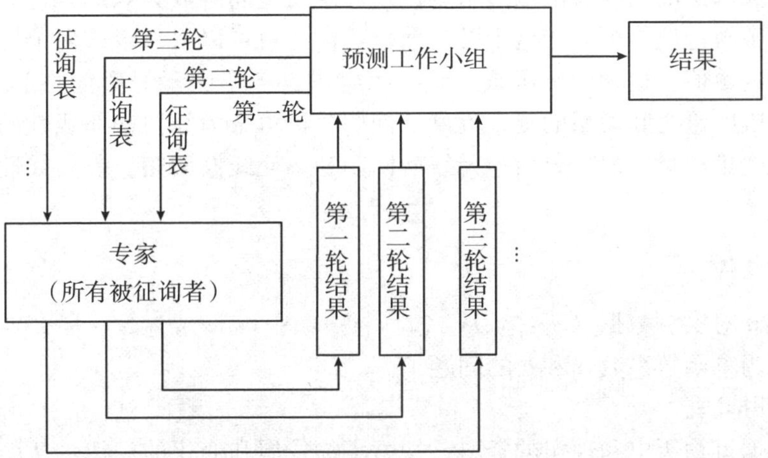

图 5-1　德尔菲法的一般程序

例如，我国上海市政府就曾使用德尔菲法的原则，进行过一次小规模的政策咨询，调查对象确定为 45 人，都是有关专家和政府机关领导。预测的内容是：上海市当前亟须解决的十大问题是什么？要求被征询者按轻重缓急的顺序进行填写。从第一轮的统计结果看，问题提得很分散，经归纳整理后仍有 107 个。调查小组从中选择了 20 个意见比较集中的问题进行第二轮咨询，要求每个人从这 20 个问题中选出 10 个问题。两轮过后意见就比较统一了，有 10 个问题均超过了半数。上海市在专家和领导中搞的这次预测咨询，对上海市政府的政策制定具有重要的参考价值。

3）投入-产出分析。

投入-产出分析的基本做法就是对政策方案的各种投入与产出之间的相互关系进行定性和定量的分析和对比。这种方法源自经济学领域，更强调量化的分析。但在政策领域，并不能一味追求定量分析，因为实际上存在大量不易于量化的投入项和产出项，我们不得不使用一些定性分析的方法。

4）时间序列法。

这一方法基于“预测对象的变化仅与时间有关”的基本假定，把环境因素的复杂作用加以简化，根据预测对象的变化特征，以惯性推理的方式进行预测研究，其最大的特点就是直接和简便。时间序列法包括简单平均和加权平均两种形式。简单平均是指将按时间顺序发生的若干结果加以简单平均，并以这个平均值作为下一阶段的预测值；加权平均是指根据各期实际值对预测值的影响大小，分别进行加权，并以加权平均值作为下一阶段的预测值。

5）回归分析法。

在现实生活中，人们发现某些变量之间存在着一定的因果关系，一个变量的变化总会引起另一变量的变化。当人们能够准确地测定其数量关系时，就表现为函数关系；当人们难以准确测定其数量关系时，就表现为相关关系。人们为了定量地把握事物的因果规律，就需要把变量间的相关关系转变为函数关系，这种转化的中介就是回归分析。所谓回归分析就是根据相关因素的大量实测数据来近似地确定变量间函数关系的分析方法。经回归分析所建立的函数轨迹应尽可能接近于已测数据，由此就可以从一个或多个变量的数值去估计另一个变量的数值。这种回归函数反映了事物内部各个因素的变化关系及其发展趋势。依据自变量和因变量之间关系的复杂程度，回归分析可分为线性和非线性两类，其中线性回归又可依自变量数目的多少分为一元线性回归和多元线性回归。一元线性回归的一般表达式为：

$$y=a+bx$$

如果有了 n 对实测数据（x_1，y_1），（x_2，y_2），…，（x_n，y_n），那么求回归函数的问题实际上就成为求函数系数 a 和 b 的问题了。

6）趋势外推法。

这是指根据事物历史和现实的资料，探索事物发展和变化的规律，从而推测出事物未来发展状况的一种预测方法。在现实生活中，尽管预测对象在各种随机的外界条件下运动，表现出大量的偶然性，但其固有的本质不会改变，其发展和变化往往存在着一定的规律性。人们一旦能够发现和掌握这种规律，就可以参照历史经验和现有数据进行外导性推断，从而预测事物未来发展的状况。

7）马尔可夫模型。

在实际生活中，人们发现一些事物的变化过程只与事物的近期状态有关，而与事物的过去状态无关，即事物第 n 次的实验结果仅取决于第 $n-1$ 次的实验结果，第 $n-1$ 次的实验结果又只取决于第 $n-2$ 次的实验结果。这种转移过程的整体称为马尔可夫链。马尔可夫分析模型是以随机状态事件各状态的转移概率矩阵为基础对事物未来的发展趋向进行推算，它只需要近期得到的数据，不需要大量的历史数据。这种预测方法既可用于短期预测，也可用于长期预测。

（2）可行性评估。

可行性评估主要涉及的是方案实施在主客观条件和政策预期效果方面的可行性问题。评估应围绕政策目标进行，运用定性和定量的分析方法，系统研究政策方案的实施条件，以确保政策方案的顺利实施。

政策方案的可行性评估一般包括以下几个方面的内容：

1）政治可行性，即政策方案获取政治资源支持的程度（获得合法地位和被政策执行机构接受的可能性）和对政治价值观的影响。

2）经济可行性，即政策执行中获取政策资源的可能性。其中包括一般性资源（人力、财力和物力）和特殊性资源（信息资源等）。政策资源是一个宽泛的概念，包括自然资源和人文资源、国内资源和国外资源等多种内容。

3）行政可行性，即政府行政部门在执行能力和工作效率方面的支持程度。

4）法律可行性，即政策方案是否符合国家宪法和法律的有关原则和条款。

5）技术可行性，即在现有技术条件下实现政策目标的可能性。

6）社会可行性，即社会对政策方案认同和支持的可能性。其中传统文化、道德观念、社会环境和意识形态都是重要的影响因素。

台湾学者林水波和张世贤在其《公共政策》一书中提出政策方案的可行性评估应考虑四个层次的内容，即适当、可能、可行和实验。所谓适当，就是要考虑政策方案是否符合政策相关人员的心理感受，是否合乎社会的基本价值理念，是否合乎社会的政治文化，是否合乎历史传统，出台的时机是否合适，等等。[①] 所谓可能，就是要考虑政策制定和实施的政策资源、政府能力、社会共识和国际环境等因素。所谓可行，就是要从政治、法律、经济和技术等方面考虑政策实施的可行性。所谓实验，就是要对政策方案进行小范围的验证。

（3）不可行性评估。

全国政协委员钟起煌在向全国政协十届五次会议提交的大会发言中，用有关三峡工程的实例进行说明，建议对重大决策建立“不可行性论证”制度。

温家宝总理在视察三峡工程时曾问工程负责人：在三峡工程建设中贡献最大的是谁？负责人回答：贡献最大的是对三峡工程提出“不可行”意见的几位中科院院士，他们提出的“不可行性”分析和论证意见，使我们在工程建设中避免了多项重大失误，最终保证了工程的顺利实施。

所谓“不可行性论证”，顾名思义，是指针对重大的政策项目，专门从项目的“不可行性”方面进行分析，对可行性报告提出反驳的意见，运用逆向思维[②] 的方法，从相反角度为项目审批提供参考意见，为决策创造一个兼听的平台，以利于政府决策的民主化、科学化。

在现实生活中不难发现，一些地方在进行重大决策时，往往总是从“需要”出发，仅去论证决策的“可行性”，不去考虑决策的“不可行性”。这种先入为主的“先有结论、后求论据、正方充分、反方缺失”的论证方式，对决策的科学化、民主化构成极大障碍。

研究“可行性”和研究“不可行性”，二者的目的其实是一致的。毋庸置疑，任何事情都具有两面性，有利就有弊，有好就有坏，不能仅凭“主观愿望”和“感情因素”加以定夺。

经济发展中最大的失误其实就是决策的失误。要想遏制这类失误，就需要把决策的“可行性”建立在“不可行性论证”的基础上，如此，决策就会少走弯路，少栽跟头，经济发展才会少些麻烦，少结“苦果”！

4. 政策方案的选择

（1）方案选择的主要环节。

决策是一种面向未来的活动，而未来会出现多种的可能性。当人们能够运用一些方法预知这些可能性时，就可以根据现有条件进行选择，并努力使这种选择成为现实。决策过程实质上就是选择的过程，选择性是决策过程最重要的特性。

在实际的决策过程中，人们往往很难在政策方案的设计与选择之间划出一个明确的界限。设计本身就包含着选择，决策行为是一个不间断的选择过程。西蒙认为，任何细微行为的决策，必然涉及更广泛的决策。例如，一个人迈步前行是为了到邮局去，到邮局是为

---

① 林水波，张世贤. 公共政策. 台北：五南图书出版公司，2001.

② 逆向思维也叫求异思维，它是对司空见惯的似乎已成定论的事物或观点反过来思考的一种思维方式。

了寄信，寄信是为了向某人传递信息，传递信息是为了使某人有所行动，如此等等，每一项决策都包含着目标的选择和行动的选择。而这种选择可能又是其他一些选择的中介。从这个意义上讲，政策方案的选择并非只是始于选择阶段。

方案选择的主要环节包括：

1）明确标准，即建立一套对方案进行优选的决策标准。从一般意义上来说，决策标准主要涉及价值观、选民利益、地方利益、公共利益、公众舆论、政党压力、政策先例、政策依从（依从他人的判断）等。从具体角度而言，确定决策标准还要考虑效率与效益、公平与公正、困难与风险、资源与环境、正功能与副作用等。由于政策对象的复杂和政策环境的多变，一项具体的政策方案往往很难同时满足多项标准，实践中经常采用的方式是关注重要内容，提出满意标准，遵循有限理性的原则，止步满意搜索，选择最终方案。

2）比较性分析。所谓选择，就是在对备选方案进行评估的基础上择优。一般来讲，只有做好评估工作，才容易对政策方案进行比较和鉴别，并能够根据政策目标对方案优劣做出判断。选择总会面临困惑，择优就是要在困惑中进行决断。这里需要说明的是，择优有时候还表现为一种综合的活动，即以一个较好的政策方案为蓝本，吸取其他一些方案的长处，创新出一个更令人满意的政策方案。

专栏

“布里丹毛驴效应”

法国哲学家布里丹曾养过一头小毛驴，每天向附近的农民买一堆草料来喂。这天，送草的农民出于对哲学家的景仰，额外多送了一堆草料，放在旁边。这下子，毛驴站在两堆数量、质量和与它的距离完全相等的干草之间，可是为难坏了。它虽然享有充分的选择自由，但由于两堆干草价值相等，客观上无法分辨优劣，于是它左看看，右瞅瞅，始终也无法分清究竟选择哪一堆好。于是，这头可怜的毛驴就这样站在原地，犹犹豫豫，来回考虑，在无所适从中活活地饿死了。

两堆干草的绝对平衡使这头驴子进退两难。从决策思维的角度来说，当几种选择方案具有同等的吸引力时，它本应当是最容易做出决定的。因为无论选中哪一个都会带来愉快的结果。但是为什么这样的决定又是如此艰难呢？问题就在于决策者不得不放弃一个很有吸引力的选择。换句话说，驴子的问题出在无论哪一堆诱人的干草它都不肯放弃。一般来说，一旦决策者知道自己将获得某种利益或某样东西时，方案的吸引力就会发生递减；而一旦要放弃某种利益或某样东西时，方案的吸引力就会发生递增，选择的烦恼会带来很大的心理压力。“布里丹毛驴效应”直接表现了这个问题的本质。

霍布森选择：没有选择的选择

赫伯特·西蒙是美国著名的管理学家和社会科学家。他对决策学的研究情有独钟，凭借在这一研究领域的突出贡献获得了1978年诺贝尔经济学奖。西蒙在自己的书中曾提到过一个概念——“霍布森选择”或“霍布森思维”，这个典故出自17世纪发生在英国的一件往事。1630年，英国剑桥有一位名叫霍布森的做马匹生意的商人，他有一个承诺：凡是买或租我的马的，只要开个价，就可以在马圈中任意挑选，但必须是能牵出圈门的马，牵不出圈门的不行。很显然，这是一个圈套，因为他的马圈门很小，那些大马、壮马根本就牵不出去，只有那些小马、瘦马才牵得出去。霍布森选择其实就等于告诉顾客不能挑选，所以，在牛津词典里，Hobson's choice就被解释成了no choice，意思是根本就没有选择的余地。

3）择案规则。群体决策或其他方面的公共选择，通常都是为了得到一个有效的结果，即能够做出最终的选择。人们常说“没有规矩，不成方圆”，群体决策是多人的选择，没有规则就难有结果。家庭议事如此，群体决策也是这样。所谓择案规则就是决策群体选定最终方案的程序和方法。它的确定对最终选择有着非常大的影响，就同一个群体而言，运用不同的择案规则很可能会导致完全不同的选择结果。

4）合法性审查。在政策方案最终确定之后，还必须通过合法性审查。法律法规对决策主体、权限、程序、内容等多个方面要加以全面规范，只有明确要求决策权的取得必须源于法律、运行必须依据法律、后果必须基于法律，才能避免决策权被滥用或者误用，才能最大限度地降低决策风险和避免决策失误。合法性审查显然不是为了剥夺、削弱政府部门的决策权，而是要建立一系列决策制度来确保政府决策的合情、合理、合法，防止出现法外决策、违法决策、拍脑袋决策、非理性决策等方面的问题。

（2）方案选择的方法。

1）方面排除法——满意即可。

这是一种适用于对决策方案进行同时性选择的有效方法。一般来讲，决策方案的选择都是多属性的。比如，对选购汽车的决定来讲，可以根据价格、座位数、速度、颜色等属性来进行选择。根据方面排除法的要求，在选择过程的每一阶段，要根据重要程度的差别从多种属性中挑选出某一属性并以此为标准对方案做出评价。对不符合这一属性要求的予以排除，即在以后阶段的比较选择中不会继续考虑这些方案。

假如你计划买一辆汽车，你认为对自己来讲最主要的方面是汽车的售价，你的最大承受力是15万元。根据方面排除法的要求，所有售价超过15万元的汽车，均应从你的选择方案中排除（尽管许多车型你都非常中意，但你没有实力购买）。接下来，你认为座位数对你来讲成为最重要的属性，如果你希望挑选5个座位的汽车，那么仅有2～4个座位的汽车也将被排除在继续考虑的范围之外，然后再根据剩下的属性如排气量、最高时速、自动挡、颜色等进行选择，直到做出最后的决策。显然，这种方法比多属性同时比较更直观、更具体、更简单、更快捷，因为它不涉及复杂的逻辑推理和数学运算，对决策者的认知能力要求不高，相对易于掌握。尽管从规范决策方法的角度来看，方面排除法并不能保证被选中的方案事实上能真正优于那些被排除掉的方案，但至少可以说这是能让决策者感到满意的方案。

2）富兰克林的“道德算数”。

本杰明·富兰克林（Benjamin Franklin）有一连串的头衔——作家、发明家、出版商、科学家、政治家、外交家、哲学家、启蒙思想家，是18世纪仅次于华盛顿的名人。

据说在进行两难选择时，他有一种独创的方法：找一张白纸，在中间画一条竖线，一边写上做这件事的理由，另一边写上不做这件事的理由，把理由穷尽之后再进行最后的权衡。如果有两个对立的理由重要性一样，就把它们都划掉，在最后剩下的理由中，如果哪一边多就选择哪一边。富兰克林把它叫作“道德算数”。据说当年达尔文在考虑自己要不要结婚的时候，就使用了富兰克林的这个办法。

富兰克林的这个办法后来又派生出一个优缺点决策法，同样在一张纸中间画一条竖线，左边写上做这件事的优点，右边写上做这件事的缺点，当把纸写满了，比较比较，做决定可能就相对容易了。

3）随机策略。

在 2006 年世界杯四分之一决赛德国对阵阿根廷的点球大战中，德国门将莱曼非常神勇，四个点球全部判断对了方向，并且扑出两球，力保德国 5∶3 胜出。赛后据透露，德国教练组事先详细分析了阿根廷队员罚点球的习惯，并且在点球大战开始之前把信息写在一张小纸条上传给了莱曼。不得不说，是这张小纸条将阿根廷队送回了老家。

那么，当对方可能知道你的策略时，难道你就束手无策了吗？你是不是可以找出一些应对的办法使自己立于不败之地呢？现在我们来看看一个叫“随机策略”的做法：给罚球队员发个骰子让他扔，然后 1/6 的概率选择球门左上、左下、右上、右下、中上、中下等六个位置之一。这时，即使守门员知道罚球队员是随机决定踢哪个位置的，他也没办法选择该往哪里扑；无论他怎么选，最后都是 1/6 概率扑中，5/6 概率扑不中，结果一定是罚球队员占得先机。罚点球时采用随机策略可能比罚球队员选择习惯的踢法要好得多，因为越是自己擅长或习惯的做法其实越容易被对手识破。如果守门员都像德国队的莱曼一样得到“神秘纸条”相助，知道罚球队员会选择哪个位置的话，就可以有信心扑对，这无疑会大大提高扑出的概率。

4）10/10/10 法则。

据传，股神巴菲特有个著名的 10/10/10 法则，帮助他用长远的目光考虑眼前的问题，做出了许多明智的选择。其实这并不是巴菲特的独门绝技，美国心理专家苏·威尔士曾经专门写过一本书——《10—10—10：改变人生的观念》，杰克·韦尔奇的夫人苏茜·韦尔奇在《你就是自己的幸运星》中也仔细介绍过这种方法，希思兄弟在《决断力：如何在生活与工作中做出更好的选择》中更是通过案例做了形象的说明。

其实这个法则非常简单，只需要记住这三个问题：

10 分钟后，我会怎么看待这个决定？

10 个月后，我会怎么看待这个决定？

10 年后，我会怎么看待这个决定？

待想清楚这三个问题后再做决定，这样会少些困惑，多些理性。

这种方法看上去有点机械单调，但是明智的思维就是如此。我们的大脑直觉更多倾向于偏爱短期的感受，然而作为理性的人，我们更需要有个长远的视角。用“向死而生”来形容似显夸大，但道理确是如此，时间跨度无疑会有助于决策的质量。希思兄弟称之为“留出距离”“点下刹车”，让决策避免受到短期情绪的影响。

专栏

《决断力：如何在生活与工作中做出更好的选择》

这是 2014 年中信出版社出版的图书，是目前为止希思兄弟最有影响力且最重要的一本书，奇普·希思是斯坦福商学院组织行为学教授，丹·希思是杜克大学高级研究员。本书提供了能够使我们做出更优选择的新策略和实用性工具。面对真实世界中的决策，人们往往会充满纠结，希思兄弟总结得出了影响我们做出明智决策的四大阻碍因素：思维狭隘、证实偏差、短期情绪和过度自信。针对这些问题，希思兄弟提出了应对措施——“四步决断法”：拓宽选择空间、把假设放到实践中检验、留出一段距离来考虑、做好出错的准备。

(3) 群体决策的择案规则。

1) 一票否决规则。

一票否决原则，即全体一致原则，指决策群体所有成员必须意见完全一致才可最终选定某个备择方案，任何人持不同意见，方案就不能通过。现实中有很多这样的实例，如联合国安理会在形成决议时，必须以常任理事国一致同意为前提条件。

全体一致原则表现出以下两个特征：(1) 决策者平等分享决策权；(2) 决策者中没有人因最终的方案选择而利益受损，即决策者都能由此获得一定的收益。尽管全体一致原则从公平角度而言具有很多诱人之处，但它绝非应用广泛的择案形式，这主要是因为其中存在着“讨价还价”的难题。

从理论上讲，大家共同受益，双赢或共赢并非是不可实现的。但从现实角度看，由于人们的价值取向、兴趣爱好、利益预期是多种多样的，所以要达到一个使大家都满意、利益互不损害的“最优”方案是非常难的，甚至是不可能的。实际上大家不得不进行一而再、再而三的讨价还价，一次性协商就能解决问题的情况极少出现。因而，人们往往为了最终的选择耗费时间、精力、物质和金钱，这种损失有可能超出他们从该方案中所能获得的收益，由此导致了许多“无奈的选择”和决策活动中的“策略行为”。

可以假定甲乙两人在一致同意的前提下选择了 A 方案，各自的预期收益为 F_1 和 F_2，此时，F_1 应该等于 F_2，且二者皆大于零。但从“理性经济人”的假设出发，甲可能并不满足于 F_1 等于 F_2，而是希望 F_1 能够大于 F_2，所以他很可能会实施一定的“策略行为”，如以否决方案 A 的做法（使甲乙皆无所获）来胁迫乙做出让步，使方案 A 做出有利于甲的修改。如此，参与决策的双方会把更多的精力放在试探对方的虚实上，为此不断地进行讨价还价，最终的选择往往取决于两人讨价还价能力的强弱。①

显然，全体一致并不排斥这样一种可能，即决策者根据自己对选择结果的预期判断，认定其完全合乎自己的利益要求，但为了回避可能出现的风险，他可能会采用诸如“弃

① 缪勒. 公共选择. 王诚，译. 北京：商务印书馆，1992：26.

权”之类不明显阻挠决策的行为，从而逃避应承担的政策成本和相关的责任风险，却在政策实施活动中坐享其成。这显然是一种“搭便车”的投机行为或“策略行为”。这种情况在群体决策中并不少见，它表明“一票否决”的做法并不能避免“搭便车”的现象。

此外，一票否决的择案方法只是在重大决策问题上使用，如果任何决策都采用一票否决，一票否决的方法反倒没有意义了。

2）多数决定规则。

多数决定规则，即少数服从多数，以多数票通过中选方案的择案规则。既然全体一致在很多情况下难以做到，那么就只能退而求其次，采用多数票制以最大限度地照顾多数的利益。多数票制最普通的形式就是“简单多数方法”，简单多数是指在多项方案的表决中，哪一项方案得到的赞成票最多，哪一项方案就获得通过。这是使用最广泛、程序最简单、最易被人接受的表决方法。有时候即使没有成文的规定，大家也会约定俗成地这样去做。就开关性选择（从两个备选方案中选定一个方案）而言，情况比较简单，决策组成员应为奇数，以多数人意见为准。若备选方案不止两个，而是三个甚至更多，那么情况就会复杂一些。比如决策组成员有 11 个人，其中 5 人选择方案 A，4 人选择方案 B，2 人选择方案 C，按简单多数原则当然就该选择方案 A，但实际上有 6 个人并未选择这个方案。如果得票最多的方案获得的赞成票数没有超过总票数的一半，我们称之为“相对多数”；如果超过总票数的一半，则是“绝对多数”。要以“绝对多数”通过方案就必须对具体的比例做出明确的规定，如要求达到 1/2 或 2/3 或 3/4 的多数等。如果在第一轮投票中没有任何方案超过绝对多数的相关规定，则可以在两个得票最多的备选方案之间增加一次新的表决，票数领先者获胜，这是多数表决的修正方法。

3）两两对比规则。

这是另外一种多数决定的方法，常被称为“两两对比法”或“成对表决法”。它是由法国数学家孔多塞首先提出的，指对所有的备选方案都进行成对的比较，即先表决两个方案，获得群体成员过半数赞成票的方案再同余下的方案进行成对比较，依次表决直至得出最终结果。例如，有 A、B、C 三个备选方案，由甲、乙、丙三人组成的决策群体对之进行成对表决，如果甲和丙认为 B 优于 A，那么 A 就会被放弃，留下 B 与 C 进行比较，如果甲和乙认为 B 优于 C，那么 B 就最终获得通过。

4）偏好次序表决规则。

首先给每个备选方案按照偏好次序依次排列打分，然后计算各个方案的总分，得最高分数者胜出。

这种多数决定的方法也被称为“偏好次序表决法”，即先由各成员对备选方案标明其偏好，然后由群体运用加权计算法（考虑到决策群体成员在职权、责任、作用和影响等方面的差别，通常在对偏好函数进行综合的过程中要对各人的意见赋予不同的权数，这便是加权综合的要求。各成员的相对权数，一般可采用自我评定法、群体评定法或绩效评定法来确定）排出各方案的优劣顺序，并做出最后的选择。表示群体成员偏好的形式有如下两种：

第一，偏好程度。各成员可以在一定度量区间内（如 0～1，0～10，0～100 等）选择某一尺度，来表示其对某个备选方案的偏好程度。为了消除因各人的度量区间不同而对群体偏好函数产生影响，在同一决策场合必须采用标准化的度量区间。

第二，偏好顺序。在实际工作中，并非总是能用量来表示群体成员的偏好，许多时候只能用群体成员对备选方案的偏好顺序来替代。假定某一决策场合有 n 个备选方案，群体成员在标明它们的优劣顺序时，可以给排在第一位的方案（$n-1$）分，给排在第二位的方案（$n-2$）分，以此类推，排在最后的方案得 0 分。然后把每个方案的得分分别汇总，得分最多的方案即被选定。这种决定方法源自法国数学家博尔达，所以也被称为博尔达程序或博尔达计数。

5）赞成投票规则。

这是由布拉姆斯和菲什伯恩于 1982 年提出的一种表决方法，这种方法也被称为“同意表决法”，即先由群体成员对所有他认为可以接受的方案投赞成票，得票最多的备选方案即可中选。这种方法尽管简单，但它通过忽略各成员偏好次序的具体信息而获得了群体偏好次序的综合信息，因此能够对群体意见做出敏感反应，从而有效地避免了自相矛盾情况的出现。

6）淘汰投票规则。

这也是在择案实践中逐渐总结出来的一种行之有效的表决方法。这种方法也被称为“否定表决法”，即先由群体成员对所有他认为可以舍弃的方案投反对票，得票最多的备选方案即被淘汰。否定表决依次进行，直至剩下最后一个备选方案。这种方法使用极为普遍。

7）正负表决规则。

可以对某一备选方案或者投一赞成票或者投一反对票，但二者只可择其一，没有折中方式。每一个备选方案的正负之和就是净余票，净余正票最多者获得通过。这种表决方法将迫使决策者以积极态度参与表决，防止“事不关己，高高挂起”的不负责任的态度，避免“三手现象”（到会时握手，表决时举手，议案通过时拍手）。同时，还可避免使那些不太受欢迎也不太被反对的备选方案得到通过。当然，采用正负表决时，最好能够设立一个最低限度（别都是负数），要求超过这一下限的方案才能获得通过。

8）等级决定原则。

这种择案规则也可采用多种形式，最常见的办法是先由群体成员对备选方案进行分析讨论，大家充分交换信息，然后在此基础上由群体中的一个成员（通常是群体的领导者）负责最后拍板，正所谓“谋之在众，断之在独”。

专栏

分析麻痹：选择不是越多越好

从决策角度而言，有选择比没选择好，选择多比选择少好，这几乎成了人们生活中的常识。但实际情况并非如此。美国斯坦福大学的心理学教授马克·莱珀（Mark Lepper）和哥伦比亚大学商学院的席娜·艾扬格（Sheena Iyengar）教授共同进行的研究表明：选项越多反而越可能造成负面结果。他们曾经做了一系列实验，其中有一个是让一组被测试者在六种巧克力中进行选择。而另一组只有两种巧克力可供选择，结果第一组中有更多人感到所选的巧克力不大好吃，对自己的选择有点后悔。

另一个实验是品尝果酱，研究发现，如果让消费者选择在6种果酱中挑一种，还是24种果酱中挑一种时，人们都愿意有更多的选择。可是真正决定购买的时候，在6种果酱中选择的人们做出的购买决定，是在24种果酱中选择的做出购买决定的10倍。实验是在加利福尼亚州斯坦福大学附近的一个以食品种类繁多闻名的超市进行的。工作人员在超市里设置了两个试吃摊，一个有6种口味的果酱，另一个有24种口味的果酱。结果显示有24种口味的摊位吸引的顾客较多：242位经过的客人中，60%会停下来试吃，而260个经过6种口味的摊位的客人中，停下来试吃的只有40%。不过最终的结果却出乎人们意料：在有6种口味的摊位前停下的顾客30%都至少买了一瓶果酱，而在有24种口味摊位的试吃者中只有3%的人购买了果酱。看来过多选项也不见得是一件好事，它会使人们陷入游移不定的状态。

如果不是买果酱这样的简单消费，而是投资可以使人们获得收益的事件呢？研究发现，这种情况下人们的表现并没有好太多。过多的选择使人们变得保守，不愿意为极可能获得的收益冒点风险。这种情况下人们可能采取一种简化策略，要么随便选一种，要么什么都不选。

比如，美国科学家曾进行过一项关于退休基金选择情况的研究。在美国，由于有政策的支持，选择参与这样的基金基本上都是有利可图的，不参加就相当于把到手的钱白白扔掉。研究者考察了647个公司共80万名员工的退休基金选择情况，结果发现，当公司提供选择的退休基金只有2种的时候，有75%的员工选择了参与；而选择有59种时，参加的比例就只有60%了。选择多了，似乎人们在有利益的事情上反而糊涂了。

5.5 心理效应与决策质量

根据大量观察和研究，专家们发现，人们对事物的直观评价和预测往往带有很大的主观片面性，可以发生许多判断上的典型错误，其中多数是由一些心理效应造成的。这种由心理局限所造成的认知偏差对决策过程有着很大的影响，所以正确认识这些心理效应及其行为趋向，无疑会有助于改善决策的质量。

5.5.1 光环效应（晕轮效应）

光环效应是指在印象形成过程中一种夸大化的感觉和看法，是一种极为盲目的心理倾向，一旦成绩成为光环被放大，不足也就隐退到光环的背后视而不见了，反之亦然。中国有句俗语叫“情人眼里出西施”，就是光环效应的典型。当我们运用比喻的方法去认识问题的时候也往往会被光环效应左右。

光环效应在凯利的印象形成实验中表现得比较明显。他在心理学课上随机把55名学生分为两组。然后分别向他们介绍一位新聘任的老师。介绍内容分两部分，一部分是基本情况：26岁，已婚，社会学硕士，曾任心理学教师三年，还当过兵。就是说他是个有知识、有教学经验和社会阅历的人。这个情况对两个组介绍得都一样。可另一部分情况介绍就不同了。对第一组介绍他非常热情，对第二组介绍他极为冷漠。之后，让新教师在每个组主持 20 分钟的讨论，然后让同学们谈谈印象。第一个组的印象是同情、体贴、有能力、不乏幽默。第二组的印象是简单、粗暴、过于严厉。在新教师主持的讨论中，第一组积极发言的占 56%，第二组只有 32%。这表明不同的印象导致了不同的行为倾向。从凯利的实验中我们发现，印象在形成的过程中带有明显的个人主观推断作用，而这种推断在印象形成中往往具有泛化、扩张的作用。光环效应实际上就是指这种泛化、扩张的结果。

光环效应最突出的特征就是极端和绝对，好就一切都好，坏就一切都坏，要么全盘肯定，要么全盘否定，以点带面，以偏概全，往往把事物某一方面的特征理解为事物整体的特征，以认知的泛化替代对事物本质的把握。这样就难以对信息进行正确的选择和加工，不能对备选方案进行客观的利弊分析，构成对现实问题整体感知的消极影响，使人们往往会对决策方案的结果做出盲目的预测。

5.5.2　首因效应（先头效应）

首因效应是由第一印象（首次印象）所引起的一种心理倾向，许多人习惯称之为“第一感”，它对人们今后对事物的判断有着非常显著的影响。这种心理反应我们每个人都经历过，都会有所体会。如人们认识之初的言行举止，会在日后的工作和生活中留下深刻的印象，这种记忆即使过了很长时间也泯灭不了。难怪年轻人总被教导：在与人初次交往时不可毫无顾忌。再如，研究调查发现，在招聘工作中多数主持面试的人员往往在最初的几分钟里就做出了自己最终的决定，其后的观察与判断无非是来验证他的第一印象罢了。关于第一印象形成的实验研究是美国心理学家阿西首先搞起来的，他的实验结果证明了初次印象会影响今后对事物的评价和判断。当然，这种判断如果正确还好，但实践表明它往往是靠不住的。因为第一印象好比一张照片，照片绝不能完整地反映一个人的特征。人只有在极为罕见的一瞬间，其面孔才会流露出自身的主要特点，表现出最富于个性特征的神态。而拍摄照片时，感光胶片记录的只是一个人在当时那个瞬间的神态，所以这个人不能与其照片完全画等号。推而论之，单凭第一印象对事物进行判断往往带有极大的主观片面性。可在现实生活中，许多人更习惯于用第一感去选择和评价所得到的信息，即他们热衷于专门搜集那些有利于证实自己第一印象的信息，或对于那些意义本不十分明确的信息随心所欲地加以解释，以说明自己第一印象的正确。这样做的结果必然是不顾实际信息的发展与变化，无视行动方案的补充与修改，总是用自己的第一感去套用现实问题，而不能用变化了的信息去修正自己开始的看法。所以，在决策过程中一定要注意防止首因效应所带来的误差。

5.5.3　近因效应（新因效应）

这是心理学家卢琴斯通过连续实验所得出的结论，其中最著名的实验是关于吉姆印象形成的实验。他用一篇短文的前后两个部分，分别描述吉姆的内向性格和外向性格，并把被试分为四个组，用四种顺序、四种方式向每组读这篇短文。卢琴斯的实验结果表明：在两种或两种以上意义不同的刺激物依次出现的场合，印象形成的决定因素是后来新出现的刺激物。所谓近因效应就是指新出现的刺激物对印象形成的心理效果。比如，在向大家介绍一个人时，前面说了不少好听的，接着就“但是”，再讲些坏话，人们往往对这些坏话印象更深，从而在一定程度上忽略了前面听到的那些好话，这就是近因效应的一种反应。再比如，某人近期突然出现了异常言行，使别人印象非常深刻，以至推翻了根据过去此人一贯表现所形成的看法，从而导致一定的偏见。难怪有时候一句话会伤了多年的和气。事实上，如果你能够把别人近期的异常表现视为以往的任何一件事，甚至是非常重要的一件事，都能避免因近因效应而影响你的判断。

同首因效应相反，近因效应使人们更看重新近信息，并以此为依据对问题做出判断，忽略了以往信息的参考价值，从而不能全面、客观、历史、公正地看待问题。

近因效应是存在的，首因效应也是存在的，那么怎样去解释这种矛盾的现象呢？大量的实验证实，首因效应和近因效应依附于人的主体价值选择和价值评价。在主体价值系统作用下形成的印象，被赋予了某种意义，被称为加重印象，一般而言，认知结构简单的人更容易出现近因效应，认知结构复杂的人更容易出现首因效应。

5.5.4 从众效应

从众效应是指人们自觉不自觉地以多数人的意见为准则做出判断、形成印象的心理变化过程。谢里夫的光点实验和阿西的线条判断实验发现并证实了从众效应的存在。

每个人在群体中都不可能我行我素，只有当行为符合群体目标时，才会感受到来自群体的支持。通常，群体总是或多或少地表现出对个体行为的约束，这种力量就表现为群体压力，它的大小与个体目标和群体目标的距离远近成正比，因此，不同的人在同一群体中所感受到的群体压力是不尽相同的。在群体压力的作用下，个体行为与群体目标或多数成员的行为会产生趋同现象，这种行为的改变表现出明显的从众倾向。

美国心理学家谢里夫著名的光点实验证明了这种从众行为的存在。人在黑暗中注视一个固定的光点，视觉上会产生飘移现象，即感觉固定的光点在移动，而移动的方向和距离视个人的感觉差异而不同。实验中，要求每个被试根据自己的感觉报告光点的移动方向和距离，并建立起个人的反应模式。由于被试完成的是独立感觉过程，因此，每个人的反应模式各不相同。之后，实验安排所有被试在一起观察同一固定的光点，同时，允许他们进行讨论、比较和判断。随着实验的推进，一种有趣的现象出现了：所有被试的判断表现出趋同的现象，一种为群体所共有的反应模式代替了原有的个体反应模式。当再次把被试分开，让他们独立判断时，每个被试依然保持了共同的反应特征，显然，群体中的某种互动因素决定了从众行为的产生。

如果说谢里夫的实验只说明了从众行为的现象，而没有阐明这种现象的产生机制，另一位美国心理学家阿西的实验则进一步说明了从众行为源于群体的压力。

实验是这样安排的：八个被试编成一组，让他们一起观察两张图片（见图 5－2），这两张图片通过幻灯打在屏幕上。第一张图片上画着一条直线 X，第二张图片上画着 a、b、c 三条直线，要求被试比较两张图片上的直线，报告 X 直线与 a、b、c 三条直线中的哪一条相等。在正常情况下，几乎所有的被试都能够非常准确地判断出 X＝b，但实验进行了特殊的安排，在一组被试中，除一人之外，其他七个被试都是主试预先安排好的，并要求他们做出一致性的错误判断，如 X＝c，而真正的被试并不知道这种事前的安排，而且被要求最后一个进行回答。因此，对他来讲，其他所谓被试的一致性判断就形成了群体的压力情境。实验结果表明，在这种群体压力面前，超过 2/3 的真被试改变了自己的正确判断，表现出错误性的从众行为。

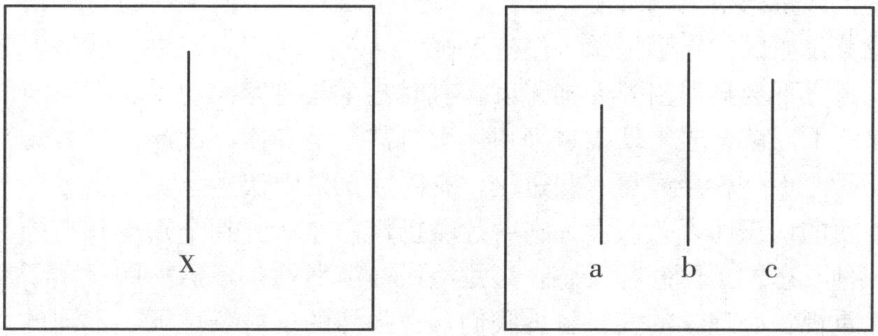

图 5-2　阿西的实验

从某种意义上讲，从众效应引起的是带有一定盲目性的行为倾向，更多地表现为人际关系方面的依赖性和决定选择方面的被动性，因此，它对决策过程的优化构成了极大的障碍。的确，如果决策者总是因环境因素的压力而放弃个人的独立性，总是因他人的意志而放弃个人的主见，他怎么可能胜任其所担当的角色呢？

5.5.5　定型效应

定型效应是指基于某种成见对人做出判断的心理过程。成见的形成基本上有两类，一是由认知主体类型造成的成见，如种族成见、国家成见、地区成见、职业成见、代际成见（代沟问题）、性别成见等；二是通过多种渠道的信息形成的成见，如大众传媒、社会舆论、小道消息等。

一位研究人员曾做过一项实验，使成见得到了一种戏剧化的表现。他要求经理们对一些人的照片做出印象描述。当照片上的这些人被称为经理时，得到了非常不错的描述；当这些人被称为工会代表时，却得到了完全相反的描述。一组经理在看了被称为经理的人的照片后，更多地用工作负责、勤奋努力、知识丰富、值得信赖这样一些词进行描述；另一组经理看到的是同样的照片，但照片上的人此时被称为工会代表，所以他们更多地得到了得过且过、闲散懒惰、不求上进、不堪信赖这样一些评价。

研究人员通过调查还发现，在决定是否录用某个求职申请人时，招聘面试人员所见到的人同他心目中的形象是否一致也对这些面试人员有巨大影响。如果求职申请人符合招聘人员的要求，两人之间的交流就会比较容易，申请人得到这一工作的机会也就大得多。

由此可见，人们一旦戴上了成见的眼镜，往往就会出现视角上的盲点，对不同的观点和意见产生心理上的免疫作用，感性的东西超乎理性的认识，以先验的主张替代客观的实际，不愿再花时间和精力对自己先前形成的看法进行认真的推敲，这样就很容易对事物做出先入为主的判断，从而导致一些认知上的偏差。所以，在处理决策问题的过程中，一定要警惕定型效应对决策者心理造成的消极影响。

5.5.6 反衬效应

反衬效应是指人们在对事物进行相互比较的过程中所形成的一种心理反应，它同样会给人对事物的认知带来很大的影响。试想，有哪位年轻的小伙子在与自己初识的女友见面时愿意让一位英俊潇洒的男影星做“灯泡”呢？从对人的判断来讲，性格外向的人在性格内向的人的反衬之下会显得格外无拘无束，有时甚至是鲁莽冲动；做事果断的人在优柔寡断的人的反衬之下，就会显得幼稚、轻率，有时甚至是专横、武断；待人热情的人在自我封闭的人的反衬之下，就会显得有些过火，有时甚至是阿谀奉承，可实际情况并不一定如此。再从对问题的认识而言，假设你在一片颂扬声中忽然听到个别不和谐的音符，对此你会是怎样的一种心态？是愤怒与反感，还是冷淡与漠然？是不屑一顾、不予考虑，还是虚心接受、加以重视？心理学的实验告诉我们，在强烈的反衬条件下，不同的意见往往会受到莫大的敌视，其动机、方式和内容会遭到无端的指责。而实际上这些不同意见可能并非居心叵测、不怀好意，并非言辞激烈、无限上纲，并非图谋不轨、阴险毒辣。如果在一般情况下，不受反衬效应的心理影响，人们对不同的意见是能够采取一种客观、平和的态度的。鉴于此，在决策过程中应该注意反衬效应的不良影响。

5.5.7 乐队效应

一个乐队演奏乐曲要以这个乐队指挥的指挥棒为转移，以此引申，如果在一个群体中大家的意见被某个人（如领导或专家）左右，那么就可以说该群体受到了乐队效应的影响。在实际的研究调查中发现，许多决策群体看似存在众决的形式，实乃个人专断的翻版，表面上民主，实际上独裁，群体成员自觉或不自觉地屈从于权威的压力，使自己有意无意间成为摆设或橡皮图章。当然，乐队效应的产生有着复杂的缘由，但其结果却往往使参与流于形式，群体决策成为空谈。

为了避免乐队效应所带来的消极影响，人们试图从制度上对其加以制约，如美国司法制度中对陪审团成员所做的规定，不允许从事法律工作的人员进入法庭的陪审团，以避免专家意见左右群体的判断，让陪审团成员以大众的标准去判断案件的孰是孰非。这样做的结果不一定完美，但对于抑制乐队效应却非常有效。

5.5.8 黄灯效应

在公共交通管理中，人们常常见到这样的标语口号：“红灯停，绿灯行，黄灯亮了等一等”“一慢，二看，三通过”“宁停三分，不抢一秒”等，由此就产生了对决策过程中人们进行拖延的一种形象比喻——黄灯效应。

拖延往往产生于风险型决策，主要出于人们挫折防范的心理需要，属于规避性行为。多数人在进退两难之时，很少能够做到当机立断。一旦难以找到摆脱进退两难处境的良策，寻找各种借口拖延问题的解决就成为极为普遍的行为反应。俗话说“机不可失，时不再来”，短暂的时间差往往会导致截然不同的结果，在重大问题上会带来不可估量的损失。所以决策中的优柔寡断、迟疑拖延有时是非常有害的。

5.5.9　新闻效应

心理学的实验告诉我们，人们往往会对极为熟悉的、形象生动的、特点鲜明的信息产生积极的心理反应，不仅表现得非常敏感，而且容易印象深刻。我们习惯上称之为新闻效应。受此影响，有时候生动的例证就比枯燥的统计数字对人的心理冲击要大得多，它所起的作用也非平时想象所及。

比如，在政府举行的政策听证会上，证人就此项社会政策的优劣提出了非常具有说服力的统计数据，而此时一位议员忽然站起来对证人的意见提出挑战，他绘声绘色地描述了这项社会政策给其家庭带来了什么样的后果。在这种情况下，他们两人谁的意见更具有影响力呢？前者的统计数据很可能是根据几千乃至上万人的情况调查得来的，而后者所讲的故事只是几个人或一个人的特殊情况。但在场的其他议员在考虑这个问题时就很可能把两者等量齐观，看似不偏不倚，实则倾向严重。

再如，有一个人想买一辆轿车，他收集了许多相关的信息，在分类整理的基础上，对各种品牌的轿车进行了认真细致的比较分析，考虑了性能价格比、乘坐舒适性、车辆安全性、售后服务等多种因素，最后决定购买某种轿车。很偶然的一次机会，他遇到了一位多年不见的朋友，无意中提到了自己的买车计划，那位朋友对他讲："你可千万别干傻事，这种车简直糟透了，我买的那辆用了还不到一年发动机就出了毛病，而且离合也不好使。"听了这番话，这个人很可能改变自己先前的决定。

因此，在决策问题上要警惕新闻效应对人的心理影响。

5.5.10　颂歌效应

表功心态，人皆有之，所以夸大工作成绩、缩小存在的问题就成为司空见惯的社会现象。作为下属总是报喜不报忧，作为上级往往睁一只眼闭一只眼。颂歌声中，皆大欢喜，致使虚假信息肆意泛滥。大家睁着眼睛说瞎话，据此进行决策，肯定贻害无穷。

在古代罗马帝国，谁带来了坏消息，就有可能被送上断头台，所以下面总把不好的消息瞒着不报，以免遭杀头之祸。现代社会的政治体制不会再有罗马帝国的遗风，可坏消息仍是报不上来，原因何在呢？此乃颂歌效应使然。看看一些政府部门所做的工作总结报告，一切就再清楚不过了。谈到取得的成绩时津津乐道，极尽美化之能事，量化指标清清楚楚，一目了然；说到存在的缺点时缩手缩脚，总以"少数"两字概括之。习惯上总是讲，90%以上是好的，宏观上看是好的，出问题的地方是个别的，微观上的问题是可以把握的……而实际情况的确如此吗？虚假的东西太多了，就会逐渐形成一种不好的风气，使得讲真话的人倒像是做了什么亏心事。这种状况被视为决策之大忌。领导者如果被虚假信息包围，就很难做出英明的决策。

5.5.11　当局者迷

人们常说："当局者迷，旁观者清。"生活中不乏这样的例证，如在围棋或象棋的对弈中，当局的高手往往会下出少见的昏着儿，犯一些初涉棋坛的人都不可能犯的错误。当然，由于所处环境不同，压力不同，承担责任不同，心理负担不同，当局者与旁观者难以同日而语。但当局者在自己编织的罗网中难以自拔的“套中人”现象也的确是客观存在的情况。美国政策学家詹尼斯在其《小组意识》一书中列举了多个案例，从他对这些案例的分析中我们可以看到美国政府决策集团的政治精英们也犯过不少荒谬的错误。

5.5.12 旁观者迷

尽管当局者出于自我保护的考虑，往往把成功更多地归功于自己的主观努力，把失败更多地归罪于环境条件的恶劣，但旁观者反其道而行之，也并非是一种值得称道的心态。旁观者往往对环境力量的作用不甚清楚，对个中内幕缺少了解，所以经常是从当局者自身去解释失败的原因。这是一种习惯性的心理反应，比如你看到一个人走得好好的，忽然摔了个大跟头，你可能会觉得他很笨拙（在这里成见也是起作用的因素之一），而实际上是由于路不平，那个人踩到泥坑所致。就旁观者而言，当一个行动产生消极后果后，总是自觉不自觉地对行动者产生怀疑，忽视环境因素的影响，把责任统统归于个人。人们发现，社会生活中抓“替罪羊”的现象已成为不争的事实。特别是在球队和政府内阁，此种情景更是常见。球队教练或政府官员的更换，常被认为是解决问题的最佳办法，但实际效果有时并不理想。

毫无疑问，旁观者对问题看法上的不同会导致其行为上的差异。如A的行动（一项公共政策）对B的利益构成了一定的损害，如果B将其更多地归因于环境力量，他就不会萌生对A的愤怒与敌意，但如果B考虑更多的是人为因素，就很可能导致冲突的发生。

旁观者在分析原因时考虑比较多的是行动者的力量和权威，如果他们认为那个人是一个非常有力的人物，即使行动的结果主要是环境因素造成的影响，大家也会觉得是那个人的个人力量所致，但这往往与实际情况不符。

5.6 政策合法化——政策获得合法性的过程

合法性的概念出自英文 legitimacy 一词，国内一些学者也有译为正当性或正统性的。德国著名思想家马克斯·韦伯认为，所谓合法性就是促使人们服从某种命令的动机，任何群体和个人服从统治的可能性多源于他们对政治系统合法性的相信程度。韦伯之后的合法性问题研究多承袭了韦伯经验性的定义。从目前的共识性认识来看，合法性是指某种政治统治或政治权力以及实施措施能够让被统治群体和个人认为是合理正当的和符合道义的，从而能够加以认可和服从的能力及属性。合法性的概念主要涉及统治主体与统治客体两个方面，就前者而言，合法性意味着一种有效的政治统治所必须具备的性质与功能，即统治主体必须有能力使统治客体认为这种统治是应该服从的，从而从统治客体那里获得最基本的认可和遵从；就后者而言，合法性意味着统治客体基于某种价值判断或思想信念支持某种政治统治或相关措施，并将其视为合理和正当的。政策合法性的概念源自传统合法性的研究，政策作为政治统治的具体表现形式，对其合法性的理解有广义和狭义之分。

5.6.1 广义的政策合法性

从广义而言，主要偏重从正当角度去解释合法性这一概念。所谓具有合法性的政策就是能够被公众认可、接受、遵从和推行的政策，而使政策能够逐渐被公众认可、接受、遵从和推行的过程就是政策的合法化过程。任何一项政策都需要经过合法化的过程，否则它就不可能具备合法性特征，也成不了具有真正意义的政策。政策合法性的核心存在于人们内心对政策道义性、正当性和合理性的认可。

政策取得合法性的过程被称为政策合法化。政策学家琼斯（J. O. Jones）在其《公共政策研究导论》一书中把合法化分为两部分，第一部分是政治系统自身的合法化，第二部分是公共政策的合法化。

根据马克斯·韦伯的观点，政治系统的合法化有三种不同的途径：一是依据合法和合理的程序取得政权，如运用民主政治方式通过竞选获取公职；二是依据社会的传统习惯取得政权，如封建王朝子承父业的统治惯例；三是具有超凡魅力的领袖人物取得政权。在取得政权以后，一个政治系统或依法理权威、或依传统习惯、或依魅力领袖的个人感召力作为其合法性的前提，然后通过引导教育或强迫威胁等手段，使公众养成遵守政府法令的习惯或屈从于政府的权威。只有当一般民众愿意服从和遵守若干他们认为与其利益不符的政府法令时，才能够认为这一政府真正建立了其合法性的基础。

韦伯的研究是从考察合法的权威基础开始的，社会用这种权威来指导其组织和个人的活动。韦伯区分了三种权威类型，即传统型权威、魅力型权威和法理型权威。

韦伯认为，传统型权威在前工业社会中居于主导地位，人们之所以服从于统治者，是由于传统习惯的规定使他们觉得只能如此，别无选择。这种社会实质上处于相对静止不变的状态之中，即所谓的超稳定状态。统治者推行的是一种愚民政策，采用的是一种牧羊式的管理方法，不能指望这种社会有重大变革的可能，因为人们对此习以为常，认为本该如此，毫无改变的要求。

那么社会重大变革又是怎么形成的呢？韦伯指出，起源于社会科技的进步和年轻成员的不安定。年轻人有时感情胜于理性，充满大胆的设想，血气方刚、敢作敢为，很有闯劲。由此，传统型权威会受到一定挑战，开始缓慢趋于瓦解。但在具有超凡魅力的领袖出现之前，重大的社会变革仍不会发生，但局部性变革已经出现。所谓超凡魅力是一种罕见的领导天赋，它激励着其他成员毫无保留地服从魅力领袖的个人权威（某种意义上的个人迷信）。随着具有超凡魅力的领袖出现，社会及其组织的权威基础就由传统型过渡到魅力型。这些领袖也就当之无愧地成为社会变革的代理人。然而，这些领袖一般都对应用型的社会管理问题不感兴趣，对具体的管理问题和操作层面的问题不怎么注意，他们更多地追求理想，富有浪漫色彩。这些领袖不会去创立一种组织结构使他发动的变革制度化，尽管在其追随者中存在着对此问题的高昂激情。因此，对明天将会发生什么事，大家都难以预料，社会具有很大的不稳定性。韦伯尖锐地指出，只要那些具有超凡魅力的领袖执政，社会就会处在“历史的地震带”之中。一般而言，魅力型领袖在社会变革后只会经历一个不长时期的统治，继而被他的重要信徒取而代之。尽管魅力型领袖对创立一种能使各种活动有条不紊地进行的社会和组织结构漠不关心，但他们的继任者却热衷于此，他们充满务实精神，力图使重大变革获得持久性。韦伯称这一过程为“超凡魅力的制度化”。由此，第三种权威形式——法理型权威开始出现。在一个官僚组织体系中，上级之所以拥有权威，完全是由于他在等级体系中占据的位置或担负的职务决定的。因此，官僚组织体系是一种与前工业社会中建立的传统组织截然不同的、独特的组织结构。等级是官僚组织最为关键的概念，个人一旦加入某个组织，他们的特定职位也就随之确定。他的直接上级对他拥有指挥的权力，同样，他对自己的下级也拥有这样的权力。由此，在职责和秩序分明的前提条件下，形成了整个等级体系的指挥统一。这种组织与传统组织截然不同，传统组织的典型特征是，不同的阶级出身决定了每个人在社会中可能获得的工作种类和性质。但是，在官僚组织中，关系是非人格化的，它不是根据亲缘联系而是基于效率来支付报酬，其发展最终会导致一个使阶级差别模糊不清的社会。

韦伯具体研究了官僚组织体系诸多方面的内容，其要点如下：法理权威、等级结构、指挥的统一、分明的秩序、专业化倾向、正规的工作说明、工作行为的程式化、一线人员与参谋人员的区分、组织记录的保存以及职位和责任独立于特定个人意义上的非人格化。

时至今日，韦伯的管理思想仍有非常重要的影响。诚然，官僚组织有其固有的弊端，如过分庞大所带来的效率降低，强调保持记录所引起的烦琐文牍事务，等等。尽管如此，官僚组织与那种根据出身这种偶然性决定人们地位和身份的组织相比，无疑具有极其显著的优越性。

专栏

民选——政治系统合法化的有效途径

“选举”是一个古老而常新的话题。从辞源上释义，“选举”就是择善者而举之的意思。它作为一种公共行为，属于政治活动的一定范畴。用现代政治学的观点来分析，选举必须具备公认的规则及其程序形式，其实质是公民主权的实施过程。

“选举”一词在中国出现得很早，不过中国古代的所谓“选举”无论是“选士”还是“选官”都与现代的“选举”不可同日而语。它实际上是一种居高临下的“选拔”，而非自下而上的“选举”，其实质是统治阶级“治权”的实施过程，并不代表下层百姓的意愿。因此，中国古代官僚两眼朝天，唯上而行也就不足为奇了。

扩大选举权，在近代，是新兴资产阶级同封建贵族势力斗争的产物；在现代，既是政府寻求民众认可，以获得合法性的有效途径，又是民众参与政治、扩大发言权的具体表现，其最佳形态便是普选权的彻底实现。普选权的贯彻意味着只有公众选举产生的政府才是具有合法性的政府。这既是一种政治理念，又是一种政治原则。普选权的确立将奠定现代民主政治的基础。其主要功能在于，周期性地通过非暴力的、有序的形式实现公共权力机构的产生、让渡与更迭。作为现代民主政治的一种制度保障机制，它对于维护政治稳定和推动社会发展起着决定性的作用。它不仅是人民主权原则、社会契约原则以及公民平等及其自由权利的实现形式，而且是公共权力运作过程中参与机制、竞争机制、制衡机制、纠错机制、法治机制的掣动杠杆。从这个意义上讲，选举是民主纵向结构形成的起点。

在西方，取消对选举人的财产、教育程度、种族、性别等资格条件的限制，差不多花费了一个多世纪的时间，直到20世纪普选制才陆续建立：北欧各国大体上是在一战后建立了普选制；英国于1928年由议会通过《国民参政法》（该法规定男女拥有平等的选举权）；法国于1944年、意大利于1945年实行普选制；美国则是在1970年尼克松总统签署了保障黑人选举权的法案后，才算是基本实现了普选制。

选举方式主要分为直接选举和间接选举。虽然一般认为前者比后者更具民主性，但切不可把直接选举误认为是直接民主。纯粹的直接民主是指公众的自我统治，是公众不间断地参与行使公共权力。直接民主根本不需要选举代表，更不需要选举官员，一切事项都由公民全体大会投票决定。投票不等于选举。简单地说，选举并不制定政策，选举只决定由谁来制定政策。凡需要选举代表的民主都是间接的民主，不管是直接选举还是间接选举。

从各国确定的选举制度来看，尽管某些基本原则是普遍适用的，但如何在制度安排中体现这些原则并落实于现实的政治生活，尚存在一定的分歧。由此可见，孤立地研究选举不可能得出满意的结论，只有把选举与政治结合起来，才可能使研究深入下去。

政治系统的合法化是公共政策合法化的前提，只有具备合法性的政府才能颁布具有合法性的政策。不仅如此，政策的合法性还需要依照一定的合法性程序，这种程序可能是一套法律规定的程序，也可以是一套基于传统的程序，还可以是领袖人物的指示，但无论采取哪种形式，都必须得到公众的认可和默许，否则，这种程序将不被认为具有合法性。

公众对政策的认可和默许、接受与遵行，是政策合法化的必要条件。公众之所以能够对政策认可和遵从并非源于相同的想法，有些情况是出于自愿，有些情况却是出于被迫；有时是因为他们认为政策符合他们的利益需要；有时是因为他们已经养成了遵纪守法的习惯；有时则是因为他们畏惧政府的惩罚措施。当然，公共政策与部分公众的利益出现冲突的情况时有发生，这个时候公共政策的强制性就会发生作用。然而，强制并不是万能的，它有着一定的限度，如果一项政策太过损害公众的利益，到了他们忍无可忍的程度，这项政策就会丧失其约束力，出现政策合法性的危机，进而引起政治系统合法性的危机，导致政局的混乱。

专栏

诚信——政策合法性的基础保证

古罗马执政官塔西佗（Publius Cornelius Tacitus）曾经这样谈论执政感受：“当政府不受欢迎的时候，好的政策与坏的政策都会同样地得罪人民。”这个卓越的见解后来成为西方政治学的经典定律之一：“塔西佗陷阱”。“塔西佗陷阱”告诉我们：“当一个部门失去公信力时，不论说真话还是假话，做好事还是坏事，都会被认为是说假话、做坏事。”

2014年3月18日，习近平总书记在河南省兰考县委常委扩大会议上曾经提到“塔西佗陷阱”。他说：“我们当然没有走到这一步，但存在的问题也不谓不严重，必须下大气力加以解决。如果真的到了那一天，就会危及党执政基础和执政地位。”诚信是政策合法性的基础保证。人无信不立，政无信则亡。政府具有公信力，政策才能有效率；社会具有诚信，经济才能发展。

5.6.2 狭义的政策合法性

从狭义来讲，主要偏重于从法律角度去解释合法性这一概念。政策合法性包括这样一些内容：合法的决策主体、合法的政策程序、合法的政策内容。

1. 合法的决策主体

决策组织的组建及享有的权力是宪法和法律规定的，是由国家权力机关或上级国家行政机关授予的。一般而言，主要从六个方面考察主体的合法性。

（1）管理职能。管理职能是组建机构的前提，也是行使相应权力的根据。基本职能确定之后还需要进行层层分解，逐级落实到部门和个人。

（2）机构设置。依据管理职能及其目标定位，设置一定的组织机构及其相应的职位。其关键是纵向设多少层次，横向设多少部门，并要考虑沟通与协调及对组织效率的影响。

（3）人员组合。根据职位的职责及其任职条件，配备素质与能力基本相称的人员，同时还需要考虑群体结构因素。

（4）权责体系。要明确权力与责任。权责不明必然导致混乱，如权责有可能发生交叉，应明确以谁为主。

（5）组织经费。这是行使权力、履行职责的物质基础。机构没有充足的经费，就无从购置必备的办公设备和其他设施，也难以吸收优秀的人才。

（6）运行规则。组织的生存与发展必须有制度做保证。组织的运行过程要做到有序、有效，就需要有组织规章的约束。

2. 合法的政策程序

程序之所以重要，主要是因为它是规范决策组织行为的有效途径。如果没有程序做保证，公共政策的制定就很有可能演变成随机性行为，使个人或少数人的意愿凌驾于组织目标之上，个人行为代替组织行为，这绝不是什么好现象。从实质合理的角度而言，我们并不否认政治家能够做出英明的个人决断，但如果完全寄希望于决策者个人的英明伟大、道德高尚、行为自律和大公无私，那是非常不可靠的，历史的经验证明了这一点。所以需要对程序做出必要的规范，使之符合法律的要求，以更多、更好、更完善的形式合理抑制可能产生的实质的不合理。

许多国家还专门制定了涉及决策程序的相关法律，如审查制度、听证制度等。在政策实践的发展过程中，人们逐渐形成一种共识：现代社会的公共政策制定，需要合理合法的程序。政策符合法定的程序，但实际效果欠佳，那是决策机构的能力问题；而政策违反法定程序，即使政策效果不错，也容易引起合法性冲突，那就是法律问题了。在多数情况下，程序不合法必然会牵涉到决策者的政治道德和法律惩处问题。不管效果怎样，都为法律所不容。能力问题可以谅解，但性质问题就不能够原谅了。一些决策者在政策制定过程中违反法定程序，即使他们的动机是好的，完全是出于公心的，但法的刚性是不容动摇的，他们必须受到法律的制裁。即使他们的行为博得了一部分人的同情与宽恕，但法律是不讲感情的。

3. 合法的政策内容

政策内容的合法主要是指政策应与国家宪法和现行法律相一致，在内容上不发生抵触。不仅要符合有关的法律原则，而且要符合法律的具体规定。为了做到这一点，不仅需要在决策过程中把备选方案与相关的法律法规相对照，而且需要充分发挥法律性政策机构的审查作用。必要的话，应考虑在政策制定的相关程序中建立专门的法律审查程序。美国式的司法审查制是司法机关通过一定的司法程序审查立法机关和行政机关制定的法律、法规，发布的政策、措施，并对是否违宪做出裁决。但它属于事后进行的审查，多在提起诉讼后才会具体介入。英国的违宪审查是在议院内部完成的，即议院审查自己制定的有关法律法规是否违宪，这虽然是一种事前的审查，但自行审查往往容易引起对审查效果的过多猜疑。德国、法国、意大利等国家都建立了专门的机构——宪法法院或宪法委员会独立行使违宪审查权，它们多采用预防性的审查方式，即在法律法规正式生效之前做出最终裁决。这些经验都值得借鉴。

专栏

《重大行政决策程序暂行条例》

国务院总理李克强于 2019 年 4 月 20 日签署国务院令，公布《重大行政决策程序暂行条例》，自 2019 年 9 月 1 日起施行。《条例》对重大行政决策事项范围、重大行政决策的做出和调整程序、重大行政决策责任追究等做出了具体规定，主要内容包括：

一是明确了重大行政决策事项范围。《条例》明确了制定重大公共政策措施、实施重大公共建设项目等五方面重大行政决策事项范围，允许决策机关结合职责权限和本地实际确定决策事项目录、标准，经同级党委同意后向社会公布，并根据实际情况调整。

二是细化了重大行政决策的做出程序。《条例》明确了公众参与、专家论证、风险评估程序的适用情形及具体要求，如规定除依法不予公开的决策事项外，应当充分听取公众意见；专业性、技术性较强的决策事项应当组织专家论证；决策实施可能对社会稳定、公共安全等方面造成不利影响的，应当组织风险评估。《条例》明确合法性审查、集体讨论决定为必经程序，还对重大行政决策的启动、公布等做了具体规定。

三是规范了重大行政决策的调整程序。《条例》规定，依法做出的重大行政决策，未经法定程序不得随意变更或者停止执行，需要做出重大调整的，应当履行相关法定程序。

四是完善了重大行政决策责任追究制度。《条例》规定，决策机关应当建立重大行政决策过程记录和材料归档制度，对决策机关违反规定造成决策严重失误，或者依法应当及时做出决策而久拖不决，造成重大损失、恶劣影响的，倒查责任并实行终身责任追究。

本章小结

本章主要介绍政策制定的相关知识。通过本章的学习，应了解社会问题的性质、特征、类型和基本理论，认识政策问题确认的基本步骤与方法，熟悉政策议程的基本类型、建立的条件、触发机制及影响因素，明确政策规划的基本原则、基本程序和思维方法，掌握目标设定、方案开发、结果预测和择优选择的一般方法，理解光环效应、从众效应等心理效应对决策质量的影响。

关键词

过失性社会问题　结构性社会问题　社会冲突论　社会越轨论　社会解组论　标签理论　手段-目标理论　社会分层理论　鱼骨图分析法　5why 分析法　穆勒法　政策议程　触发机制　听证制度　思维定式　头脑风暴法　哥顿法　零基预算法　综摄法　政策论证　目标置换效应　价值判断　方案移植　布里丹毛驴效应　霍布森选择　德尔菲法　分析麻痹　光环效应　从众效应　定型效应　政策合法性

思考题

1. 什么是社会问题？
2. 什么是社会标签理论？
3. 什么是韦伯的三位一体分层理论？
4. 根据手段-目标理论，社会越轨行为有哪些类型？
5. 如何运用比喻的方法分析社会问题？
6. 问题确认包含哪些步骤？
7. 政策议程有哪些类型？
8. 利益团体在议程建立过程中能够发挥什么样的作用？
9. 公民个人如何推动政策议程的建立？
10. 政策议程的内在触发机制和外在触发机制都包括哪些内容？
11. 政策议程的建立会遇到哪些障碍？
12. 政策论证有哪些模式？
13. 价值判断与事实判断有何不同？
14. 政策方案的设计需要把握哪些要点？
15. 政策方案的可行性评估包括哪些内容？
16. 群体决策中有哪些择案规则？
17. 心理效应对决策质量有何影响？
18. 什么是政策合法性？

第6章

政策执行

6.1 政策执行概述

在早期的公共政策研究中，学者们普遍认为，公共政策一旦制定完毕，只要配以一定的经费和人员，就会自然地被实施，目标也将一步步达成。因此，他们多把研究的注意力集中于公共政策制定方面，没有对政策执行加以更多的关注。20世纪60年代，美国政府为解决社会贫困问题，陆续出台了一系列公共政策。由于在政策执行中出现了“执行鸿沟”“执行冲突”“执行规避”“执行赤字”等方面的问题，这些政策多以失败告终，从而暴露了政策过程的执行短板，同时也引起研究公共政策的学者们对政策执行环节越来越多的关注。

6.1.1 什么是政策执行

1. 基本含义

政策执行是指“一个议案成为一项政策之后所发生的事情”，更确切地讲，是指政策实施的具体过程，包括使政策作用于目标群体以及使政策目标得以实现。政策执行研究一般涉及政府机构及其官员，他们所依赖的行政程序和技术（工具），他们所遇到的政治上的支持和反对，以及目标群体给予的服从与反抗。所以政策执行所关注的是日常的政府运行过程。政策执行需要通过一定的组织形式，运用各种政策资源，经解释、推动、宣传、服务、协调、指挥、控制等行动将政策观念形态的内容转化为现实效果。

一项政策要实现什么目标，其目标是否有效或者政策将对社会产生什么样的影响，这些问题都具有不确定性，也正是这种不确定性赋予了政策执行真正的研究价值。实际上，政策执行并非是一个例行的、常规的或可预测的过程。决定政策成败的原因很多，在政策与政策之间也会有很大不同。为了能够有效地执行，政策有时候只能设置一些基本的目标、构建一个指导性框架、谈及实现政策目标的基本途径和所具有的一些局限，除此之外，它能够做的其实并不多。政策颁布时通常不会尝试完整和明确地定义它所能产生的影响，也不可能预测政策在执行中可能遇到的问题和挑战。政策的目标甚至可能是不清晰的、不连贯的或没有被详细说明的。行政机构经常会被授权并且有很大的自由度颁布有关某一项政策的详细规定和命令，从而使该项政策更加具体和更便于操作。例如，《婚姻登记条例》作为国务院制定的行政法规，可以补充《婚姻法》的内容并从程序上加以规范，使《婚姻法》的贯彻实施更具有可操作性。

在政策执行过程中行政部门所要做的事，大部分是一些日常的、例行的、看似很乏味的事务性工作，如处理请求或申请，检查文件记录，收集相关信息，撰写请示报告，等等。普通大众很少能够清楚地了解行政机构都在做些什么，除非一些与他们直接有关的工作。然而，正是这些普通和琐碎的工作导致了政策执行的结果，对政策内容的贯彻、政策影响的大小、政策成功的程度都有着非常重要的影响。毫无疑问，如果执行失败了，那么先前所做的一切就没有任何意义了。

2. 理论界定

关于政策执行的理论界定，长期以来学术界形成了行动学派和组织理论学派两大流派，它们分别从两个不同角度和侧面对政策执行进行了描述。

行动学派的主要代表人物查尔斯·琼斯认为："政策执行是将一项政策付诸实施的各项活动，在诸多活动中，尤以解释、组织和实施三者最为重要。所谓解释就是将政策的内容转化为民众所能接受和理解的指令；所谓组织就是指建立政策执行机构，拟定执行的办法，从而实现政策目标；所谓实施就是由执行机关提供例行的服务与设备，支付经费，从而完成议定的政策目标。"① 由此可见，行动学派关注政策作为行动指南的指导性作用，强调政策执行的关键问题在于政策执行机关如何采取政策行动。强调政策行动只要坚强有力，行动方法切实可行，就可以较为顺利地实现政策目标，合理的政策执行活动甚至在一定程度上可以弥补政策决定的局限和无能。

组织理论学派则强调政策执行组织机构的作用，认为任何政策都是通过一定的组织得以实施的。没有一定的组织机构做依托，没有一定的组织原则做保证，任何政策目标都只能停留在纸上谈兵的政策构想阶段。因此，该理论认为，尽管政策执行不力的原因是多方面的，但政策组织问题是恒定的关键原因之一。组织理论学派的代表人物 J. 弗雷斯特提出："传统的政策执行规范理论强调政策执行机构及其人员对政策目标和政策规定的顺应行为，强调依法行政，而基本上不考虑政策执行机关及其人员的审视检定、自省以及前瞻分析的能力和需求。但政策规划者、政策执行机构和人员的预期分析能力，即在危机事件或事态发生之前预感并相应采取适当步骤和程序加以有效对付的能力，实际上是对政策执

① JONES C O. An introduction to the study of public policy. 2nd ed. North Scituate, Mass.: Duxbury Press, 1977: 139; PRESSMAN J L, WILDAVSKY A. Implementation: how great expectations in Washington are dashed in Qakland. Berkely: University of California Press, 1973.

行成功与否起最关键作用的因素。”[①] 组织理论学派认为，政策能否有效执行，关键在于执行机构的主客观条件。主观上要看能否理解和领会政策，是否具有执行的积极性；客观上要看是否拥有足够的资源，是否拥有足够的执行能力。

事实上，两种关于政策执行的理论观点各有其道理，它们只不过是从不同角度、不同侧面阐述了政策执行的重要意义。不管是行动学派还是组织理论学派的观点，对我们把握政策执行的基本概念都具有启发作用。

6.1.2　政策执行研究的演变

根据研究特点和模式的不同，政策执行研究可以划分为三个阶段。

1. 第一阶段：自上而下的模式

自上而下的模式主要是基于决策出自中央政府这一前提假设，强调政策制定者的超凡地位，要求政策执行者必须秉承上级的旨意，忠诚地贯彻政策制定者的意图，努力实现既定的政策目标。在这种模式下，一方面强调命令的连锁性与上级的控制力，另一方面主张政策制定者对于政策执行框架与规范的理性设计。因此，这种模式又称为理性执行模式。该模式通常将政策执行假定为一种自上而下的线性过程，政策指令尽可能不出偏差地转换为项目活动，并集中关注政策执行失败的两个根源：一是政策的内容出现问题，二是执行机构及其人员不能准确有效地执行政策。

第一阶段政策执行研究偏重政策执行实务及个案研究，其基本命题包括：

（1）政策制定与执行是分离的、界限分明的。

（2）政策制定者设定目标，政策执行者达成目标。

（3）两者之间的任务界限决定了执行过程发生在政策制定之后。

（4）政策执行中的决定本质上是技术性的而非政治性的。

（5）执行者的责任是中立和客观的，表现为理性与科学的形式。

自上而下模式带给这一阶段政策执行研究极大的局限，其研究关注的焦点实际上只是公共政策制定者，主要考察他们的所作所为，分析他们如何有效地将公共政策付诸实践。对其持批评观点的学者认为，自上而下模式背后所隐含的是科学管理理论，即泰勒主义，这种所谓的规范性执行理论只是将政策执行者视为机器，认为他们只会唯命是从，缺少独立思考，没有反抗意识。根据组织行为理论，工作人员的动机、意愿与态度都是影响执行效率的关键因素，因此，这一阶段政策执行研究忽略执行者内心世界与价值观的做法都是一种严重的缺失，值得进行检讨。

2. 第二阶段：自下而上的模式

第二阶段政策执行研究是在对第一阶段政策执行研究进行批评和发展的基础上建立起来的，自下而上的模式的出发点并非始于政策制定者，而是把注意力集中于执行阶层，从对于某一特定问题进行互动的多元行动者入手，分析他们如何影响政策目标，如何实现政策调整并重新形成公共政策。自下而上的模式强调政策制定与政策执行的功能互动，政策

---

① FORESTER J. Anticipating implementation：normative practice in planning and policy analysis//FISHER F，FORESTER J. Confronting values in policy analysis：the politics of criteria. Beverley Hills：Sage Publications，1987.

执行者与政策制定者共同协商，用以达成最终的政策目标，两者形成平行互动的合作关系，主张应该给予基层官僚或地方执行机构必要的自由裁量权，使其能够在一定的政策背景下应对复杂的问题。上层政策制定者的核心任务不是设定政策执行的框架，而是提供一个充分的自主空间，使基层官僚或地方执行机构能采取适当的权宜措施，重新建构一个更能适应执行环境的政策执行过程。

自下而上模式的基本命题主要包括：

（1）政策执行能否有效完全要看底层的执行机构到底都有哪些组织涉入。

（2）政策执行是上级与下级达成共识的过程，因为下级会自行选择他认为合适或可行的方式来达到政策目标。

（3）有效的政策执行取决于执行机构间互动的过程及产出，而非政策决定构建者的意图与雄心，是多元行动者复杂互动的结果，而非单一机构为贯彻政策目标采取的行动。

（4）有效的政策执行取决于基层官僚或地方执行机构的裁量权，而不是由决策机构左右的指挥命令系统。

（5）有效的政策执行必然涉及妥协、交易或联盟等活动，因而，互惠性作用远比监督性功能更为重要。

自下而上的模式纠正了自上而下模式的焦点偏差，开始重视对政策过程中利害关系人的研究，但批评者认为，自上而下的模式确实存在过分重视中心而忽略边陲的问题，但自下而上的模式过分重视边陲而忽略中心，表现出矫枉过正的缺陷；同时，自下而上模式过于肯定基层官僚所扮演的角色，强调他们在政策执行过程中所发挥的影响作用，但基层官僚的行为对于政策目标的贡献并不一定是“正面的”。相对于自上而下的模式，自下而上的研究途径过分强调或高估地方和基层的目标、策略与行动能力，却忽略了民主政治系统中的政策指导与政治责任的归属问题。

3. 第三阶段：整合模式

无论是“自上而下”还是“自下而上”都是一种纵向的研究途径，表现了政策执行的线性过程。在此基础上，第三阶段政策执行研究将关注的对象扩展到府际关系层面，变纵向研究为横向研究，由此提出了第三阶段政策执行研究的整合途径。

第三阶段政策执行途径的出现主要源于第一阶段与第二阶段政策执行研究途径的改进需求，期望能建构出更具有描述性和解释力的整合模式。

高金（M. L. Goggin）等人在1990年出版的著作《政策执行理论与实务：迈向第三代政策执行模式》中首先提出了“府际政策执行沟通模式”，确立了第三阶段政策执行研究的主旋律。高金等人认为，第一阶段政策执行研究表现出一种推理性的演绎特征，第二阶段政策执行研究表现出一种分析性的归纳特征，而政策执行是一个极为繁复的过程，是一系列发生于不同时空背景下的政府决策及其行动的过程，包含了许多政治和行政的因素，如果仅仅采用演绎或归纳的方法未免显得过于简单且缺乏说服力。因此，他们主张建立动态的执行图景，用混合方法建立执行模型来研究复杂的、多层次的、多变量的执行问题，特别是涉及府际关系方面的问题。他们提出的“府际政策执行沟通模式”更为关注政策执行动态层面的理论探讨，强调多因素的系统分析。

6.1.3　政策执行的特征

作为政策过程的一个重要阶段，政策执行不仅表现了政策过程各个阶段所具有的共性，而且还具有其自身的特殊性。具体而言，政策执行主要具有下述几方面的特征：

1. 对象的适用性

所谓对象的适用性，简单地说，就是指一定的政策只适用于一定的对象。任何政策都必须明确其适用范围。所谓政策对象就是政策作用和影响的对象，它涉及一定的人和事。政策执行首先应该弄清楚该项政策的适用对象和范围，否则就不可能达到政策目标，还可能闹出笑话，影响政策的权威性和严肃性，从而削弱政策执行的力度。对于政策对象的理解，有狭义和广义之分。狭义的政策对象只指政策直接作用和影响的对象；而广义的政策对象除了直接政策对象外，还包括与政策执行效果有关联的间接政策对象。在执行政策的过程中，执行者不仅要针对政策的直接对象落实政策，还应该做好政策的间接对象的工作，以有利于政策的有效执行。

应该指出的是，在政策中如何准确地表达其适用范围，是影响对象适用性的关键。由于某些政策对适用范围没有做出规定，或者仅仅做了模糊性、隐含性的规定，使政策执行主体拥有较大的自由裁量权或者理解出现偏差，从而导致执行失效与对象错位。严格地说，政策执行对象的适用性是指政策的时间效力、空间效力和政策对人的效力。因此，在政策制定中或政策执行之前应当体现上述三方面内容。一般而言，其标准表达方式是由三个要素构成，即"在××范围内，××主体，从事××活动，适用本政策"。

同时，政策目标的不清晰、不确定也往往对政策执行对象的适用性构成障碍。政策在制定过程中，由于考虑到政策调整的成本、目标群体的顺应程度、机构的应变与生存能力等多种因素，政策制定者有时希望用较为模糊的政策语言来表述政策目标和政策内容，认为这样能有效延长政策本身的寿命。但这种含含糊糊、模棱两可的语言，往往会给政策对象的界定带来麻烦。如在制定保护消费者权益的政策中，对什么是"消费者"未有明确的界定而导致政策执行的困惑。而新出现的社会现象又导致政策执行者在执行政策时的随意性。如知假买假的人① 是否是消费者？被医院误诊导致身体损害的病人是否是消费者？由于政策执行者裁定的不一致，从而损害了政策的正义，破坏了政策的权威，最终导致政策执行效果弱化。

2. 执行的灵活性

在政策实践中，多数政策（特别是中央政府发布的政策）都属于宏观政策，往往着眼于整体和全局，带有战略特征，一般不会涉及操作层面的具体细节。因此，在政策执行过程中，各地方和各部门应结合本地区、本部门的特点，制定切实可行的政策方案，切忌僵化教条、生搬硬套。

一般来讲，由于政策环境的复杂性和客观条件的多变性，政策制定者往往只是规范某

---

① 1993年10月，我国颁布了《中华人民共和国消费者权益保护法》，该法第四十九条规定："经营者提供商品或者服务有欺诈行为的，应当按照消费者的要求增加赔偿其受到的损失，增加赔偿的金额为消费者购买商品的价款或者接受服务的费用的一倍。"这便是我国《消费者权益保护法》所确立的"1+1"赔偿制度。正是因为这种"1+1"赔偿制度的存在，才引发了以王海为代表的一些人，知假买假，通过诉讼索赔获得收入，新闻媒介称之为"王海现象"。

些基本的原则，而把实现政策目标的更多权力交给政策执行部门去承担。因此，在实现政策既定目标的过程中，政策执行机构可以采取灵活多样的方式，选择多种不同的途径。

强调实施的灵活性，是为了取得更好的执行效果，但若运用不当，也会带来一定的负面影响。政策执行主体在执行中可能会避重就轻，选择熟悉和易行的途径，放弃困难却有效的途径，甚至还可能完全背离政策本身的初衷，反向执行，“上有政策，下有对策”，“上有大政策，下有土政策”。比如国务院一再强调要严厉打击假冒伪劣产品，先后通过了《消费者权益保护法》《产品质量法》《反不正当竞争法》《关于惩治生产、销售伪劣商品犯罪的决定》，还专门成立了“打假办”，开展诸如“质量万里行”，“3·15消费者权益保护日”等活动。可是有的地方政府为了本地经济利益，对制售假冒伪劣的犯罪行为熟视无睹，任其发展；有的地方政府认为打假会“影响本地经济发展，影响当地财政收入”。执法部门刚要查处，一些领导就出面说情为其开脱，甚至还说什么要“一致对外”等等。结果一些地方假冒伪劣产品泛滥成灾，严重影响我国市场经济的有序健康发展。

就政策的原则性与灵活性而言，原则性应该是核心、灵魂和根本，而灵活性是方法、手段和形式。讲原则，才能做到内心有方圆，处事不慌乱；讲灵活，才能游刃有余，做事有效率。政策执行应当先讲原则性，再讲灵活性，灵活性以原则性为基础，应当是大原则，小灵活；讲灵活不能违背原则，当二者发生冲突时，应当毫不动摇地选择原则性。

习近平同志在其署名文章《加强和改进新形势下党的建设的纲领性文献》中明确提出要努力“减少制度执行的自由裁量空间”，不允许打着“自由裁量空间”的幌子，把个人或组织凌驾于制度之上，为所欲为。

3. 执行的有序性

执行的有序性是指政策执行应保持一定的阶段性顺序和过程的连续性。这是政策执行程序的核心要求，也是保持执行工作稳定开展的基础要素。

政策执行的有序性要求政策执行程序的每个环节都具有时间上的前后次序。政策执行一旦启动，就要一个阶段接一个阶段，一环扣一环，层层推进，依规定的次序进行下去。政策方案的实施和政策目标的实现是一个循序渐进的过程，政策执行既要着眼于最终目标，又要立足于阶段性目标，要把二者有机地、科学地结合起来，尤其要防止超阶段的执行行为。如果在政策执行条件不成熟的情况下强行实施某项政策，有可能导致政策执行的失败，最终阻碍政策目标的实现。

邓小平同志提出的中国现代化建设“三步走”的发展战略就是政策有序性的很好说明：第一步从1981年到1990年国民生产总值翻一番，解决人民的温饱问题；第二步从1991年到20世纪末，国民生产总值再翻一番，人民生活达到小康水平；第三步到21世纪中叶，人均国民生产总值达到中等发达国家水平，人民生活比较富裕，基本实现现代化。中共十五大又将第三步目标进一步具体化：到21世纪的第一个十年，实现国民生产总值比2000年翻一番，使人民的小康生活更加富裕，形成比较完善的社会主义市场经济体制；再经过十年的努力，到建党一百周年时，使国民经济更加发展，各项制度更加完善；到新中国成立一百周年时，基本上实现现代化，建成富强、民主、文明的社会主义国家。

4. 过程的动态性

政策执行由一系列活动构成，它是一个思想和行为需要不断变化、不断调整的过程。

一方面，政策方案无论制定得多么好，都不可能与复杂多变的客观现实完全一致；另一方面，随着时间的推移、执行活动的推进以及环境和条件的变化，政策执行还会遇到一些新情况、新问题，政策执行者只有根据这些新情况，适时地、灵活正确地应付和处理问题，才能使政策方案得以顺利实施，政策目标得以顺利实现。因此，根据具体情况和变化了的条件以及反馈的信息，不断地改变、修正和调整原定的执行策略、计划和程序，是政策执行过程中在所难免的现象，而且这种不断的调整和变动要贯穿于政策执行的全过程。

比如，2020年新冠肺炎疫情期间北京市取消了机动车限行规定，不实行工作日高峰时段区域限行交通管理措施（尾号限行措施），限行措施恢复时间待另行通告。这是北京市政府根据疫情防控需要及时做出的政策调整；又如，2017年12月1日北京市第十四届人大常委会第四十二次会议通过《关于修改〈北京市烟花爆竹安全管理规定〉的决定》，将北京五环路以内区域（含五环路）由“限制燃放区域”调整为“禁止燃放区域”。这次的政策调整是为了消除春节期间燃放烟花爆竹对空气质量和公共安全的不利影响，满足人民群众对改善环境质量的共同期待。

5. 执行的协调性

政策执行是各种政策要素在空间上的分配、重组、展开和运动的过程，其中任一要素的发展变化以及各要素的分配方式、比例、组合结构等变化都会直接影响到整个政策执行的进程，它反映了政策执行在空间上所具有的协调性。

影响政策执行协调性的因素很多，其中最为主要的因素是制度性因素。政策目标的实现，既包括政策执行主体依据其法定职权来履行政策执行的职责，同时也包括政策执行主体依据政策新赋予的职权执行政策。不管是前者还是后者，由于政策执行主体之间的职能交叉或职能重合，客观上造成多头管理，而多头管理的表象是推诿扯皮，其结果是效能低下，严重破坏政策执行的协调性。以文化行政管理为例，管理机关有新闻出版部门、广播电影电视部门、文化部门，还包括工商行政管理部门和公安部门等。在这种体制下，我们可以推测某一关于音像制品的政策在执行中将遭到来自不同有权主体的制约。由于行政管理权限划分不清不是简单的学理问题，而更主要的是利益分配问题，故针对音像制品的政策及其执行结果，非常需要进行一定的协调。

6. 执行的时限性

政策执行的时限性不仅指政策执行中每一个环节都有时间上的要求，还指政策执行进程的及时完成。绝大多数的政策对执行中的许多阶段和环节都有一定的时间规定，这就意味着对随意性的限制和对权力的制约。政策执行的时限性克服和防止了政策执行主体行为的随意性和随机性，为这些行为提供了外在标准，使之不能随意而为。同时，政策执行的时限性为政策参与者提供了统一化、标准化的时间标准，克服了行为的个别化和非规范化，从而使政策执行行为在时间上做到连贯和衔接，避免行为各环节的中断。

政策执行的时限性还要求政策执行不能急速地进行或过于缓慢地进行。如果政策执行过于快速，政策的目标群体就无法充分地适应，政策执行主体也不能进行充分的执行准备。这种突袭性的政策执行会使政策丧失一定的可预测性，造成人们的心理准备不足。但反过来，如果政策执行推进过于缓慢，也同样会引起政策执行的障碍。

影响执行时限性的一个主要因素就是由利益冲突导致的某种妥协。当政策制定主体与政策执行主体或政策目标群体在政策价值判断（包括经济价值、政治价值和其他人文价值）和事实判断上发生冲突的时候，由于冲突双方的力量（力量的构成要素是复杂的）势均力敌，妥协就是一种必然的选择，而对政策执行的时限性不做明确的规定，似乎是解决两者冲突极为有效和易行的办法。

6.1.4 政策执行的功能

专栏

小石城事件：政策的强制执行

1954 年 5 月 17 日，美国最高法院依据美国宪法第十四修正案，宣布公立学校种族隔离是违法的。这是美国第一次真正宣布黑人隔离制违法。1957 年 9 月初，美国阿肯色州小石城地方法院根据 1954 年最高法院关于取消公立学校中种族隔离的决定，宣布该市公立中心中学接纳九名黑人学生入学。白人种族主义分子激烈反对这一决定。9 月 2 日，该州州长福布斯以“防暴”为名派出国民警卫队前往学校阻止黑人学生入学，但未成功。23 日，在州长的纵容下，上千名种族主义分子包围学校，殴打黑人记者，并把八名已入学的黑人学生赶走。随后南方几个州也发生了袭击黑人的事件。小石城事件震动了全世界，艾森豪威尔政府被迫于 24 日派伞兵部队 1 000 余人赶赴小石城，“保护”黑人学生入学。在政府的干预下，地方当局于 1959 年宣布取消公立学校中的种族隔离制度。

政策执行是政策过程的关键环节，其功能主要体现在下述几个方面：

1. 确保政策目标的实现

政策的主要目的不是研究问题而是要解决现实政策问题，政策制定主要是研究问题的过程，而政策执行才是直接地、实际地、具体地解决问题的过程。任何政策最终都必须通过政策执行过程才能实现政策目标，从而对社会政治、经济、文化等各方面产生作用和影响。所以，政策执行的首要功能就是通过将政策转换成可操作的具体活动，从纸上谈兵到实际用兵，按照政策所确定的目标而进行各种努力。

但是，实现政策目标的努力，是一个极为复杂而困难的过程。政策不是万能的，政策目标更多的是对未来的预期，政策目标实现的过程实际上就是政策执行修正政策缺陷和弥补政策漏洞的过程，如果政策执行不具有修正和弥补功能，那么政策执行过程本身一定存在着某种缺陷。

近几年我国环境污染日益严重，给我国社会经济的可持续发展带来严重影响。之所以造成这种状况，并不是因为我国没有环境保护方面的政策，相反，环境保护政策是我国的一项基本国策。造成这种状况的原因主要在于我们没有能够很好地贯彻执行政府的政策措施。不是无法可依，而是有法不依，政策执行的功能没有得到很好的发挥。

专栏

伦敦的拥堵费

交通拥堵是现代城市生活面临的一个普遍难题，当今世界上几乎所有的大城市都饱受高峰期交通拥堵的折磨，人们消耗在交通上的时间越来越长。如何解决这一问题，政策选择之一是修建和拓宽道路。这项政策成本巨大，而且有专家警告说，这种方法可能于事无补。因为，随着新的道路的修建，也会产生大批新的驾驶员，道路容量的增加，会使开车上班或长距离通勤更加容易。大多数国家的政府坚持认为，唯一可行的长期解决方案是借助市场力量，提高开车成本，特别是高峰需求时段的开车成本。

1903年伦敦地面交通工具主要是马车，当时城区通行速度约19km/h；2003年地面交通平均速度仅为9.5km/h，遭遇严重交通拥堵。2003年，时任伦敦市长肯·利文斯顿（Ken Livingstone）决心大力整治伦敦的拥堵问题，

从2003年2月17日开始，伦敦对工作日7:00—18:30时段进入市中心8平方英里规定区域内的车辆征收每天5英镑的拥堵费。征收区域囊括了整个伦敦金融区和商业娱乐区。在收费区的工业极少，这一地区居民人口为13.6万，而整个大伦敦为700万。2005年，收费标准提高到8英镑。2007年，进一步扩大了收费区域。后来，收费标准上升到10英镑。驾驶员可以通过手机、互联网或指定的零售店缴纳相关费用。伦敦市区已有700多个摄像头安装到位，监视着出入车辆。车辆在通过带有红色"C"标志的街道关卡时，牌照号都会被摄像头记录下来。计算机识别系统会准确读取车辆的牌照号，对此辆车收取拥堵费。因没有缴拥堵费而在市内行驶的车辆的罚款数额是80英镑。

实际上，伦敦的征收拥堵费政策很好地利用了市场的最基本特征，提高开车成本将有效抑制驾驶员的开车动机，从而减少汽车行驶数量，改善交通状况。肯·利文斯顿市长承诺，交通量会减少15%。专家估计公共交通使用量将大幅提高，因为这是成本低廉的替代交通选择，而且能较快地穿行伦敦市中心（行程时间的缩短大大降低了人们使用公共交通的机会成本）。

那么政策的实际效果如何呢？

该项政策实施一个月后的结果是令人吃惊的，交通量下降了20%（随后几年里都稳定在15%左右），拥堵区域的平均车速提高了一倍。公共汽车延误率下降了一半，且乘客数量上升了14%，唯一让人感到不快的是，由于该项政策对私人轿车的抑制效果太过显著，政府收取的拥堵费远远低于预期。

其实，伦敦并不是世界上第一个实行拥堵费政策的城市，但它是实行此项政策最引人注目的城市，由于政策制定者需要应对日益严峻的城市交通状况和可用于新道路建设的预算和空间不足等多重挑战，计划实行这一政策的城市可能会越来越多，伦敦拥堵费政策的实行情况也越来越引起世人的关注。

资料来源：伦敦拥堵费政策失灵启示录. http://auto.163.com/special/observation 901/；韦兰. 公共政策导论. 魏陆，译. 上海：上海人民出版社，2014。

2. 检验政策成效

政策制定属于认识的范畴，政策执行属于实践的范畴，一项政策方案的对与错、好与坏，不能靠纸上谈兵，关键要通过实践来检验。从一定意义上说，政策执行的过程也就是政策结果产生的过程。只有通过政策执行，才能取得政策结果，才能对其进行分析和评价。一项在实践中能够促进社会进步和经济发展并得到人民拥护的政策自然就是好的政策，反之就是不好的政策。当然，政策结果的好坏不仅与政策本身有关，还与执行过程有关。由于实践的变化性（出现一些始料不及的情况），在执行过程中就必须根据实际发展的状况修正和完善政策实施方案，以提高政策的可操作性及其有效性。政策执行是过程和结果的统一，没有好的过程，就难有好的结果。

专栏

广州取消公交免费令

一项惠及最广大民众的公共政策，何以草草收场？广州免费乘车政策的短命结局，为我们提供了一个检验政策效果的绝佳样本。

广州出台这项政令可谓用心良苦。广州从2010年11月1日起实施为期46天的机动车单双号限行政令，旨在防止亚运期间的交通拥堵。这种限行措施，不可避免地给市民，特别是给上班族带来极大不便。考虑到这一点，广州同时允许市民免费乘坐公交、地铁，以便最大限度地抵消这种不便。这种以民众利益为出发点和落脚点的惠民政令，体现了政府的良心，对这样的政策考量，民众深表敬意。然而，从2010年11月8日起，广州取消了11月1日开始实行的免费乘坐公交、地铁的政令，改全民免费为发放现金交通补贴。作为“亚运惠民项目”的十大措施之一，这项政令原本想在未来30个工作日内为全民提供免费交通服务，为何在施行7天之后即告结束？有关方面给出的理由是：“公共交通免费一周来，公交的日客流量高达1 754万人次，地铁日客流量近800万人次，大大超出地铁运输能力。地铁一直超负荷运行，一周来启动三级客流控制高达144次，严重影响正常安检和亚运安保工作的进行，同时给市民上下班正常出行造成极大不便。”用大众语言来说，其实就是这项政策在实际中行不通，不能实现预定的目标。应当肯定广州方面取消这项政令的勇气。虽然“朝令夕改”有损政府部门的面子，但“有过不惮改”也是孔夫子的教诲。没有一项政策是完美的，错误也常常不可避免，关键就在于能否知错即改。7天的实践，已经表明这项政令的不可行。及时纠正被实践证明是行不通的政策，总比酿成重大事故或出现更为严重的后果才去纠正要好得多。

3. 为后续政策制定提供依据

为后续政策制定提供依据也称为政策执行的反馈功能。一项政策的执行过程不论好坏，不论是否达到预期的目标，都会在社会上造成深远的影响或不可逆转的结果。从某种意义上说，我们面临的社会现状就是过去无数项政策和现行政策实际发挥影响所形成的结果。制定一项新的政策往往要依据先前政策实施后由各种渠道反馈上来的信息，在分析先前政策效果的基础上，设计和制定新的政策，这是政策制定的一个基本原则。因此，政策执行活动及其效果可以为后续政策的制定提供重要的参考依据。

专栏

中国式肯定性行动："高校专项计划"

所谓"高校专项计划"是指农村学生单独招生计划，由教育部直属高校和其他自主招生试点高校承担，招生计划不少于学校本科招生规模的 2%。高校要将调减的特殊类型招生名额优先安排高校专项计划。高校专项计划主要招收边远、贫困、民族等地区县（含县级市）以下高中勤奋好学、成绩优良的农村学生。具体实施区域由有关省（区、市）确定。考生及其父母或法定监护人户籍地须在实施区域农村，考生本人具有当地连续 3 年及以上户籍和当地高中连续 3 年学籍并实际就读。"高校专项计划"实施几年来，总体上看，政策补偿作用突出，但也存在一些问题。研究表明，"高校专项计划"有效提高了农村学生的优质教育入学机会，明显增加了重点高校中农村学生的生源比例，大大改善了学生生源的多样性；然而，在执行过程中高校依然更多的是依赖本科招生计划编制的习惯路径，极大影响了机会补偿的精准性。

6.1.5　政策执行过程

政策执行过程主要包括政策宣传、政策细化、物质准备与组织准备、组织协调、政策试点、政策推广、政策监督等环节。

1. 政策宣传

毫无疑问，政策执行者只有在对政策的意图和政策实施的具体措施有一个明确的认识和充分了解的情况下，才有可能积极主动地参与执行。同样，政策对象只有知晓了政策，才能理解政策；只有理解了政策，才能自觉地接受和服从政策。从这个意义上讲，政策宣传对政策执行来说有着至关重要的意义。

专栏

政策宣传的短板：有些事，我们是真不知道

《三联生活周刊》曾刊登过一封来自湖北松滋的读者来信，作者称他最近刚购置了新房，购房合同上关于购房税费这一款明确写着：按购房款的 2%纳税。没有任何备注和补充说明。他赶到税务部门按合同要求的百分比缴了税，没有谁提醒他什么。事后，他从朋友处了解到，如果是首次购房，购房税可以按购房款的 1%缴纳。事先必须到房管部门查购房档案，由房管部门出具首次购房证明。凭证明到税务部门纳税时，税务部门就会按首次购房收税了。

显然，这不是每一个购房人都天然能够知晓的优惠政策。

那么，税务部门知不知道有这样的优惠政策呢？答案当然是肯定的。可税务部门的纳税大厅里，根本看不到相关条款的提醒或宣传。税务部门的工作人员也不对购房人做

任何提醒。毫无疑问，这种做法是很不对的。就完税事项提醒一下购房人应该是他们的义务，他们不能装着什么都不知道。

作者最后说，公民的确有学习各行规定和政策的必要，可政府相关部门的职责呢？你的宣传和提示做到位了吗？政府出台了诸多的惠民政策，正是应该大力宣传和推广的部分，为什么要讳莫如深或故作不知呢？

2. 政策细化

所谓政策细化就是要分解政策目标，做到行动有计划。一般说来，一项政策的推出，往往只是指出实现政策目标的基本方向和基本原则，比较笼统和抽象。要使政策执行顺利进行，就必须在基本原则指导之下，对总体目标进行分解，编制出政策执行的“具体计划”，明确工作任务目标，商定和落实一些具体问题，使执行活动有条不紊地进行。比如国家西部开发、东北振兴、中部崛起等战略政策的出台，如果不经细化就难以具体落实。

专栏

“国五条”定调调控方向，热点城市配套政策细化

2013 年 2 月 20 日，国务院常务会议研究部署房地产市场调控工作，提出五条调控措施，即“国五条”，为全年房地产调控定下基调。随后 2 月 26 日发布的《国务院办公厅关于继续做好房地产市场调控工作的通知》，在“国五条”的基础上进一步明确中央政府对房地产的调控决心与力度，旨在稳定房价、抑制投机性购房，并结合供给端的调整以期建立与完善房地产健康发展的长效机制。

从地方政府落实力度来看，一、二线热点城市大多出台细则加码调控，而多数城市则以制定房价控制目标、加大土地供应等手段保障供需平衡，促使市场平稳发展。北京、上海等热点城市出台了较为严厉的配套细则。首先，关于限购和住房信贷，除北京明确进一步严格限购并提高二套房首付比例、沈阳完善此前与“国五条”不符的限购范围外，其他城市的细则大多流于形式，表述以“严格执行国办发〔2013〕17 号文件”为主，部分城市二套房贷调整以当地银行为准；其次，对于严格 20% 个税征收的相关内容，仅北京、上海、天津、重庆在细则中明确提及，其他城市的表述含糊；最后，大部分城市在提及土地计划供应量时仅维持不低于过去 5 年供应平均值的原则，而未细化到具体数字。

3. 物质准备与组织准备

俗话说，兵马未动，粮草先行。物质准备是组织准备的首要工作，主要是指政策执行必要的经费和设备等。应根据各项开支编制预算，待有关部门批准后方可执行，根据预算购置必要的设备，包括交通工具、通信器材、机械设备、办公用品等。组织准备不只是物质准备，还包括组织形式的建立、组织职能的确定、组织结构的形成、领导职务的配备、下属人员的选拔、知识技能的培训、规章制度的制定等。一般来说，常规政策的执行会由常设执行机构承担，有时也会采取提高机构级别或改组机构设置的方式保证政策的有效实施。如遇非常规情况，如突发的、例外的、重大的、牵扯面大的问题，可能就需要临时组建执行机构或采取多部门合作的形式应对这类紧急的情况。

专栏

为房产税征收做好技术准备

据 2012 年 8 月 7 日《中华工商时报》报道：记者从一份来自中国估价协会的近期通知中获悉，“为搞好应用房地产估价技术加强存量房交易税收征管，并为开征房地产税做好批量估价技术准备，国家税务总局组织了来自全国 36 个省市的 71 名税务系统工作人员在中国人民大学学习房产税批量评估技术。希望一方面了解房地产估价过程，另一方面加强与房地产估价机构的联系”。据中国人民大学公共管理学院公共财政与公共政策研究所教授介绍，这是中国人民大学公共管理学院与国税总局合作举办的针对房地产估价技术应用工作的高级专业人才培训，是一个纯技术方面的培训，2012 年 5 月就已开始，应该是在为下一步的房产税扩围做技术准备。业内专家认为，此举表明在房产税推进层面，国家已经开始研究具体操作技术。

4. 组织协调

为使下属各执行机构之间、各执行人员之间能做到分工合作、步调一致，领导部门的组织协调是必不可少的。协调工作的重要作用在于，能够使不同的执行机构、分散的执行人员形成一个有机的整体，大家为实现政策目标共同努力，从而保证执行活动有条不紊地开展，实现 1+1 大于 2 的系统优化功能。

专栏

警察和消防员打架

“9·11”事件后，纽约的消防员和警察备受市民赞誉。然而，他们所在的两个部门却屡次发生冲突，成为冤家对头。

2003 年 6 月 27 日凌晨 3 时，从纽约皇后区一家意大利餐馆的烟囱里突然传出尖利的呼救声，一位行人将此事报告给警察局和消防队。驻守在第 115 大街的“应急警察部队”先到一步，把餐馆封锁起来。而消防部门也派出第四消防救援队赶赴现场。

原来事情是这样的：一个名叫威廉·奎加的小偷爬进了这家餐馆的烟囱，准备入室行窃。谁知当餐馆打烊后，这个倒霉的家伙发现自己被死死地卡在了烟囱里。为了求生，奎加不得已大声呼救。

就在小偷在管道里急切地等待救援时，警察格里菲斯和消防队员盖恩却吵了起来。争论的焦点是消防队员应不应该进入餐馆。因为警察已经把餐馆作为“犯罪现场”封锁了起来。而盖恩称自己奉命前来执行救人任务，警察无权阻止。两人争吵得越来越凶，格里菲斯和其他几名警察把盖恩击倒在地，并给他戴上手铐，还说要以“妨碍执法”的罪名起诉盖恩。其他的消防队员看到盖恩被打怒不可遏，纷纷出手和警察打了起来。而纽约大小媒体的记者们早已赶到现场，向观众转播了警察和消防队员斗殴的场面。

这件事很快传到了市长布隆伯格那里。他立即召开紧急会议，了解情况。消防队的领导说，盖恩在消防队已有15年工龄，在“9·11”恐怖袭击事件中表现勇敢。警方则说，盖恩到现场后，不分青红皂白，推开两名警察要闯进餐馆。布隆伯格只能劝说双方，以平息事态。纽约人对此斗殴事件感到不满，并认为布隆伯格没有很好地解决这场争端。6月28日早晨，当布隆伯格在马科斯加维公园出席该市的游泳馆开馆仪式时，发现自己身陷摄像机的包围之中。记者针对斗殴事件频频向他发问，他最后在公众面前承诺要“立即采取措施，不让局势失控”。布隆伯格命令警察局局长凯利和消防局局长斯科皮塔要管住手下人，加强相互协调。后来，这两位局长私下进行了沟通，双方决定互派联络官，保持经常联络，避免类似事件再次发生。

资料来源：任毓骏．纽约警察和消防队打架．人民网，2003-07-02。

5. 政策试点

政策试点既可以验证政策（发现偏差，及时反馈，总结经验，完善政策），又可以从中取得带有普遍指导意义的东西（如实施的方法、步骤、相关事项等），为政策的全面实施做好准备。特别是那些涉及全局性的政策、非常规性的政策、带有风险性的政策、受多重因素影响的政策、难以进行定量分析的政策、结果不确定的政策，都应该要选择试点，进行小范围实施。

专栏

房产税试点

根据国务院第136次常务会议关于在部分城市进行对个人住房征收房产税改革试点的决定，上海、重庆被确定为首批试点城市。由此，备受关注的房产税改革试点拉开了序幕。为调节收入分配，引导个人合理住房消费，根据国务院常务会议的有关精神，重庆市人民政府在2011年1月28日施行了《重庆市个人住房房产税征收管理实施细则》。紧接着，在2011年1月30日，上海市地方税务局也公布了《关于本市个人住房房产税征收管理有关事项的公告》，推出了个人住房房产税征收细则。尽管沪渝房产税方案看上去截然不同，上海较“温柔”，重庆更“勇猛”，但两地房产税政策却有三个共同点：其一，放过大部分自住需求；其二，税费负担比预想中的要低；其三，两地试点政策都预留了明显的加收空间。

6. 政策推广

政策推广是指在取得试点经验的基础上，政策在更大范围内实施。政策推广要求严格执行政策执行的基本原则，充分发挥政策执行的功能要素，以保证执行任务的圆满完成和政策目标的真正实现。

专栏

推广上海自贸区试点经验

2015 年 1 月 29 日《国务院关于推广中国（上海）自由贸易试验区可复制改革试点经验的通知》发布。通知表示，经党中央、国务院批准，上海自贸试验区的可复制改革试点经验将在全国范围内推广。通知称，上海自贸试验区成立一年多来，上海市和有关部门以简政放权、放管结合的制度创新为核心，加快政府职能转变，探索体制机制创新，在建立以负面清单管理为核心的外商投资管理制度、以贸易便利化为重点的贸易监管制度、以资本项目可兑换和金融服务业开放为目标的金融创新制度、以政府职能转变为核心的事中事后监管制度等方面，形成了一批可复制、可推广的改革创新成果。上海自贸试验区可复制改革试点经验，原则上，除涉及法律修订、上海国际金融中心建设事项外，能在其他地区推广的要尽快推广，能在全国范围内推广的要推广到全国。根据通知，在全国范围内复制推广的改革事项包括投资管理领域、贸易便利化领域、金融领域、服务业开放领域和事中事后监管措施五个方面。通知要求，各省（区、市）人民政府和国务院各有关部门要制定工作方案，明确具体任务、时间节点和可检验的成果形式，于 2015 年 1 月 31 日前送商务部，由商务部汇总后报国务院。

7. 政策监督

制定政策并不能保证其实施会与目标一致，因为政策行为所带来的后果永远无法完全预知，因此，在政策行为开始之后进行跟踪监督至关重要。①

在实际的政策执行过程中，政策的有效性常常会由于这样或那样的原因受到影响，表现为政策失真现象，即出现政策执行及其结果与政策目标、政策内容不相符合的问题。具体而言，政策失真有四种表现形式，即政策表面化、政策扩大化、政策缺损和政策曲解。所谓政策表面化是指在政策执行中做表面文章，政策内容难以真正落实，成了一个空架子；所谓政策扩大化是指突破政策界限，扩大执行范围，歪曲政策目标；所谓政策缺损是指一个完整的政策在执行时，只有部分落实，其余则被遗弃，使政策内容残缺不全；所谓政策曲解是指政策在执行过程中被换入表面上与原政策一致，而事实上背离原政策精神的内容。因此，在政策执行中需要建立政策监督机制，以抑制政策失真现象的蔓延。从我国目前的情况来看，政策监督主要包括执行机构的内部监督、党组织的监督、人大的监督和社会舆论的监督。多层次的政策监督对政策的有效执行具有至关重要的作用。

毋庸讳言，近些年出台的一系列针对房地产市场的宏观调控政策，并未取得十分理想的效果。究其原因，无非是在政策执行过程中，缺少完备有效的政策监督机制，从而使政策未得到严格的贯彻与执行。比如，“70/90”②、打击囤地等政策。由于房地产利益链条

① 邓恩. 公共政策分析导论：第 2 版. 北京：中国人民大学出版社，2002：362-363.

② 70/90 政策的主要内容是：新建住宅项目的套型建筑面积在 90 平方米以下的房屋户型一定要占据整个楼盘项目的 70%以上。70/90 政策是为了遏止房价的不断上涨，并且通过限制房屋面积来达到降低买房总价的目的，从而让更多的人买得起房屋。

的复杂性，以及地方GDP对房地产业的高依赖性，使得地方政府在执行宏观调控政策时积极性不高，甚至存在与中央政府的“博弈”行为，这直接导致了政策的“打折”或“失效”。

习近平总书记在十九届中央纪委三次全会上明确指出，各级党组织要旗帜鲜明地坚持和加强党的全面领导，坚持党中央重大决策部署到哪里，监督检查就跟进到哪里，确保党中央令行禁止。监督，职责所在、使命所在，也是管党治党实现落地效应的关键因素。监督，唯有实现全方位覆盖、抓长抓细、融入日常，发挥督查“亮剑”的震慑效应，落实中央政策部署才能直达“最后一公里”，实现效能最优化。

专栏

沙雅新举

“公车私用”怎么治？这是个老大难问题。在改进作风的新背景下，近来各地又纷纷出拳整治这一顽疾。比如，在新疆沙雅县，全县270辆公车被统一贴上“公牌”，动向一目了然。公车一旦“出轨”，群众便可辨认出其身份并进行举报。公车“公牌”由县纪检委监察局统一制作，统一张贴在车辆挡风玻璃内侧右下角，红色的底面上印着“公务用车，敬请监督”字样，并附有监督电话和车辆编号。这些编号是纪检委对各单位的公务车辆进行登记核实后统一编制的，一车一号，相当于公车的身份证号码，可以很快查到该车所属单位。沙雅县群众对此反响强烈。他们说：“以前学校门口可以看到一些公车接送孩子，现在几乎看不到了。”一些政府部门也反映：“自从单位公车贴上‘公牌’后，燃油费、维修费和司机加班费比从前节省两成多。”公车贴上“公牌”3个月以来，共接到群众投诉几十起。

可能有人会纳闷，公车上多贴了一个纸牌，为什么就会有这么明显的变化？“公牌”之所以能起到威慑作用，在于其集中了体制内外的两种监督力量。一是“公牌”醒目，一车一号，可以很快查到车辆所属单位，让公车以可识别性暴露在公众目光下，这其实方便了百姓监督。事实上，3个月里沙雅县接到群众投诉几十起，相对于200多辆公车总量，这个投诉数量并不少，说明公众监督的热情已被调动起来。二是公开机制与问责机制挂起钩来。群众投诉经审核后，已对7个单位的17辆公车违规使用进行全县通报，责令一个部门负责人写检查，还有一名干部因公车私用问题在提拔任用时被否决。问责动了真格，这无疑会对一些不把私用公车当回事的官员形成威慑力。总之，百姓盯着，问责追着，由此形成监督合力，公车自然难以“出轨”。

6.2 政策执行原则

6.2.1 权威原则

恩格斯指出：“一方面是一定的权威，不管它是怎样形成的，另一方面是一定的服从，这两者都是我们所必需的，而不管社会组织以及生产和产品流通赖以进行的物质条件是怎样的。”①

德国社会科学家韦伯认为，任何一种组织或社会都是以某种形式的权威为基础。根据服从的不同基础，权威可以划分为不同的类型。没有权威也就没有组织和社会。

公共政策的主体是社会公共权威，其享有强制性权力，从而赋予公共政策强制性特征。因此，公共政策天然具有合法性权威。在执行公共政策时，执行机构在必要的时候会以强制力为后盾推动政策的执行。公共政策的权威性是其有效执行所应具备的基础条件。

专栏

新加坡防疫新规

自新冠肺炎疫情暴发以来，一向以铁腕执法闻名的新加坡，一直都采取较为严格的防控措施。2020 年 3 月 27 日新加坡的防控措施进一步升级——规定从 27 日起，凡在公共场合不保持 1 米以上社交距离的人，最高可罚款 1 万新加坡元（约合人民币 4.9 万元），或监禁 6 个月，抑或两种惩罚叠加。根据这项最新版的传染病法规，如果有人故意在公共场合靠近他人，坐的地方与其他人距离不足 1 米，或坐在不允许坐的座椅上，或排队时与其他人距离不足 1 米，都将受到惩罚。这项法规有效期暂定持续至 4 月 30 日。“硬核”防疫措施出台后，从执行效果看作用还是非常明显的，在餐厅、超市、商场等场所规定都能够得到认真遵守。疫情期间，新加坡虽然取消了所有的大型聚会，但是民众出行都还是正常进行，只是在餐厅、超市等需要密集排队的地方要求画出一米线，排队的人保持一米间隔以降低受感染概率。

6.2.2　程序优先

公正首先体现为程序公正，任何对实体公正的寻求都不得有违程序公正。也就是说，法治意义下的执法公正只能是在程序公正的前提下追求最大限度的实体公正，即程序公正应当具有优先性。发生在美国的辛普森案是一个体现程序公正优先性的典型案件。因警方提供的辛普森袜子上的血迹被辛普森的律师证明是人为故意造成的，法官认为警方做了伪证，违反了程序公正，以前所有有关此案的其他证据法庭都不予考虑，所以陪审团当场裁定辛普森无罪释放。这便是美国著名的“毒树之果”定律：警方违反程序公正就是毒树，由警方违反程序公正所得来的证据（非法证据）就是毒树之果。而“毒树之果”定律规定警方凡是违反程序公正所取得的证据都是无效的。“毒树之果”定律使更多的人避免因吃了毒树之果而中毒，杜绝了许多冤假错案的发生。

---

①　马克思，恩格斯．马克思恩格斯选集：第 3 卷．2 版．北京：人民出版社，1995：226.

专栏

米兰达规则

看过一些美国警匪片的人对这段“套话”一定很熟悉：你有权保持沉默，现在你所说的每句话都可能在审判中用作不利于你的证据。你可以请律师在讯问时到场，若无力聘请，可以为你指派。这是美国（包括许多西方国家）警察在逮捕犯罪嫌疑人之前必须说的话。这个程序，在美国诉讼程序中被称为“米兰达规则”。

20 世纪 60 年代，当时才 20 多岁的米兰达因涉嫌劫持并强奸一名女青年而被警方逮捕。在警察的连番审问下，米兰达最终招供。后来，亚利桑那州法院根据他的供述判他有罪。

米兰达对此判决不服，一直上诉到联邦最高法院。他声称自己没罪，所做的供述是违心的，因为在接受讯问时他并不知道自己的供述会成为法院判决的依据，也不知道自己有权请律师。最高法院认为，警察未通知米兰达有权保持沉默、有权请律师，因而违反了宪法的有关规定。据此，最高法院推翻了州法院的判决，米兰达被释放。

从此，美国警察便多了一项责任：逮捕犯罪嫌疑人时必须提醒他们拥有两项权利：沉默的权利和请律师的权利。这就是著名的“米兰达规则”（也叫米兰达忠告），美国警察衣袋里都装有一张印有这一警告的小卡片。多数美国人认为，米兰达规则对限制国家滥用权力、消除警察刑讯逼供、保护公民合法权利起到了重要作用。这是西方诉讼文化的一个特点。

6.2.3 法益均衡

在行政法里有一项非常重要的原则叫作比例原则，是指行政主体实施行政行为应兼顾行政目标的实现和保护相对人的权益。如果行政目标的实现可能对相对人的权益造成不利影响，行政权力的行使除了有法律依据这一前提外，行政主体还必须选择对公民侵害最小的方式进行，即把这种不利影响限制在尽可能小的范围和限度之内，二者要保持适当的比例。比例原则着眼于法益的均衡，以维护和发展公民权为归宿，是行政法上控制自由裁量权行使的一项重要原则。比例原则对我国行政法治建设具有很重要的借鉴意义。

专栏

三亚“4·29”交通事故

2013 年 4 月 29 日上午，三亚市凤凰镇水蛟村田园小鱼温泉门口路段发生了一起交通事故，三名共骑一辆摩托车的学生，在回家途中不慎摔倒，随后被迎面驶来的一辆满载石子的小卡车撞到，随后身亡。事发前摩托车上原本坐着四名男生，他们被两名协警骑警用摩托追赶了近八公里路程，一路警灯闪烁，警笛狂鸣。其中一名男生在被追赶途中跳下摩托车，才逃过了一劫。5月2日，三亚市公检法联合宣布：当时，因为罗某驾驶摩托时，存在没戴头盔、超载等多项违反道路交通安全法规的行为，被正在路边执勤的协警看到，协警要求他靠边停车，但是他不听劝告，加速行驶，"与交通事故的发生有很大的因果关系"。警方还称，协警是正常上路执法。

的确，四名学生开一辆摩托属于违法超载，危险驾驶，对公共安全构成一定威胁，理应受到相应的行政处罚。但执法应遵循"比例原则"，在执法手段与执法结果之间，保持适当的比例，执法时应避免不必要的侵害。协警开着摩托一路狂追，这种大炮打蚊子式的"执法"不是在消除道路上的危险因素，而是恰恰相反，在制造更多的危险因素，也最终酿成惨祸，明显反应过当，后悔晚矣。

6.2.4 权力制衡

谈到权力制衡，不禁让人想到18世纪法国启蒙思想家孟德斯鸠在《论法的精神》一书中的有关精辟论述："一切有权力的人都容易滥用权力，这是万古不变的一条经验"，"从事物的性质来说，要防止滥用权力，就必须以权力制约权力"。由此孟德斯鸠提出了他的分权学说，核心内容是三权分立，即立法权、行政权和司法权相互独立、互相制衡。分权学说是《论法的精神》中最精彩的部分，也是孟德斯鸠最伟大而持久的理论贡献。在当代，尽管西方国家的政治制度发生了很大变化，但三权分立仍然是它的一个根本特点，对于这种制度，西方的政治家和思想家推崇备至。对我们来说，可以借鉴权力制约的政治原则。特别是在政策执行环节，必须强调以权力制约权力，加强权力监督，否则，权力将会异化，腐败不可避免。英国19世纪以主编有名的《剑桥近代史》闻名的大史学家阿克顿看到了权力的腐蚀性，并写下了那句千古不朽的名言："权力导致腐败，绝对的权力导致绝对的腐败。"（Power tends to corrupt and absolute power corrupts absolutely.）这句话几乎被政治学家奉为圭臬。阿克顿勋爵对权力的认识看似较为悲观，却充满政治理性，具有重要的警示作用。

专栏

"三段章"

一枚长6厘米、宽3厘米的理财审核公章被河北邯郸的村民们劈成了三瓣儿，命名为"三段章"，分别由选举产生的民主理财小组成员保管。村级财务下账报销时，必须经理财小组成员逐笔审计，分别盖章，三章合一后村支书方能签字批准，会计方可记账。河北邯郸的农民完全从朴素的观念出发，将集体财务审核章一劈三瓣，用"三段章"的土办法化解了长期以来财务监督缺位的大难题。

"三段章"制度，由农民自己创造，但实际上却暗合"分权制衡"的政治原理。"三段章"是实实在在的民主理财，在制度程序上真正实现了从"为民做主"到"民主自主"的转变，具有重要的启发意义。这种方法虽然淳朴，却充分体现了对于公共权力进行制约的现代理念。

6.2.5 以人为本

以人为本的基点是维护人的尊严。尊严这个概念常用于哲学、伦理学、社会学、法学和政治学的讨论中，用以表明人本固有的价值属性和拥有受到他人尊重的权利。它聚焦于人本身所固有的不可剥夺的权利及其概念的延伸和扩展，经常会以一种警示和劝诫的方式出现。例如，在政治上常用来表示对于不平等行动的反抗和弱势群体为寻求平等对待的相关诉求。但同时它也在不断扩展自己的应用领域，在文化、道德、信仰等观念中得以阐释。康德曾经说过，"唯有道德和人之本性才可冠以尊严之名"。他认为，人的尊严体现在人是一个行动者，并具有凭借自身行动来进行选择的能力。总之，尊严概念有着丰富的意蕴，在社会生活中发挥着促进作用。政策执行应尊重人权和人的尊严。

专栏

网红法官弗兰克·卡普里奥

美国 ABC 电视台有一档法庭直播节目——*Caught In Providence*，专门直播一些美国罗得岛普罗维登斯市法院的审理视频。已经 83 岁的弗兰克·卡普里奥（Frank Caprio）是这个城市的首席法官，平时他主要负责处理关于交通违规罚单方面的案子。（在美国，如果你收到交通罚单后，如果不予认同，可以到庭上诉，弗兰克法官就是主要负责处理这类案件的，如果最后法官撤销案件，那么上诉人就不用缴纳罚款。）这档节目没有经过任何的剪辑，也没有任何的剧本，出席的人和审理的案件都是真实的。然而，没想到通过这档节目，弗兰克法官竟然一不小心成了美国网红，但并不是因为庭上激烈的唇枪舌剑，而是因为他的幽默、机智、暖心和善良。有一次上庭的是一位近 90 岁的老爷爷，他为了送自己相濡以沫 60 年的妻子去医院做检查而收到超速罚单。庭审一开始，法官就注意到老人的耳朵不太好使，专门安排了一位检察官在他旁边当"传声筒"。老人说，当时他正在开着车送自己的妻子去医院，可能没有意识到自己超速了。"我上一次收到罚单的时候，大概是 30 年前了。"在听完老爷爷的辩解后，法官没有急着下判决，而是关心起老爷爷和他妻子的年纪。在得知老爷爷下个月就将满 90 岁时，弗兰克法官在法律允许的范围内，给了他一个幽默的判决。"那就判你 20 年缓刑期吧，时间一到你可别忘了出庭哦。"老人听到判决后笑着回答道："说不定我真能活那么久呢，所以我接受。"没想到一起超速案件最后竟演变成一场暖心的喜剧。弗兰克法官机智、幽默，他不仅仅处理了一些老年人超速的案件，还曾经好几次遇到过出庭人带着孩子来的情况。有一位 5 岁小男孩的父亲因为超速出庭。开庭后，弗兰克法官并没有着急开始审理，先是跟他挥手打了个招呼，而且慈祥地邀请小男孩坐到他旁边和他一起审理。他搭着小男孩的肩膀，问他叫什么名字，今年几岁。接着，他问小男孩："你爸爸超速了，现在在我面前有 3 个解决方案：罚款 90 美元，罚款 30 美元，或者不罚款，如果是你，你怎么选？"小男孩思索了一下，老老实实选择了 30 美元的方案。弗兰克法官先肯定了他这种折中解决问题的思维方式，接着暗示他还有没有其他更好的方案。小男孩估计当时有些紧张，什么都没说。弗兰克法官也不着急，而是话题一转，问孩子："你今天吃早饭了没？"小男孩说还没有。弗兰克法官跟着“开出自己的条件”：“那你看这样行不？我让你爸爸带你去吃早餐，作为交换，我可以免掉他的罚单。哦，对了，可要多要一点哟，你刚刚可是帮他节约了30美元呢！”小男孩有点忍不住笑了：“嗯，我觉得这个解决方案还不错。”其实，除了上面提到的两个案例，弗兰克法官还给出过很多人性化的判决，深深打动了许多观众的心。法律也不是完全冰冷的，在法律的威严和严谨中，人性的善良和宽容也可以熠熠发光。正是这位83岁的网红法官爷爷，让更多的人感受到了法庭也是有爱、有同理心的地方，法律也是可以有温度的。弗兰克法官说：“许多人认为，我对犯错的人太过宽容，其实这不是宽容，而是我想给别人更多的帮助。”

6.2.6 诚信至上

在《现代汉语词典》中，“信”的含义与“诚”“实”相近。而依照《说文解字》一书的解释，信字，从字的构成上说它属于会意字的范畴，它是由“亻”和“言”组成的。左边的“亻”我们俗称“立人”，“立人者”原意指一个身体站立的人，所以“信”的引申义是一个顶天立地的人说的话或是一个言责自负的人说的话，是算数的，是不容置疑的，亦即“人言为信”。《尚书·太甲下》曰“鬼神无常享，享于克诚”，原指祭祀时对上天和先祖所说的诚实无欺之语，反映出古时候的人们对鬼神的笃信、虔诚。在《论语·为政》中，子曰：“人而无信，不知其可也。大车无輗，小车无軏，其何以行之哉？”意思是说：一个人如果不讲信用，那么就没什么可肯定的了。就如大车没有輗，小车没有軏，如何能行动呢？孔子的这句话强调了诚信对于一个人的重要性。

从政府角度而言，“诚信”是一种理念，更是一种责任。《论语·颜渊》中有这样一段记载：子贡问政。子曰：“足食，足兵，民信之矣。”子贡曰：“必不得已而去，于斯三者何先？”曰：“去兵。”子贡曰：“必不得已而去，于斯二者何先？”曰：“去食。自古皆有死，民无信不立。”大意是说：孔子的学生子贡向孔子请教治理国家的办法。孔子说：“只要有充足的食物、充足的战备以及人民的信任就可以了。”子贡问：“如果迫不得已要去掉一项，三项中先去掉哪一项？”孔子说：“去掉军备。”子贡又问：“如果迫不得已还要去掉一项，两项中去掉哪一项？”孔子说：“去掉食物。自古人都必有一死，但如果没有人民的信任，政权就不能立足了。”孔子的这段话强调了政府做事取信于民的重要意义。

专栏

契约精神

科隆教堂是德国科隆市毫无争议的标志性建筑物，157米高的钟楼使得它成为世界第三高的教堂。从1248年8月15日动工，到1322年的唱诗堂封顶，科隆教堂的建设历经74年间。建筑完工的那一天，科隆人格外激动，他们终于有了祖祖辈辈梦想的通天塔，有了离上帝最近的地方，相信可以得到神的赐福。

兴奋之余，他们商议，由政府出面做出规定：自教堂建成之日起，城内所有建筑不得高过它，以便于人们可以在任何一个地方仰望到神的存在。协议要求，子子孙孙，没有时间限制，必须无条件遵守。并把协议内容刻在石碑上，以示后人。

在随后的几百年中，由于战乱、王朝更迭等种种原因，科隆大教堂饱经沧桑。立在教堂大门左侧的那块石碑也因为一次意外的火灾被毁。但存于科隆人心里的契约，却在700年间被严格遵守。有许多次，一些科隆人担心后辈记不住协议内容，提议复原当年的石碑，但最后都被投票否决，多数科隆人认为，真正的契约，应该埋在心里，而不是刻在石头上。他们会在对孩子们的教育中，多次讲述科隆大教堂的历史，以及这份独特的契约，要求孩子们从小就牢记，并讲给他们的孩子们听，一辈又一辈，世代相传。

21世纪初，作为德国仅次于柏林、汉堡和慕尼黑的第四大城市，科隆社会经济高速发展，引来无数大公司的关注。当时有一家国际知名的通信公司经多番考察，决定入驻科隆，并计划修建一座电视塔。当听说了科隆契约后，决策者起初并未把这个几百年前的协议当一回事，在他们看来，如果公司入驻，会带动当地经济的发展，提供成千上万个就业机会，还能给城市居民带来通信的便利，这会大大提高科隆的竞争优势。与这么多现实的利益比起来，那个古老的协议，简直就是一个笑谈。

通信公司总裁找到市长，商谈修建电视转播塔，没想到被市长当即回绝。他不死心，随后又找到市议会，再次提出建塔方案。在看得见的巨大利益面前，个别议员动摇了，由于存在争议，最后市议会决定采取公投形式。当听说有些议员同意修建一座高达368米电视转播塔的消息传出来之后，科隆人愤怒了，他们齐声谴责少数议员“背弃祖宗”“背叛信仰”的行为，大众传媒也批评那些人是“忘记历史”“不配做科隆人”。在一片斥责声中，同意建塔的议员被撤职。公投的结果不难想象，超过99%的人选择了拒绝。最终，这家通信公司不得不放弃科隆选择柏林，他们体会到了科隆人的骄傲与固执。

就这样，直到今天，科隆还是没有高过科隆大教堂的建筑，要知道，157米大概相当于35层楼房，在同等的国际城市中，50层以上的建筑可以说比比皆是，所以，无奈之下，科隆很多建筑只能往地下发展。

科隆大教堂的美丽毋庸置疑，但科隆人700年的坚守更令人钦佩，这已不再是一个简单的契约，而是一种精神、一种信仰、一种力量，它超越科学、超越宗教、超越时光。

资料来源：罗强. 700年的契约. 意林·原创版，2012（11）.

6.3 政策执行要素

专栏

有效执行的条件

英国斯特拉斯克莱德大学政治学系的霍格伍德和冈恩基于对政策执行案例的研究和

分析，提出了政策有效执行需要具备的十个条件。

(1) 没有无法克服的外在限制。

政策执行者所面临的外在环境有时候是很复杂的，有些问题难以解决。以执行机构本身的主观努力，有时根本无法克服外在环境的限制，如此一来政策当然无法落实。如果没有这种无法克服的外在环境限制，就容易形成比较有效的政策执行。

(2) 充分的时间与足够的资源。

有效的执行需要有充裕的时间与资源，但这在现实世界里几乎不太可能。经费的欠缺、时间的紧迫都容易造成政策执行的失败。有些政策执行的结果需要长时间的观察才会出现改变，如教育改革政策，这样的政策执行需要给予足够的时间，不能急躁，需要在一个比较长的时间跨度内来评估政策执行的效果。

(3) 有效整合所有必要的资源。

公共政策所需要的资源很广，包括人力资源的配置、所需经费的提供、时间条件的满足、组织体系的健全等。这些必要的资源如果无法有效整合，政策也不可能得到有效的执行。

(4) 政策需要有效的理论支撑。

有效的理论能够指导政策制定者对公共问题进行明确认定，使政策议程切实反映社会民意的走向，使政策内容更符合多元利益相关者的期望与价值。政策执行需要得到一定的理论支撑，逻辑严密而广泛认同的理论能够对政策的受影响者产生很大作用，在执行过程中减少阻力，形成认同。

(5) 直接而清晰的因果关系。

政策执行首先要确立直接而清晰的因果关系，这将为政策执行提供巨大的说服力，一方面能够指导执行者加速政策的实施，另一方面也能够有效减少执行的阻力和障碍。

(6) 最低限度的依赖关系。

政策执行是一个追求效率的过程，执行部门或组织应该获得相对比较大的自由裁量权而减少对上级部门或者其他部门的依赖，如果政策执行部门做出的每一个决定都必须先要汇报、请示，等待上级部门的批准，那么政策执行显然是不可能有效率的。

(7) 对政策目标具有充分共识和正确理解。

对政策目标的共识和理解是政策有效执行的重要条件，如果执行者对政策目标的认识相互冲突，且不够清晰，则执行起来的困难不难想象。

(8) 任务的清晰陈述及其正确的行动顺序。

政策执行涉及一系列逻辑性的任务组合，如果政策执行所承担的任务陈述不清楚，顺序有问题，就容易造成执行失败的后果。

(9) 有效沟通与协调。

在政策执行过程中，所有参与者都必须在同等信息基础上进行沟通与协调，从而充分了解彼此的立场，在有效沟通的基础上协调各方利益，寻求利益的平衡机制和最终行动方案的达成。

(10) 权力与服从。

政策执行者应该拥有实质性的权力，这种权力能够使目标团体或者个人形成服从，这种权力与服从关系是政策有效执行的关键因素。然而现实中政策执行者的权力往往受到重重限制，民众的服从程度也会大打折扣。

资料来源：HOGWOOD B，GUNN L. Policy analysis for the real world. Oxford：Oxford University Press，1984.

6.3.1 政策资源

政策目标无论多么明确，政策规划无论多么精细，政策方案无论多么具体，如果负责执行政策的机构和人员缺乏足够的用于政策执行的资源，那么执行的结果不可能达到政策规定的要求，不可能实现政策的既定目标。俗话说，“巧妇难为无米之炊”，适量的资源是政策成功不可缺少的条件。

政策执行所需要的资源条件主要涉及以下几个方面：

1. 资金

资金是政策执行的基础性物质资源，钱不是万能的，但做事情没有钱是万万不行的，政策执行需要经费方面的保证。政策资源大致上可以分为资金性资源和非资金性资源。所谓资金性资源是指直接投入资金，或者投入可以换算成资金的物资。所谓非资金性资源，一般是指不能换算成资金的投入项目。一般来说，公共政策方面的投入绝大部分是资金性投入。

2. 人力

任何政策执行都要靠人来完成，人员保证是政策执行的必要前提。一般而言，政策执行是行政部门的主体行为。但除此之外，各种非政府组织及个人和群体也会以各种方式调动人力资源参与政策执行，其中志愿者服务是最重要的一种参与形式。它是指人们在自愿的基础上利用业余时间无偿地或低偿地加入政策执行活动，为社会提供公益服务。

3. 技术

技术包括两个方面，其一是指与政策执行有关的知识（软件），其二是指执行工作中需要使用的设备、工具等（硬件），两者共同构成执行工作的技术资源。技术资源在执行工作中起着重大作用。某些事务只有具备了一定的技术条件才可以加以完成。技术可直接转化为效率，为政策执行提供有效保障。

4. 信息

信息同样是政策资源的一个重要组成部分。政策执行人员不仅需要具备搜集和获取信息的能力，更要具备分析和处理信息的能力。信息的价值在于质量，而不是数量。如果不能对信息进行有效筛选，不去做去粗取精、去伪存真的工作，再全面、再丰富的信息也起不到应有的作用。

5. 权威

权威是政策执行的权力来源，是一种重要的政策资源。试想，如果警察失去权威，他还怎样进行执法？对于政策执行机构来说，其权威的获取多来自法律的授权。

6.3.2 执行主体

合格的执行者和胜任的执行队伍是政策执行得以成功的基础条件。那么，什么样的执行者可以称得上“合格”，什么样的执行队伍可以称得上“胜任”呢？

1. 执行人员的素质要求

执行人员的素质要求在不同国家和地区、不同社会制度、不同文化背景、不同历史阶段、不同组织机构中都有所区别，它是特定的社会文化的产物。就我国情况来看，现阶段根据政府职能的要求，对政策执行人员提出了如下基本素质条件：

(1) 政治素质。政治素质是指一个人在政治社会化的过程中逐渐形成的、对他的政治心理和政治行为发生长期稳定影响的基本品质，是社会的政治理想、政治信念、政治态度和政治立场在人的心理中形成的并通过言行表现出来的内在要素。它是人们从事社会政治活动所必需的基本条件，是一个人的政治方向、政治立场、政治观念、政治态度、政治信仰、政治技能的综合表现。政治素质是人的综合素质的核心，主要包括政治理论知识、政治心理、政治价值观、政治信仰、政治能力等。

(2) 品德素质。品德素质包括三个方面的内容，即公共道德、职业道德和个人修养(私德)。政策执行者应该是遵守社会公德和职业道德的楷模，应该成为具有良好的个人修养、遵纪守法、廉洁奉公的楷模，应树立社会责任感、实事求是、忠于职守、服从上级、尊重下属、严于律己、秉公办事、维护党和政府的权威、维护国家和人民的利益。

(3) 知识素质。知识包括基础知识、专业知识、相关知识等类别，主要来源于亲身实践的经验（直接知识）和前人或别人的经验（间接知识）。作为一名政策执行者既要具备一般文化知识（学历水平）又要掌握本专业相关知识（内行当家），既要有社会实践的经验（资历），又要有勤奋努力的学习态度（上进心），建立合理的知识结构，适应新时期执行任务的要求。

(4) 能力素质。能力是知识的具体运用，是各种素质的综合体现，具有多层次、多方面的特点，政策执行者应该具备多方面的能力。这些能力包括：随机应变的能力、组织管理的能力、人际交往的能力、社会活动的能力、开拓创新的能力、独立思考的能力、时间管理的能力、语言表达的能力、文字表达的能力等。

(5) 心理素质。人的行为都是其心理活动的产物，政策执行者的心理素质与其行为和效果有着直接的关系。因此，他们应该具有良好的心理修养，培养自己的意志力，保持稳定的情绪状态，遇事不惊、临危不乱、随机应变、能予自制，体现出较强的心理承受能力。在工作和生活上，要心胸开阔、宽以待人、豁达大度、具有耐心，并要强化向上的动机，实行自我激励。

(6) 身体素质。健康的身体是工作的本钱，没有良好的体质就无法胜任工作的需要。只有具备了良好的身体条件，才能保证工作时充沛的精力，才能具有适应环境的能力，才能在各种条件下正常作业。

2. 队伍建设的互补效应

人与人的合作不是人力的简单相加，而是要复杂和微妙得多。在人与人的合作中，假定每个人的能力都为 1，那么 10 个人的合作结果就有时可能比 10 大得多，有时甚至比 1 还要小。因为人不是静止的，能量方向会有不同，相互推动时自然事半功倍，相互抵触时则一事无成。在传统的管理理论中，关注效率有余，关注合作不足。实际上，管理的主要目的不是让每个人做到最好，而是要努力避免内耗过多。

合作是一个问题，怎样合作同样是一个问题。一个组织效率不高，不在其他方面找原因，而是简单地归罪于“和尚”多了，于是精简裁员，可是减员并不一定会增效，“和尚”少了，可能还是没水吃。看来，有没有水吃，与和尚的数量多少并没有必然的联系。那么，怎样进行寺庙管理才能打破“三个和尚没水吃”的困局呢？第一种解决方法是，大家轮流去挑水，虽然吃水的问题迎刃而解，但不利于培养合作意识。第二种解决方法是，大家协作挑水，分段接力，结果形成了有效的合作机制。第三种解决方法是，大家分工合作，你挑水，我砍柴，他做饭，每人明确责任，各取所长。这样，不仅解决了吃水问题，也表现出专业分工的优势。第四种解决方法是，引入竞争机制，谁主动承担挑水任务，在奖励方面就要优先考虑，如果都抢着挑，那么挑水挑得多的就重奖，挑得少的就少奖。这样，不单解决了吃水问题，还会促进寺庙的精神文明建设，提高和尚们的整体素质。第五种解决方法是，进行技术创新，让大家找来竹竿接成水管，引水至庙，提高功效，结果在解决合作困局中充分发挥了科技的主导作用，把寺庙管理提高到一个新的水平。

专栏

邦尼人力定律

一个人一分钟可以挖一个洞，60 个人一秒钟却挖不了一个洞。它告诉我们，人与人的合作不是人力的简单相加。邦尼人力定律首先反映在合作者之间的负面作用上。这种负面作用一方面表现在相互推诿上，另一方面表现在相互掣肘上。邦尼人力定律其次强调了一个重要的道理，即合作产生力量，协调是提高合作效率的不二法门。毫无疑问，个体的合作意识和合作方式，将有力地影响其在团体中的地位。

6.3.3 目标群体

尽管公共政策涉及各种各样的议题，但都是试图通过某种方式影响社会上一部分人的行为，目的是使其与公共政策的预期保持一致。如果人们并没有遵从政策的要求，没有采取政府所期望的行动，即继续按照政府并不期望的方式行动，或停止做政府所期望的那些事情。如此，可能导致政策起不到真正的作用，或根本没有作用。政策学家一般很少关注服从问题，相比政策执行，他们对政策制定更感兴趣。然而，政策的服从性对政策的效率有着非常重要的影响。服从性越低，执行成本越高。

教育也是提高政策服从性很重要的手段，政策执行机构一般在从事教育和劝导活动时，不仅要使政策直接群体、间接群体和社会大众了解政策的存在及其意义，而且要使他们相信所实施的政策是合理的、必要的、有益的和合法的。毫无疑问，公共政策的效力在很大程度上取决于执行机构的努力，包括推进公众的理解和赞同、减少对政策的违反、最低程度上使用惩处手段，从而最大限度地使人们自觉自愿遵从政策。这些都有赖于政策教育活动的开展，如发放手册、张贴海报、邮寄通知、拨打电话、发送短信、召开新闻发布会和座谈会、借助新闻媒体等。

执行机构也可以利用宣传来推动人们对政策的服从。比如，通过对爱国主义的呼吁，争取人们对征兵政策的支持与理解；通过对安全的宣传，争取人们对禁放鞭炮政策的接受与服从。在宣传活动中，感情的成分往往多于理性的成分，标语、口号、传单是经常采用的形式。目的是赋予公共政策积极的价值观以减少公共政策的道德成本，从而提高人们的服从性。

执行机构还可以将人们的自利动机作为工具。通过给予政策服从者实际利益的形式，推动政策的服从性，即所谓“花钱买赞成”的执行方法。利益的给予可以采用多种形式，如支付价格补贴、享受信贷优惠、提供医疗援助、保险费率递减等。不管个人或组织获取利益的动机是什么，政府确实可以用奖励换取人们对政策的遵从。在很多情况下，与采取禁令或对违规者实施处罚相比，奖励方法无疑在政治上更容易被接受，在执行中更容易被落实。可以设想一下，如果不是通过税收信贷政策对企业加以鼓励，而只是简单地要求它们节能减排，进行技术改造，否则就施以罚款或其他惩处，那么，企业将会做出何种反应呢？实际上，惩处是下策，在政策执行中能用奖励方法做到的事，尽量不要用惩罚的方法。

当有利于服从的社会环境和心理因素不起作用或其他一些促进服从的方法不再有效时，政策执行机构也可求助于惩处的方法。惩处主要是通过对违规者进行制裁，从而使那些不受欢迎的行为方式不再发生，惩处虽只直接作用于违规者，但间接影响更大，可以威慑那些看见违规不受惩罚也将仿效的人。严厉的制裁只有与直接相关的违规行为相联系才能发挥最佳的效果。如果制裁过分严厉、范围过宽，执行机构也许就不会愿意实施这些制裁。但如果过于轻微，范围过窄，制裁就会缺少足够的权威性和威慑力。

6.3.4 执行手段

政策的执行需要相应的手段。人们习惯地把政策执行手段分为行政手段、经济手段、法律手段和教育手段。

1. 行政手段（以力服人）

行政手段是指通过各级政府的行政部门，依靠政府权威，采用行政管理的惯用方式（行政命令、指示、规定、规章等形式），按照系统、层次、区划来实施政策的方法。其特点是强制性、垂直性、无偿性和稳定性。优点是部署统一、资源集中、协调一致、实施迅速、便捷高效。但也容易产生与“人治”相关的一些弊病，影响横向联系及下级的积极性、创造性。

2. 经济手段（以利服人）

经济手段是指根据客观经济规律和物质利益原则，利用各种经济杠杆，调节政策执行过程中的各种不同利益之间的关系，以促进政策顺利实施的方法。其特点是间接性、有偿性、平等性和关联性。优点是比较适合于市场活动的管理，侧重于经济利益关系的调节，但它也有很大的局限，不能靠它去解决所有的问题。

3. 法律手段（以律服人）

法律手段是指通过各种法律形式（法律、法规、行政立法、司法仲裁等）来调整政策执行活动中各种关系的方法。其特点是严肃性、权威性、规范性和稳定性，优点是能够使政策执行有法可依、有章可循、行为更规范、程序更合理，减少了主观随意性，提高了政策执行的效率。但法律手段不是包治百病的灵丹妙药，社会生活中许许多多的问题，不能单纯指望通过法律手段去解决，还必须考虑其他手段所能发挥的作用。

4. 教育手段（以理服人）

平等与说理是教育手段最重要的特征。《孟子·公孙丑上》中有这样一段话："以力服人者，非心服也，力不赡也；以德服人者，中心悦而诚服也"。大意是说用武力征服别人，别人并不是真心服从，只不过是力量不够罢了；用道德使人服从的，才是心悦诚服。孟子的这段话，从以力服人说到以理服人，这不仅是方法上的转变，更是管理理念的提升。只有以德服人，攻心为上，才能做到长治久安。一般来说，教育手段多在常规状态下使用，遇有紧急情况，需要尽快统一行动时，更多强调权威和强制，单靠循循善诱恐怕会贻误时机。

专栏

新版乌鸦喝水

乌鸦喝水的故事可谓家喻户晓，讲的是乌鸦为了喝到瓶子里的水，用嘴把衔到的小石子放到瓶子里，使瓶子里的水位上升，然后乌鸦就喝到了水。大家都夸乌鸦聪明。这是老版的故事。现在故事有了新版，讲的是三只乌鸦进行了一场喝水竞赛。还是放在那里的半瓶水，看谁用最好的办法喝到水。第一只乌鸦按照传统的办法，到处去找小石子，用很多小石子来提升水位，水是喝到了，就是有点费时费力；第二只乌鸦善于观察，它看到瓶子晃动的时候水位会有变化，于是它在瓶子底的一边用嘴凿了起来，没一会儿就凿出了一点空隙，然后它用身体用力推了推瓶子，瓶子开始向一个方向倾斜了，水自然就流向了瓶口，乌鸦喝到了水，而且用时要比第一只少许多；第三只乌鸦善于思考，它灵感突现，衔来了一根麦秆，直接放到瓶子里，当成吸管来用，结果是既喝得快又喝得多。比赛结果不言自明，当然是第三只乌鸦获胜了。

6.3.5 信息沟通

沟通是指信息发送方借助语言、文字、动作及表情等载体，将知识、观点、思想、情感等信息送达信息接收方。

1. 沟通过程

沟通过程包括七个要素，即发送方、编码、媒介、接收方、解码、反馈和噪音。

（1）发送方：可以提供用于交流的信息，在沟通过程中处于信息传递的主动地位，是沟通过程的起点。

（2）编码：发送方将信息以接收方能够正确接收并识别的方式表达出来。由于沟通的主体是人，所以信息的表示形式可以丰富多样。

（3）媒介：指信息的传递方式。除了传统形式外，随着各种通信工具的产生和发展，人们还可以通过互联网等形式传递信息。

（4）接收方：相对于发送方，接收方是信息送达的对象，在沟通过程中处于被动地位。

（5）解码：接收方把送达的信息经过“翻译”，变成自身可理解信息的过程，是编码的逆过程。编码和解码过程类似于电报传输中的加密和解密过程，必须遵循一定的规则。

（6）反馈：接收方接收信息并解码后，向发送方求证理解是否正确的过程。它是沟通过程的最后一个环节。反馈使沟通过程变成一个闭合循环过程，也使得信息传递双方在两个不同角色之间不断切换，是双方实现准确沟通的重要环节。

（7）噪音：对信息的传递有可能造成干扰的一切因素均可称作噪音。噪音越大，信息传递的障碍越大，信息传递效率越低。所以要尽量避免噪音的产生，减少或弱化噪音干扰的影响。常见的噪音源有语言、观念、角色、习俗、文化、知识、心理等。

2. 正式沟通

（1）上行沟通。上行沟通是指下级人员以报告或建议等方式，向领导反映情况，让领导了解和掌握下级人员当前的工作状态或想法和意见，从而使领导能够根据实际情况迅速做出反应，采取切实有效的措施，解决面临的问题。

（2）下行沟通。下行沟通是依照组织机构的层级原则，将信息由领导分级传至下属，让下属知晓并理解领导层所布置的任务，这有助于加强系统内部的合作，减少对目标任务的误解。下行沟通应避免简单命令式、空洞说教式、呆板僵化式的不良沟通形式，多采用诘问式（通过间接诘问的形式，避免使用直接命令式语言）或协商式的沟通形式。

（3）平行沟通。主要是指平行级别人员之间的沟通。例如，政府机关的行政职务和级别都有非常明确的划分，常常会有各种不同级别的会议召开。平行沟通是机关占比最高的沟通形式。这种沟通弥补了其他形式沟通中常常出现的不到位的情况，对融洽人际关系、加强部门合作，协调工作任务有积极的作用。

3. 非正式沟通

非正式沟通是指在正式沟通渠道之外进行的各种沟通。这种沟通摆脱了正式规章制度和正式组织程序的束缚。因为非正式沟通的对象、时间及内容等各方面都是未经计划和难以辨别的，所以具有随机性强、传递速度快、传播范围广等特点。非正式沟通有利有弊，当正式沟通渠道不畅通时，非正式沟通就会起到十分关键的作用。非正式组织的存在助力非正式沟通的扩展。其积极作用是可以弥补正式沟通渠道的不足，传递正式沟通无法传递的信息；消极作用是准确性较低，易成为谣言传播的渠道。

非正式沟通的类型主要包括：

（1）集群链（cluster chain）。在沟通过程中，可能有多个中心人物，由他们传播给若干人，这种类型具有某种程度的弹性。

（2）流言链（gossip chain）。只有一个主要的信息源，由一人告知其他人，其他人再告知其他人，一传十，十传百，逐渐扩大传播范围。

（3）随机链（probability chain）。碰到什么人就转告什么人，并无一定中心人物或明确选择性。

（4）单线链（single chain）。由一人转告另一人，强调秘密性，以亲密人际关系为纽带，单线传播，这种形式往往无法终止，信息最终会成为公开的秘密。

现代管理学的研究表明，非正式沟通现象的存在根深蒂固，无法加以彻底消除，应该正确对待并加以利用。一些组织在其网站上设立相关论坛、BBS公告等多种非正式的沟通渠道，在这些渠道当中，组织成员的沟通一般是在身份隐匿的前提下进行的。所以，这些沟通信息能够较为真实地反映组织成员的一些情绪和想法。对于组织领导者来说，掌握了解这些信息有利于他们更好地开展正式沟通工作。

专栏

“汉隆剃刀”

歌德在《少年维特的烦恼》中写道：“误解和忽视在世上所造成的混乱，比恶意和欺骗要多上许多。无论如何，后两者的频率都低得多。”其后有一个叫汉隆的美国人把这个道理进行了总结，由此就有了“汉隆剃刀”（Hanlon's razor）一说。你可以把汉隆剃刀理解成著名的“奥卡姆剃刀”* 的一种特殊情况。它的意思可以用一句话进行概括：“能理解为愚蠢的，就不要理解为恶意。”汉隆剃刀所说的“愚蠢”，代表各种无知的、偶然的、盲目的、非故意的原因，这些情况发生的可能性远远大于恶意。其实真实生活中不用说“恶意”，连“故意”都很少发生。恶意是小概率事件，而愚蠢则是大概率事件。人们一般意识不到自己的愚蠢，可能很不经意地就做了一些让人误解的事。之所以常常会把别人的不经意动作当成恶意，主要是因为人们不习惯换位思考，总是倾向于以为世界上的各种事儿都是围绕自己进行的。如果换一个视角，不把自己当中心，很多事可能根本就不是事儿。“汉隆剃刀”并不是精神胜利法，它在多数情况下反映了客观事实，而且在现代社会越来越有用。特别是在理解公共事务方面。

* “奥卡姆剃刀”（Occam's razor）是由14世纪英格兰的逻辑学家、来自奥卡姆的威廉（William of Ockham）提出的。这个原理称为“如无必要，勿增实体”，即“简单有效原理”。正如他所解释的那样：“切勿浪费较多东西去做用较少的东西同样可以做好的事情。”

6.4 政策执行策略

6.4.1 解读民意

法国思想家卢梭在《社会契约论》中有对民意的精彩论述。他认为，民意可分为公意和众意。公意是国家全体成员的普遍意志，它的着眼点是公共利益。众意主要着眼于私人利益，也即个体私意的总和，也就是我们现在常说的不同利益集团的意志。卢梭认为，不同利益的共同之处，构成了社会，因此治理社会应完全根据公共利益。众意较易辨识，公意则抽象许多。公意有时与众意一致，有时又与众意相悖。由于民众对公意理解千差万别，所以并不存在一个事先给定的公意。卢梭认为，只有通过理性讨论和投票形成的公意才是可信的。当然，这是公意的理想状态，即让民众经过公共参与和讨论达成共识和意愿。但事实上，这种理想状态实现起来相当困难。

现代社会，公共政策须以民意为依归已是常识。因民意存在“脚踏板效应”①，所以在政策执行中区分真正的民意（公意）并不是一件容易的事情。民众对公共事务的表达，方式很多，选举、写文章、跟帖、游说、请愿等，都是民意的表达。当然，各种座谈会、听证会和民意调查，也是了解民意的方式，这也是目前政府部门用得较多的办法。如何在政策执行中准确判断是否符合民意，在今天变得越来越重要。因为对民意研究得越清晰，越有助于民众对社会进行批判性思考，也有助于他们对各类社会议题的理解。当民众参与公共生活的意愿与激情越大，全社会解决冲突和问题的能力就越强。一个重视民意的社会，必然在察觉问题与共同行动等方面，变得更为公正和有效。当然，这一切的前提，是我们要对民意有更清楚的认知和真正的理解。

6.4.2 重视逆反

一些心理学家在说服性信息传递研究中发现了一种不同寻常的现象，即受信者的态度变化与说服方向完全相反，他们对说服性信息进行积极的心理反抗。这种现象后来被人们习惯地称为逆反心理。比如，苏联心理学家普拉图诺夫在《趣味心理学》一书的前言中，特意提醒读者请勿先阅读第八章第五节的故事。大多数读者却采取了与之告诫完全相反的态度，首先翻看了第八章的内容。毫无疑问，分析逆反心理对政策执行意义重大。政策执行成本的高低与社会逆反心理有着直接的关系，尤其对管制性政策而言，如果都是“不禁不为、愈禁愈为”，那么还谈何执行效率？政府出台政策规定是要人们服从和遵守的，服从和遵守的情况好，执行成本就低，政策效率就高。为了提高政策效率，减少执行成本，必须认真研究逆反心理，搞好政策宣传，提高政策的服从性。

专栏

超限效应

一般认为，反复是增强引导效果的有效手段，但机械的、无间隔的反复却容易导致相反的效果。米勒（F. Miller）的研究证实了这一点。他把广告画贴在大学生宿舍公共场所的墙上，每隔15英尺贴1张，共贴30张，贴2天，这是中等次数；在过量次数条件下，贴170张，贴3天以上。结果表明：中等次数增加了对广告画内容的喜欢程度，过量次数却相反。这一现象被称为“超限效应”。诱发超限效应的原因除了机械地反复外，也与引导内容的容量有关。

美国著名幽默作家马克·吐温讲过这样一件事。有一次某个人在教堂听牧师演讲，最初，他觉得牧师讲得很好，令人感动，准备捐款。过了10分钟，牧师还没有讲完，他

① 社会心理学里有一个脚踏板效应，形象地表述了人们在挤公交车时的一种心态变化。当我们还在车下排队挤车时，我们总是会抱怨前面的人动作太慢，会大喊“大家往里挤一挤，一块儿使劲好不好”，唯恐自己上不去。然而，一旦我们挤上了车，站在了那块踏板上，我们的心态马上就会有180度大转变，立刻就开始反感身后那些继续拼命往上挤的人，改为喊：“别挤了行不行，都挪不动地儿了，售票员，还不赶紧关门!”板上板下，判若两人。这就是脚踏板效应。其实它与对错无关，只是一种社会心理现象。

感到有些不耐烦，决定只捐一些零钱。又过了10分钟，牧师还没有讲完，这个人有些不满，于是他决定，1分钱也不捐。到牧师终于结束了冗长的演讲，开始募捐时，他由于气愤，不仅未捐钱，还从盘子里偷了2元钱。

超限效应是一种生理-心理的自卫本能。同样的刺激物在强度过大、刺激时间过长时容易引起对象反应性质的变化。如个体对一首乐曲本来抱肯定的积极的态度，但因播放的音量过大或播放的时间过长，对象也会转而形成消极的否定态度。古希腊哲学家德谟克利特认为："当人过度的时候，最适意的东西也会变成最不适意的东西。"换句话说，就是过犹不及，物极必反。

6.4.3 反馈控制

《吕氏春秋》① 记载了如下几段故事：

一是刻舟求剑。原文：楚人有涉江者，其剑自舟中坠于水，遽契其舟，曰："是吾剑之所从坠。"舟止，从其所契者入水求之。舟已行矣，而剑不行，求剑若此，不亦惑乎？译文：楚国有人坐船渡河时，不慎把剑掉入江中，他在船上刻下记号，说："这是我把剑掉下的地方。"当船停驶时，他才沿着记号跳入河中找剑，遍寻不获。该寓言劝勉为政者要明白世事在变，若不知改革，就无法治国。

二是表水涉澭（又名楚人偷渡）。原文：荆人欲袭宋，使人先表澭水。澭水暴益，荆人弗知，循表而夜涉，溺死者千有余人，军惊而坏都舍。向其先表之时可导也，今水已变而益多矣，荆人尚犹循表而导之，此其所以败也。译文：楚国人想偷袭宋国。头几天就派人把澭水的深度逐段测量，选择好最浅的地段，并做好了标记。没想到，行动的那天傍晚，澭水突然猛涨。楚国人不知道，在深更半夜，仍旧按照原先设下的标记开始偷渡。结果，渡河的楚兵淹死千余人。楚军士兵惊恐的叫喊声犹如屋塌地陷一般。先前做的标记，只供先前渡河所用，现今河水已涨，而楚人仍旧沿标记渡河，这就是楚军失败的原因。

三是引婴投江。原文：有过于江上者，见人方引婴儿而欲投之江中。婴儿啼。人问其故，曰："此其父善游。"其父虽善游，其子岂遽善游哉？此任物，亦必悖矣。译文：有一个渡江的人，看见有个人正在拉着一个小孩想要把他扔进江里去。小孩哭起来。旁人问他这样做的原因，（他）回答说："这个孩子的父亲擅长游泳。"即使这个孩子的父亲擅长游泳，那他的孩子难道就一定擅长游泳吗？用这样的方式处理事情，也必然是荒谬的。

《韩非子》② 也记载了两段类似的故事。

一是守株待兔。原文：宋人有耕田者，田中有株，兔走触株，折颈而死，因释其耒而守株，冀复得兔。兔不可复得，而身为宋国笑。今欲以先王之政，治当世之民，皆守株之

① 《吕氏春秋》是秦王政六年（公元前239年）秦国丞相吕不韦组织属下门客们集体编撰的杂家（儒、法、道等）著作，又名《吕览》。此书共分为十二纪、八览、六论，共十二卷，一百六十篇，二十余万言。吕不韦自己认为其中包括了天地万物、古往今来的事理，所以号称《吕氏春秋》。

② 韩非系战国末期韩国（今河南新郑）人，"喜刑名法术之学"，是中国古代著名的思想家，后世称"韩子"或"韩非子"。他和李斯都是荀子的弟子。当时韩国很弱，常受邻国的欺凌，他多次向韩王提出富强的计策，但未被韩王采纳。韩非写了《孤愤》《五蠹》等一系列文章，这些作品后来集为《韩非子》一书。

类也。译文：宋国有个农民，他的田地里有一截树桩。一天，一只跑得飞快的野兔撞在了树桩上，扭断了脖子死了。于是，那个农民便放下他的犁耙，守在树桩子旁边，希望能再得到只兔子。结果是没有再获得野兔，而他自己却成了宋国人的笑柄。

二是郑人买履。原文：郑人有且置履者，先自度其足而置之其坐，至之市而忘操之。已得履，乃曰："吾忘持度。"反归取之。及反，市罢，遂不得履。人曰："何不试之以足?"曰："宁信度，无自信也。"译文：有一个想买鞋子的郑国人，他先量好自己的脚的尺码，把它放在了自己的凳子上。到了集市后，他忘记带量好的尺码。拿到了鞋子，才说："我忘记了带量好的尺码。"于是返回去取尺码。等到他返回来的时候，集市已经散了，卖鞋的也走了，他最终没买到鞋。有人问："你为何不用脚试试呢?"他说："我宁愿相信量好的尺码，也不愿相信自己的脚。"

以上几个故事从不同角度说明，人们要达到预定的目标，就一定要重视反馈控制，保持应变能力，关注新情况，研究新问题，发现新变化，使自己的认识跟上客观事物的发展情况。如果思想观念僵化，认识一成不变，那么做起事来就会四处碰壁。

6.4.4 上下台阶

上台阶和下台阶是两种重要的执行策略，前者是步步深入，后者是深入浅出。

生活中我们不难发现那些经验老到的推销员是如何一步步诱你上钩的。他们在推销商品时，并不是直接向你提出买他的商品，而是先提出试用、试穿他们的产品，等这些要求实现之后，才提出购买要求。好比劝朋友喝酒，总是会先让朋友先来"一口"，等朋友喝下第一口后，继而把朋友灌得酩酊大醉。心理学上有个心理效应叫"阶梯效应"（或称"登门槛效应"）。大意是，要让他人接受一个很大的甚至是很难的要求时，最好先让他接受一个小要求，一旦他接受了这个小要求，他就比较容易接受更高的要求。看来，有经验的推销员都深谙此道。

与"阶梯效应"相对应，在心理学上还有个心理效应叫"下台阶效应"（或称"留面子效应"），是指人们拒绝了一个较大的要求后，对较小的要求接受性增强的现象。由于人际作用，当人们拒绝了别人一个要求后，会因为辜负了别人对自己的良好愿望而感到内疚，所以愿意做出一点让步，给别人一个面子，使别人获得满足。很多人正是利用了这种策略去影响他人，在向别人提出自己真正的要求之前，先向别人提出一个大的、难以满足的要求，待别人拒绝之后，再提出自己真正的比较小的要求来。这时，别人答应自己要求的可能性就会增加。

专栏

阶梯效应

阶梯效应是指一个人一旦接受了他人的一个微不足道的要求，为了避免认知上的不协调，或想给他人一个前后一致的印象，就有可能接受更大的要求。这种现象，犹如登台阶时要一级一级地登，能更容易登上高点。这种心理效应是美国社会心理学家弗里德曼与弗雷瑟于1966年提出的。他们所做的实验被命名为"无压力的屈从——阶梯技术"。

实验是这样进行的：派人随机访问一组家庭主妇，要求她们将一个小招牌挂在她们家的窗户上，这些家庭主妇愉快地同意了。过了一段时间，再次访问这组家庭主妇，要求将一个不仅大而且不太美观的招牌放在庭院里，结果有超过半数的家庭主妇同意了。与此同时，派人又随机访问另一组家庭主妇，直接提出将不仅大而且不太美观的招牌放在庭院里，结果只有不足20%的家庭主妇同意。另一个同类实验：实验者让助手到两个居民区劝人在房前竖一块写有“小心驾驶”的大标语牌。在第一个居民区向人们直接提出这个要求，结果遭到很多居民的拒绝，接受的仅为被要求者的17%。在第二个居民区，先请求各居民在一份赞成安全行驶的请愿书上签字，这是很容易做到的小小要求，几乎所有的被要求者都照办了。几周后再向他们提出竖牌的要求，结果接受者竟占被要求者的55%。

研究发现，人拒绝难以做到的或违反意愿的请求是很自然的，但是他一旦对于某种小请求找不到拒绝的理由，就会增加同意这种要求的倾向；而当他卷入了这项活动的一小部分以后，便会产生自己是关心社会福利者的自我认知和处理态度。这时如果他拒绝后来的更大要求，就会出现认知上的不协调，于是恢复协调的内部压力就会使他继续干下去或提供更多的帮助，并使暂时态度改变为持久态度。

6.4.5 修补破窗

美国斯坦福大学心理学家詹巴斗曾做过一个实验：他找来两辆一模一样的汽车，一辆停在比较杂乱的街区，一辆停在中产阶级社区。把停在杂乱街区的那一辆车的车牌摘掉，顶棚打开，结果一天之内就被人偷走了。而摆在中产阶级社区的那一辆车，过了一个星期还安然无恙。后来，詹巴斗用锤子把这辆车的玻璃敲了一个大洞，结果，仅仅过了几个小时车就不见了。后来，政治学家威尔逊和犯罪学家凯林依托这个实验，提出了著名的“破窗理论”。这一理论认为：如果有人打坏了一个建筑物的窗户玻璃，而这扇窗户又未得到及时维修，别人就可能受到暗示性的纵容去打烂更多的窗户玻璃。久而久之，这些破窗户就会给人造成一种无序的感觉。那么，在这种无序的氛围中，公众会变得麻木不仁，社会不良现象就会滋生、蔓延。破窗理论告诉我们：环境具有强烈的暗示性和诱导性。一面墙，如果出现一些涂鸦没有被清洗掉，很快地，墙上就会布满乱七八糟的东西；城市街口转角处若有一包垃圾在地上，那么不出几个小时，那个地方就可能堆起一堆垃圾。因此，必须努力修好“第一扇被打碎玻璃的窗户”，必须尽快拿走“第一包被丢弃的垃圾”。

20 世纪 80 年代的美国纽约市，治安状况很差，刑事案件频发，人大白天走在马路上也会害怕，更不用说在地铁里了。地铁车厢脏乱差，坐在里面，人人没有安全感。1993 年，鲁道夫·朱利亚尼（Rudolph Giuliani）当选为纽约市市长。他上任后开始实施基于破窗理论的治安政策：修补最初“被打碎玻璃的窗户”。在与犯罪现象做斗争的时候，破窗理论被引申为逮捕更多有较轻违法行为的人，如地铁中翻越栏杆的逃票者、公共场所乱涂乱画者、故意破坏公共艺术品者、恶意乞讨者和强迫司机清洗汽车玻璃者。抓获这些试图进行犯罪活动的潜在嫌疑分子，不仅是为了搞好城市公共秩序，提高公共生活质量，更是为了预防破窗效应，创造一个安全的环境。

纽约市首先从维护地铁乘车秩序入手，给逃票者戴上手铐，让他们排成一列站在月台上示众，公开向市民宣示政府整顿治安的决心。后来发现，这种做法非常有效。警察还发现抓逃票者可能带来其他收获，因为统计数据告诉他们，每七名逃票的人中就会有一名是通缉犯，二十名中就会有一名非法携带武器者。因此警察很愿意，也很认真地去执行抓逃票者的任务，这使得罪犯不敢逃票，出门不敢带武器，以免得不偿失、因小失大。如此，纽约市就从最小、最容易的地方着手创造安全环境，从而使治安混乱的恶性循环不再继续。警方的强硬措施也导致了许多争议。那些坚持维护公民自由权利的人抱怨说，朱利亚尼的治安政策给予警察太大的权力，忽视了对个人权利的尊重，从而营造出一种氛围，使警察变得更为粗暴。尽管颇多非议，但基于破窗理论的治安政策使得纽约这个一度以全国犯罪率最高闻名的城市改变了形象，成为美国相对安全的大都市。在朱利亚尼强硬措施实施 5 年后，纽约市的犯罪率整体下降了 50%，谋杀案减少了 70%，这个成绩是前所未有的。

6.4.6　欲擒故纵

在一栋宿舍楼的后面停放着一辆烂汽车，大院里的孩子们每当晚上 7 点时，便会攀上车厢蹦跳，嘭嘭之声震耳欲聋。大人们越管，众孩童蹦得越欢，见者皆感无奈。这天，一位老人凑过来对孩子们说："小朋友们，今天我们比赛，蹦得最响的奖玩具手枪一支。"众孩童欢呼雀跃，争相蹦跳，胜者果然得奖，兴高采烈。次日，这位老人又来到车前，说："今天继续比赛，奖品为两粒奶糖。"众孩童见奖品直线下跌，纷纷表示不悦，无人卖力蹦跳，声音稀疏弱小。第三天，老人又对孩子们说："今日奖品为花生米两粒。"众孩童纷纷跳下汽车，抱怨老头太过抠门，皆说："不蹦了，不蹦了，有什么意思，回家看电视了。"如此看来"正面难攻"可以迂回，采用"奖励递减法"可起到奇妙的作用。

美国心理学家阿伦森做过一个实验，他将人分为 4 组，要求他们对某一人给予不同的评价，借以观察某人对哪一组最具好感。第一组始终对之褒扬有加，第二组始终对之贬损否定，第三组先褒后贬，第四组先贬后褒。实验对 10 人进行过后，发现绝大部分人对第四组最具好感，而对第三组最为反感。

阿伦森对此总结道：人们大都喜欢那些对自己表示赞赏的态度或行为不断增加的人或事，而反感上述态度或行为不断减少的人或事。这就是心理学中著名的阿伦森效应。

中国的老子就曾说过这样的话："将欲歙之，必固张之；将欲弱之，必固强之；将欲废之，必固兴之；将欲夺之，必固与之。是谓'微明'。"这种"欲废固兴"的思想与阿伦森效应是有相通之处的。阿伦森效应的提出是挫折研究的进一步深入，它对政策执行具有很好的启发作用。

6.4.7　行为设计

行为设计的目的是帮助人们有所改变，但并不是靠操纵或强迫，而是让人们更多出于自愿。按照泰勒的说法就是"在不需要强迫的情况下巧妙地引导人们做出更理性的选择"[①]。

---

① 泰勒，桑斯坦. 助推：我们如何做出最佳选择. 刘宁，译. 北京：中信出版社，2009：12.

美国斯坦福大学的福格教授在前人研究的基础上归纳出了一个可以应用于行为设计的模型。福格认为，人的行为是由动机、能力和触发条件这三要素组成的，这三个要素同时都满足了行为才会启动。用一个公式来简化模型就是 B＝MAT，其中 B 是 behavior（行为），M 是 motivation（动机），A 是 ability（能力），T 是 trigger（触发）。

按照福格的观点，有两种方法可以增强人的能力。一种方法是花时间和精力教会他，这个方法可能费力不讨好；另一种方法是通过优化产品或程序使行为更容易完成，这个方法是行为设计所提倡的。

行为设计包含三个关键性步骤：一是选择正确的目标行为；二是让这个目标行为变得简单易行；三是为启动行为做提醒和推送。

行为设计对公共政策的执行具有重要意义。政府需要运用行为设计方面的知识对政策进行优化设计，制作更便民的政策执行工具，引导人们在教育、投资、卫生、保健、抵押贷款及环境保护等领域做出对个人和社会最有益的选择。

专栏

如何让学生多吃健康食品

学生食堂把苹果之类的健康食品放在容易拿到的地方，把薯条之类不健康食品放在不容易拿到的地方，人们就会更多地吃健康食品。这种做法的妙处在于，它既不是强迫的，也不是花钱收买你做什么事，它只是利用人的心理特点，去引导他们按照设计好的方向做事。你没有压力，我没有成本，然后你高高兴兴地按我想的把事给办了，大家双赢。行为设计是不是很好使？

为什么 Uber 司机马不停蹄地接单

想要让自己公司的打车服务无处不及，行驶在路上的 Uber 司机当然是越多越好。为了让司机能够多花时间开车，Uber 公司利用人们的惯性心理为司机设计了不断去完成的订单系统，公司甚至开发了一套类似于 Netflix 自动下载下一个视频节目的算法，这算法能让 Netflix 的观众不停歇地一口气追完整部剧，而对于 Uber 司机来说则意味着马不停蹄地一个又一个接单。

怎样发挥默认设置的作用

作为人类，我们喜欢使用默认设置。比如，一部新买的手机，你会面对一系列选择，手机越新潮，你所面对的选择越多，通常情况下，手机制造商会为这些选择设定一套默认设置。有研究表明，无论默认设置什么样，多数人在实际使用中都情愿保持不变。正像克鲁格在 *Don't Make Me Think* 一书中所说的那样，思考是需要费时间和用脑子的。所以当我们被推荐一种选择时，我们通常就懒得去多想了。从这项研究中可以得出两个结论，第一，永远不要低估人的惰性，第二，这一作用可以得到利用。如果企业或政府部门认为某项措施能够产生好的结果，那么它们可以将其设定为默认选项。

6.4.8 防患于未然

“防患于未然”作为一种中国传统哲学思想，始见于《周易·既济》：“君子以思患而豫防之。”其基本含义正如《周易·批点来注》所言：“思患者虑乎其后，预防者图之于先。能如此，则未雨而彻桑土，未火而徙积薪。天下事莫不皆然。”其后，东汉史学家荀悦又在《申鉴·杂言》中进一步提出：“一曰防，二曰救，三曰戒。先其未然谓之防，发而止之谓之救，行而责之谓之戒。防为上，救次之，戒为下。”这是对“防患于未然”哲学思想的进一步发展。

“防患于未然”的思想在中医学理论中也有所体现。《黄帝内经》中“是故圣人不治已病治未病，不治已乱治未乱，此之谓也。夫病已成而后药之，乱已成而后治之，譬犹渴而穿井，斗而铸兵，不亦晚乎？”唐代名医孙思邈也曾说过“上工治未病，中工治欲病，下工治已病”。这些话从正反两方面强调了治未病的重要性，已成为预防医学的座右铭。

另据《鹖冠子》记载，魏文王问扁鹊曰：“子昆弟三人其孰最善为医？”扁鹊曰：“长兄最善，中兄次之，扁鹊最为下。”魏文王曰：“可得闻邪？”扁鹊曰：“长兄于病视神，未有形而除之，故名不出于家。中兄治病，其在毫毛，故名不出于闾。若扁鹊者，鑱血脉，投毒药，副肌肤，闲而名出闻于诸侯。”大意是：魏文王问名医扁鹊：“你家兄弟三人，都精于医术，到底哪一位最好？”扁鹊答：“长兄最佳，中兄次之，我最差。”文王再问：“那为什么你最出名呢？”扁鹊答：“长兄治病，于病情发作之前，一般人不知道他能事先铲除病因，所以他的名气无法传出去；中兄治病，于病情初起时，一般人以为他只能治轻微的小病，所以他的名气只及本乡里；而我是治病于病情严重之时，一般人都看到我下针放血、用药救命，都以为我医术高明，因此名气响遍全国。”

《汉书·霍光传》里记载了一个“曲突徙薪”的典故，说的其实也是“防患于未然”的道理。“臣闻客有过主人者，见其灶直突，傍有积薪。客谓主人，更为曲突，远徙其薪，不者且有火患。主人嘿然不应。俄而家果失火，邻里共救之，幸而得息。于是杀牛置酒，谢其邻人，灼烂者在于上行，余各以功次坐，而不录言曲突者。人谓主人曰：‘向使听客之言，不费牛酒，终亡火患。今论功而请宾，曲突徙薪亡恩泽，燋头烂额为上客耶？’主人乃寤而请之。”大意是：有一个造访的客人，看到主人家炉灶的烟囱是直的，旁边还堆积着柴火，便建议主人最好造一个弯曲的烟囱，将柴火远远地移开。不然的话，会有发生火灾的危险。主人不予理会。不久，家里果然失火，幸好邻居们一起来帮忙救火，才没有酿成大祸。于是，主人杀牛摆酒感谢帮他的邻人。被火烧伤的人在上座，其他的人各自以功劳的大小依次排座，但根本没想到去请那个建议曲突徙薪的人。有人就对主人说：“如果你当初听了那位客人的建议，也就不用破费来摆酒席了，始终也不会有火灾的隐患。现在邀请宾客，论功排座，为什么把建议曲突徙薪的人晾在一边，而只是把被烧伤的人奉为上宾呢？”主人听了这番话才猛然醒悟过来，赶紧去邀请那位真正该感谢的人。

就政策执行而言，为了避免出现执行偏差，亡羊补牢只是治标，“防患于未然”才是治本。治病要努力治未病而非已病，找问题根源要去上游，不要总是在下游瞎忙活。美国学者丹·希思的新书《上游：在问题发生之前解决问题》（*Upstream: The Quest to Solve Problems Before They Happen*）于 2020 年 3 月出版，其书名“上游”源于一个典故。从前有两个人在河边发现了一个正在水里挣扎的孩子，他们赶紧把孩子救了上来。可刚刚救完一个，又漂过来一个，他们就赶紧再去救这个……结果溺水的孩子一个接一个地漂过来。于是这两个人中的一个人就说，我不在这里救孩子了，我要去上游看看是谁在往河里推孩子。丹·希思想告诉读者的是，在下游解决问题，你只是被动地做出反应，是治标不治本，你得去上游看看到底是怎么回事，要有上游思维。

本章小结

本章主要介绍政策执行的相关知识。通过本章的学习，应了解政策执行的性质与特征，认识政策执行的主要功能，理解政策执行的基本过程，熟悉政策执行的影响因素，掌握政策执行的基本原则和行动策略。

关键词

小石城事件　米兰达规则　政策试点　比例原则　互补效应　邦尼人力定律　逆反心理　汉隆剃刀　超限效应　反馈控制　阶梯效应　破窗理论　阿伦森效应　行为设计　上游思维

思考题

1. 什么是政策执行？
2. 政策执行有何特征？
3. 政策执行有何作用？
4. 政策执行的研究有哪几个阶段？
5. 政策执行过程主要包括哪些环节？
6. 政策执行有哪些关键要素？
7. 政策执行要坚持哪些原则？
8. 如何在政策执行中坚持“法益均衡”原则？
9. 政策执行的资源包括哪些内容？
10. 政策执行有哪些手段？
11. 阶梯效应对政策执行有何启示？
12. 政策执行中的逆反心理是怎么产生的？
13. 如何在政策执行中运用破窗理论？
14. 如何在政策执行中进行行为设计？

第7章

政策评估

7.1 政策评估概述

近年来，学者及大众越来越关注“政策评估”这一领域，因为该领域的实际应用性非常强，通过政策评估，政府官员及民众能清晰地了解政策目标的实现程度、政策措施的预期效果、政策执行的实际障碍、政策过程的经验教训，等等。那么，究竟什么是政策评估呢？我们首先通过具体事例来做一下说明。

学校安全

多年以前，美国大多数城市学校的安全保卫措施极为松懈，任何一个人都可以随意进入学校。学校暴力活动的增多使得校方不得不开始检查现有的安全措施。但很多学校只是简单地把警示通告贴在学校的入口处，告之来访者需要向校方报告。这项政策措施的主要优点就是省钱，唯一的花费无非是贴在大门口的那个警示标志。可是，此政策最大的缺陷是无法落实。跟学校毫无关系的少年帮派成员、寻衅滋事者、盗贼可以毫无顾忌地在校园里游荡而根本不向校方报告。而且，一些学生很容易地把枪带进校园，严重威胁到其他学生的生命安全。利弊的权衡导致了政策的变化，一些大城市的学校开始要求所有的来访者都需要通过学校在门口设置的安全门，进行金属探测。其他一些新的政策措施，如拨钱雇用保安保护学校安全等，也相继出台。

道路限速

美国关于修改车速限制规定的建议也是在政策评估的基础上提出的。评估的焦点集中于55英里/小时与65英里/小时这两种时速限制在车祸死亡中所消耗的成本上。研究发现，基于55英里/小时的限速只能减少不超过2%～3%的车祸死亡率。这个评估结论导致政策建议的产生，希望将现行经费用于汽车尾气检测和其他保障健康与安全的措施上。政策建议发挥了它的作用，到 1990 年，大约 40 个州取消了 55 英里/小时的限速规定。

小班教育

世界任何一个地方的父母和决策者都认为，小班教育能够产生更好的结果，在过去的一些年里，许多国家都采取了一些大刀阔斧的改革，逐渐缩小班级规模，减少学生人数。美国在这项改革中走在前列，77%的美国人都认为使用纳税人的钱去缩小班级规模比提高教师工资来得更有意义。有个特别简单的方法可以辨别这个结论的真假。康涅狄格州有许多规模很小的学校，衰退的自然环境、变动的生育率以及房地产价格都是影响学校规模的因素。其中一所学校 2001 年 5 年级有 23 名学生，而 2002 年只有 10 名。从 2001 年到 2002 年，学校在各个方面都没有什么变化，老师、课程、教学、练习都保持一致。唯一不同的就是 5 年级班级的人数，假设 2002 年入学的学生成绩比 2001 年入学的学生要好，我们是不是就可以认为学习好坏与班级规模有关呢？这其实就是所谓的“自然实验”。（实验法的两种主要形式是实验室实验法和自然实验法。只有在很少的情况下，现实世界才可以提供检验假设的自然实验条件，而自然实验的优点比实验室实验要多。）经济学家卡洛琳·霍克斯比（Caroline Hoxby）借助自然实验法对其进行了研究，结果她没有发现学生成绩有任何的不同。[①]

7.1.1 政策评估的含义

1. 什么是政策评估

评估政策实际上就是对现行政策做利弊分析，所谓利是指政策带来的那些预期的、好的结果，所谓弊是指那些非预期的、不好的结果。利弊分析的目的是发现现行政策需要持续和加强的部分以及需要修补和改进的地方。

如果一项政策看起来不仅是不足与缺陷的问题，而且是完全失效或失败的问题，那么可能就需要进行终结或替代了。一般来说，政策低效或失败的原因是多方面的，或是因为根本没有按计划进行，方案没能得到有效实施（执行中的问题），或是因为政策在目标或手段上存在缺陷（制定中的问题），很难达到预期的效果。评估的目标是试图更多地发现缺陷与不足，设法对现行政策加以修补与改善。打个比方，汽车制造公司对现有车型进行评估（利弊分析），从而为第二年推出新车型做好准备，新车型可能改动甚微，如减少重量、降低油耗，也可能在评估的基础上做比较大的改进或根本性替代。比如，世界上“最长寿”在产车型是雪佛兰的全尺寸 SUV 车型 Suburban。一代 Suburban 在 1935 年正式推出，至今已经发展到第 11 代，是通用汽车最赚钱的一款车型；现在通用公司的雪佛兰 Silverado、GMC Yukon 以及凯迪拉克凯雷德等的车型其实也是基于 Suburban 开发而来的。而美国福特汽车公司的福特 Edsel 型汽车与雪佛兰 Suburban 形成了强烈的反差。作为福特最为失败的商业案例，Edsel 可以说是汽车史上最为经典的“笑话”。Edsel 于 1957 年 9 月 4 日隆重上市，1959 年 11 月 19 日宣布停产，从开始销售到寿终正寝，只有短短两年多

① 格拉德威尔. 逆转：弱者如何找到优势，反败为胜?. 王占华，译. 北京：中信出版社，2014：22-25.

一点的时间。

2. 政策评估的演进

美国学者古巴与林肯（Guba & Lincoln）的《第四代评估》（1989）一书将政策评估的演进划分成两大阶段、四个时代。第一个阶段是“实验评估阶段”，强调量化方法，包括“实验室实验”“实地实验”“社会实验”。第二个阶段是“质性评估阶段”。由于现实生活不可能像实验室那样可以排除其他事项干扰，而且在选择“实验组”“对照组”时，很容易引发政治与法律的争议，所以，评估要以利害关系人需求为基础，在量化的基础上更强调质性分析。这个阶段特别明显的是采用了“回应性评估”。古巴和林肯以范式为分界线，将评估的发展历程分为四个时代，即测量时代（第二次世界大战以前）、描述时代（第二次世界大战以后至 20 世纪 60 年代）、判断时代（20 世纪 60 年代至 20 世纪 70 年代中期）和建构时代（20 世纪 70 年代中期至今）。第一代评估信奉两个“凡是”，即“凡是存在的东西都有数量”“凡是有数量的东西都可以测量”；第二代评估拓展了测量的边界，把评估过程视为一个确定行动实际达到目标程度的过程；第三代评估强调判断，使评估成为价值判断的过程；第四代评估则遵循建构主义的方法论，聚焦利害关系人的主张、焦虑和争议。前三代评估基本属于实证主义范式，第四代评估则属于建构主义范式。从建构主义视角看，前三代评估遭遇了同类范式问题。

（1）第一代评估。

这个时代的标志是“测量”（measurement），认为“政策评估即实验室实验”。评估的重点放在技术性测量工具的提供上，主要以实验室内的实验为主。比如对智商进行的测量。世界上第一个正式的智力量表，是由法国心理学家比奈和医生西蒙编制的。它的产生是为了分辨出不适合在一般学校学习的智力落后儿童，从而给以特殊教育。比奈认为，智力是由多种能力组成的，智力量表必须包含大量不同类型的测验项目。同时，年龄也是影响测验结果的一个关键因素，最聪明的 3 岁的孩子也不能与一个智力一般的 9 岁孩子相提并论。为此，他们提出了“心理年龄”的概念，表示智力水平的办法是计算智商。第一代评估的不足之处在于，过分重视测量和实验室评估的结果，而没有顾及实验室的评估能否推广到现实生活中，由此限制了评估的实际作用。

（2）第二代评估。

这个时代的标志是“描述”（description），主张“政策评估即实地实验”，强调实地调查的重要性。除仍保留有技术测量的特性外，重点突出了描述的功能，评估者的角色越来越向描述转移。由此，测量不再等同于评估，而只是作为评估的一种工具。这个时代的代表人物是美国著名教育专家拉尔夫·泰勒，他在《课程与教学的基本原理》一书中指出，开发任何课程和教学计划都必须回答四个基本问题：第一，学校应该试图达到什么教育目标；第二，提供什么教育经验最有可能达到这些目标；第三，怎样有效组织这些教育经验；第四，我们如何确定这些目标正在得以实现。这四个基本问题构成了著名的“泰勒原理”。泰勒重点强调了评估的作用。他指出，评估是查明学习经验实际上带来多少预期结果的过程，其目的是要全面地检验学习经验有没有起到实际的作用，并指导教师引出所期望的那种结果。评估的过程实质上是一个确定课程与教学实际达到目标的程度的过程。教育评估至少包括两次评估：一次在教育计划早期进行，另一次在后期进行，以便测量在此期间发生的变化。对于评估结果，泰勒认为，不应该只是一个单一的分数或单一的描述性术语，而应该是反映学生目前状况的一个剖析图，评估本身就是让教师、学生和有关人士了解教学成效的。泰勒因其对教育评估理论、课程理论的卓越贡献而被誉为“当代教育评估之父”。第二代评估的不足之处在于，过分关注实际事物的客观描述，过分强调评估工作的价值中立。实际上，评估活动自然会包含评估主体的价值偏好。

（3）第三代评估。

这个时代的标志是“判断”（judgement），认为“政策评估即社会实验”，强调价值判断功能，重心转移至社会公平性议题。强调政策评估不仅要把科学的实验方法与实地调查方法相结合，还应该体现出对政策目标价值结构的判断。实际上，政策评估从一开始就存在两个层面——价值判断层面和技术分析层面的分歧。在相当长的一段时间里，政策评估在主流领域，一直是倾向于事实层面的技术分析，主张应用实证技术方法测定政策目标与政策效果之间的对应关系。在这一理念的指导下，政策评估主要侧重于效率、效能这类问题，更多地依赖量化分析的方法，从而忽视了对政策本身价值的评判和伦理的考量。弗兰克·费希尔指出：在公共政策的实证评估内容之外，还应注重政策评估中的价值判断问题。以职业培训为例，政策评估不仅要评估一个项目是否在帮助人们加入劳动大军方面取得了相对的成功，还要考虑该项目是否体现了政策的价值取向：社会是否理应为失业者提供援助？这种援助是社会必须提供的吗？它是否是公正美好社会的一个重要标志？它是否体现了民众广为接受或期待的目标和价值？等等。①

（4）第四代评估。

这一时代的标志是“协商”（consultation），认为“政策评估与政策制定紧密相关”，其焦点不再是目标、决定与结果，而是诉求、利益和冲突，涉及众多利益相关者（利害关系人），而不仅仅是政策评估者。第四代评估分享一个重要理念——价值多元主义，强调政策评估者与利益相关者的互动，重视利益相关者的诉求及其回应性表达，通过协商达成共识。古巴与林肯认为，以往的评估只重视科学的线性关系，不恰当地简化了真实世界中不易测量的特性，而且，过于强调描述与判断功能，不能满足复杂且多元的社会问题的解决。而回应性评估采用“自然调查法”，强调利害关系人的内心感受。这种政策评估从价值、伦理出发，与以往比较关注效能、效率等问题相比，更加注重正当性、民主性、公正性以及群体性，重视利害关系人的诉求、意愿、争议和冲突。这种评估思路否定了主客体二元主义的可能性，充分体现了建构主义方法论的特征。观察者与被观察者对于问题的认识会相互作用，由此建构利害关系人心中关切的政策议题，以反映出利害关系人的真实诉求，从而使决策者能够制定出更符合利害关系人诉求的政策。古巴与林肯将利害关系人分为三大类：一是代理人，即评估活动的行动者，包括产生评估信息的人、评估活动的执行者、地方和国家层面的出资人、利用评估信息的决策者、设备物资的提供者、评估项目的委托人等。二是评估活动的受益者，分为直接受益者和间接受益者，前者是政策评估的目标群体，评估主要为他们而设计，后者受前者的正向影响，也会因评估活动而受益，如出版商等。三是评估活动的受害者，主要指那些需要承担“机会成本”、受评估活动负面影

① 费希尔．公共政策评估．吴爱明，等译．北京：中国人民大学出版社，2003：1-2.

响的人群，这些影响来自政治的、经济的和社会的多个方面。古巴与林肯提出的利害关系人概念突破了前几代评估的狭隘范围，极大拓宽了评估的视野，为每种不同声音的共鸣提供了条件。不仅如此，利害关系人“主张、焦虑和争议”的提出，也拓宽了前三代评估的关注焦点（如变量、目标、结果、决策等）。“主张”是利害关系人提出的有利于评估对象的陈述，“焦虑”是利害关系人提出的不利于评估对象的陈述，“争议”则代表大家不一定都赞同的某种事态。不同的利害关系人持有不同的“主张”“焦虑”，从而表现出多方面的“争议”。政策评估者的工作就是发现这些问题，并且在评估中设法解决这些问题。

专栏

政策输出与政策影响

政府真的了解自己在干什么吗？一般来说，答案并不十分肯定。托马斯·戴伊指出：

> 政府通常能够了解它们到底消耗了多少资金，为多少人提供了各式各样的服务，这类项目是如何组织、管理和运作的；政府也大概知道一些有影响力的利益集团是如何看待它们的项目和服务的。但是即使这些政策得到了充足的资金支持、良好的组织管理、高效的运作机制、广泛的实际应用，并且获得了主要利益集团的普遍支持，人们仍然会问：“那又怎么样呢？这些政策真正发挥作用了吗？这些项目给社会带来有利影响了吗？这些影响会即刻产生，还是需要经过一段时间才会出现？是正面的影响还是负面的影响？项目的成本和社会收益之间的关系是怎样的？我们可否利用花费在这些项目上的资金和人力、物力去做其他对社会有益的事情？”非常遗憾的是，政府几乎很少回答这些非常重要的问题。*

政策评估并非政策方案预设目标的评估，预设的目标存在很多不确定性，不能将政策评估仅局限于政策目标的实现方面。政策评估关注的是公共政策的所有后果，即政策影响。政策影响与政策输出不同，评估政策影响时不能仅仅满足于衡量政府的行为，比如，只知道人均教育支出和人均医疗支出，并不能对一项政策对目标群体的影响做出客观的评估。托马斯·戴伊指出：“许多政府机构用大量的统计来衡量产出，比如已支付的福利款项、逮捕罪犯的起诉数量、医疗保险的支出、学校的招生人数等。但这种方式说明不了贫穷、犯罪、健康或教育的状况。我们不能仅满足于计算一只乌鸦扇动了多少次翅膀，而要考虑这只乌鸦到底飞行了多远。”输出这一概念使人们集中关注物质层面的内容，比如税收总量、建设高速公路的长度、实行的限价协定、交通罚款额或承担的外国援助项目等。一般来说，输出比较容易进行计算、加总与统计分析。检查输出可以表明，或似乎表明，为执行某一政策，许多事情正在进行或已经完成。然而，评估不是数豆子的游戏，不可如此“斤斤计较”。可是在立法者、利益集团以及其他方面要求结果的压力下，政府部门往往会聚焦于政策输出而不是政策影响，以求能够制造出发展幻象的统计数据。如果某一州的大学毕业生人数占全州人数的百分比上升了，这是否能告诉我们这些大学生所受教育的质量提高了呢？

当然，强调政策影响并不是要否定政策输出，只是为了区分两者的不同。在描述一个政策甚至解释一个政策的时候，衡量政策输出同样是非常重要的。然而，政策输出是政府部门追求政策决定与政策声明而实际做的事情，是工作总结需要关注的内容，而政策评估的焦点则主要在政策影响上。

* DYE T R. Understanding public policy. Twelfth Edition. Upper Saddle River，N. J.：Prentice Hall，2008：331.

7.1.2 政策评估的基本内容

一般来说，政策评估需要重点关注如下内容：

1. 对目标群体产生的影响

所谓目标群体是指政策试图影响的那部分人，比如无家可归者、精神病患者、低收入家庭、学龄儿童、退伍老兵等，政策评估需要考虑的问题是：政策对目标群体产生的预期影响，比如，如果是一个反贫困计划，其目标是增加他们的就业机会（提高就业率），还是改善他们的身体条件和生存状况；是增加他们的收入（提高工资水平），还是改变他们的态度和行为。如果预期产生多重效果，把上述内容都视为目标，那么就需要考虑优先次序。此外，政策可能产生预期的结果，也可能产生非预期的结果。有些是人们乐意看到的（正面影响），有些则是人们不乐意看到的（负面影响）。例如：旨在提高农民收入水平的农产品补贴计划同样能够导致被补贴产品的过量生产；某一福利计划确实改变了受益群体的收入状况，却削弱了他们就业的主动性；廉租房计划可以有效改善贫困人员的居住状况，但可能会产生由贫富隔离引发的问题。

2. 对目标群体以外的群体产生的影响

一项政策不仅会对目标群体产生影响，而且还会对一些非目标群体产生影响。这种影响被称为第三方影响（third-party effects）或溢出效应。因为它通常会增加第三方的收益或成本。比如，廉租房等公共住宅项目不仅惠及低收入阶层，而且会给建筑企业带来收益；公共教育计划不仅培养了学生，而且为公司培训了能干的员工，向社区输送了高素质的居民；污染控制计划会增加许多工厂的成本，却为污染控制设备的生产厂商带来了利润。当然，非目标性效果可以表现为收益，也可以表现为成本，可以是积极的效果，也可以是消极的效果。森林的砍伐对木材公司有利，而且符合那些把森林视为农场的人的观点，但会得罪环保主义者、热爱大自然的人和野外运动爱好者。因为森林的砍伐会导致野生动植物的生存环境遭到破坏，使大自然失去美感。

3. 对近期以及未来产生的影响

有时候政策方案的设计只是为了应急（应对突发情况或紧急事件），并没有长期的考虑，比如，2008 年 8 月北京奥运会期间的机动车单双号限行政策，2010 年 11 月广州市为亚运会推出的免费乘坐地铁、公交和过江轮渡的优惠政策。还有时候，政策方案的设计不关注眼前而在乎长远，比如，中国核电发展计划和航天发展计划。

研究表明，一些新的或带有创新性的政策非常吸引人们的眼球，通常会产生短期的正面效果。但当方案的新颖性消失，人们的热情衰退后，正面效果就不见了。与之相反，有些政策起初举步维艰，遇到很大困难，但坚持下来就产生了意想不到的正面效果，比如医疗保险制度的建立、住房改革政策的推出等。

4. 直接成本

“天下没有免费的午餐”，这是经济学家常挂在嘴边的话。它提醒我们，做事一定要考虑成本。成本的表现形式多种多样，而直接成本则是政策评估首先需要考虑的问题。所谓直接成本是指方案实施过程中直接消耗的资源，包括人、财、物等方面。相对来说，直接成本比较容易计算，预算文件可以提供准确的数据。如果政府的某项开支服务于多个项目，那成本的核算就会复杂一些。

5. 间接成本

政策除了有直接成本还有间接成本。达到煤矿安全生产要求所需要的花费可能会导致煤矿产量的下降，环境保护提出的标准可能会导致工厂的产品价格提高。间接成本有的是有形的，有的是无形的。当一个人的家乡因修建水坝而被淹没时，精神上的损失（心理的痛苦）会由此产生。尽管经济补偿可以支付房屋的损失，但老屋被淹没在 30 多米的水下，再想回去是不可能了，这种精神损失怎样弥补呢？间接成本常常涉及社会和心理方面，这些无形的东西往往无法进行测算，要给它们贴上一个价格的标签实在不是件容易的事情。

6. 机会成本

评估不仅要关注直接成本和间接成本，还要关注机会成本。所谓机会成本是指用于某一项目的资源（如修建防洪设施）不能用于另一项目（如建筑公共住房）。机会成本所关注的问题是资源被用于某一目的而非其他目的时，人们不得不放弃的东西。或者在做出选择时，放弃那些本能够得到的东西。比如有一大片空地，可卖可租，把它卖出去可以赚 5 万元，但也可以把它租给别人建停车场，每月收取租金。如果把它租出去的话，在租用期就不能再卖了，那卖地的 5 万元就是租地的机会成本。反之，真把它卖掉的话，所有权就换人了，就不能再做主租给别人了，每月收取的租金就是卖地的机会成本。政策评估必须考虑这样一些问题。

7. 物质性影响与符号性影响

政策影响可能是物质的（有形的），看得见、摸得着，实实在在；也可能是符号的（无形的），看不见、摸不着，朦朦胧胧。政策的符号性影响主要包括：“领导人物对社会价值的肯定，国旗、军旗和军队的展示，各种军事仪式，高级官员的出访和来访，政治领导人的意图和重要的政策声明等。”[①] 其作用在于激发大众的信念、态度和激情。政策的符号性影响不会引起社会条件的实际变化。没有谁会因为某位政府高官的一次关于国家荣誉的演讲或一次盛大的历史名人纪念活动而过得更好，但这类活动会使人们在意识形态或情感心理方面得到满足。有时候，一些看似满足物质需要的政策行动，在效果上却更多是符号性的。政策的符号性影响虽很重要却难以测量，有时候还真得需要一点政治的敏锐和直觉。

政策评估把注意力更多地集中在一些物质性影响方面，关注政府实际所采取的行动、采取行动的理由和产生的实际结果。尽管政策影响在象征性方面显得模糊和不可捉摸，但

---

① ALMOND G A，POWELL G B. Comparative politics：a developmental approach. Boston：Little Brown，1969：199.

绝不可因此而忽视对它的评估。

7.1.3 政策评估的功能

政策评估多表现为政府行为，是一种政治性活动。从我国目前的政策制定和执行情况来看，“只讲耕耘，不问收获”的现象时有发生。这与缺乏对政策评估重要性的认识和对相关制度保障的思考密切相关。

1. 政策评估的积极影响

政策评估的积极影响主要表现在以下几个方面：

（1）政策评估是检验政策效果的基本途径。一项政策在执行后究竟取得了怎样的效果，有时候并不是一目了然的，表面的观察与实际的状况可能存在很大误差，为了避免政策实施的盲目性，就有必要及时地对政策效果进行分析和判断。

（2）政策评估是决定政策未来走向的重要依据。政策走向一般分为三种：一是延续，二是调整，三是终结。无论采取哪种走向，都不能想当然，必须做到有理有据，而道理和依据的取得则依赖于对政策执行效果进行全面、系统的分析和科学、合理的评估。

（3）政策评估是合理配置政策资源的基础性工作。由于存在政策资源的有限性，所以必须明确各项政策要素的价值，确定资源投入的优先顺序和比例，以寻求有效的资源配置。政策评估的实施正是出于这样的目的。它一方面可以使决策者从整体和全局角度出发，使有限资源产生最大效益；另一方面可以防止因过多考虑局部利益所带来的资源过度投入。

（4）政策评估有利于促进政策的科学化进程。从某种角度看，公共政策担负着国家管理的重要职能。实践证明，随着社会条件的不断变化和政府活动的日益复杂，那种无跟踪、无反馈、金口玉言、一劳永逸的政策模式已经不可能再为公众所接受，要建立科学的政策模式就必须大力加强制度建设，完善政策程序，做好政策评估，提高政策质量。

（5）政策评估是缓解社会矛盾的有效途径。一项好的政策会得到人民群众的普遍拥护；一项不好的政策会引起人民群众的强烈不满；一项有缺陷的政策可能在解决一种问题的同时引发更多、更严重的问题；一项制定与执行有很大出入的政策（执行环节会出现一些意想不到的情况），不但不能解决问题反而可能越发激化矛盾。那么怎样确定政策的好与坏，利大于弊还是弊大于利，无疑需要通过政策评估加以区分。有效的政策评估能够决定政策的正确走向，对缓和社会矛盾具有十分重要的意义。

2. 政策评估的消极影响

评估不一定总会被用于那些值得赞赏的目的，有时候也会出现一些扭曲。正如卡罗尔·韦斯所说的那样：计划的决策者可能会利用评估来拖延决策，去证明已经做出的决策是正当的、合法的，通过推卸责任以摆脱今后可能引起的争论，维护这一计划在选民、资助者或公众眼中的形象，通过评估的形式满足政府的条件或基金会的认可。[①] 评估主体的目的是多样的。有时会被自利动机所驱动，更多考虑个人、组织和党派的利益，置公共服务于脑后，从而对评估构成消极影响。总结一下，政策评估的消极影响主要表现在如下几

① 安德森. 公共决策. 唐亮，译. 北京：华夏出版社，1990：299.

个方面：

（1）以“实际情况复杂，政策不可能面面俱到，有待进行评估分析”为借口，推迟做出相关决定或采取任何行动。

（2）以评估为幌子，实际是想通过评估搜寻有利于自身的证据，以便推卸工作责任，为决策失误找到借口。

（3）利用评估炫耀政绩，把评估作为为自己树碑立传的一种手段，导致应评估的内容轻描淡写，不应评估的内容大书特书。

（4）“钱字当头”，评估就是为了更多地要钱，试图通过评估达到追加预算、增拨经费的目的。

（5）以主观选择替代客观标准，择其表而舍其实，以枝节的成绩掩盖整体的失误，以局部的亮点掩盖全局的不足。

（6）抓住一点，攻击全盘，以个别环节和枝节层面的不足对政策内容做出整体的否定。

7.2　政策评估的类型与要素

7.2.1　政策评估的类型

随着社会发展的不断变化和政府活动的日益复杂，公共政策无论在形式还是在内容方面均表现得越来越复杂。因此，政策评估的类型也呈现出多样化的特征。人们可以从不同的角度，依据不同的标准，对政策类型做出多种划分，不同的分类体现了不同的研究侧重。

从评估组织的活动形式看，政策评估可以分为非正式评估与正式评估；从评估机构的权力、地位角度看，政策评估可以分为内部评估和外部评估；从政策评估在政策过程中所处的阶段来看，政策评估可以分为前评估与后评估。

1. 非正式评估与正式评估

所谓非正式评估，就是指对评估者、评估形式和评估内容不做严格规定，对评估的最终结论也没有必需的要求，团体和个人可以根据自己本身所掌握的情况和信息，对政策的各个方面加以分析和评价。其具体表现形式有领导者的公开视察和微服私访、平民百姓的街谈巷议和公开呼吁、媒体的宣传报道和相关建议等。所谓正式评估，就是指法定的评估者依据事先制订的评估方案，严格按照规定的程序要求，对政策效果所做的评估。正式评估有人员、经费和设施方面的保证，能够掌握较为充分的评估材料，评估条件和程序要求较为严格，是政策评估中最主要的形式。

2. 内部评估与外部评估

内部评估主要是指由公共部门，特别是政府部门内部的评估者对政策进行评估。它又可分为由具体执行人员自己实施的评估和由专职评估人员进行的评估两种形式。外部评估主要是指由公共部门，特别是政府部门以外的评估者对政策进行评估。它最主要的形式就是委托评估，被委托的对象可以是营利性或非营利性研究机构、学术团体、咨询机构、高等院校、著名专家等。

3. 前评估与后评估

前评估又称预评估，是政策制定过程中进行的、带有预测性质的政策评估。前评估的重要作用是将评估从单纯的事后检测变为事前控制。它主要对两种情况做出预测：一是实施这项政策会有什么结果？二是不实施这项政策会有什么结果？后评估是指执行过程中的评估，它是政策评估的主导形式。政策在执行后必然会对社会的方方面面构成这样或那样的影响，出现一些事前没有想到的形形色色的社会现象。后评估就是针对这些影响和政策实施中遇到的新情况做出有效的分析和判断。

7.2.2 政策评估的要素

1. 评估主体

评估主体即政策评估者的主体构成，包括决策者、执行者，专业学术团体和研究机构，以及政策的目标群体，等等。

很多政策评估都是由非政府部门做出的。媒体、大学与研究中心、私人性质的研究机构、压力集团、公益组织等都会参与公共政策的评估，这些评估或多或少都会对政府官员产生影响，并向一般公众提供信息。

有人将非政府部门参与的政策评估命名为"政策评估产业"。这个产业主要有三个组成部分：大学、研究组织和媒体。

通过与政府部门签订合同的形式，很多大学里的学者积极从事政策评估活动。很多大学都有研究公共政策的研究生院和研究中心，它们有更强的"应用"导向和实践意愿，并乐于承担一些政策评估项目。大学学者的某些研究成果会刊登在一些刊物上或以评估报告的形式交给政府相关部门。但总体上看，大学学者更热衷于在自己的学术领域做出理论上的贡献，而没有兴趣卷入时下的政策争论。

许多私人性质的研究组织，如布鲁金斯学会、城市研究所和美国企业协会等，会将大多数甚至全部的时间和精力都投入政策评估项目。与政府部门的研究机构相比，这类的研究组织的活动更具有独立性，对于政府部门的活动及其政策更具批判性。"当然，合同研究者经常面对遵循政府部门路线的压力，特别是在他们高度依赖某一个部门的情况下。"①一些研究机构往往受托于政府部门进行政策评估，因而在评估经费、信息获取等评估条件方面具有一定优势。但这种优势也可能会转变为劣势，正是由于存在来自政府部门的种种牵扯，所以这些研究机构容易接受某种暗示，存在一些心理障碍，从而影响政策评估的质量。但无论如何，研究机构具备专业的理论知识和专门的技术方法，它们完全能够胜任政策评估工作，其评估结论往往能够引起政府部门的高度重视。

在新闻报道中，当涉及公共政策时，媒体倾向于关注公共政策的失误与政府行为的偏差。一些有关政策丑闻和行为出轨的报道更具有"新闻价值"。在实际生活中似乎存在这

① FALLOWS J. Breaking the news：how the media undermine American democracy. New York：Pantheon，1996.

样一种假设，即认为这种类型的报道与那些有关成功计划或常规性政府行为的信息相比，能吸引更多的听众与读者。美国电视网有一档节目叫作“美国的骗局”，其关注焦点是政府所犯的错误和一些倒霉的境遇。这种铺天盖地的报道催生了一种“错误”的观点，即“政府什么都做不好”。但是，其积极的一面是，可以促使大众关注某些需要重新审视与纠正的问题。广播、电视和互联网的影响看似是无形的，但实际上它们在一定程度上关系着公共政策的成败。

除“政策评估产业”外，还有体制内运作模式，即政府官员与政府组织以多种方式进行政策评估。有些时候这些评估是严格和系统的，还有些时候则是偶然和零散的。在某些情况下政策评估是政策过程中的一个正式、规范的组成部分，而在另外一些情况下它又是非正式与非结构性的。一般来说，政府官员担任着政策活动的关键角色，能够比较全面、直接地掌握政策活动的第一手资料，获取政策实施效果的有关信息，具有信息特权或优势。但作为局中人，也会受到各种因素的牵扯，如固有观念、思维方式、部门利益、上级压力、心理因素等，从而影响评估的质量。进一步讲，政策评估是一项专业性和技术性很强的工作，需要评估者掌握相关的理论和方法，但遗憾的是，政府官员往往缺乏这方面的专业训练。

此外，政策目标群体是政策评估重要的信息来源，往往被视为准政策评估主体。政策目标群体的成员往往能够通过自己的感受和彼此间的信息沟通，对政策执行效果做出具有针对性的评价。政策目标群体既是政策的受体，又是政策过程的参与主体，其与政策成败具有直接的利害关系。因此，他们能够根据自己和他人的切身体会，积极参与政策评估的活动，对政策做出比较客观的评价。并且，他们具有非常高的参与热情。重视听取目标群体成员的意见，也是建设政策民主化的有效途径。但这里还需要强调的是，目标群体中既有政策受益者，也有政策受损者，他们难免从自身利益角度对政策进行价值判断，可能会设法掩盖政策效果的一些缺陷，也可能设法夸大政策执行中的阴暗面，甚至可能采取极端态度，全盘否定有关政策。所以，在听取他们的意见时，一定要注意区分不同的情况。

专栏

威尔逊法则与证实偏差

詹姆斯·威尔逊（James Wilson）是美国著名社会学家，在哈佛执教二十六载，与乔治·凯林共同提出了破窗理论。他在学界的威望源于他对数据、事实以及经验的“挚爱”。与以往社会科学界着重于理论思辨不同，威尔逊在学理研究上给予经验事实以充足的关注。他在一篇批评社会政策评估的文章里，提出了两条发人深省的政策评估法则，即威尔逊法则。

第一法则：所有对社会问题的政策干预都会产生预想效果——如果由政策执行者和他们的朋友进行评估的话。

第二法则：所有对社会问题的政策干预都不会产生预想效果——如果评估是由独立的第三方，特别是由那些对政策持怀疑态度的人进行的话。

威尔逊法则表现了心理学中证实偏差带来的负面效应。

证实偏差是指当人们确立了某一个信念或观点时，在收集信息和分析信息的过程中，他们有一种寻找支持这个信念（观点）的证据的倾向，也就是说他们会很容易接受支持这个信念（观点）的信息，而忽略那些否定这个信念（观点）的信息，甚至还会花费更多的时间（资源）设法贬低和攻击与他们看法相左的观点。

股神沃伦·巴菲特的黄金搭档查理·芒格说："对于只有锤子的人而言，每个问题都像是一颗钉子。"这句广为流传的话其实也是对证实偏差的一种解读。

2. 评估客体

评估客体是指政策评估的对象，即所要评估的具体政策，虽然在一项实际的政策评估活动中，评估对象是既定的，但这并不是说所有政策在任何时候都可以且有必要进行评估。评估应以有效性（有没有实际价值）、时间性（时机合适不合适）、必要性（有没有现实需要）和可行性（具不具备评估条件）为前提，具体问题具体分析，不能不加区别，一概而论。实际上，如果政策评估对评估对象不会产生任何影响，评估工作就是一种徒劳之举。

政策评估主要侧重对政策效果的分析。所谓政策效果是指在一定成本投入基础上的执行结果。由于政策资源存在有限性，所以任何政策的实施都必须考虑成本问题，不能为了取得理想的效果就不计成本，不惜代价。因此，评估对象的成本因素是评估过程中需要重点考虑的内容。当然，成本不仅包括与政策密切相关的直接成本，还包括政策实施的机会成本和其他间接成本。此外，由于政策内容与环境因素具有很强的互动性，所以评估政策也不能不考虑环境条件的发展变化。

3. 评估目标

评估目标即评估工作的出发点，就是设法回答"为什么要进行评估"这样一个问题，并做出必要的解释。一般来说，评估目标能够决定政策评估的发展方向、基本内容和选择标准。评估目标主要涉及以下四个方面的内容：

（1）政治方面，即评估政策的执行是否会影响现有的分配状态，是否有利于社会的团结与稳定，是否会破坏原有的政治格局，是否有利于政权的巩固与发展，是否取得了合法性地位，是否得到了舆论界和社会公众的认可与支持，等等。

（2）行政方面，即评估某个或某些政府机构能否在政策执行中发挥作用，是否具备这方面的能力，能否通过政策执行获得这样或那样的利益，能否有效克服组织管理方面存在的问题，等等。

（3）法律方面，即从政策合法性角度进行评估，重点关注执行程序是否存在问题。法治的原则是程序优先，政策执行如果不符合程序规定，即使效果再好，也不可行。

（4）方案方面，即评估政策方案的应用价值，是否达到了预期目标，是完全达到还是部分达到，政策的产出与投入是否合乎预期的要求，政策的实施是否对政策环境构成预期的影响，等等。

4. 评估标准

政策评估的前提条件是建立标准，没有标准就无所谓评估。从公共政策过程的角度来看，评估与决策紧密相关，评估标准实际就是决策标准，只是二者在时间的表现形式上有所不同。评估标准是标准的回溯性应用（事后），决策标准是标准的前瞻性应用（事前）。对具体的公共政策进行评估，标准可能不尽相同。但从一般意义上讲，政策评估主要涉及下列几项标准：

（1）政策效益（effectiveness）。

一般来说，政策效益针对的是政策目标和结果，主要指某一政策能否实现预期目标和结果。它所考虑的问题是：政策结果价值几何？这种结果常常以货币价值进行说明。具体的指标是：提供公共产品和公共服务的数量。举例来说，如果政策目标是为了得到更多电量，相比之下，核电站比太阳能装置能产生更多的电量，前者会被认为更有效益，因为它产生了更多有价值的结果。同理，如果单从效益角度来考虑，在中国一些特大城市，如北京实行机动车单双号限行措施就会比每周单日限行措施对缓解交通拥堵更有价值。效益所涉及的关键问题并非政策是否按原计划执行，执行是否进行得顺利，而是更要考查政策是否产生了预期的效果或影响。

（2）政策效率（efficiency）。

政策效率通常是指以尽可能少的投入获得尽可能多的产出。它主要涉及特定水平的效益与实际付出的努力之间的关系。它所考虑的问题是：为得到有价值的结果付出了多大代价？具体的指标是：单位成本、净收益、成本收益比。效率指标通常也需要用货币价值进行计量，计量方法有：计算单位产品和服务的成本，如提供每吨灌溉水的成本或每次医疗检查的成本；计算单位成本能提供的产品和服务的数量，如花费1元可以提供0.1吨灌溉水或花费1 000元可做5次医疗检查。单从效率角度而言，用最低的成本实现最大的收益的政策被称为最有效率的政策。

在这里还需要强调的一点是，效率和效益有所不同。效率关注的是如何正确地做事，焦点是方式和手段问题，而效益关注的是如何选择做正确的事，焦点是目标和效果问题。打个比方，从北京去广州，坐飞机去还是坐火车去是效率问题，去做什么事情，这件事情有多大价值是效益问题。一项成功的政策不仅需要有好的效益，而且需要有高的效率，二者是相辅相成的。但总体来看，效益优于效率，目标先于手段。

（3）充分性（adequacy）。

充分性是指特定效益水平满足政策目标的程度，它具体指向四类问题：第一类问题涉及固定成本和变动效益，充分性评估就是看在有限资源条件下政策效益是否实现了最大化；第二类问题涉及固定效益和变动成本，充分性评估就是看在期望结果不变的情况下是否实现了成本最小化。比如，如果城市公共交通设施要求每年至少为100万人提供服务，评估的焦点问题在于区分公共汽车、轻轨和地铁哪类交通工具能以最小成本实现固定水平的效益；第三类问题涉及变动成本和变动效益，充分性评估就是看效益和成本之比是否最大化；第四类问题涉及固定成本和固定效益，这类问题相对复杂，充分性评估要在双重限制条件下进行。上述四类问题包含了对充分性评估的不同界定，由此不难看出成本和效益之间关系的复杂性。

（4）公平性（equity）。

公平性评估多涉及收入分配、教育机会和公共服务等方面的政策。某一项政策或许完全符合效益、效率、充分性的评估标准，但如果它造成了不公平的成本或收益分配，可能也会被认为是一项失败的政策。比如，那些最需要被提供服务的人没有得到与他们人数相应的、成比例的服务（如申购限价房的规定）；再如，最没有支付能力的人却要超比例地分担管理成本（如个人所得税的规定）；还有，政策的最多受惠者或得益者并没有按比例支付其应该支付的成本（如房产税的规定）。

当一个行动会影响到社会中两个或两个以上的人时，"公平分配"就成为决策者必须面对的问题。从个人和群体角度来看，满足某个人和某些人（或某个群体）的价值未必就是满足另一个人和另一些人（另一个群体）的价值，换句话讲，个人和群体有不同的价值观。所以，从社会角度来看，公共政策的目标不是使个别人或个别群体利益最大化，而是要使社会福利（或称社会成员总体满意度）最大化。那么如何才能做到这一点呢？答案可能需要通过以下方法去寻找：

1）个人福利最大化（maximize individual welfare）。

如果要想使每个人的福利都最大化，就需要在每个人的价值基础上进行单一的偏好排序，并使之具有传递性。而阿罗不可能性定理告诉我们，即使是在只有两个人和三种选择的情况下这也是不可能做到的。

专栏

阿罗不可能性定理

在分析个体的选择时，经济学家假设每一个个体都是理性的且他们都能将可能选择的方案排列出偏好次序。特别是理性的选择需要个体对于可供选择的方案的偏好具有一致性和传递性。所谓一致性就是一个人选择了 A＞B，那么他就不能同时选择B＞A。所谓传递性是指一个人偏好 A 超过偏好 B，同时他偏好 B 超过偏好 C，那么他一定偏好 A 超过偏好 C。阿罗证明了社会选择* 或者社会决策是非理性的，尤其是他证明了群体做出的决策不一定遵循传递性原理。

1951 年，肯尼斯·J. 阿罗（Kenneth J. Arrow）** 在他的现在已经成为经济学经典著作的《社会选择与个人价值》一书中，采用数学的公理化方法对通行的投票选举方式能否保证产生合乎大多数人意愿的领导者或者说"将每个个体表达的先后次序综合成整个群体的偏好次序"进行了研究。结果，他得出了一个惊人的结论：在绝大多数情况下是——不可能的！更准确的表达则是：当至少有三名候选人和两位选民时，不存在满足阿罗不可能性定理的选举规则。或者也可以说：随着候选人和选民的增加，"程序民主"必将越来越远离"实质民主"。

阿罗不可能性定理表明：假如有一个非常民主的群体，或者说是一个希望在民主基础上做出自己的所有决策的社会，那么，对它来说，群体中每一个成员的要求都是同等重要的。一般地，对于最应该做的事情，群体的每一个成员都有自己的偏好。为了决策，就要建立一个公正而一致的程序，能把个体的偏好结合起来，达成某种共识。这就要进一步假设群体中的每一个成员都能够按自己的偏好对所需要的各种选择进行排序，对所有这些排序的汇聚就是群体的排序了。结论是根本不存在能够满足集体选择最低限度合理要求的加总程序。也就是说，除非在非常简化和非现实的情形中，否则不可能以任何符合逻辑的或有序的方式加总偏好。

阿罗不可能性定理源自孔多塞的“投票悖论”。早在 18 世纪法国思想家孔多塞就提出了著名的“投票悖论”：假设甲乙丙三人，面对 a、b、c 三个备选方案，偏好排序如下：

甲（a>b>c）

乙（b>c>a）

丙（c>a>b）

注：甲（a>b>c）代表——甲偏好 a 胜于 b，又偏好 b 胜于 c。

1. 若取方案 a、b 投票，那么按照偏好次序排列如下：

甲（a>b）

乙（b>a）

丙（a>b）

社会偏好次序为（a>b）

2. 若取方案 b、c 投票，那么按照偏好次序排列如下：

甲（b>c）

乙（b>c）

丙（c>b）

社会偏好次序为（b>c）

3. 若取方案 a、c 投票，那么按照偏好次序排列如下：

甲（a>c）

乙（c>a）

丙（c>a）

社会偏好次序为（c>a）

于是我们得到三个社会偏好次序——（a>b）（b>c）（c>a），其投票结果显示：社会偏好有如下事实：社会偏好 a 胜于 b、偏好 b 胜于 c、偏好 c 胜于 a。显而易见，这种所谓的社会偏好次序包含内在的矛盾，即社会偏好 a 胜于 c，而又认为 a 不如 c，所以按照投票的大多数规则，不能得出合理的社会偏好次序。

这便是“循环投票之谜”。在循环投票的情况下，哪一个方案最终获得了通过，不是依据是否符合多数人的意愿，而是依据投票的程序。这样，如果操纵了投票的程序就操纵了投票结果。

阿罗以此为启迪，经过严格的数学证明，得出了一个惊人的结论：任何一种多数同意规则，都不可能万无一失地保证投票的结果符合大多数人的意愿。这就是著名的阿罗不可能性定理，又称“阿罗悖论”。

*社会选择是与个人选择相对的概念，个人选择的中心是确定个人偏好，而社会选择的中心是确定社会偏好。在社会选择理论中，最著名的也是最受推崇的结论是“阿罗不可能性定理”，被认为是近数十年来数学应用于社会科学所取得的一项突出成果。

**肯尼斯·J. 阿罗，美国经济学家，1972 年诺贝尔经济学奖获得者。阿罗不可能性定理是指，如果众多的社会成员具有不同的偏好，而社会又有多种备选方案，那么在民主的制度下不可能得到令所有人都满意的结果。

阿马蒂亚·森的解决办法

1998年诺贝尔经济学奖获得者阿马蒂亚·森在20世纪70年代提出对“投票悖论”的解决方法。他绕过阿罗不可能性定理，提出若改变甲、乙、丙其中一个人的偏好次序就可以解决投票悖论的问题。

举例来说，比如将甲的偏好次序从（a>b>c）改变为（a>c>b），新的偏好次序排如下：

甲 a>c>b

乙 b>c>a

丙 c>a>b

于是得到三个社会偏好次序——（a>b）（c>b）（c>a），这样就能避开“投票悖论”，当然它却改变了甲的偏好次序。其后，阿马蒂亚·森把这个发现加以延伸和拓展，得出了解决“投票悖论”的三种选择模式（阿马蒂亚·森选择模式）：

一、所有人都同意其中一项选择方案并非是最佳；

二、所有人都同意其中一项选择方案并非是次佳；

三、所有人都同意其中一项选择方案并非是最差。

阿马蒂亚·森表示在上述三种选择模式下，“投票悖论”不会再出现，取而代之的结果是多数票者获胜规则总是能达到唯一的决定。但其缺陷是为了追求一致性，改变、忽略、放弃、牺牲了个人的偏好次序。

2）保障最低福利（protect minimum welfare）。

在增加某些人福利的同时，应该设法保障其他人的境况不会变糟。这个方法的依据是帕累托标准。所谓帕累托标准（pareto criterion）是指在一种制度的改变中没有输家，至少有一部分人能赢。帕累托标准的基点是人们的既得利益，即从既得利益出发考虑增加收益问题。如果一项政策剥夺了一部分人的既得利益，不管是否能带来更大的整体利益或者是否有助于实现崇高的目标，都不符合帕累托标准。举例来说，一辆有50个座位的大客车，在没有满载之前，每增加一个乘客，都不会使车上其他人失去座位，这符合帕累托标准。但当车辆满载运行时，就实现了帕累托最优。如果再上来一个人，就必须得让一个人下车，即有人得利就必须有人失利，这显然违背了帕累托标准。

就中国经济改革的进程而言，表现出从增量改革到存量改革转变的发展特征，所谓增量改革是指在原有的计划经济体制内，让市场机制在资产增量的配置中发挥作用，从而使增量部分不断扩大，把社会福利蛋糕做大，提高个人的生活水平，实行帕累托改进。而存量改革是指常态本身即在于“非帕累托改进”，亦即，尽管其中的社会整体福利依然增进，但存量改革的性质决定了在利益格局的重新划分中，改革并不必然保证部分利益集团利益增加的同时，其他利益集团的利益并不必然相对减少甚至绝对减少。这就是深化改革过程中必须要面对的利益关系的挑战。

专栏

帕累托最优

1897年，意大利经济学家帕累托在研究资源配置时，提出了一个最优状态标准，人们简称为帕累托最优或帕累托效率。它是经济学中的重要概念，并且在其他社会科学领域中得到广泛应用。帕累托最优是指在某种既定的资源配置状态，任何改变都不可能使至少一个人的状况变好，而又不使任何其他人的状况变坏。与其密切相关的另一个概念是帕累托改进。假定固有的一群人和可分配的资源，如果从一种分配状态到另一种分配状态的变化中，在没有使任何人境况变坏的前提下，使得至少一个人变得更好，这就是帕累托改进。例如，一条溪流终年不断，外来至此的人从溪流中取点水饮用，从正常供水的角度看对附近居民并无任何影响，那么，这种外来人员的取水饮用就是帕累托改进。而帕累托最优的状态就是不可能再有更多的帕累托改进的状态；换句话说，不可能再改善某些人的境况，而不使任何其他人受损。帕累托最优是公平与效率的“理想王国”，帕累托改进则是达到“理想王国”的路径和方法。它们带给人类社会进步和发展的不竭动力，并存在和作用于社会的一切领域。

3）净福利最大化（maximize net welfare）。

试图用最终的收益补偿受损者，从而使社会净福利（总收益减去总成本）得到增加。这种方法的理论依据源于卡尔多-希克斯标准，即如果在效益上有净收益，并且获益者能够补偿受损者，那么这种社会状态就优于另一种状态。卡尔多-希克斯标准是传统成本-效益分析的基石。

专栏

卡尔多-希克斯标准

如果一种变革使受益者的所得足以补偿受损者的损失，这种变革就叫卡尔多-希克斯改进。如果一种状态下，已经没有卡尔多-希克斯改进的余地，那么这种状态就达到了卡尔多-希克斯效率。

与帕累托标准相比，卡尔多-希克斯标准的条件更宽。按照前者的标准，只要有任何一个人受损，整个社会变革就无法进行；但是按照后者的标准，如果能使整个社会的收益增大，变革也可以进行，无非是如何确定补偿方案的问题。所以，卡尔多-希克斯标准实际上是总财富最大化标准。换句话说，在一项变革中，我们主要考虑的是社会价值最大化和社会财富最大化，当然这里可能包含着一定的收入分配不公。比如，改变经济政策以后，可能使一方得利，另一方受损，但如果通过税收政策或价格政策，使那些得利者补偿受损者有余，那就不失为正当的经济政策，也就是说增加了福利。在长期的一系列政策改变之中，政策改变对于收入分配的影响是或然性的，这次是这些人受益，使另一些人受损，下次可能是这些人受损而使另一些人受益，结果相互抵消，而不是全社会所有人都受益。这种补偿标准在现代社会很有市场。

4）再分配福利最大化（maximize redistributive welfare）。

试图使社会中特定群体实现再分配收益最大化。所谓特定群体是指残疾人群体、贫困群体、受种族歧视群体等社会底层群体。这种方法的理论依据是罗尔斯提出的差别原则，即如果一个社会能够使处于最不利地位的人得到最大可能的利益。那么这种社会状态就优于另一种状态。罗尔斯的观点为公正概念做了道德诠释。

专栏

罗尔斯的差别原则

一个家庭不把教育几个子女的资金平均地使用，而是主要用来培养其中天分最低、能力最差的一个，这是因为这个孩子将来成功的机会先天地少于其他孩子。这个家庭的做法是明智的还是不明智的？推而广之，一个社会的制度安排和公共政策主要向出身和天赋较低的成员倾斜，以缩小和拉平他们与出身和天赋较高的成员在出发点上就已经存在的差距，即所谓拉前推后，起点公平。这个社会的选择是恰当的还是不恰当的？美国著名伦理学家约翰·罗尔斯的《正义论》（1971）回答了这个问题。罗尔斯采纳了功利主义对待福利的利益观，并在此基础上提出了一个涉及公平分配的差别原则，即“最少受惠者最多得益”。

罗尔斯认为，一个社会的公平状况主要取决于这个社会中生活处境最差的那一部分人。社会和经济的不平等可以存在，但必须基于这样一个前提，即最大限度地使先天有利条件最少的那部分人受益。只有如此，他们才可能服从和接受这种社会差别的存在。罗尔斯为社会设计了一个非常理想的状态，希望社会制度在理性的支配下，使利益的分配能够尽量倾向于社会的弱势群体，以期让所有的社会成员达到和谐的初始状态，从而保证社会正义的实现。许多学者在谈及罗尔斯时，通常将他和诺齐克比较。争议的焦点就是罗尔斯提出的差别原则。诺齐克承认社会不平等是一种不幸，但认为罗尔斯对不平等的纠正无法得到合理的辩护。诺齐克的观点是，正义与平等无关，正义在于权利，而不在于平等，不平等是不幸，但不平等不是不正义。至于不平等的社会文化条件和自然天赋如何再生了不平等，这与权利无涉。诺齐克强调“权利”的首要性，全力捍卫不受侵犯的个人权利（特别是财产权）。他精心划定了一个以“权利”为硬核的堡垒，包括平等在内的任何东西都不得越“权利”这个雷池一步。诺齐克强调的是程序正义，他认为罗尔斯所谓“社会不公应当有利于最不利的社会成员”的观点，从程序角度而言是不正义的。

无知之幕

在约翰·罗尔斯的《正义论》中，有一个重要的理论：“无知之幕”（veil of ignorance）。意思就是在人们商量给予一个社会或一个组织里的不同角色的成员的正当对待时，最理想的方式是把大家聚集到一个幕布下，约定好每个人都不知道自己在走出这个幕布后将在社会/组织里扮演什么样的角色，然后讨论针对某一个角色大家应该如何对待。这样的好处是大家不会因为自己的既得利益而给出不公正的意见。因为每个人都不知道自己将来的位置，因此这一过程下的决策一般能保证将来最弱势的角色得到最好的保护。

实际上，在上述公平标准中，无论是阿马蒂亚·森选择模式、帕累托标准、卡尔多-希克斯标准，还是罗尔斯提出的差别原则，没有一个是完全令人满意的。理由在于，社会理性并不完全受制于经济学规律和伦理标准，公平实质上是政治问题，它不可避免地会受到权力分配和合法化过程的影响。尽管经济学和伦理学的发现能够帮助我们提高评价公平标准的能力，但它们都取代不了政治过程。

（5）回应性（responsiveness）。

回应性标准是指政策满足特定群体的需要、偏好或价值的程度。它考虑的问题是：效益、效率、充分性、公平性等标准是否真正反映了特定群体的需要？具体的指标是：与公民调查[①] 的一致性程度。某一项政策也许符合其他所有的标准，但因未能准确把握和有效回应本该从政策中受益的特定群体的实际需求，故仍可被认为是一项不成功的政策。举例来说，一个康乐项目可能实现了设施的公平分配和高效使用，但因不了解特定群体（例如，老年人群体）的实际需要及其价值偏好，政策缺乏回应性，从而导致不满情绪和抗拒行为，严重影响政策的执行结果。回应性标准的重要之处在于突出了需求因素，强调了民意测验的作用。

（6）适当性（appropriateness）。

适当性标准不涉及单一分析，而是一种组合分析。具体而言，它不是从单一标准进行评估，而是与上述多项标准的组合分析相关，表现了一个综合的视角。可能单个来看，其他标准均被“目标”视为理所当然且恰如其分，唯独适当性标准会受到质疑，出现合成谬误。适当性标准是开放的，不存在也不可能存在适当性标准的准确定义，但它优先于其他标准，表现出元标准的特征。从逻辑上讲，评估必须通盘考虑所有标准，然后运用更高层次的标准（元标准）分析多种理性形式之间的关系。比如，从公平和效率的评估来看，一旦向贫困人口重新分配收入的计划遭遇低效，以致只有少部分再分配收益能够实际到达贫困人口手中，罗尔斯福利再分配的公平观（“最少受惠者最多得益”）就会在适当性上受到质疑。而且一旦出现阿瑟·奥肯所说的漏桶原理，公平与效率的矛盾就更为突出。再如，从公平与权利的角度来看，当一些人并非通过社会合法途径获取财富或得到额外好处时，换句话讲，一些人通过欺诈、歧视、寻租、贿赂而不当得益时，即便没有任何人会因此利益受损，我们是否也会质疑帕累托标准的适当性呢？

专栏

合成谬误

合成谬误（fallacy of composition）是美国著名经济学家保罗·萨缪尔森首先提出来的。意思是说，某种东西仅仅由于它对局部而言是对的，便说它对总体而言也必然是对的。这是一种谬误。在经济学领域中更是如此，微观上看是对的东西，宏观上并不一定

① 公民调查是民意测验的一种，它是测量特定人群在某一问题上所持意见分布情况的一种工具。通过它可以分析、揭示人群中持某种意见的强度及其产生的原因，从而测出人群在此问题上的态度和行为倾向，比较准确地分析和估计特定群体的价值导向。

对。萨缪尔森在其《经济学》一书中举了一个很生动的例子。他让读者想象一个非常简陋的露天剧场，大家可以坐在地上观看，但是坐在后面的人觉得看不清楚，为了比别人看得更清楚一些，他们就会站起来。而他们一站起来，更后面的人也会站起来，结果大家就都站起来了。站起来以后还是看不清楚，成本增加了，福利却没有增加。聪明人又会想出一些办法来，站着不行就踮着脚，结果全场的人都会踮着脚看，整体的福利又下降了。如此循环往复，整体福利一直在下降，个人成本不断在上升，这就是萨缪尔森所说的合成谬误。其实，合成谬误只是萨缪尔森给出的一个概念，他真正要讲的理论叫公共改进，就是要终止加大个人成本、减少整体福利的恶性循环。剧场内的阶梯形设计，就是一种公共改进。表面上看这是一种设施，实际上它是一种制度设计，使游戏规则发生了根本变化，让大家不至于陷入低水平的过度竞争中，不至于陷入一种群体非理性（合成谬误）当中。

漏桶原理

美国经济学家阿瑟·奥肯根据税收的转移支付问题提出了著名的漏桶原理，即富人缴纳了1美元的税款，实际上转移支付到穷人手中的钱数要远少于这些。漏桶原理的最终结论是：高税率会使税收总额有所减少，这其实也就是著名的“拉弗曲线猜想”。这个猜想是由供给学派代表人物、美国南加利福尼亚商学院教授阿瑟·拉弗（Arthur B. Laffer）提出的。他认为，在一般情况下，税率越高，政府的税收就越多，但税率的提高超过一定的限度时，企业的经营成本提高，投资减少，收入减少，即税基减小，反而导致政府的税收减少，描绘这种税收与税率关系的曲线被称为拉弗曲线。

专栏

政策评估的理性基础

理性（rationality）一般指概念、判断、推理等思维形式，要求按照事物发展规律和自然进化原则来考虑和处理问题、把握态度。如果我们想用理性一词表现政策评估的过程，我们会发现，理性往往表现出多元的特征。依据不同理性的把握，人们能够识别、判断、评估实际的理由并使自己的行为更符合特定的目的。政策评估的理性基础主要包括下述内容：

1. 技术理性（technical rationality）

技术理性亦即“工具理性”，可以简单地理解为理性的技术规则和工具系统。它服从于目的理性，是目的理性的技术与工具。从政策评估角度而言，技术理性更注重结果的有效性和目标的价值性。强调做对的事情的能力，而不是把事情做对的能力。

2. 经济理性（economic rationality）

经济理性的突出特征就在于其对效率的关注。现代经济学把经济理性等同于现实理性，排除了伦理考量在评估中的作用，更多应用成本-收益分析的方法评估政策的结果和影响。

3. 法律理性（legal rationality）

法律理性是当代法治国家正当程序原则的典型表现，其实质是通过确立基本的法律原则，实现正当程序的理性化。在政策评估中，法律理性更多地表现为对狭义合法性的把握，主要考虑的问题是，政策是否与现行法规或先例一致。

4. 社会理性（social rationality）

社会理性涉及我们与社会是何关系的问题。对于这一问题的解释主要包括三种语言范式：第一种是“自我范式”，其思维基础是个人理性*；第二种是“我们范式”，其思维基础是社会理性；第三种是“它范式”，其思维基础是中立的科学理性**。社会理性从“我们”出发，借助一种群体主义的价值内涵来进行思考，而个人则被置于一个从属的地位，其判断标准往往是群体主义的。就政策评估而言，社会理性强调对社会制度的维护，如设法提高政策过程中公民的参与度就是社会理性的一种表现。

5. 实质理性（substantive rationality）

实质理性与形式理性相对，二者的重要区别在于：形式理性要求以相同标准为依据，而实质理性则要求根据不同的事件做出不同的分析和判断，并不局限于一致性的标准。实质理性包括多种理性形式的综合与比较——技术的、经济的、社会的、法律的等等，目的是在特定情况下做出最合适的考量，对不同问题加以区别对待。

* “个人理性”是一个典型的以“自我”为观察视角的思维方法，它将“自我”排除于所研究的目标问题之外，作为一个局外人来思考，其判断标准是纯粹的个人主义。

** “科学理性”强调一种价值中立的观察角度，“它”作为一种完全外部于个人和群体所处的社会的视角，对人类社会乃至自然界的诸多现象给予阐释，“它”作为观察者在价值立场上完全中立于无数个“自我”和“我们”，在逻辑描述上往往采用实证主义方法对事实和现象给予诠释。

5. 评估方法

政策评估无疑需要进行比较，比较的目的是评估政策带来了怎样的社会变化，并要设法排除非政策的影响因素所导致的一些变化。实际上，这种比较意味着，把“实际上发生了什么”与“如果没有实行该政策会发生什么”进行比较。要衡量已经发生的事情并不困难，实际生活中许多评估就到此止步了。真正的难题在于，要评估如果没有实施方案会发生什么情况，以及将这两种情况进行比较。这两者之间的差别一定要归因于政策方案本身，而不是社会同期内发生的其他变化所导致的结果。

（1）“前-后”对比分析。

这种评估方法是指政策实施前后的比较，即比较两个时间点上同一情况的不同结果：一种结果是实施方案前的，一种结果是实施方案后的。通常只是针对目标群体进行检验。这种前后比较是为了证明方案的影响和效果，然而，很难得知可观察到的社会变化。如果有，也很难判断是实施该方案直接带来的结果，还是源于同一时间内社会上发生的其他变化。

这种方法的优点是简单、方便、明了；缺陷是不够精确和全面，无法将公共政策执行所产生的效果和其他因素，如公共政策对象自身的因素、外在因素、偶发事件、社会变动等所造成的效果加以明确区分。

比如，一个人可以比较某一污染控制计划实施前后某条河的水质变化。“前-后”对比分析通常可以降低成本，并且节省实际操作的时间。然而，它也存在一个主要缺陷，即所发生的变化可能存在其他的解释。我们可以想象，河水水质的改善可能源于水流量的增加，污染制造者的自我抑制，或是导致工业生产减少的经济衰退，等等。另一方面，如果“前-后”对比分析在预期的方向上没发现有多少变化，那么也不一定就可以断言这个计划没多大效用。即使如此，对照式研究仍然有可能提供别的方式所无法获得的有关某一计划的信息（见图 7-1）。

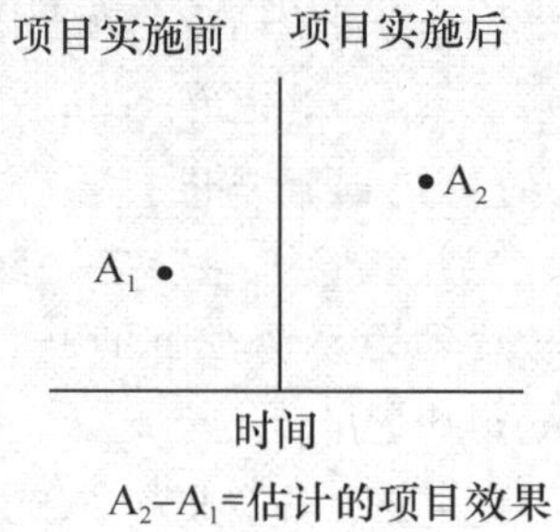

图 7-1 “前-后”对比分析

（2）“投射-实施”对比分析。

将政策执行前的趋势线投射到政策执行后的某一时间点上，代表若无该政策的实施此点会发生的情况，然后与政策执行后的实际情况进行对比，以确定政策的实际效果。这种方式考虑到了非公共政策因素的影响，因此会使评估的结果更加精确。这种评估方式的困难在于如何详尽地收集政策执行前的相关资料和数据，准确预测如果没有实施政策将会发生什么情况，以建立起政策执行前的趋势发展线。这种方法明显优于“前-后”对比分析，但它需要评估人员付出更大的努力。

政策实施前预测的趋势与实施后的实际数据之间的差异，可以被视为政策本身作用的结果。应当注意的问题是，必须在政策启动前的几个时间段里，多次搜集关于目标群体或社会状况的资料和数据，以便绘制出一条趋势发展线（见图 7-2）。

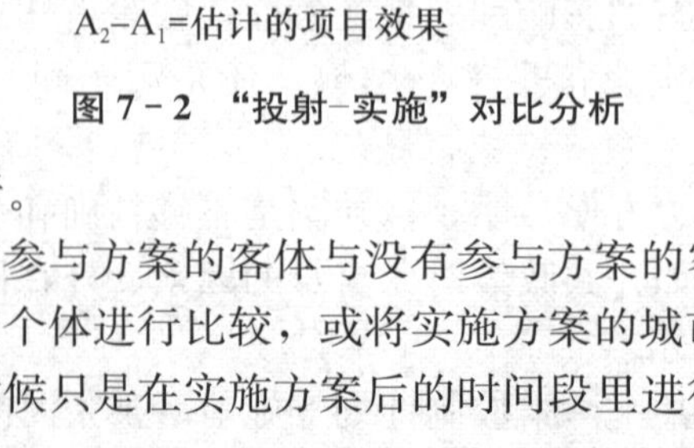

图 7-2 “投射-实施”对比分析

（3）“有-无”对比分析。

这种评估方法是指对有参与方案的客体与没有参与方案的客体进行比较，比如，将有实施方案与没有实施方案的个体进行比较，或将实施方案的城市或乡村与没有实施方案的城市或乡村进行比较。有时候只是在实施方案后的时间段里进行这种比较，比如，将那些参加人力资源培训计划的人与没有参加人力资源培训计划的人的工作记录进行比较；将实行禁放烟花规定的城市的火灾发生率与没有实行这项规定的城市的火灾发生率进行比较。但是由于个体或考察客体之间存在着很多的差异，以至于很难将这些差别全部归因于政府的政策方案。例如，与那些非自愿参加人力资源培训计划的人相比，那些自愿参加人力资源培训计划的人，可能更有动力找到一份工作，也有可能具有不同的个性特征（见图 7-3）。

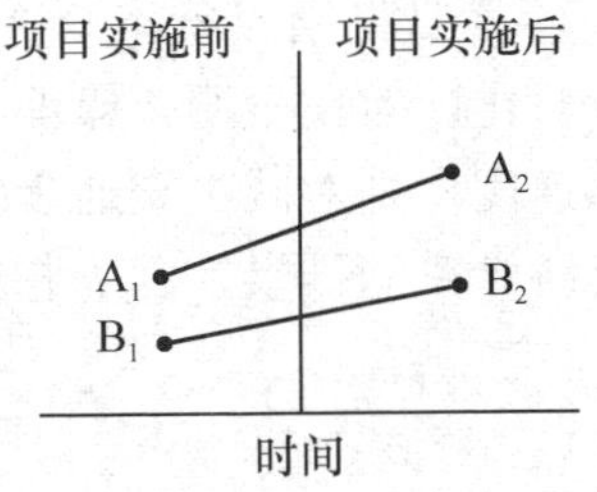

A有计划实施，B无计划实施
$(A_2-A_1)-(B_2-B_1)$=估计的计划效果
或者，A与B之间的差别和变化成正比，因此可等效于计划效果

图 7-3　“有-无”对比分析

（4）实验性对比分析。

实验性对比分析是一种评估政策或计划的传统方式。从目标人群中随机抽取两个可比较的群体，一个实验群体（或叫可处理群体）与一个控制群体。实验群体通过政策或计划得到一定处理，而控制群体则不然。通过对两个群体预先与后置的测评以确定两个群体是否发生变化（见图 7-4）。如果实验群体的绩效明显优于控制群体，那么就说明政策或计划是有效的。下面通过适当的案例来加以说明。

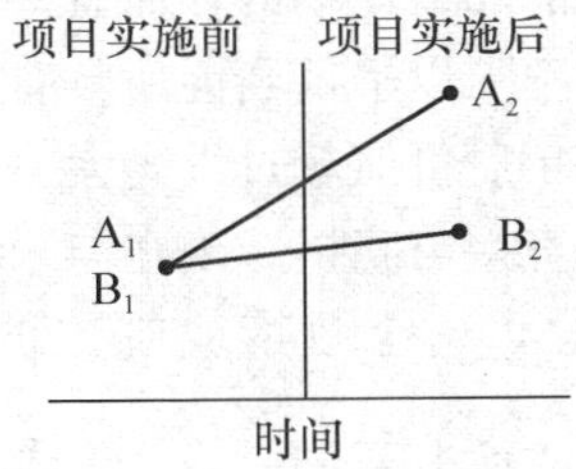

A有计划实施，B无计划实施
A和B在计划实施前是相同的
A_2-B_2=估计的计划效果

图 7-4　实验性对比分析

20 世纪 80 年代美国特拉华州劳动部门进行了一项现场实验，旨在评估“援助失业工人”计划实施中不同行为的有效性。所谓失业工人是指那些因为日益激烈的国际竞争与技术变革而失去长期稳定工作的人。为失业工人设计的这一援助计划得到了工作合作培训法案的资金支持，其目标在于帮助提高工人收入与降低工人对失业补助金的需求。进行此项实验，首先确定 175 个可比较的工人，随机抽取 65 个人组成实验群体，另外 110 人组成控制群体。实验群体中的成员能够得到就业活动的相关咨询，得到工作之初的定向指导、再培训和其他服务。两个群体经历了为期一年的实验。通过对二者绩效的比较，在实现计

划目标中控制群体反而优于实验群体。实验的结论是："这一计划看起来不能改善参与者的工作前景。"

另一个著名的实验设计是美国康涅狄格州高速公路速度控制计划。依据高速公路交通事故的数据，州政府开始对速度进行限制。初始数据表明，这一计划的执行明显减少了交通事故。然而，这一结果也可能源自其他一些因素，例如天气情况的不同或使用了更高安全性能的汽车。为了控制这种可能性，就要将康涅狄格州高速公路每 10 万人的事故发生率与那些未执行这项计划的邻州进行对比。对比表明，康涅狄格州的事故发生率远低于其他州，因此就证明了康涅狄格州控制速度计划对减少交通事故有效这一推论。

这种政策评估方法受到一些社会科学家的推崇，因为它提供了估测由社会其他因素影响而产生变化的最好机会。

（5）成本-收益分析。

成本-收益分析是一种量化的评估工具，要求确定某一政策的成本与收益，并将其转化为货币形式以便进行比较。其假设前提是只有收益大于成本的政策才是好的政策。成本-收益分析最常用于政策评估。经济学家弗里曼应用这个工具评估美国空气与水污染控制政策。他发现控制固定源头的空气污染的收益远远大于控制成本，而控制工厂与地方的水污染源头的成本则大于实现的收益。[①]

进行成本-收益分析的主要步骤可以归纳为以下几点：第一，确定某一政策的影响或结果，并针对不同群体将这些影响或结果分为成本或收益。显然，这就要求确定，在决定成本与收益的过程中需要考虑哪些群体，并把直接和间接的影响都考虑进去。第二，赋予不同成本与收益以货币上的价值。对于那些通常在市场上进行买卖的物品来说这相对容易，而对于诸如良好的健康状况、延长的人均寿命或美好的远景展望来说，赋值就比较困难。第三，由于某些政策结果是当前的或短期的，而有些政策的影响是长远的，很多年以后才会出现的，因此需要应用折现率[②]以平衡当前所具有的未来影响的价值。折现率的假设前提是今天的 1 美元 10 年或 20 年后价值超过 1 美元。例如，通货膨胀可能降低美元的价值或购买力。第四，比较政策的直接与间接、现在与未来的成本与收益。如果收益大于成本，这个政策就是可取的；反之，这个政策就应该被否定，或设法发现更好的实施方式。

尽管成本-收益分析作为一种政策评估的工具，有着清晰有效的作用，但事实上，在运用过程中也会存在一些障碍。

首先，关于某一政策成本与效益的准确数据常常难以得到。例如，怎样估算清洁空气对身体健康的价值？空气的确是一种福利，可是这种福利怎样进行衡量？如果要以货币单位来估算这些价值太过困难。

其次，确定适当的折现率也不是一件容易的事情。它可以基于利率、通货膨胀率或资金的机会成本（资金如果用于私人投资而不是公共项目的回报率）等标准进行确定。尽管

---

① FREEMAN A M. Air and water pollution control：a benefit-cost assessment. New York：Wiley，1982.

② 折现率（discount rate）：是指将未来有限期内预期收益折算成现值的比率。折现率越高，收益现值越低。比如你年底能够拿到 100 元，假设折现率为 5%，那么现值为 100/1.05，当折现率为 6%时，现值为 100/1.06。

它十分重要，但至今也没有一个确定折现率的科学方法。低折现率保证了未来收益的价值，而高折现率则大大降低了它们的价值。一般来说，10%的折现率是一个习惯的提法。

再次，成本-收益分析基于这样一种假设，即效率如果不是唯一的，那也是政策主要需要实现的价值。评估行为的基础在于资源的使用是否提高了公共物品的总量。人们很少关注其他的选择性或竞争性价值，如公正、正义、人性尊严、个人自由及机会平等。但这些对于公众而言都很重要。国家的司法审判系统常被指责为缺少效率，实际上它们考虑更多的可能是公正审理与程序正义。

复次，在许多成本-收益分析中都会出现对个人生命赋值的问题。有些人持有这样的立场，认为生命是无价的，试图给生命定价就会将其贬低成一种商品。可是，诸如工业安全标准和高速公路限速规定等很多政策都对个人生命产生了影响。客观地考虑生命的价值是必要的。专栏中的案例① 展示了个人生命价值评估的一些替代方式。

专栏

个人生命的价值评估

下面是为成本-收益分析而设计的个人生命价值评估方法。

(1) 个人资本途径。有时这也叫作贴现未来收入。这一方法不带有伦理色彩，它认为个人价值取决于未来贴现，即他或她在职业生涯内能够在市场中获得的收入。某些分析者从收入中减去个人生活开支以得到净值。无疑，一个人收入越多，其生命价值就越大。

(2) 个人支付意愿。这可能是由对比方式决定的。对比危险职业的工资与相对安全职业的工资，以用来计算人的生命价值。例如，如果一项死亡风险高出 1/50 000 的工作在收入上多出 50 美元，那么可以得出生命的价值是 250 万美元。这种评估方法的不同之处在于通过调查确定出人们愿意付出多少以降低健康风险。然后根据调查反馈确定生命的货币价值。

(3) 法庭判例。法庭和陪审团对于造成生命损失的责任案件与玩忽职守案件的审判可以用来确定生命的价值。然而，必须引起注意的是，这些判例在赔偿数量上有很大差异。

(4) 个人评价。假定个人是自己利益的最好判断者，那么可以调查他们为了避免死亡愿意支付多少钱。换句话说，也可以向他们询问：你对付出自己的生命能够接受什么样的价钱。但是，这样的方式能否产生可用的信息是受到多方质疑的。

公路限速

“速度杀人”这一观点已经得到许多研究的支持，美国较早的速度管制发生在 20 世纪 20 年代至 30 年代。但全美 55 英里/小时的速度管制立法则是在 1974 年，直接原因当然是与石油危机引发的节能需要有关。其后，关于修改车速限制规定的呼声就一直没有

① 安德森. 公共决策. 唐亮，译. 北京：华夏出版社，1990：320.

中断过。评估工作随之展开。研究焦点集中于55英里/小时与65英里/小时这两种时速限制规定在车祸死亡中所耗费的成本。研究发现，基于55英里/小时的限速相对于65英里/小时的限速而言，只能减少不超过2%～3%的车祸死亡率。这个评估结论导致一些政策建议的产生，希望将费用更多用于汽车尾气检测和其他保障健康和安全的措施上，提高行车效率。政策建议发挥了作用。1987年开始，美国将州际乡村公路的速度限制放宽到65英里/小时。很快，近40个州都取消了55英里/小时的限速规定。

红绿灯的建立

设想你被选为你们镇委员会成员。镇里的工程师带着一份建议到你这里：本镇可以花1万美元在现在只有禁行标志的十字路口建立一个红绿灯。红绿灯的收益是增加安全。工程师根据类似十字路口的数据估算，在红绿灯使用期间可以使死于车祸的风险从1.6%减低到1.1%。你应该花钱修这个红绿灯吗?

为了回答这个问题，你又回到成本-收益分析。但你马上就遇到一个障碍：如果你要使成本与收益的比较有意义，就必须用同一种单位来衡量成本与收益。成本可以用美元衡量，但收益——拯救一个人生命的可能性——不能直接用货币来衡量。为了做出决策，你不得不用美元来评价人的生命。

开始，你可能得出结论，人的生命是无价的。毕竟，无论给你多少钱，你也不会自愿放弃你的生命或你所爱的人的生命。这表明，人的生命有无限的美元价值。

但是，对于成本-收益分析而言，这个回答产生了毫无意义的结果。如果我们真的认为人的生命是无价的，那么就应该在每一个街角处都安上红绿灯。同样应该要求每一个人都配有全套最新安全设备的大型车，而不驾驶没什么安全设备的小型车。但并不是每个路口都有红绿灯，而且，人们有时会选择购买没有防撞安全气囊或防抱死装置的小型汽车。无论在公共还是私人决策中，我们有时为了节约一些钱愿意用自己的生命来冒险。

一旦我们接受了一个人的生命有其隐含的美元价值的思想，我们如何确定这种价值是多少呢？有一种法院在判决过失致死赔偿案时所用的方法，这种方法是考察一个人如果活着能赚到的金钱的总量。经济学家经常批评这种方法：这种方法有一个意想不到的含义——退休者和残疾人的生命没有价值。

评价人的生命价值的一种较好的方法是，观察要给一个人多少钱他才自愿从事有生命危险的工作。例如，不同职业的死亡率是不同的。高楼大厦的建筑工人所面临的死亡风险就大大超过办公室的工作人员。通过比较职业风险、受教育程度和其他工资决定因素，经济学家可以得出人们对自己生命评价的某些含义。用这种方法研究的结论是，一个人生命的价值约为1 000万美元。

现在我们回到原来的例子，并答复工程师。红绿灯减少的车祸死亡风险为0.5%。因此，安装红绿灯的预期收益是5万美元（0.005×1 000万美元）。这种收益估算大于成本1万美元，所以，批准该项目。

最后，我们要注意到，成本-收益分析强调对社会的整体性影响。然而，正如我们所知道的那样，公共政策会分配有利条件与不利条件，或叫成本与收益。有时候那些付出成本的人通常不能从中获益，反之亦然。换句话说，政策具有重要的分配性功能。人们会更加关注谁从相关政策中获益，而并非政策的总成本是否超过总收益。

虽然上面罗列了成本-收益分析的种种问题，但并不妨碍成本-收益分析成为近半个世纪以来政府进行政策评估的一种实用工具。无论是否可以把所有的成本和收益转化为货币形式或者把成本-收益分析转化为一个决策规则，对于某一政策行为以及从事这些行为的个人和团体来说，对成本与收益进行细心的评估都是非常有益的。

7.3 政策评估步骤

政策评估是一项程序性工作，需要按步骤进行。尽管由于评估对象和评估类型的不同，政策评估的步骤不尽相同。但一般来讲，政策评估都需要经过计划与准备、组织与实施、总结与报告三个环节。

7.3.1 计划与准备

计划与准备是政策评估的基础性工作，是完成政策评估的前提条件。人们常说，打不好基础就盖不起高楼，评估工作何尝不是如此。缺少有效的计划与准备，政策评估就难以务实。计划与准备的主要任务可以归纳为下列几项：

（1）建立评估机构。机构设置是政策评估的组织保证，要根据评估的具体要求确定相应的组织规模和职位数量。

（2）挑选评估人员。政策评估是一项严肃的研究工作，对评估人员具有很高的素质要求。就体制内的运作而言，人员不仅要精心挑选，而且还要进行必要的培训。一旦工作内容有特殊要求，也可以通过政府雇员制加以解决。

（3）确定评估对象。评估对象的正确定位是政策评估的方向性工作。确定评估对象就是要选择评估什么政策或政策的哪部分内容。政策具有系统性和相关性特征，某种效果的产生往往掺杂了多项政策的共同作用和影响，要清晰地划定政策影响的边界并非是一件容易的事情。

（4）制订评估方案。评估方案的好与坏直接关系到评估工作质量的高低和评估活动的成败。制订评估方案主要涉及下列几项工作：确定评估主体（谁来评估），描述评估对象（评估什么），阐述评估目的（为什么评估），建立评估标准（根据什么评估），选择评估方法（怎样进行评估）。

（5）落实评估条件。主要包括评估的时空条件（场地、时间），经费筹措与使用，设备准备和人员要求，等等。

7.3.2 组织与实施

这是整个政策评估活动中最为重要的一个环节，从组织管理角度而言，其主要任务就是分解并下达评估任务，搞好人、财、物方面的资源配置，建立和健全有效的管理措施，做好工作进度安排，进行必要的协调工作等。从具体操作角度而言，其主要任务是：

(1) 全面收集信息。信息是进行政策评估的基础原料，信息不是万能的，但进行政策评估缺少相关信息却是万万不行的。评估的前期工作就是要努力收集有关评估对象的各种信息，掌握更多的原始材料。一般来讲，信息可以是主观印象，也可以是客观事实；可以是精确的数据，也可以是较为模糊和笼统的看法。信息的收集强调的是多角度、多侧面，尽可能做到全面、系统、准确、可靠。信息收集的常用方法有：现场观察、实际调查、资料查阅、个案分析、实验研究等。

(2) 加工整理信息。根据政策评估的要求对信息进行整理，需要关注六个方面：一是客观性，防止信息失实或带有“水分”。二是完整性，信息要素应齐全，结构完善。三是代表性，信息要表现平均水平或大多数人的状态。四是广泛性，信息的内容应覆盖面全，涉及范围广。五是深刻性，信息能够反映事物的本质特征。六是启发性，信息能够反映趋势变化。

(3) 评估政策效果。在加工整理的基础上对政策的执行效果进行描述、解释、分析和评估。描述是阐明来龙去脉，解释是说明原因和结果，分析是把握重点和难点，评估是说明政策影响。

(4) 提出评估结论。在评估的基础上做出总结，给出结论性意见并提出政策建议，即根据政策评估的结论，设法提出下一步的行动方案。政策建议可以是针对政策本身的，也可以是面向政策过程的；可以是针对政策目标的，也可以是针对政策手段的；可以是针对政策制定部门的，也可以是面向政策执行部门的。

7.3.3 总结与报告

最后一个环节是处理评估结果、撰写评估报告。之所以要撰写评估报告，要么是为了以规范的书面形式将评估结果公之于众，要么是为了直接提交政府有关部门或有关领导，要么是为了以书面报告形式换取相应的项目经费。评估报告作为评估阶段的最终产品，对政策的延续、调整或终结会产生直接的影响。其内容除了对政策效果进行客观陈述和价值分析外，还应包括政策建议，以及对评估过程、应用方法和一些重要问题所做的说明。

7.4 政策评估的障碍

7.4.1 政策目标的不确定性

政策制定是一项面向未来的活动，政策目标的确定不可避免地会带有一定的预测性。因此，现实生活中不乏那些原则性很强、目标非常笼统、缺乏可操作性的政策。不仅如此，政策目标往往不是单一的、集中的和兼容的，而是多个的、分散的和有一定冲突的。政策评估必须以政策目标为基础依据和必要前提，因此有时会面临很大的困惑。

7.4.2 政策影响的广泛性

一项政策的影响往往涉及社会生活的多个层面，其中有预期的影响，也有非预期的影响；有直接的影响，也有间接的影响；有即时的影响，也有长远的影响；有实质性影响，也有非实质性影响。在这些影响中，不仅有些因素难以测定或根本无法测定，而且各种影响因素也往往难以用同一个计量标准进行衡量，因此，给政策评估带来一定的障碍，同时也使一些人容易为自己的评估失误找到一些冠冕堂皇的理由。

7.4.3　政策资源的混合和相关政策的重叠

政策并不是孤立存在的，往往有多个政策在同一领域同时发挥着作用。这样就产生了两个问题，即政策资源的混合和相关政策的重叠。

政策资源的混合指的是投入不同政策的资源，彼此交织在一起，很难分清某项资源的支出究竟应该属于哪一个政策，或每项政策的总投入是多少。政策资源的混合使政策成本难以核定，而要测定某项政策的效益就更无从下手了。

政策的重叠指的是针对相同或相似的政策问题和政策目标群体，不同的机构或部门分别制定并执行各自的政策。各种不同的政策效果混杂在一起，很难将某项政策的实际效果从总体变化中提炼出来，有时，不同的政策之间缺乏协调，甚至相互干扰，使得区分政策效果的工作更难以进行。

7.4.4　政策问题的复杂性

政策一般都是针对某一政策问题发布和实施的，而政策问题往往牵涉非常复杂的因素，带有很大的不确定性。一个问题经常包含另一个问题，而其又可能是其他问题的一部分，问题之间关系交错，分析起来具有相当的难度，这就给政策评估工作带来很大的障碍。如行贿受贿问题、社会治安问题、环境保护问题、人口控制问题等。

7.4.5　政策主体及相关人员的抵制

政策评估必然涉及政策主体的行为评判，所以一定会受到来自政策主体的一定干扰。一些人会寻找各种各样的借口，通过多种不同的渠道，力图影响政策评估的结果。当政策评估的结果可能会出现对其不利的影响时，来自政策主体的反对之声可能非常强烈。没有人愿意别人对自己的行为品头论足。当然，他们可以找到很多的借口反对政策评估，正如托马斯·戴伊在《理解公共政策》一书中所指出的那样：

> 他们反对政策评估的理由可以归纳为以下几点：政策影响是一个长期过程（政策存在震荡效应），不能在当时就妄下断言；政策影响在本质上是广泛而普遍的，任何单一的标准都不足以判断政策目标是否真正实现；政策影响又是非常精细的，用简单概括的量化表格和统计数据根本无法认定它的结果；政策效果之所以不明显，主要因为投入的政策资源不够；政策的积极影响未被真正发现，是因为评估方法采用不当所致，绝非政策本身有问题；等等。

本章小结

本章主要介绍政策评估的相关知识。通过本章的学习，应了解政策评估的基本内容，认识政策评估的演进过程，理解政策评估的主要功能，区分政策评估的不同类型，熟悉政策评估的基本要素，掌握政策评估的一般标准和基本方法。

关键词

政策输出　政策影响　直接成本　间接成本　威尔逊法则　证实偏差　效益　政策效率　阿罗悖论　帕累托最优　卡尔多-希克斯标准　差别原则　无知之幕　合成谬误　漏桶原理　技术理性　经济理性　法律理性　社会理性　实质理性

思考题

1. 什么是政策评估？
2. 政策输出与政策影响有何不同？
3. 政策评估是如何演进的？
4. 政策评估包括哪些内容？
5. 为什么要进行政策评估？
6. 政策评估有哪些类型？
7. 政策评估包括哪些要素？
8. 政策评估有哪些标准？
9. 如何理解政策评估的公平性标准？
10. 政策评估有哪些方法？
11. 怎样用成本-收益法评估现行政策？
12. 政策评估会遇到哪些障碍？如何克服这些障碍？

第 8 章

政策终结

8.1 政策终结的含义

一台电脑被使用一段时间后，其运行速度会越来越慢，这多是由于未及时得到清理，垃圾文件越来越多所致。其实清理这些垃圾文件并不复杂，有很多软件可以利用，这些软件具有安全快速地扫描，查找无效的信息并清理，提高电脑运行速度的特点。虽然这里说的是电脑，但实际想比喻的是政策。垃圾政策的存在无疑会严重影响行政工作的运行效率，因此必须进行及时的清理。

国务院 2015 年 11 月 27 日印发《关于宣布失效一批国务院文件的决定》。《决定》指出，国务院从 2015 年起用三年时间，对新中国成立以来的国务院文件进行全面清理。目的在于进一步推进简政放权、放管结合、优化服务改革，促进大众创业、万众创新，激发市场活力和社会创造力，加快建设法治政府，维护国务院文件的权威性、严肃性。《决定》指出，经过前一阶段清理，国务院决定，对与现行法律法规不一致、已被新规定涵盖或替代、调整对象已消失、工作任务已完成或者适用期已过的 489 件国务院文件宣布失效。凡宣布失效的国务院文件，自《决定》印发之日起一律停止执行，不再作为行政管理的依据。《决定》要求，各地区各部门要充分认识文件清理工作的重要意义，对本地区本部门印发的文件抓紧进行全面清理，把简政放权、放管结合、优化服务改革推向纵深，加快政府职能转变，为创业创新营造良好环境，促进经济社会持续健康发展。

一般来说，通过政策清理，人们会发现有些政策目标已经实现，问题已经解决，政策已经达到预期的效果，完成了自己的使命，已经完全没有必要继续存在；还有一些政策则完全背离了既定的目标，被实践证明是完全失败的、多余的或无效的，根本不能解决它所面对的政策问题。另有一些政策，由于适用的社会环境已发生很大变化，已经变得陈旧和过时。这些政策如果继续执行下去，不仅会浪费宝贵的政策资源，而且还会贻误解决问题的有利时机或引起其他问题。所以，这些政策都应及时终结，尽早使其退出社会和历史舞台，或由新的政策加以取代。

当初一些政府规章、条例出台的时候，往往习惯性地冠以“暂行”字样，但这一“暂行”很可能无限期“暂行”下去。如“火车撞死人最高只赔300元”的“暂行规定”，从1979年一直“暂行”到2007年，时过境迁，条件改变，救济300元最后几乎等于“撞了也白撞”；再如，我国1960年制定的《防暑降温措施暂行办法》一下“暂行”了52年，当高温渐渐成为一种“常态”，这部有关高温劳动保护方面的唯一规定实际已无法维护劳动者的自身权益；又如，制定于1951年的《城市户口管理暂行条例》，拖延至2004年才被公安部明文废止，“暂行”长达53年。全国上下类似这种“将就着用”的陈年旧规还真有不少。尽管国务院已多次开展对一些过时法规的大规模清理工作，但由于新法和旧法在“立、改、废”等各个环节上存在的问题，以及与地方利益出现的一些冲突，致使政策清理工作难以做到完全彻底。

所谓暂行规定，从字面上的意思来理解，无非是指囿于某种条件，在某个特定阶段或时期，不宜制定正式规定来管理某种社会活动，而代之以暂行规定。如此看来，一旦条件发生变化，就应该修正或废止这类暂行规定。所以，暂行规定的暂行时间不宜过长，否则就没有必要用“暂行”二字。暂行规定不“暂行”，不符合变化了的实际，这类规定的存在不仅没有实际价值，而且会制约甚至阻碍社会经济的发展，从而引起人民群众的强烈不满，严重损害政府机关的形象，影响政策的权威性。所以，凡是出台涉及公民权利、义务的规范性文件，应该规定一个相对明确的实施期限。这样，一些暂行法规就不能再找各种借口无限期暂行下去了。

8.1.1 什么是政策终结

“终结”一词，人们在生活中常用，它一般是指某一活动或某一事物在时间和空间上的终止或结束。世上万事万物都有其生命过程，都会经历从无到有、从小到大、从兴盛到衰亡、从开始到结束这样一个发展过程。没有一劳永逸的事情，终结现象的产生是一种必然，它符合事物运动和发展的规律。

政策终结指的是在公共政策领域里发生的终结现象。它与一般意义上的终结有一定的区别，即政策终结不是一种自然形成的现象，而是一种人们的主动性行为，是人们在政策执行过程中发现问题并予以纠正，旨在提高政策绩效的政策行为。

从政策过程的角度来看，政策终结往往发生在政策评估之后，一般是针对以下四种情况：一是已经实现了政策的既定目标（完成了自己的历史使命）；二是发现政策背离了既定目标（可能是完全失败的，政策执行得越好，离目标可能越远）；三是发现政策完全是多余的或无效的（有它没它可能一个样，政策完全成了一种摆设）；四是发现政策的实施引发了更为严重的问题（不合理的地方太多，负面作用太大，为治小病而致大病，不是良药而是毒药）。

政策终结的概念可以这样来表述：政策终结是指政策制定者经政策评估后，发现一些政策已经过时、多余、失效，或引发了重大的不良后果，采取必要措施予以终止的行为。为了更好地理解“政策终结”一词的基本含义，下面试举几例，以勾勒它的基本轮廓。

废止《中华人民共和国私营企业暂行条例》

根据第 698 号中华人民共和国国务院令，《中华人民共和国私营企业暂行条例》被废止。

《中华人民共和国私营企业暂行条例》自 1988 年颁布实施以来已经接近 30 年，其立法的背景和实施的环境早已发生了根本性的改变，更重要的是该条例的相应规定很多都已过时，且与其后出台的很多法律相矛盾、相冲突，尤其是《公司法》《合伙企业法》《个人独资企业法》相继单独立法并颁布施行后，《私营企业暂行条例》失去了存在的根基。因此，及时废止该条例是必然的选择。尤其是不能任“暂行”条例无限期地暂行下去，以确保立法的科学性和严肃性。

取消手机漫游费

十二届全国人大五次会议于 2017 年 3 月 5 日上午开幕，国务院总理李克强向大会做了政府工作报告。他在 2017 年重点工作任务部署中提道，在互联网时代，各领域发展都需要速度更快、成本更低的信息网络。2017 年网络提速降费要迈出更大步伐，年内全部取消手机国内长途和漫游费，大幅降低中小企业互联网专线接入资费，降低国际长途电话费，推动“互联网+”深入发展、促进数字经济加快成长，让企业广泛受益、群众普遍受惠。中国移动、中国电信、中国联通三大运营商自 2017 年 9 月 1 日起全面取消了手机国内长途和漫游费（不含港澳台），2018 年 7 月 1 日起取消流量“漫游”费，手机用户省内流量升级为国内流量（不含港澳台）。

北京限改禁

在春节燃放烟花爆竹是中国人庆祝佳节的重要文化符号。它跟春联、年画、秧歌、饺子、汤圆一样，是中国人记忆里生动的生活场景和温暖细节。但随着时代的发展和人们对生活要求的变化，北京的烟花爆竹销量逐年减少，不放或少放烟花爆竹成为首都市民的“新风尚”。为消除春节期间燃放烟花爆竹对空气质量和公共安全的不利影响，满足人民群众对改善环境质量的共同期待，2017 年 12 月 1 日，北京市第十四届人大常委会第四十二次会议表决通过了《关于修改〈北京市烟花爆竹安全管理规定〉的决定》，“收紧”了烟花爆竹燃放政策：在五环路内实施全面禁放；五环路以外，由区政府划定禁止、限制燃放区域。空气重污染橙色和红色预警期间，全市范围内禁止销售、燃放烟花爆竹。

高校自主招生退出历史舞台

近年来，高校自主招生面临一些新挑战和新问题，包括招生学科过于宽泛、重点不集中、招生与培养衔接不够、个别高校考核评价不够科学规范、个别考生提供不真实的学科特长材料等，必须通过进一步深化改革，着力加以解决。教育部在深入调研和总结高校自主招生和上海等地高考综合改革试点经验的基础上，于 2020 年 1 月出台了《关于在部分高校开展基础学科招生改革试点工作的意见》，聚焦国家重大战略需求，积极探索多维度考核评价模式，着力解决自主招生中的突出问题，逐步建立起基础学科拔尖创新人才选拔培养的有效机制。2020 年起，原有高校自主招生方式不再使用。

国务院废止《卖淫嫖娼人员收容教育办法》等10部行政法规

2020年3月27日国务院总理李克强签署国务院令，公布《国务院关于修改和废止部分行政法规的决定》。此次共有7部行政法规的部分条款被修改，10部行政法规被废止。这10部行政法规有的是制定年代较为久远，属于阶段性工作、在实践中已经不再适用或者与相关法律法规存在冲突；有的是已经被上位法废止或者上位法依据已被废止；有的是已被其他法律规定所取代。国务院决定废止的行政法规包括《卖淫嫖娼人员收容教育办法》。《办法》曾明确，收容教育是指对卖淫嫖娼人员集中进行法律教育和道德教育，组织参加生产劳动以及进行性病检查、治疗的行政强制教育措施。收容教育制度实施20多年来，对于教育和挽救卖淫嫖娼人员，维护良好的社会风气和社会治安秩序发挥了重要作用。随着全面依法治国的深入推进和法律体系的不断完善，以及《治安管理处罚法》与《刑法》的有效衔接、法律责任的进一步完备，收容教育措施在实践中已经较少适用，收容教育制度的历史作用已经完成，废止它是以法治思维和法治方式加强社会管理的重要体现。

史上最严交规不该没有下文

2012年9月12日，公安部部长孟建柱签署中华人民共和国公安部第123号令：修订后的《机动车驾驶证申领和使用规定》已经由2012年8月21日公安部部长办公会议通过，现予以发布，自2013年1月1日起施行。该规定以其对违章驾驶员的严厉惩罚而被人们称为“史上最严交规”。然而，《规定》正式施行不久，其中的“闯黄灯”罚则便成为大众争议的焦点，实际执行中更多看到的是它的“不靠谱”。2013年1月6日公安部交管局专门下发通知，表示对目前违反黄灯信号的，暂不予以处罚。“闯黄灯”罚则因质疑的舆论呼声过高而被迫叫停，表现了政府顺应民意、做出调整的求实态度，但发现法规中有问题不是光暂停就完了的事情，还需要进行修改完善后再重新公布，不能一暂时叫停就没有下文，这样的结果会引起民众的误解，也会使我们的法规失去权威性。

8.1.2 政策终结的作用

政策终结往往会涉及两方面的内容：一是宣告了旧政策的结束；二是预示着新政策的启动。

旧政策的结束就意味着原有政策活动的停止，相关期望和利益的转移，规则和措施的取消，有关机构的裁减或撤销，相关人员的分配与安置，等等。而新政策的启动则意味着新的期望和利益的建立，新规则和措施的实施，机构组织的更新与创建，相关人员的选择与安排。

政策终结既是结束，同时也是开始，在政策的周期循环中担负着承上启下、开拓未来的关键任务，是政策过程中不可或缺的一个环节。

从政策终结的结果来看，其作用突出表现在以下三个方面：

（1）有利于节省政策资源。众所周知，对任何政府而言，政策资源都是十分有限的。执行一项本不该继续执行下去的政策，政府付出的不仅是实际成本，而且有机会成本。毛泽东同志曾经讲过，“贪污和浪费是极大的犯罪”。如果政府浪费政策资源，明知不可为、不能为而为之，那在老百姓看来就是一种犯罪行为。

(2) 有利于提高政策效率。有时，问题出就出在我们的政策不是太少了而是太多了，规制冲突，政策打架，有利益的事争着伸手，都要去管，没有利益的事都躲得远远的，谁也不去管，导致政策效率低下。俗话说，“一马勺坏一锅”，不终结那些失败或失效的政策，就会给其他政策的执行带来负面影响，破坏政策执行的整个大环境。

(3) 有利于政策过程的优化和政策质量的提高。政策制定是面向未来的活动，而未来会出现许多意想不到的因素。没有不犯错误的政府，也没有一劳永逸的政策。所以，建立有效的政策评估和终结机制，有利于及时地发现问题，纠正错误，总结经验，吸取教训。这对政策过程各个环节的工作改善和公共政策内容质量的提高都是非常有益的。

8.1.3 政策终结的类型

早期的政策终结研究者对终结进行了不同的分类，丹尼尔斯（Mark R. Daniels）在《公共项目的终结》（1997）一书中对美国政策终结研究的发展进行了回顾。他认为，政策终结的类型有两种：一是自然型，即政策自然老化，效力逐渐减弱；二是博弈型，即遭遇强烈抵制，需要进行力量博弈，这一过程不但需要运用终结的各种策略，而且需要强有力的终结执行者，相比前者，后者会遭遇更多的困难和考验。

而巴达克（Eugene Bardach）则根据终结行为持续的时间不同将政策终结划分为突然暴发型、逐渐衰退型和力量博弈型三种类型。下面结合中国政策实践加以说明。

1. 突然暴发型：孙志刚事件与收容遣送办法的废除

2003 年 3 月 17 日晚 10 时许，刚刚在一个月前（2 月 24 日）受聘于广州某公司的武汉科技学院艺术设计专业 2001 届毕业生孙志刚外出上网，途遇天河区黄村街派出所民警检查身份证，因未带身份证，被作为“三无”人员带回派出所。或许是出于一个受大学精神熏陶的知识分子头脑中固有的法律自由意识，孙志刚的顶撞惹怒了当事警官，所以在孙的同学成先生闻讯赶到派出所并出示孙的身份证后，孙志刚仍未被释放，反而在 3 月 18 日，孙被作为“三无”人员送往收容遣送站。当晚，孙因“身体不适”被转往广州市收容人员救治站。20 日凌晨 1 时多，孙遭同病房的 8 名被收治人员两度轮番殴打，于当日上午 10 时 20 分死亡。救治站死亡证明书上称其死因是“心脏病”。4 月 18 日，中山大学中山医学院法医鉴定中心出具尸检检验鉴定书，结果表明，孙死前 72 小时曾遭毒打。4 月 25 日，《南方都市报》以《被收容者孙志刚之死》为题，首次披露了孙志刚惨死事件。次日，全国各大媒体纷纷转载此文，并开始追踪报道。5 月 14 日，三位法学博士以中国公民的名义，向全国人大常委会上书，建议对《城市流浪乞讨人员收容遣送办法》进行违宪审查。5 月 23 日，北京大学 5 位法律学者，以中国公民的名义，联名致信全国人大常委会，建议就孙志刚案成立特别调查组，同时对收容遣送制度提请启动特别调查程序。

同年 6 月 18 日，国务院第 12 次常务会议通过决议，废止 1982 年 5 月 12 日由国务院发布的《城市流浪乞讨人员收容遣送办法》。

2. 逐渐衰退型：投机倒把罪退出历史舞台

《投机倒把行政处罚暂行条例》由国务院 1987 年发布，主要针对以牟取非法利润为目的，违反国家金融、外汇、金银、工商管理法规，非法从事工商业活动，扰乱市场，破坏社会主义经济秩序的行为。

经历过计划经济时代的人几乎没有不知道“投机倒把”这个词的。在那个物资匮乏的年代，“投机倒把”曾被视为一种严重扰乱市场秩序，比“挖社会主义墙脚”还恶劣的行径。许多人因此获罪。可以说，投机倒把罪是为计划经济而生的，比如低价买进高价卖出、提供劳务收取报酬、买卖国家专营的或限制流通的或凭计划买卖的商品和物资等等都是投机倒把的主要表现形式。改革开放之后，我国的经济体制已从单一的计划经济体制过渡到市场经济体制，因此，具有强烈的计划经济色彩、单纯为保障计划经济体制服务的投机倒把罪不再适应社会经济生活，从概念界定到主要内容都已时过境迁，失去了继续存在的土壤和条件，到了画上句号的时候。

1997 年《刑法》修订取消了投机倒把罪。尽管如此，对投机倒把的处罚仍在行政领域执行。2005 年 9 月，“月球大使馆”在工商部门注册，注册人李捷声称拥有月球，并开始售卖月球土地。次月，北京月球村航天科技发展有限公司就被北京市工商行政管理局以涉嫌投机倒把为由叫停，这是投机倒把处罚最后一次在行政领域里出现。2008 年 1 月《国务院关于废止部分行政法规的决定》出台，92 件行政法规被废止或宣布失效，《投机倒把行政处罚暂行条例》在列。国务院宣布其失效的理由是：调整对象已消失，实际上已经失效。

专栏

北京市工商行政管理局处罚“月球大使馆”案

1980 年 11 月 22 日，美国人丹尼斯·霍普向联合国、美国、苏联发布《所有权声明》，声称月球及水星、金星、火星、木星、土星、天王星、海王星、冥王星等八大行星及相应卫星归其所有，上述星球的矿藏、水、石油及液体也归其所有。同日，丹尼斯·霍普就其主张向美国旧金山土地管理部门备案，交纳相关费用，并在美国内华达州建立了月球大使馆总部及银河系政府，自称月球头人及银河系政府执行官。而后，其在中国设立了月球大使馆，指定李会民为月球大使馆大中华区大使，以北京月球村航天科技发展有限公司的名义对外销售。2005 年 9 月 5 日及 10 月 5 日，北京月球村航天科技发展有限公司首席执行官李捷（身份证用名：李会民）以每英亩 2 美元的价格从美国人丹尼斯·霍普处购进月球土地 7 110.32 英亩，金星及火星土地各 2 000 英亩，付款 22 220.64 美元，另付许可费 4 166.68 美元，共计 26 387.32 美元（折合人民币 214 030 元）。2005 年 9 月 29 日，该公司印制月球土地所有权证 3 000 册；自 10 月 14 日至 28 日，该公司以每英亩人民币 298 元价格，共向 33 个人售出 48 英亩月球土地，销售款计人民币 14 304 元。上述销售月球土地的经营活动引起了社会公众和新闻媒体的强烈关注。2005 年 10 月 14 日，朝阳工商分局对北京月球村航天科技发展有限公司销售月球土地情况进行了检查。依据《工商行政管理机关行政处罚程序暂行规定》于 2005 年 10 月 14 日予以立案调查，至 2005 年 11 月 16 日调查终结。经北京市工商行政管理局认定，当事人的行为违反了《投机倒把行政处罚暂行条例》，属于扰乱社会主义经济秩序的投机倒把行为。

3. 力量博弈型：取消一般公务用车的破冰之举

公车私用普遍，超编超标屡禁不止，成为公共财政的包袱，也是滋生腐败的温床。我国从1979年开始，就陆续出台关于领导干部用车的规定。1998年国家体改委正式提出公车改革计划。此后，各地改革之声不断，改革举措频出，但遭到既得利益集团的有力抵触和有效化解，改革未见明显成效，公车数量日益泛滥，“越改越多、越改越乱”成为不争的事实。改革试点或无疾而终，或成为“半拉子工程”，甚至出现“补贴照拿、公车照坐”的局面，车改成了变相增加福利的游戏，严重挫伤公车改革的公信力。

国内公车改革遭遇博弈困境，最大的问题还是没有下决心取消公车。为此，地方上有呼声，希望进行顶层设计，国家统一出台公车改革办法，以协调推动全国的改革。2013年11月18日，《党政机关厉行节约反对浪费条例》公布。中共中央用党内法规的方式倡导节约、反对浪费，为的是更好释放制度的刚性约束力。《条例》对社会公众关注强烈的“三公”消费等问题做出了全面规范。其中更引人注目的是，《条例》对公车改革提出了明确的方向。《条例》指出，坚持社会化、市场化方向改革公务用车制度，改革公务用车实物配给方式，取消一般公务用车，保留必要的执法执勤、机要通信、应急和特种专业技术用车及按规定配备的其他车辆，普通公务出行实行社会化提供，适度发放公务交通补贴。同样一次公务出行，用公车的综合成本，可能是用私家车或乘用出租车的数倍甚至数十倍。一点交通补贴，很自然地完成了公务活动的市场化承载，从总体上会大大节约成本、提高工作效率。因而，这次取消一般公务用车意义就在于，能够契合社会心理，最大限度地减少浪费，更好地发挥社会和市场两个方面的积极性。

8.2 政策终结的对象与形式

8.2.1 政策终结的对象

根据政策终结目标的不同，可将政策终结对象划分为权力责任、政策功能、组织机构、政策自身与政策项目。

1. 权力责任

政策执行首先表现为权力的履行和责任的承担，而政策终结则预示着相应权力的丧失和相关责任的放弃。众所周知，权力的行使必然牵扯到利益关系。就政策执行机构而言，那些与政策有着切身利害关系的人，对自有权力的消失和相关利益的受损会产生强烈的心理抵触。这个问题一旦处理不好，政策终结就会遇到很大的障碍。

2. 政策功能

政策功能主要表现为政策执行机构所提供的服务或管制。政策终结则预示着相应服务的停止或相关管制的撤销。从撤销管制角度而言，说明政府在给社会松绑，当然会有良性的社会心理反应。政府放弃一些紧箍咒，老百姓当然举双手赞成。但从停止服务角度而言，势必会使目标群体的一些既得利益受到损失，因此可能遭遇一定程度的社会心理抵抗。

政策功能可以超越组织和政策。许多机构和政策可以服务于同一项政策功能。政策功能终结的成功往往需要付出巨大的政治努力。因为功能终结一旦危及团体经济利益时，团体就会产生空前的凝聚力，借助于组织的力量从各方面向政府部门施加压力，甚至会采取一些非正常或非法的途径，如抗议或行贿等行为以阻止功能终结。一般来说，政治体系为规模大的、组织性好的、资金充裕的、社会活跃度高的组织提供与政府官员沟通的良好机会和有效渠道，同时，很少为规模小的、组织性差的、资金缺少的、社会活跃度低的组织提供机会和渠道。

3. 组织机构

毫无疑问，政策执行活动是组织活动，必须通过一定的组织机构来完成。而政策终结通常会伴随相关组织的缩减或撤销。有些组织机构是为执行某项政策专门设立的，伴随政策的终结，这类组织机构当然没有继续存在下去的必要。而另一些组织，由于同时承担多种政策的执行职能，某项政策的终结并不足以导致组织的撤销，往往只是对其规模、经费等方面构成影响。很多时候，某项政策的功能并不是由一个机构单独承担，而是要由许多不同的机构共同承担。所以，政策终结还必须重新审视组织的结构并做好组织的协调工作。

4. 政策自身

政策的终结会比组织的终结更加容易。在最初的设计中，组织就被赋予了持久性特征。无数证据显示，组织的合并、拆分和变革往往比彻底终结更常见。组织可能在政策终结中保留下来。组织更加倾向于终结其政策和项目，而非组织本身。政策比组织有更少的政治联盟。一般来说，政策出台往往是为了解决某一具体问题，其目标较为单一，而组织的目标则更加多样化，因此政策的评估相对容易。大部分的政策都会遭到批评和指责，对其支撑理论和基本方法的认识也会随时间的推移有所改变。

5. 政策项目

根据美国项目管理协会（Project Management Institute，PMI）的说法，项目是一种被承办的、旨在创造某种独特产品或服务的临时性努力。项目的参数一般包括项目的范围、质量、成本、时间、资源。在政策领域，项目一般是指为执行政策而采取的措施。比如，可以通过减税和增加基础设施投资的方法来扩大就业，停止减税措施不代表终结就业政策。尽管也具有一定的争议性，但项目终结相对来说还是比较容易进行的。一方面，项目往往与实际问题联系得更紧密，其结果也更容易被测量，就此达成共识的可能性更大。当然，如果能够同时提出替代项目，项目的终结可能会更容易进行。

总而言之，政策终结是一项重大的政策行动，甚至可以说是一种革命性的行动。这不是件容易的事情，有时需要付出一定的代价。无论是权责和功能的终结，还是机构和项目的终结，往往都会导致一些现状的改变，自然会涉及利益的重新分配。因此，政策终结不可避免地会遇到来自方方面面的阻碍。

8.2.2 政策终结的形式

政策内容决定了其影响，政策特征决定了其功能。政策的变动往往涉及一系列因素，可能会引起很大的社会震动，所以政策终结的实现更多的时候并不需要采取激变的、大刀阔斧的、完全彻底的变革形式，而是多采用那种渐进的、连续的、不断渗透的、由点及面的变革方式。

彼得·德利昂（Peter De Leon）与加里·布鲁尔（Garry Brewer）在两人合著的《政策分析的基础》（1983）一书中，根据政策终结的程度，将政策终结划分为完全终结和部分终结。他们详细阐释了五种部分终结的类型：（1）代替型。这是用能够满足同样要求的新内容来代替陈旧内容的类型。一般以革新的结果出现，是重新更换低效的技术和程序的类型。（2）合并型。这正像在企业领域中为追求规模经济和有效控制而经常进行的企业合并和企业集中化一样，因整合政策或项目而部分地终结的类型。（3）分离型。这是把原来的政策划分为几种，从而用重新调整政策受益集团来弱化抵制，以此来达到逐渐终结的类型。（4）渐减型。这是在美国那样稳定的政治体制下最普遍的类型，是通过缩减预算或项目调整的方式逐渐重新组成政策和制度，从而达到终结的形态。（5）断绝型。这是用新的政策来代替旧的政策，在其目标和需要也发生变化的过程中达到终结的类型。

结合我国政策实践，可以把政策终结的形式总结归纳为以下六种：

1. 政策废止

政策废止是指彻底结束旧的政策，完全取消其相关功能，即完全终结。政府会根据政治、经济和社会经济形势的发展变化，不定期地清理、废止一些不合时宜、过时了的政策，如国务院于2011年、2012年、2013年、2014年公布的四个废止和修改部分行政法规的法令。

2. 政策替代

政策替代是指用新政策替代旧政策，但所面对的政策问题和政策目标基本没有改变。新的政策往往是在方式方法和操作程序方面做了较大变动，其目的是更好地解决旧的政策没有解决好或根本解决不了的问题，以满足目标群体的政策需求，实现原定的政策目标。

3. 政策合并

政策合并是指旧的政策虽被终止，但其要实现的功能并没有被取消，而是将其合并到其他的政策内容中去。政策合并一般分为两种情况：一是将终止的政策内容合并到一项现有政策当中，作为现有政策的一部分。比如《北京市外地来京务工经商人员管理条例》2005年3月被废止，《条例》中尚需执行的部分内容由相关的规章取代，《条例》中尚在执行的外地来京人员的户籍管理、租赁房屋治安管理、计划生育管理方面的内容，其管理措施可以通过《北京市外地来京人员户籍管理规定》《北京市外地来京人员租赁房屋治安管理规定》《北京市外地来京人员计划生育管理规定》三个市政府规章来加以解决。二是把两项或两项以上被终止的政策合并为一项新的政策。如教育部制定的全国普通高等院校统一缴费上学的规定就是由原有的公费和自费上学的规定合并而成的。根据效率原则，能够合并的事项应该坚决合并，能够一起完成的任务决不分散去做。因此，政策合并被认为是提高政策效率的有效途径。

4. 政策分解

政策分解是指将旧政策的内容按照一定的规则分解成几部分，每一部分独自形成一项新的政策。分解作为政策终结的方式之一，虽然从形式上终结了原有的政策，但其实质性内容却通过各个新的政策的形成而保留了下来。当原有政策由于内容繁杂、目标众多而影响政策效果时，分解不失为一个有效的方式。比如我国传统的社会保障是一种单一型的"就业保障"或称"单位保障"，主要是通过单位办社会的形式来实现干部、职工的社会保险和福利。这种计划体制下的产物无法适应改革后的新形势。为此，国家有关部门按照保障内容的不同，将原有的政策按类分解，建立了养老保险、失业保险、工伤保险、医疗保险、生育保险等多项保障措施。政策目标是变单位保障为社会保障，解决单位办社会的问题，逐渐转变人们的办事观念，从求组织解决到找社会办理，有效提高政策执行效率，更好地实现政策目标。

5. 政策缩减

政策缩减是指采用渐进的方式，一步步对政策进行终结，其目的是有效缓解因政策终结所带来的巨大冲击，逐步协调好各方面的关系，比较稳妥地实施终结，减少那些不必要的损失。一般来说，缩减往往通过逐步减少对政策的投入、逐渐缩小政策的实施范围、放松对执行标准的控制等措施加以实施。比如我国的户籍制度改革就体现了缩减的政策终结形式，中小城市放开，特大城市慎行，一步步减少户籍制度对社会生活和经济领域的影响。再如我国生育政策从只生一个，到"单独二孩"，再到"全面二孩"的逐渐变化亦是如此。

6. 政策法律化

政策法律化是另一种意义上的政策终结。

现代社会离不开政策与法律，二者皆为有关公共事务管理的规范与准则。但是，它们虽有共同的属性，也有明显的不同。从广义的公共政策角度而言，法律是公共政策系统的有机组成部分，是公共政策的一种特殊表现形式，公共政策应当包括法律。然而从狭义上看，公共政策则与法律相对，公共政策与法律虽越来越多地表现出强烈的渗透性，但还是应该有所区别。

所谓政策法律化（也称政策立法）是从狭义的公共政策概念出发，国家有关机构把一些经过实践检验的、比较成熟和稳定的、能够在较长时间内发挥作用的政策性内容上升为国家的法律、法规，赋予这些政策内容相应的法律效力，并得到国家强制力的保障。

（1）政策法律化的基本条件。

1）对全局有重大影响的政策可以上升为法律，使之纳入法制轨道，以更好地保障其作用的实现。

2）具有长期稳定性的政策可以上升为法律。法律是稳定、严肃和具有权威性的，不可能朝令夕改。

3）只有比较成功的政策才能上升为法律。一般性政策较之法律对客观需要的反应更为灵敏，具有一定的伸缩性和灵活性。而法律是刚性的，并不具备弹性特征。所以在立法条件尚不成熟时，不应把那些不成熟的政策纳入立法轨道。一般性政策在执行中经不断修正与完善，被实践证明是行之有效的时候，就具备了上升为法律的条件。

总之，政策转变为法律是客观现实的需要，政策法律化必须具备全局、稳定、成熟和必要等要件，社会生活的复杂多变要求将具备一定条件的政策上升为法律。只有这样，才能更好地促进社会法制的完善。

(2) 政策法律化的形式要求。

政策法律化无疑是一种立法活动，需要遵循立法程序。其立法主体一是享有国家立法权的立法机关，二是享有委托立法权的行政机关。公共政策法律化具有形式方面的要求。公共政策的表现形式多种多样，除法律规章外还有行政命令、政府首脑的文章或讲话和指示以及国家行动计划与项目等，其中包括规范形式也包括非规范形式。而法律的表现形式则比较单一，主要是以规范性文件形式存在。由此可见，法律对形式的要求明显高于政策。这决定了公共政策在向法律转化的过程中，必须进行从非规范到规范的形式转变，而这明显受制于立法水平的高低。立法技术的发展程度无疑会对公共政策的法律化构成非常重要的影响。

(3) 法律局限性的制约。

法律至上是法治社会的首要特征，但是法律却并非万能而是有限的。“所谓法律的局限性，指法律基于其防范人性弱点工具的特质在取得其积极价值之同时不可避免地要付出的代价，是法律由于其技术上的特点不能完善地实现其目的的情况。”① 概括而言，法律的局限主要表现在以下六个方面：

1) 法律具有天生保守的倾向和难以应变的弊端；

2) 法律无法全面涵盖和适应已经存在或即将发生的社会现象；

3) 法律语言的拙劣导致自由裁量范围的扩大化；

4) 法律总是存在从管理走向强制、从控制走向压制的潜在危险；

5) 法律执行的成本问题；

6) 法律的实现总要受制于一定的外部条件。

法律的局限性无疑会制约政策的法律化。在政策法律化的进程中，应当合理区分政策和法律的界限，给政策留出应有的存在空间。法律是法治社会主要的而非唯一的治理手段，法律的局限性需要依靠政策等治理手段予以补充，政策在符号性、灵活性、即时性、具体性等方面明显与法律不同，从而可以在某种程度上填补法律留给社会的空白。在法治社会中，政策不能取代法律，但法律同样不能取代政策。

(4) 泛法治主义的批判。

崇尚法治并不等于迷信法律、唯法是治，法治传统的缺乏易导致法治建设中的泛法治主义。所谓泛法治主义，即无限夸大法治的作用，无视法律自身的缺陷而引起的法治局限性，其隐含观念为“法律万能化”。它掩盖法治缺陷以及法律局限性，违背法律信仰的本质，并视法律为纯粹的治理工具从而忽视法治的追求目标。② 立法是法治的起点，也是泛法治主义泛滥的源头。政策法律化的实质就是立法，由于受泛法治主义影响，它很容易犯极端化的毛病。法律的力量，绝非在于它无所不管或无所不能，而是在于它能固守自己的特有阵地，恪守自己的本分，不越“雷池”半步。法网恢恢，讲求的是疏而不漏，而不是对法律的“迷信”。寄希望法律包管一切社会事务，会导致法律法规过多过滥，甚至侵犯公民的自由和权利。如此管理，过犹不及，法治的作用将难以发挥。

---

① 徐国栋. 民法基本原则解释：成文法局限性之克服. 增订本. 北京：中国政法大学出版社，2001：176.

② 肖丹颖. 对泛法治主义之思考. 经济与社会发展，2005 (10).

相信法律能解决一切问题，这种迷信极易导致简单化的社会治理策略：一件事发生后，媒体的时评往往会以“亟待立法”收笔。同时，公共管理者也会以“相关立法即将启动”，来消释公众的质疑与不满情绪。法律，本来只是众多社会规范中的一种形式，一下子似乎成了一剂包治百病的万能汤药。但是，法治真有这般“包打天下”的本领吗？

当然不是。从根本上说，法治比起人治之所以更有效，其基本的出发点就在于法治的理性精神：当人治的“长臂”无所不及时，法治因其明确性和强制性，却能坚守自己特有的阵地，既绝不放弃自己的一针一线，也绝不僭越别人的一草一木。所谓“雷池”，正是法律的生命线所在，法治正是靠着这份克制与坚守，才获得了它的生命力。民众相信法制，首先因为它是理性的。也就是说，法制调整范围的有限，最终成就了法治社会功能的无限。所谓“法网恢恢，疏而不漏”，并非要“法网层层，密不透风”，说的正是这个道理。

古今之事，管理成败，最重要的教训之一是：法律本身不是万能的，社会生活中许许多多的问题，最终的解决不能单纯依靠法律，至少不能单纯指望法律。在许多情况下，社会矛盾本身及其解决的关键来自政治、经济、文化等多个层面。法律天平如果没有这些砝码，纵使立法者能够舍身而上，穷其所有，天平也是难以扳平的。

不客气地说，“法律迷信”其实不是对法治的真正崇仰，而是对法治基本精神的背离。世界法治史证明，法律迷信的后遗症，就是法治被贴上“不可理喻”的标签。立法也好，执法或司法也罢，如果不去探求社会矛盾的更深层次原因，只把法律本身当作解决一切问题的“万能钥匙”，那么，法治必不能承受如此之重负，由此它还将接受随之而来的千万次诘难。

我们有必要保持这样的理性：法律绝对是非常重要的，因此我们应为此而不遗余力。但是我们也要认识到法律绝对不是万能的，因此我们要保持适度克制。无论如何，对于法治的信仰不能被曲解为“法律迷信”，否则，法律就可能从社会的公器变为公民的桎梏，法治的权威也会因此而蒙受重创。

专栏

规制不可迷信：红绿灯的启示

美国一个小镇的镇议会正在考虑是否取消小镇街道的红绿灯，原因是红绿灯增加了交通事故发生的概率。小镇上人少车少，有时半天来不了一辆车，久而久之，红绿灯对行人的警示作用越来越淡。司机也是如此，停在路口半天也不见一个人路过，因而闯红灯之事也就时有发生。如果没有红绿灯装置，行人过马路时，总得瞻前顾后、左顾右盼，而有了红绿灯，人们反而放松了警惕，一见绿灯低头就过。司机也如此，没有红绿灯时要经过路口一定会减速鸣笛，有了红绿灯装置，一见绿灯就呼啸而过。万一有个闯红灯的人，或闯红灯之车，悲剧也就随之发生了。在交通管理中，人的生命安全是第一目标。安装红绿灯好还是取消红绿灯好？判定的标准只有一个，即哪种方式更有利于人身安全。既然安装红绿灯增加了交通事故，那就当然应该取消。由此引申出一个制度设计和制度选择的问题：是要最先进的，还是要最合适的？

8.3　政策终结的障碍与措施

8.3.1　政策终结的障碍

彼得・德利昂提出了一个关于政策终结障碍的理论框架（termination obstacles framework）。它包括六种障碍：（1）心理上的抵触；（2）机构的持续性；（3）机构的动态适应性；（4）反终结的联盟；（5）法律程序上的障碍；（6）高昂的终结成本。

1. 心理上的抵触

“那些与政策相关的人员都愿意看到政策继续存在下去，却很少有人喜欢听到计划失败或计划改变。”这种心理上的抵触往往在政策面临终结时会表现得尤为明显。对政策终结存在抵触心理的主要有三种人：政策制定者、政策执行者与政策受益者。政策制定者不愿意承认他们制定的政策不再有存在的必要，更不愿意承认在制定政策的过程中所犯的错误；政策执行者不愿意看到自己所做的工作被终止；政策受益者不愿意既得利益受到损失。这三种人的心态，往往成为政策终结的首要障碍。这种心理障碍的存在，又使人们在解释政策失败时，常常倾向于从环境因素中去寻找原因，而不愿检讨政策本身的失误。

2. 机构的持续性

政策执行机构和其他社会政治组织一样，都具有寻求生存和自我扩张的本性，即使它已经无所事事，没有再存在的必要，情况同样不会改变。这无疑会给政策终结带来很大的困难。机构的持续性一般表现在两个方面。一是机构的惯性。当不同的机构相互配合并开始执行某项政策时，一种惯性就自然而生了。机构的惯性使政策执行一旦开始就很难停止。如果要想修改其方向或让其停下来，必须从外部施加很大的力量才能做到。这是因为机构所固有的惯性会使它本能地反对任何变化的要求。二是机构的生命力。机构如同人一样，具有很强的生存能力，某一机构存在的时间越长，它被终止的可能性就越小。经过一定的时间发展，机构会逐渐形成生存条件自我强化的功能。当政策终结危及组织机构的生存时，它会千方百计地减轻和化解所面临的外界压力，或改变策略，或调整结构，想方设法地延续政策终结的进程，给政策的及时终结带来极大的阻碍。

3. 机构的动态适应性

在评估者眼中，机构是相对静态的。但是，机构本身却有一种动态的适应性，可以随环境和需要的变化而产生变动，甚至能针对政策终结的各种措施来调整自己的方向，使终结计划夭折或破产。正如查尔斯・琼斯在《公共政策研究导论》中所指出的：组织机构是动态而不是静态的，它会调整自己的方向以适应变化了的要求。这无疑会大大增加政策终结的困难。

4. 反终结的联盟

因执行某项政策而收获既得利益的行政机关，往往会在政策面临终结时结成联盟，共同反对政策终结。这些反对终结的行政机关，一方面会要求其内部成员齐心协力共同抵制终结，另一方面则互相串通、拉拢和接近政府内外有影响的人士抵制终结。这类行政机关一旦结成一个共同体，就能有效地威胁政策终结行为，使其无法进行。这主要是因为行政机关比其他任何社会组织都更具便利条件进行政治活动，它们可以利用自身有利的地位影响公共政策的进程。

5. 法律程序上的障碍

任何政策的颁布和组织机构的建立，都是通过一定的法律程序进行的。同样，政策的终止和组织机构的撤销，也必须按照法定的程序来办理。政策制定要通过法定程序，政策终结也要通过法定程序。程序上的复杂性往往影响政策终结的及时进行。立法机关在考虑终止某项政策或法律时，往往顾虑重重，举棋不定。许多政策终结行为因此受阻于法律的滞后性。

6. 高昂的终结成本

政策终结高昂的成本也是影响政策终结实施的一个关键因素。一般来说，政策终结的成本有两种：一是终结行为本身要付出的成本。在短期内终结一项政策的花费比继续这项政策的花费要多，比如终结执行者要为裁减下来的人员安排新的岗位和就业机会，或者对政策的受益者进行利益补偿。但无论如何，为了以后的发展接受暂时的代价是值得的。二是现有政策的沉没成本。沉没成本是指投入决策、某个计划或某个项目的时间、资金或其他资源的无法弥补的花费。它限制了目前投入的选择范围。也就是说已经在政策上投入的资金人力制约了决策者下一步的行动计划。这无疑是政策终结的一大障碍。政策终结者总是进退维谷，进即追加投入，只会造成更大的损失；退即停止投入，却要面对已投入的资金由于政策终结而无法收回的局面。现行的政策或组织机构已经投入了巨额成本但没有得到应有的回报。一般而言，政策投入的成本越高，终结者下决心终结的难度就越大。此外，终结有风险，对终结一项政策后的结果不确定。事实上，政策终结后采取的新政策并不能保证一定带来更好的结果。这也使终结者难以下定政策终结的决心。

专栏

沉没成本与心理效应

沉没成本是指由于过去的决策已经发生了的，而不能由现在或将来的任何决策改变的成本。人们在决定是否去做一件事情的时候，不仅要看这件事对自己有没有好处，而且要看过去是不是已经在这件事情上有过投入。我们把这些已经发生的不可收回的支出，如时间、金钱、精力等称为“沉没成本”（sunk cost）。在经济学等决策过程中经常会用到沉没成本的概念，代指已经付出且不可收回的成本。沉没成本常用来和可变成本做比较，可变成本可以被改变，而沉没成本则不能被改变。

在政策终结过程中，由沉没成本导致的心理效应表现得尤为强烈。由于需要进行政策终结，因而势必直接或间接地引起与政策有关人员的心理反应，给政策终结带来种种不利因素。政策终结无疑会引发相关人员的复杂情感，一些人会有命运相系的心理反应，“一荣皆荣，一损皆损”，因而容易失去理性的判断标准和公正的客观尺度，导致盲目、偏激等情绪化行为。政策执行实际上就是一个成本沉没的过程，然而沉没的不光是金钱，也包括利益。政策终结会使一些人挣扎于既有利害关系的旋涡当中，他们在心理上产生的不安与骚动被称为政策终结的心理效应。

8.3.2　政策终结的措施

在提出终结策略的学者中，最具代表性的是罗伯特·贝恩（Robert Behn）。他在论文《怎样终结一项公共政策：给未来终结者的一些建议》中，提出了 12 项政策终结的具体策略，如：扩大政策终止的支持势力；揭露将要终止的政策的弊端及其危害；起用外部人士；敢于承担短期终止的成本；补偿原来的政策受益者；不要强调终止，而要强调创新；等等。巴达克也曾在文章中谈到如何减少终结困难的问题，提出了促成政策终结的五项条件：（1）在行政上采取一些变更；（2）改变原政策所根植的思想理念；（3）促成人们对政策持续的乐观期待产生动摇；（4）采取渐进方式，使终结政策温和进行；（5）要在政策终结之前进行新的政策设计。

以上这些策略，对指导政策实践具有重要的启发意义和参考价值。结合我国具体实际，要顺利完成政策终结可采取如下措施：

1．加强宣传教育，消除抵触情绪

宣传引导往往要通过说服教育的方式进行，而说服教育光靠讲道理是不够的，重要的是让人把道理听进去，使说服教育产生真正的效果。从本质上讲，说服教育的目标是要在一定程度上改变对方的态度，向其灌输某种对方未必能够轻易接受的观点，或者强化其原有的态度以抵御其他观点的影响。所以在理论上可以借鉴社会心理学的态度改变理论，认知失调理论和认知平衡理论是其中具有代表性的理论。

（1）认知失调理论：由费斯廷格（Leon Festinger）首先提出，是研究人的态度变化过程的社会心理学理论。他认为，每个人的心理空间中包含多种多样的认知因素，比如观念、信仰、价值观、态度等。因为当前社会活动的内容不同，各种认知因素之间会存在三种关系，即协调、失调和不相关。当认知因素产生失调状态时，人们可以通过改变或者增加新的认知元素来调整这种状态，达到认知协调。

（2）认知平衡理论：20 世纪 40 年代中期由美国社会心理学家海德提出的一种关于认知结构、过程和变化的理论。他把认知过程分解为认知要素，由此构成一个认知系统，当认知系统出现不平衡、不一致时，就会产生一定的心理压力，驱使认知主体设法恢复认知平衡量。海德虽然也是从认知角度探讨态度变化，但他更重视人与人之间的相互影响在态度转变中的作用，即重视中间人或传递者对态度改变的影响。

从字面上看，说服两字“说”是手段，“服”是目的，说的是理，服的是心。因此，说服要有技巧，手段不能单一，在这方面也有许多可以学习借鉴的内容。美国宾夕法尼亚大学沃顿商学院的市场学教授乔纳·伯杰（Jonah Berger）的新书《催化剂：如何改变他人的想法》（*The Catalyst：How to Change Anyone's Mind*，2020）出版。书里主要讲的就是如何进行说服教育，其新意在于“催化剂”的比喻。伯杰说，一般的说服，都是一个“推”字 —— 你动之以情也好，晓之以理也罢，其实都是在给对方施加一种压力，把他往某个方向推。而你只要这么一推，他本能地就会有一个反抗心理。而“催化剂”不同，作为一个化学名词，其作用是降低化学反应所需要的能量。乔纳认为，有时候人不是不想改变，他只是遇到了很多障碍。你要做的不是给他增加压力，而是如同提供催化剂一样，给他消除障碍。乔纳的观点对我们做好说服教育工作大有启发。他在书中共提出了五种“催化剂式”说服方法。

（1）消除阻抗。

研究者在某个大学招募了一些大学生志愿者，让他们去宣传节约用水，劝说别的同学洗澡的时候动作加快一点。志愿者们去做了宣传，而宣传的结果是，他们的宣传对象变没变不知道，但是这些志愿者自己洗澡的用水量下降了 25%。很显然，他们是不想让自己的言行太过不一致。实验的结论是，如果你要想让人按照某个道理去做事，最好的办法是引导他自己去讲出这个道理。

（2）比较现状。

丹·艾瑞里在《怪诞行为学：可预测的非理性》里讲过“禀赋效应”的例子。比如一场关键比赛的门票，如果让你买，可能你只愿意花 200 元 —— 但如果是你已经有了这张门票，别人想让你转让，你会要一个非常高的价格。再如你开了很多年的一辆旧汽车，在市场上其实没什么价值，但是在你眼中却非常珍贵。“禀赋效应”让我们不愿意做出改变。所以，想要劝说一个人做出改变，最好的办法是让他直观地感受到新车和旧车性能的差距。这也正是商家会寻找机会让人们试用其产品的缘故。

（3）缩短距离。

出门跑步最难的一步是什么？是穿上跑鞋。如果你已经穿上了跑鞋，走出家门就是比较容易的事情了。如果你已经穿着跑鞋来到了屋外，那跑起来就更容易了。这就叫“缩短距离”。有时，让人做出一个重大改变是困难的，当你把大改变分成几个小改变，逐步实施，那事情可能就会好办多了。

（4）增加确定性。

不确定性会给人带来恐惧，人们本能地讨厌它。有时为了说服人们做出改变，即使你费了九牛二虎之力，把事情描述得很好，人们还是感觉隔着一层，不够真实。解决的最好办法就是让他亲身体验一下。比如新车试驾、设备试用、服务试行、事情试做等，当然，肯定还能想到一些别的办法。这个道理不难理解，不确定性会让人更加保守而不愿意改变，设法降低不确定性就会有助于消除这种障碍。

（5）“自己人”推荐。

推荐是个老办法。推荐的关键在于，这是来自亲朋好友这些“自己人”的推荐，其效果远远比广告和名人的推荐有效。有研究表明，一个新出的网站能够在短期内吸引到多少新用户，几乎和脸书上有多少人推荐它成正比。人们现在看什么新闻、看什么电影、买什么东西，听朋友圈推荐的比例越来越大。这与邓巴数字①所强调的小圈子思维非常吻合。②

2. 树立新的观念，营造改革气氛

政策的终结往往伴随观念的变迁，原有政策的立论基础会发生一定的变化。因此，应注意把握时机，因势利导，创新观念，改变认识。

1977 年初，党和国家面临着在思想、政治、组织等各个领域全面拨乱反正的艰巨任

① 邓巴数字，即 150 定律（Rule of 150），由英国牛津大学的人类学家罗宾·邓巴（Robin Dunbar）提出。邓巴认为，大脑认知能力限制了一些个体社交网络的规模。他推断，人类智力允许拥有的稳定社交网络的人数是 148。四舍五入大约是 150，这就是著名的“邓巴数字”。

② 万维钢. 五种“催化式”说服法. 精英日课，2020-03-20.

务，全国人民希望能够尽快结束“左”的路线，把党和政府的工作重心转移到经济建设上来。1977 年 8 月 12 日至 18 日，中国共产党第十一次全国人民代表大会在北京举行，宣告“文化大革命”结束，但由于当时历史条件的限制和“左”的错误思想的影响，这次大会仍然肯定了“文化大革命”的错误理论和实践，未能完成从理论和党的指导方针上拨乱反正的任务，致使出现徘徊局面。针对这种状况，邓小平首先提出要完整地、准确地理解毛泽东思想，旗帜鲜明地指出“两个凡是”（凡是毛主席做出的决策，我们都坚决拥护；凡是毛主席的指示，我们都始终不渝地遵循）不符合马克思主义的观点。1978 年 5 月 10 日，中共中央党校的内部刊物《理论动态》刊登了《实践是检验真理的唯一标准》一文。文章指出：检验真理的标准只能是社会实践。理论与实践的统一，是马克思主义的一个最基本的原则，任何理论都要不断接受实践的检验。5 月 11 日，《光明日报》又以特约评论员文章形式全文发表这篇文章，新华社向全国转发。一场规模宏大、内涵丰富、影响深远的关于真理标准问题的大讨论，在全国轰轰烈烈地展开。马克思主义观点与“左”倾错误观点进行了激烈的交锋。随着讨论的深入，越来越多的党员、干部认识到这一问题的重要性，终于打破了个人崇拜和“两个凡是”的精神枷锁。这场大讨论冲破了“左”的思想的严重束缚，实现了党在思想路线上的拨乱反正，为具有划时代意义的党的十一届三中全会做了重要的思想准备，在党和国家的历史进程中产生了重要而深远的影响。1978 年 12 月 18 日召开的党的十一届三中全会是新中国成立以来党的历史上具有深远意义的转折点。全会结束了 1976 年 10 月以来各项工作在徘徊中前进的局面，开始了中国共产党在思想、政治、组织等领域的全面拨乱反正，揭开了社会主义改革开放的序幕。以党的十一届三中全会为起点，中国进入了改革开放和社会主义现代化建设的历史新时期。

3. 政策过程透明，争取更多支持

政策终结支持者的态度和队伍的规模，是决定政策终结成败很关键的因素。因此，政策终结应争取更多社会力量的声援和支持。而评估结论公开化正是实现这一目标的有效途径。政策透明会带来更多的好处而不是坏处。政府工作中保密的事项越多，老百姓的拥护程度就会越低。因此，政策过程透明，评估结果公开，揭露政策弊端，指明政策危害，政府会赢得更多的信任，政策终结会得到更大的拥护。当然，由于政策评估工作所存在的固有局限，人们往往对政策评估的结论产生这样或那样的怀疑，这是很普遍也很正常的现象。这就对政策评估提出了更高的标准和要求，评估的结论应该经得起实践的检验，应该不怕被人评头论足。

党中央、国务院高度重视政务公开工作。自 2008 年 5 月 1 日起施行的《中华人民共和国政府信息公开条例》对于推进我国政务公开，保障人民群众依法获取政府信息，提高政府工作的透明度，促进政府职能转变、建设法治政府，发挥了积极作用。但随着改革的深入和社会信息化的快速发展，《条例》在实施过程中也遇到一些新情况、新问题。2019 年 4 月 3 日，国务院公布了修订后的《中华人民共和国政府信息公开条例》，自 2019 年 5 月 15 日起施行。此次修订，坚决贯彻落实党中央、国务院全面推进政务公开的精神，加大政府信息公开力度，既在公开数量上有所提升，也在公开质量上有所优化；积极回应人民群众对于政府信息公开的需求，体现近年来政府信息公开工作的新进展、新成果，解决实践中遇到的突出问题。《条例》修订主要包括三个方面的内容：一是坚持公开为常态，不公开为例外，明确政府信息公开的范围，不断扩大主动公开。二是完善依申请公开程序，切实保障申请人及相关各方的合法权益，同时对少数申请人不当行使申请权，影响政府信息公开工作正常开展的行为做出必要规范。三是强化便民服务要求，通过加强信息化手段的运用提高政府信息公开实效，切实发挥政府信息对人民群众生产、生活和经济社会活动的服务作用。

人民的知情权与政府对信息的管控之间一直就存在矛盾。从历史上看，在1791年召开的第一届美国国会上，就曾围绕"国会议事录"应否向国民公开的问题发生了激烈的争论。会议参加者之一，后来成为美国最高法院大法官的詹姆斯·威尔逊指出，"人民有权知道他们的代表正在做什么、已经做了什么"［这里第一次提到了"知情权"（right to know）的概念，后来被人们进一步引申为"人民的知情权"（people's right to know）］，为此就必须建立"公开的政府"（open government），让人民对政府有较多了解。虽然当时的美国法律并没有明确规定公民的知情权，但这一概念已经逐渐深入人心。1966年美国通过了《信息自由法》，其目的是督促政府机构向公众公开其所持有的档案、文件等信息，以实现对政府权力的监督和制衡。该法通过后，随着社会情况的不断变化，分别在1974年、1976年、1978年、1984年、1986年、1996年进行过六次修改，逐步趋于成熟。美国《信息自由法》的立法形式和内容也为随后制定相关政策和法律的许多其他国家提供了借鉴。现代社会对"人民的知情权"提出了更高的标准和要求，各国政府在如何处理好信息公开的问题上，仍然面临着很大的挑战。

4. 废旧立新并举，缓解终结压力

由于存在利害关系的牵扯，人们往往会对改革产生一定的抵触心理。但社会是发展的，条件是变化的，在我们长大成人的过程中，不能总是穿着儿时的衣裳。这点道理可能人人都明白，但实践中却会有很多的顾虑。一些人很不愿意看到政策的终结，因为它会使得一部分组织和个人的既得利益受到损害，但他们一般不会马上反对一项新政策的出台。因此，为了有效缓解政策终结的压力，可以采取新政策出台与旧政策终结并举的方法，及时用新政策替代旧政策，使人们在失去对旧政策期望的同时，得到一些新的期望。比如，在中国农村"费改税"的试点改革中，有些乡镇政府把向农民征收的乡镇统筹款和村提留统一纳入税收，开征农村公益事业建设税，作为乡镇财政的固定性收入，由乡镇财政统一管理，统一支配。

的确，并举的做法可以大大减少政策终结的争议和阻力，但对实际操作部门提出了更高的要求，因为废旧立新并举，工作压力很大，弄不好就会顾此失彼，两方面都想照顾到，结果什么都弄得一团糟。可能就是因为害怕这种情况出现，致使一些旧的政策不能及时废止，一些新的政策迟迟不能出台。

5. 做出必要妥协，降低终结成本

有些时候，政策终结的反对势力会形成某种联盟，带给政策终结强大的阻力。当政策终结的阻力很大且一时难以改变这种状况时，政府做出一定的妥协，也不失为一种有效的对策。当进退两难的时候，折中可能是唯一的选择。当然，政府完全有能力采取果断措施，但往往需要付出很大的代价，带来很多消极的影响。因此，有时政府就不得不正视现实的压力，放弃较高的目标期望值，以有条件退让的方式，换取有限目标的实现，即缩小政策终结的范围，因为终结的范围越小，反对终结的人就会越少。实际上，妥协并非只是软弱，而是代表了一种民主的精神。在当代社会，多元化和民主化已经形成一种社会趋势，折中与妥协已经成为一种司空见惯的政治现象。必要的妥协实在没有什么不好，政府没有必要害怕妥协。当然，妥协不是没有原则的，政府不会做出无原则的退让。

妥协作为现代社会化解冲突、解决分歧的一个有效机制越来越被人们所普遍接受，已经成为现代政治生活中的一种常态形式和重要的价值选择。妥协是一种智慧，更是一种艺术，“退步原来是向前”[①]，它是一种理性的选择。从历史角度看，政治妥协对民主政治的形成产生了深刻影响，是促成民主政治的“催化剂”，也是构建民主社会的“润滑剂”。以协商为主要特征的民主政治少不了会出现一些冲突与分歧，政治妥协则是获得社会稳定的最佳方式之一，它使得民主政治得以有效运行，民主社会得以健康发展。正如 19 世纪英国历史学家和政治思想家阿克顿所言：“妥协是政治的灵魂，如果不是其全部的话，民主政治的字典里，宽容、妥协、合作都是关键词。”尽管每个国家都有各自不同的历史背景与社会文化，但对建构妥协机制，发展民主政治，具有一个基本共识。在当今中国，研究政治妥协问题具有深刻的现实意义与理论价值。对政治妥协理论的诠释，为在实践中更好地运用政治妥协策略以实现和谐政治的目标提供了重要的借鉴。

6. 提供利益补偿，消除抵触情绪

在罗伯特·贝恩提出的具体策略中，很重要的一点就是在有些时候要对原有政策受益者提供必要的补偿。政策终结是一种利益的调整，对原有政策的受益者而言会有很大影响，因而会使他们产生抵触情绪，阻碍政策终结的进行。

利益补偿既是对因政策终结造成利益损失的个人或团体的一种救助渠道，又是完善政策终结的利益协调、促进政策终结顺利完成的重要基石。政策终结会打破原有的利益分配格局，因政策终结而利益可能受损的个人或团体会意识到威胁而空前团结起来阻止政策终结，因而政策终结的利益受损者成为政策终结的最大阻力。所以，通过合理的利益补偿机制，给利益受损的个人或群体提供适当的补偿，对缓解利益冲突、促进政策终结的顺利实现起着减震缓冲的作用。对政策终结的利益受损者的利益补偿，必须综合考虑利益补偿的性质和范围，既要考虑因政策终结而造成的直接利益损失的补偿，也要考虑因政策终结导致的间接利益损失的补偿；既要考虑到普通的政策目标群体的利益损失，也要考虑到政策制定和执行机构的利益损失。同时，应根据利益受损的性质来确定利益补偿的方式。对直接经济利益损失的个人或团体，应给予直接经济补偿，如一次了断性经济补偿；对因政策终结造成的权力、职位等间接利益受损的个人或组织，应给予适当的间接经济补偿，如合理安排组织撤销或合并后人员的去向，并尽量保障其具有与政策终结前相同或相近的职权、工资和福利待遇等。

以广州取消公共交通免费乘坐为例。根据广州市市政府的决定，为了方便亚运会期间的出行，从 11 月 1 日起至 12 月 21 日，除节假日外，广州全市所有公交、地铁免费搭乘。无论是本地人还是外地人，不需要刷卡或投币，也不需要出示任何身份证明，即可免费乘

---

① 出自唐末至五代后梁时期布袋和尚的《插秧歌》：“手把青秧插满田，低头便见水中天；心地清净方为道，退步原来是向前。”

车。同时，广州从11月1日起至12月21日开始实行单双号限行。但公共交通免费政策实行不到一周，广州市市政府11月6日晚即宣布：从11月8日（周一）起，全市取消免费乘坐地铁、公交和过江轮渡的优惠措施，改为发放交通补贴。具体措施如下：一、8日零时开始，广州市公共交通地铁和公交（包含轮渡）以及地铁广佛线恢复实施付费乘坐；二、广州十区、两个县级市的户籍家庭以及在广州居住半年以上的外来人口家庭每户补贴150元，集体户口每人补贴50元；三、亚运、亚残运会期间，亚运注册人员、志愿者、持票观众仍可免费乘坐公共交通。事实上，恢复实施付费乘坐的主要原因是免费期间广州交通的负荷过大，大大超出了其本身的运输能力。广州免费公交、地铁五天，数据显示地铁客流量上涨100%，日均客流量近800万人次。考虑到市民的出行安全，广州市政府最终决定取消免费乘坐的措施，代之以发放交通补贴，对市民给予经济补偿。

7. 选择有利时机，把握时间窗口

2012年的几起劳教案吸引了舆论的聚光灯，为政策终结迎来了契机。永州“上访妈妈”唐慧被劳教案，重庆渝北礼嘉镇居民彭洪转发漫画被劳教案，最引人关注的是在重庆“唱红打黑”期间大学生村干部任建宇被劳教一案。一个青年只是在网上转发了一些文字、图片，原创者未被追究，转发者却被劳教；一件印有“不自由，勿（毋）宁死”的文化衫，被指为违法物证；转发电影《建党大业》里面的台词，居然是妄图颠覆国家政权。这些听起来有些荒诞的情节，让大家在关注任建宇案之外，更觉有必要探讨劳教案件本身。程序明白才有清白，处事公正才有公信。问题的出现主要是源于劳动教养制度对公民自由权利剥夺的随意和非理。背离法治才是问题的焦点。自1957年国务院出台《关于劳动教养问题的决定》以来，劳教制度在我国已经施行50余年。随着我国民主法治的发展，该制度已经明显滞后，表现出许多不足。特别是在我国《立法法》等法律颁布后，限制公民人身自由的权力只能由法律设定，劳教已陷入不合法的窘境。加之劳教的审批权属于公安机关，在机制上缺乏应有的监督，在实践操作中自由裁量，从而为一些地方政府开设了“司法自留地”，使之成为一些人打击报复的工具。正因为如此，改革劳动教养制度的呼声越来越高，已渐成社会共识。任建宇一案进一步证明，劳动教养制度是法治的一个“溃疡”，如果不做手术，国家法治建设不啻一句空话。

国务院新闻办公室2012年10月9日发布了《中国的司法改革》白皮书。这是中国首次就司法改革问题发布白皮书。中央司法体制改革领导小组办公室负责人在解释白皮书时表示，改革劳动教养制度已经形成社会共识，相关部门做了大量的调研论证工作，广泛听取了专家学者和人大代表的意见和建议，正在研究具体的改革方案。2013年11月12日，党的十八届三中全会通过的《中共中央关于全面深化改革的若干重大问题的决定》宣布：废止劳动教养制度。2013年12月28日，第十二届全国人大常委会第六次会议通过了《全国人民代表大会常务委员会关于废止有关劳动教养法律规定的决定》。

8. 设置有效期，提高终结效率

2006年广州市政府首次在规范性文件中引入有效期制度，同年郑州市政府也下发了《关于建立规范性文件有效期制度的通知》。随后全国多地相继出台关于规范性文件有效期的规定，如重庆、湖北等地。规范性文件有效期制度是指在制定规范性文件时，即明确其效力存在的具体期限，除非在有效期届满前经过评估并做出继续适用的决定，否则有效期届满后规范性文件就自动失效，不得再作为适用的依据，改变过去政府文件一劳永逸的局面。以 2008 年开始施行的《重庆市行政立法基本规范（试行）》为例，明确规定重庆市政府规章的有效期最长不超过 10 年，政府的规范性文件的有效期最长不超过 5 年。2015 年开始施行的《甘肃省行政规范性文件管理办法》规定，规范性文件应当标注有效期限，有效期限最长不得超过 5 年；名称冠以“试行”的不得超过 2 年，“暂行”的不得超过 1 年。

规范性文件作为我国行政机关行使法定权力的衍生物，有效弥补了法律滞后社会生活变化的缺陷，成为行政管理的重要手段和依据。特别是在现行行政管理体制下，行政机关执法活动往往优先选择适用的规范性文件而非法律，这就使得文件治理成为习惯和传统，从而导致大量的行政性文件出台。

在有效期制度建立前，由于规范性文件制定主体众多，政策内容重复或相互冲突的情况时有发生，政出多门、政令不一、各自为政、各行其是，导致政策效率低下。规范性文件在效力期限上都是有始无终，执行部门要在浩如烟海的文件堆中寻找准确适当的执行依据有时显得非常困难。基于趋利避害的心理，最便捷也是最省力的办法，就是根据“现实需要”制定出新的文件，这会加剧规范性文件的膨胀，形成泛滥之势，造成恶性循环。在《重庆市行政立法基本规范（试行）》出台前，重庆市的政府规章和规范性文件有上万件，在清理过程中发现有的文件出台几十年了还在执行，远远不能适应变化了的社会环境和形势。不只重庆如此，从全国范围看，这种问题也很普遍。1955 年以来，我国先后十余次集中清理法规规章和规范性文件，其中，仅结束于 2006 年底的一次专项清理，便修改 1 039 件、废止 4 148 件。

有效期制度的确立意味着建立了一个长效的政府规章、规范性文件自行淘汰机制，而不必再通过定期清理然后宣告失效的方式来加以认定。这种以时间为节点的自行淘汰机制，确保了适时消灭不必要或者不合时宜的政府规章、规范性文件，从而大大节省了清理成本，有效控制了文件数量，而且执法部门遵循的依据会更加明确和有针对性，政策效率也会得到有效提高。

专栏

“日落法则”

关于法规的有效期制度，国外也有一些前期的经验，比如美国 20 世纪 70 年代施行的“日落法则”就具有一定的代表性。所谓的“日落法则”是指美国联邦或州政府在通过特定法律时，同时设定一个有效期限。有效期过后，如果不采取相应的立法措施，便成为一纸空文。给法律加上有效期，是美国联邦政府 20 世纪 70 年代所推行的一系列政务改革的举措之一。早在美国建国初期，一直主张限制政府规模的托马斯·杰斐逊便发表过“法律应该建立有效期”的言论。20 世纪 70 年代，美国各级政府意识到很多不必要的法律条文不仅拖慢了立法和行政部门的效率，过于烦琐的法规也限制了经济的发展。于是杰斐逊的“法律过期论”被用来作为提高立法效率的一个好办法。科罗拉多州政府最早开始采用“日落法则”，美国其他一些州也纷纷效仿，随后联邦政府开始在行政和立法程序中推行这个法则。

本章小结

本章主要阐述政策终结的对象、形式、障碍和措施。通过本章的学习，应了解政策终结的内容，认识政策终结的对象，熟悉政策终结的形式，理解政策终结的障碍，掌握政策终结的方法。

关键词

政策终结　政策废止　政策替代　政策合并　政策分解　政策缩减　沉没成本　政策法律化　认知失调理论　认知平衡理论　政策保质期　“日落法则”

思考题

1. 什么是政策终结？
2. 为什么要进行政策终结？
3. 政策终结有哪些类型？
4. 政策终结有哪些对象？
5. 政策终结有哪些表现形式？
6. 什么是政策法律化？
7. 法律有哪些局限性？
8. 政策终结障碍何在？
9. 政策终结应如何进行？
10. 说服有哪些技巧？
11. 劳教制度的废止带给我们哪些思考？
12. “日落法则”带给我们哪些启示？

主要参考书目

一、中文文献

阿利森，泽利科. 决策的本质：解释古巴导弹危机：第 2 版. 王伟光，王云萍，译. 北京：商务印书馆，2015.

艾瑞里. 怪诞行为学：可预测的非理性. 赵德亮，夏蓓洁，译. 北京：中信出版社，2010.

安德森. 公共政策制定：第 5 版. 谢明，等译. 北京：中国人民大学出版社，2009.

奥肯. 平等与效率：重大的抉择. 王奔洲，叶南奇，译. 北京：华夏出版社，1987.

巴比. 社会研究方法. 邱泽奇，译. 北京：华夏出版社，2005.

巴达克. 政策分析八步法：第 3 版. 谢明，等译. 北京：中国人民大学出版社，2020.

彼得斯，冯尼斯潘. 公共政策工具. 顾建光，译. 北京：中国人民大学出版社，2007.

陈庆云. 公共政策分析. 北京：北京大学出版社，2006.

达尔. 现代政治分析. 王沪宁，陈峰，译. 上海：上海译文出版社，1987.

戴伊. 理解公共政策：第 12 版. 谢明，译. 北京：中国人民大学出版社，2011.

戴伊. 自上而下的政策制定. 鞠方安，吴忧，译. 北京：中国人民大学出版社，2002.

德罗尔. 逆境中的政策制定. 王满船，尹宝虎，张萍，译. 北京：国家行政学院出版社，2009.

邓恩. 公共政策分析导论：第 2 版. 谢明，杜子芳，伏燕，等译. 北京：中国人民大学出版社，2002.

费希尔. 公共政策评估. 吴爱明，等译. 北京：中国人民大学出版社，2003.

戈伦比威斯基，等. 公共管理案例：第 5 版. 汪大海，等译. 北京：中国人民大学出版社，2004.

格拉夫，巴特克．经济到底为了什么．丁莹，译．北京，中信出版社，2012.

哈夫．统计数字会撒谎．廖颖林，译．北京：中国城市出版社，2009.

姜圣阶．决策学基础．北京：中国社会科学院出版社，1989.

金登．议案、备选方案与公共政策．丁煌，方兴，译，北京：中国人民大学出版社，2004.

卡尼曼．思考，快与慢．胡晓姣，李爱民，何梦莹，译．北京：中信出版社，2012.

凯尔曼．制定公共政策．商正，译．北京：商务印书馆，1990.

克鲁斯克，杰克逊．公共政策词典．唐理斌，等译．上海：上海远东出版社，1992.

莱斯特，斯图尔特．公共政策：演进研究途径．陈恒钧，译．台北：学富文化事业有限公司，2001.

勒庞．乌合之众：大众心理研究．冯克利，译．北京：中央编译出版社，2014.

列维特，都伯纳．魔鬼经济学．王晓鹂，译．北京：中信出版社，2016.

林德布洛姆．决策过程．竺乾威，胡君芳，译．上海：上海译文出版社，1988.

林德布洛姆．政治与市场：世界的政治—经济制度．王逸丹，译．上海：上海三联书店，1996.

林水波，张世贤．公共政策．台北：五南图书出版公司，2001.

林钟沂．政策分析的理论与实践．台北：瑞兴图书股份有限公司，1993.

罗尔斯．正义论．何宏怀，何包钢，廖申白，译．北京：中国社会科学出版社，2001.

罗素．权力论：新社会分析．吴友三，译．北京：商务印书馆，1998.

马歇尔．经济学原理．陈良璧，译．北京：商务印书馆，1965.

迈尔-舍恩伯格，库克耶．大数据时代．周涛，等译．杭州：浙江人民出版社，2013.

麦库姆斯．议程设置．徐培喜，译．北京：北京大学出版社，2008.

曼昆．经济学原理：第5版．梁小民，梁砾，译．北京：北京大学出版社，2009.

缪勒．公共选择．王诚，译．北京：商务印书馆，1992.

摩根．组织．金马，译．北京：清华大学出版社，2005.

内格尔．政策研究：整合与评估．刘守恒，张福根，周小雁，译．长春：吉林人民出版社，1994.

内格尔．政策研究百科全书．林明，等译．北京：科学技术文献出版社，1990.

宁骚．公共政策．北京：高等教育出版社，2000.

宁骚．公共政策学案例精选．北京：高等教育出版社，2006.

帕顿，沙维奇．公共政策分析和规划的初步方法：第2版．孙芝兰，胡启生，等译．北京：华夏出版社，2002.

普劳斯．决策与谈判．施俊琦，王星，译．北京：人民邮电出版社，2004.

萨巴蒂尔．政策过程理论．胡宗超，钟开斌，等译．北京：生活·读书·新知三联书店，2004.

萨缪尔森，诺德豪斯．经济学：第19版．萧琛，译．北京：商务印书馆，2013.

塞费．数字是靠不住的．余引，译．北京：中信出版社，2011.

桑德尔. 公正：该如何做是好. 朱慧玲，译. 北京：中信出版社，2011.

桑德尔. 金钱不能买什么. 邓正来，译. 北京：中信出版社，2012.

沙夫里茨，莱恩，博里克. 公共政策经典. 彭云望，译. 北京：北京大学出版社，2008.

斯通. 政策悖论. 顾建光，译. 北京：中国人民大学出版社，2006.

斯图尔特，赫奇，莱斯特. 公共政策导论：第 3 版. 韩红，译. 北京：中国人民大学出版社，2011.

泰勒. 错误的行为：行为经济学关于世界的思考，从个人到商业和社会. 王晋，译. 北京：中信出版社，2016.

泰勒. 赢者的诅咒：经济生活中的悖论与反常现象. 陈宇峰，译. 北京：中国人民大学出版社，2007.

泰勒，桑斯坦. 助推：我们如何做出最佳选择. 刘宁，译. 北京：中信出版社，2009.

涂子沛. 数据之巅：大数据革命，历史、现实与未来. 北京：中信出版社，2014.

韦默，瓦伊宁. 公共政策分析：理论与实践：第 4 版. 刘伟，译校. 北京：中国人民大学出版社，2013.

韦默，维宁. 政策分析：理论与实践. 戴星翼，等译. 上海：上海译文出版社，2003.

沃尔夫. 市场，还是政府：市场、政府失灵真相. 陆俊，谢旭，译. 重庆：重庆出版社，2009.

伍启元. 公共政策. 台北：台湾商务印书馆，1985.

西蒙. 管理行为：第 4 版. 詹正茂，译. 北京：机械工业出版社，2004.

希思 C，希思 D. 行为设计学：让创意更有黏性. 姜奕晖，译. 北京：中信出版社，2018.

奚恺元. 别做正常的傻瓜. 2 版. 北京：机械工业出版社，2006.

谢明. 公共政策分析. 3 版. 北京：首都经济贸易大学出版社，2018.

谢明. 公共政策案例分析. 北京：中国人民大学出版社，2009.

谢明. 公共政策概论. 2 版. 北京：中国人民大学出版社，2014.

谢明. 公共政策原理. 北京：中国人民大学出版社，2013.

谢明. 政策透视：政策分析的理论与实践. 北京：中国人民大学出版社，2004.

张国庆. 公共政策分析. 上海：复旦大学出版社，2004.

张金马. 公共政策分析：概念·过程·方法. 北京：人民出版社，2004.

张金马. 政策科学导论. 北京：中国人民大学出版社，1992.

朱崇实，等. 公共政策：转轨时期我国经济社会政策研究. 北京：中国人民大学出版社，1999.

二、英文文献

ALLISON G. Essence of decision：explaining the Cuban missile crisis. Boston：Little Brown，1971.

ALMOND G A，POWELL G B. Comparative politics：a developmental approach. Boston：Little Brown，1969.

ANDERSON J E. Public policymaking. Fifth Edition. Boston：Houghton Mifflin Company，2003.

BARDACH E. A practical guide for policy analysis：The eightfold path to more effective problem solving. Third Edition. Washington：CQ Press，2009.

BIERMAN H S，FERNANDEZ L. Game theory with economic applications. 2nd Edition. Prentice Hall，1998.

CAPUTO D A. The politics of policy making in America. San Francisco：W. H. Freeman and Company，1977.

COCHRAN C L，MALONE E F. Public policy：perspectives & choices. Second Edition. New York：McGraw-Hill，1999.

DUNN W N. Public policy analysis：an introduction. Fourth Edition. Upper Saddle River，N. J.：Prentice Hall，2008.

DYE T R. Understanding public policy. Twelfth Edition. Upper Saddle River，N. J.：Prentice Hall，2008.

EDWARDS G C，SHARKANSKY I. The policy predicament. San Francisco：W. H. Freeman，1978.

ETZIONI A. Mixed scanning：a "third" approach to decision-making. Public Administration Review，December 1967：385－392.

FROHOCK F M. Public policy：scope and logic. Englewood Cliffs，N. J.：Prentice Hall，1979.

GILMOUR R S. Who makes public policy? The struggle for control between congress and the executive. Chatham House Publishers，1994.

GOLEMBIEWSKI R T，STEVENSON J G，WHITE M. Cases in public management. Fifth Edition. Itasca，I. L.：F. E. Peacock Publishers，Inc.，1997.

HAM C，HILL M. The policy process in the modern capitalist state. Hemel Hempstead：Harvester Wheatsheaf，1984.

HILL M. The policy process：a reader. Hemel Hempstead：Harvester Wheatsheaf，1993.

HOGWOOD B，GUNN L. Policy analysis for the real world. Oxford：Oxford University Press，1984.

HOGWOOD B W，PETERS B G. The pathology of public policy. Oxford：Clarendon Press，1985.

JANIS I L. Groupthink. New York：Houghton Mifflin，1982.

LESTER J P，STEWART J. Public policy：an evolutionary approach. Second Edition. Belmont，C. A.：Wadsworth，2000.

LEUNG H L. Towards a subjective approach to policy planning & evaluation：common-sense structured. Winnipeg，Canada：Ronald P. Rrye，1985.

LINDBLOM C E. The policy making process. New Jersey：Prentice Hall，1968.

LONEY M. The state or the market. London：Sage，1991.

MELTSNER A J. Policy analysis in the bureaucracy. California：University of California Press，1976.

MORGAN G. Images of organisation. Thousand Oaks，Calif.：Sage Publications，1993.

PARSONS W. Public policy：an introduction to the theory and practice of policy analysis. Cheltenham，U. K.：Edward Elgar Publishing Limited，1996.

PATTON C V，SAWICKI D S. Basic methods of policy analysis and planning. Englewood Cliffs，N. J.：Prentice Hall，1986.

SHAFRITZ J M，HYDE A C. Classics of public administration. Chicago：Dorsey Press，1987.

SIMON H A. Administrative behavior：a study of decision making processes in administrative organizations. Fourth Edition. New York：Free Press，1997.

人大版公共管理类教材

公共管理类专业教材——学科基础课教材

书名	作者
现代管理学原理（第三版）（“十一五”国家级规划教材）	娄成武　魏淑艳
一般管理学原理（第四版）	张康之　周　军
管理学基础（第三版）	方振邦
政治学原理（第三版）	景跃进　张小劲
现代政治学原理（第四版）	石永义　刘玉萼　张　璋
公共管理学（第二版）	陈振明
公共管理学——一种不同于传统行政学的研究途径（第二版）	陈振明
公共管理学（第三版）（数字教材版）（“十二五”国家级规划教材）	蔡立辉　王乐夫
公共管理学（精编版）	王乐夫　蔡立辉
公共管理学（第三版）	张康之　郑家昊
公共管理概论（第二版）	朱立言　谢　明
公共政策导论（第六版）（数字教材版）	谢　明
公共政策概论（第二版）	谢　明
公共政策学——政策分析的理论、方法和技术（“十一五”国家级规划教材）	陈振明
公共政策学（第二版）	杨宏山
政策科学——公共政策分析导论（第二版）	陈振明
公共经济学（第三版）（“十二五”国家级规划教材）	高培勇
公共经济学教程	秦立建
政府经济学（第四版）（“十一五”国家级规划教材）	郭小聪
政府经济学（第四版）	潘明星　韩丽华

公共管理类专业教材——方法课教材

书名	作者
公共管理研究方法	何兰萍　张俊艳
行政学研究方法与应用案例	萧鸣政　等
管理定量分析：方法与技术（第三版）	刘兰剑

公共管理类专业教材——行政管理、公共事业管理专业教材

书名	作者
行政法学导论（第二版）	姜晓萍
公共部门人力资源管理（第四版）	孙柏瑛　祁凡骅
公共部门人力资源开发与管理（第五版）（“十二五”国家级规划教材）	孙柏瑛　祁凡骅
公共部门人力资源管理（第三版）	滕玉成　于　萍
公共部门人力资源管理概论（第二版）	方振邦
公共部门人力资源管理案例	周均旭
行政管理学（第五版）（数字教材版）	郭小聪
公共行政学（第五版）	彭和平
公共行政学（第二版）	张康之　张乾友
行政学导论（第三版）	齐明山

书名	作者
行政管理学导引与案例	陈季修
管理心理学（第三版）	范逢春
公共组织行为学（第三版）（“十一五”国家级规划教材）	孙　萍　张　平
公共组织学（第四版）	李传军
行政组织学（第二版）	张　昕　李　泉
公共组织理论	陆明远　冯　楠
公共事业管理概论（第三版）	朱仁显
公共组织财务管理（第三版）（“十一五”国家级规划教材）	王为民
国家公务员制度（第五版）（数字教材版）（“十二五”国家级规划教材）	舒　放　贾自欣
国家公务员制度概论（第二版）	刘碧强　郗永勤
公务员制度概论	李如海
公务员制度	温志强　王彦平　郝雅立
当代国家公务员制度：理论与实践	胡春艳
行政领导学（第三版）	朱立言　李国梁
领导学（第五版）	邱霈恩
领导学	孙　健
现代市政学（第五版）（数字教材版）	王佃利
市政管理学（第五版）（“十一五”国家级规划教材）	杨宏山
社区管理（第四版）	汪大海　魏　娜　郇建立
社区管理原理与案例	魏　娜
电子政务教程（第三版）（“十一五”国家级规划教材）	赵国俊
电子政府与电子政务（第二版）（“十一五”国家级规划教材）	张锐昕
行政伦理学教程（第四版）（“十二五”国家级规划教材）	张康之　李传军
公共危机管理概论（第二版）	王宏伟
公共危机管理	唐　钧
非营利组织管理（第二版）	康晓光
当代中国政府与政治（第二版）	景跃进　陈明明　肖　滨
当代中国政府与行政（第三版）	魏　娜　吴爱明
地方政府学概论（第二版）	方　雷
地方政府管理（第二版）	陈瑞莲　张紧跟
管理秘书实务（第三版）	赵锁龙
行政秘书学	唐　钧
公文写作与处理	赵国俊
机关管理的原理与方法（第三版）	赵国俊　陈幽泓
公共部门绩效管理（第二版）	方振邦
政府绩效管理（第二版）	方振邦　葛蕾蕾
政府绩效评估	蔡立辉
政府公共关系（第二版）（“十一五”国家级规划教材）	廖为建　张　宁
西方行政学理论概要（第二版）（“十一五”国家级规划教材）	丁　煌
公共行政学史（第二版）	何艳玲
西方公共管理名著导读	汪大海
文化管理学（第三版）（“十二五”国家级规划教材）	孙　萍
文化创意产业导论	魏鹏举
卫生事业管理（第二版）（“十一五”国家级规划教材）	李　鲁
现代公用事业管理	崔运武

公共管理类专业教材——劳动与社会保障专业教材

书名	作者
社会保障概论（第七版）	孙光德　董克用
社会保障学	戴卫东
劳动经济学（“十一五”国家级规划教材）	董克用　刘　昕
劳动法与社会保障法	黎建飞
社会保险学（第四版）	孙树菡　朱丽敏
社会保障基金管理	李春根
社会保障国际比较	仇雨临

公共管理类专业教材——土地资源管理专业教材

书名	作者
土地经济学（第八版）（“十一五”国家级规划教材）	毕宝德
土地法学（第二版）	严金明
土地资源学	张正峰　赵文武
土地资源管理学（第二版）	张正峰
国土空间规划学	张占录　张正峰
国土空间规划学导论	刘润秋　唐　鹏
不动产估价（第二版）（“十一五”国家级规划教材）	叶剑平　曲卫东
土地信息系统	曲卫东　韩　琼
地籍管理（第五版）（“十一五”国家级规划教材）	谭　峻　林增杰

公共管理类专业教材——城市管理专业教材

书名	作者
城市管理学（第四版）	杨宏山
城市管理学：公共视角	陆　军　等
城市经济学（第二版）	叶裕民　周　麟
城市总体规划原理	郐艳丽　田　莉
中国城市管理史概论	郑　国

公共管理类专业教材——应急管理专业教材

书名	作者
应急管理导论：原理与案例	李燕凌　朱正威 张海波　章文光
应急管理概论	王宏伟
应急管理理论与实践	唐　钧
突发事件风险管理	张小明
应急管理新论	王宏伟
新媒体时代的应急管理与危机公关	唐　钧
公共安全风险治理	唐　钧

公共管理硕士（MPA）教材——核心课教材

书名	作者
全国公共管理硕士（MPA）核心课程教学指导纲要	全国公共管理专业学位研究生教育指导委员会
社会主义建设理论与实践（第三版）	李景治　蒲国良
公共管理英语（修订版）	顾建光
学术规范和论文写作	胡宏伟
公共管理学（第三版）（全国优秀教材二等奖）	张成福　党秀云
公共管理学原理（修订版）	陈振明
公共管理导论	竺乾威　朱春奎　李瑞昌
公共政策分析	陈振明
公共政策分析导论	陈振明
公共政策分析概论（修订版）	谢　明
公共部门经济学（第三版）	高培勇　崔　军
公共经济学	唐任伍
行政法学（修订版）	皮纯协　张成福
行政法学概论（第三版）	胡锦光
非营利组织管理概论（修订版）	王　名
非营利组织管理	王　名　王　超
公共管理伦理学（修订版）	张康之
社会研究方法	陈振明
电子政务理论与方法（第五版）	金江军
公文写作概论	高永贵

公共管理硕士（MPA）教材——专业方向必修课、选修课教材

书名	作者
公务员制度教程（第六版）	舒　放　王克良
比较政府与政治（修订版）	卓　越
当代中国政府与政治（第三版）	吴爱明　朱国斌　林　震
公共部门人力资源管理及案例教程（第三版）	陈天祥
公共部门绩效评估（修订版）	卓　越
公共部门危机管理（第三版）	张小明
应急管理通论（第二版）	李雪峰
公共部门战略管理（修订版）	陈振明
MPA 学位论文写作指南	汪大海

图书在版编目（CIP）数据

公共政策导论/谢明编著. --5版. --北京：中国人民大学出版社，2020.7
新编21世纪公共管理系列教材. 学科基础课与方法课系列
ISBN 978-7-300-28401-9

Ⅰ.①公… Ⅱ.①谢… Ⅲ.①公共政策-高等学校-教材 Ⅳ.①D035-01

中国版本图书馆CIP数据核字（2020）第126194号

全国优秀教材二等奖
北京高等教育精品教材
新编21世纪公共管理系列教材·学科基础课与方法课系列
公共政策导论（第五版）
谢　明　编著
Gonggong Zhengce Daolun

出版发行	中国人民大学出版社		
社　　址	北京中关村大街31号	**邮政编码**	100080
电　　话	010－62511242（总编室）		010－62511770（质管部）
	010－82501766（邮购部）		010－62514148（门市部）
	010－62511173（发行公司）		010－62515275（盗版举报）
网　　址	http://www.crup.com.cn		
经　　销	新华书店		
印　　刷	北京宏伟双华印刷有限公司	**版　　次**	2004年4月第1版
开　　本	787 mm×1092 mm　1/16		2020年7月第5版
印　　张	21	**印　　次**	2025年6月第17次印刷
字　　数	483 000	**定　　价**	58.00元

中国人民大学出版社　管理分社

教师教学服务说明

中国人民大学出版社管理分社以出版工商管理和公共管理类精品图书为宗旨。为更好地服务一线教师，我们着力建设了一批数字化、立体化的网络教学资源。教师可以通过以下方式获得免费下载教学资源的权限：

★ 在中国人民大学出版社网站 www.crup.com.cn 进行注册，注册后进入“会员中心”，在左侧点击“我的教师认证”，填写相关信息，提交后等待审核。我们将在一个工作日内为您开通相关资源的下载权限。

★ 如您急需教学资源或需要其他帮助，请加入教师 QQ 群或在工作时间与我们联络。

中国人民大学出版社　管理分社

教师 QQ 群：648333426（工商管理）　114970332（财会）　648117133（公共管理）
教师群仅限教师加入，入群请备注（学校+姓名）

联系电话：010-82501868，82501048，62514760

电子邮箱：glcbfs@crup.com.cn

通讯地址：北京市海淀区中关村大街甲 59 号文化大厦 1501 室（100872）

管理书社　　人大社财会　　公共管理与政治学悦读坊